시를 읊자
미소 짓다

선문답과 현대시의 교감

선문답과 현대시의 교감

시를 읊자
미소 짓다

고재종 지음

문학들

작가의 말

만법귀일 일귀하처(萬法歸一 一歸何處)라는 질문에 대한 공부노트

　내 인생은 시작도 못 했는데 이미 실패해 버렸다는 생각이 들 때가 있던가. 사랑이 떠나간 자리는 썰물이 빠져나간 뻘과 같다고 했던가. 세상에서 내가 할 수 있는 일이 이제 더는 없다는 막막함이라면 또 어쩌는가. 하지만 인간의 궁극의 문제에 닥친 지점에서도 빌려준 돈 받을 걱정을 하는 사람처럼 현실에 투철한 사람을 보면 한편 부럽기도 할 것인가.
　나는 선천적인 허약 체질로 인한 건강 문제와 그 때문에 곤궁의 업보를 은산철벽처럼이나 둘러치고 살아온 삶이어서인지 늘 죽음 의식에 시달렸다. 그러다 보니 "삶이란 근본적인 오류를 논하기 이전에 죽음으로도, 그리고 시의 세계로도 교정할 수 없는 저질 취미에 속한다."는 에밀 시오랑의 독설과 같은 말들을 곧잘 입에 달고 살곤 했다.
　그래서 젊어서는 꽤 오랜 나날을 종교에 경도되기도 했었지만, 나는 공짜로 주는 '은혜'에 감복하는 사람이 아니었다. 내가 떠받치고 있는 지옥의 진실을 정면으로 응시하는 것, 그렇다고 처음엔 귀를 자르고 결국엔 배에 총을 쏜 반 고흐처럼 그 고통이 면해지는 것은 아니지만, 내게 유일하게 주어진 자유의지로 삶의 부조리와 무의미를 관통해 보는 것이 꿈이었다.

그리하여 "죽음의 시간이 오기 전에 진리의 시간을 알리는 종소리를 듣는 것"(프레데리크 시프테), 오직 그 하나의 행복만은 누리고 싶은 마음이었다. 그러던 중 어느 날 『벽암록』 제45칙을 읽었다. ─ 어떤 스님이 조주 선사에게 질문했다. "만법이 하나로 돌아간다고 했는데, 그 하나는 어디로 돌아갑니까?(萬法歸一 一歸何處)" 조주 선사가 대답했다. "내가 청주에 있을 때 승복 한 벌을 만들었는데, 그 무게가 일곱 근이었네."

나는 이 화두에서 성(聖)과 속(俗)의 천의무봉한 통합을 보았다. 여기서 만법이란 모든 존재를 말한다. 모든 존재는 결국 하나로 돌아간다는 것 그러면 그 하나는 또 어디로 돌아가느냐는 물음은 존재의 궁극에 대한 형이상학적 질문이고, 이에 대한 대답으로 "내가 청주에 있을 때 승복 한 벌을 만들었는데, 그 무게가 일곱 근이었네."라고 한 것은 일곱 근이나 되는 승복을 입고 나는 오늘도 내 할 일을 하고 있다는 것, 곧 일상적 수행 속에 진리가 계합(契合)한다는 사실을 만천하에 드러낸 셈이다.

예술이건 어떤 일에 있어서 그것의 극치를 이루었을 때 '도'의 경지에 들었다는 표현을 하곤 한다. 선은 소박하고 평범한 우리 일상의 지극정성과 함께, 마당에서 비질하다가 튕겨 나간 돌조각이 대나무에 탁 부딪히는 그 울림으로 번개 같은 한 소식을 얻기도 한다. 그래서 흔히 일상 속의 사물과 존재를 치켜들어 직관과 통찰, 동문서답과 전복, 격외와 낯섦, 난센스와 촌철살인 등으로 우주와 곧바로 상즉상입(相卽相入)해버리는 고품격의 깨달음이 선문답이다.

여기『시를 읊자 미소 짓다—선문답과 현대시의 교감』이란 에세이집은 "만법귀일 일귀하처"란 화두를 접하고 시작한 나의 공부 노트다. 물론 더는 세상에서 할 일이 없다는 막막함에서 시작된 공부를 위해 수백 권이 넘는 불교 경전과 선어록을 헤집으면서 늘 불안에 시달리던 마음은 어느 정도 평안을 얻었다. 그런데 이 매력적인 기록, 곧 화두들을 장님 문고리 찾듯 살펴보며 시를 쓰는 나로서는 어쩌면 시와 교감하는 부분이 무척 많겠다 싶었다.

내게 있어 선은 종교도 아니고 철학도 아니고 하나의 정신문화이다. 심원한 영성과 예술적 영감이 일상에서의 회통을 통해 감동의 고공과 심연, 곧 표현할 길 없는 지혜를 얻게 하는 것이다. 그러기에 "선은 시요 시는 곧 선이다."(R. H. 블라이스) 논어에 "시삼백이 사무사(思無邪)"라고 했거늘, 사악함이 단 하나도 없는 생각이란 분별과 차별의 마음을 박살내야만 의심할 길 없는 깨달음을 얻게 되는 선의 소이연과 다름이 없는 것이다.

　물론 선 이야기와 현대시의 접점을 찾아보는 일이 처음에는 무모한 일로 여겨졌다. 감각과 사유의 언어적 산물인 시가 언어 너머의 실천적 수행에 의한 깨달음을 추구하는 그 불립문자의 진실을 어찌 간파할 수 있는가. 하지만 열정과 자유 하나로 부딪치는 체험과 상상력 그리고 직관에 의한 통찰 등을 통해, 단순하고 평범한 일상 속에서도 세계와 존재의 비의를 가끔씩 들여다보는 시가, 선 수행에서 지관(止觀)을 통한 오도의 환한 미소를 얻는 것과 다를 바가 무어 있으랴. 시나 선이나 탁월함의 지혜를 지향하는 무위(無爲, 無位)의 정신인 것을.

　매회 이야기마다 세 부분으로 나누어져 구성된 이 에세이집은, 첫째 부분에 해당 이야기의 주제에 얼추 맞춘 리드 글을 실었다. 문학,

역사, 철학, 동양사상, 종교 등에서 얻은 지식이 동원되었다. 그리고 두 번째 부분에선 에세이집의 핵심이라 할 수 있는, 내가 좋아하는 선종의 화두 곧 공안을 소개하였다. 『아함경』을 비롯한 각종 경전과 『조주록』 등 여러 선어록 그리고 간화선 및 불교 관계 서적을 대폭 참조하였다. 특히 정성본 스님이 역주(譯註)한 『벽암록』과 『무문관』을 시작으로 공부에 임했기에, 두 책의 인용이 많다. 이 자리에서 그 공덕을 모두 스님께 드린다. 인용 글들은 최대한 출처를 밝혔으나 그러지 못한 점 등이 있으면 나의 공부욕심 탓이니 너그러운 해량이 있기를 빈다. 세 번째 부분에선 해당 공안과 현대시의 교감이 가능할 수 있다고 생각한 한국 시인들의 주요 시작품을 선적 관점에서 해석을 시도하였는데, 혹여 너무 심한 오독을 한 작품이 있지 않나 걱정이 된다.

    이 세 파트가 하나의 공안을 위한 유기적 통일성을 기했다고 볼 수는 없다. 애초에 공안에 딱 맞아 떨어지는 시가 있을 수도 없고, 있다 해도 언어문자를 넘은 실천적 깨달음을 위한 공안과 언어문자에 의존할 수밖에 없는 시는 문자반야의 교감 차원에 한정되기 때문이다. 다만 이러한 선문답과 한국 현대시의 교감을 시도해 본 글은 아마도 이 에세이집이 처음일 거라는 자부심은 든다. 여러 글의 차용과 오류들이 눈에 거슬릴 수도 있겠으나, 이 에세이집은 순전히 나의 개인적 차원의 구도공부 노트라는 것을 말해두고 싶다.

  아울러 이 에세이집이 삶의 "한 티끌이 일어나니 온 대지가 그 속에 들어가고, 꽃 한 송이 피니 그 속에 세계가 열리기도 한다."는 등의 오도송을 부르고 싶은 사람들에게 일단 공부의 삶에서 조금은 덜 외롭고, 조금은 덜 무섭고, 조금은 덜 고통스런 방편지혜를 제공할 수 있으리라 생각한다. 이 바탕 위에서 경천동지할 세계를 환하게 열어젖혀 민중 속으로 회향하는 실천적 수행의 몫은 오로지 수행자건 시인이건 각자의 것이리라.

2022년 원단
고재종

차례

작가의 말 ··· 4

제1화 부처가 꽃을 들자 가섭이 웃다 ··· 15
        – 정현종, 「그 꽃다발」

제2화 세존은 한참 동안 그대로 앉아 있었다 ································ 25
        – 황인찬, 「단 하나의 백자가 있는 방」

제3화 내려놓아라 ·· 35
        – 이윤학, 「제비」

제4화 죽은 부처가 맨발을 내보이다 ·· 44
        – 문태준, 「맨발」

제5화 유마가 불이법문에 대해 침묵하다 ····································· 53
        – 송찬호, 「나비」

제6화 텅 비어서 성스러운 것이 없습니다 ···································· 62
        – 이준관, 「부엌의 불빛」

제7화 네 마음을 벌써 편안케 해주었노라 ··································· 71
        – 조용미, 「불안은 영혼을 잠식한다」· 김언희, 「불안은 불안을 잠식한다」

제8화 죄를 씻어주었노라, 누가 너를 묶었느냐 ···························· 80
        – 반칠환, 「먹은 죄」

제9화 제 성은 불성(佛性)입니다 ·· 89
        – 최승자, 「일찍이 나는」

제10화 본래 한 물건도 없거늘 ·· 98
        – 천양희, 「마음의 수수밭」

제11화 선도 악도 생각지 마라 ·· 111
        – 황인숙, 「말의 힘」

제12화 움직이는 건 마음이라오 ·· 120
        – 신경림, 「갈대」

제13화 손가락으로 달을 가리키다 ·· 129
        – 김백겸, 「달의 문법에 관한 시」

제14화	어떤 물건이 이렇게 왔는고?	138
	– 문태준, 「꽃들」	
제15화	좌선한다고 부처가 되겠느냐	147
	– 김명인, 「화엄에 오르다」	
제16화	이것이 무엇인가?	156
	– 오규원, 「나비」	
제17화	이 마음이 곧 부처다	165
	– 이문재, 「마음의 오지」	
제18화	일면불 월면불이다	174
	– 강은교, 「自轉 1」	
제19화	배고프면 밥 먹고 졸리면 잔다	185
	– 최영철, 「인연」	
제20화	만물은 나와 한 몸이지요	194
	– 정호승, 「들녘」·오규원, 「物物과 나」	
제21화	일원상(一圓相) 가운데 앉았다	203
	– 문인수, 「달북」	
제22화	남전이 고양이를 베다	212
	– 오규원, 「새와 집」	
제23화	개에게도 불성이 있습니까?	221
	– 오규원, 「봄과 길」	
제24화	뜰 앞의 잣나무니라	230
	– 김소월, 「山有花」	
제25화	평상심이 도다	239
	– 황동규, 「버클리풍의 사랑노래」	
제26화	지극한 불도는 어려움이 없다	248
	– 정현종, 「바보 만복이」	

제27화 비가 오지 않아도 꽃은 진다 ·················· 261
　　　　— 조지훈, 「낙화」

제28화 차 마시게 ·················· 270
　　　　— 이성미, 「네가 꿈꾸는 것은」

제29화 만법은 하나로 돌아간다 ·················· 279
　　　　— 최승호, 「공터」

제30화 임제 스님이 곧바로 고함쳤다 ·················· 289
　　　　— 김지하, 「花開」

제31화 버들은 푸르고 꽃은 붉다 ·················· 298
　　　　— 조은, 「모란을 보러 갔다」

제32화 부처를 태워서 사리를 얻으려 하오 ·················· 307
　　　　— 문정희, 「돌아가는 길」

제33화 산에 핀 꽃 비단결 같구나 ·················· 316
　　　　— 김행숙, 「따뜻한 마음」

제34화 주인공! 깨어 있는가 ·················· 325
　　　　— 문정희, 「꽃의 선언」

제35화 말없이 부채질만 할 뿐 ·················· 334
　　　　— 이시영, 「라일락 향」·정현종, 「사물(事物)의 꿈 1—나무의 꿈」

제36화 황금빛 털 사자로다 ·················· 343
　　　　— 손택수, 「있는 그대로, 라는 말」

제37화 날마다 좋은 날이지 ·················· 352
　　　　— 심보선, 「좋은 일들」

제38화 무엇이 진진삼매(塵塵三昧)입니까? ·················· 363
　　　　— 김상용, 「남으로 창을 내겠소」

제39화 좋은 일도 없었던 것만 못하다 ·················· 372
　　　　— 고재종, 「맑은 눈」

제40화 체로금풍(體露金風)이지 ·················· 381
　　　　— 박용래, 「濁盃器」

제41화 음악을 바치다 ·················· 391
　　　　— 서정주, 「上里果園」 부분

제42화 좋은 술을 석 잔이나 마시고도	401
— 고진하, 「시래기밥」	
제43화 백척간두에서 한 걸음 더 나아갈 수 있는가	410
— 남진우, 「카프카」	
제44화 어떤 것이 반야의 본체입니까?	420
— 오규원, 「발자국의 깊이」	
제45화 일체의 모든 소리가 부처의 소리다	430
— 기형도, 「소리의 뼈」	
제46화 어떤 것이 취모검입니까?	439
— 장석남, 「무지개의 집」	
제47화 죽비는 죽비이고 죽비가 아니다	448
— 김명수, 「선창 술집」	
제48화 그대는 혜초다	457
— 김형영, 「나」	
제49화 향기로운 풀을 따라 갔다가	466
— 최하림, 「강이 흐르는 것만으로도」	
제50화 줄탁동시(啐啄同時)	475
— 김종상, 「선생님과 1학년」	
제51화 추위와 더위가 없는 곳이 어디입니까?	484
— 이홍섭, 「서귀포」	
제52화 사구(四句)를 여의고 백비(百非)를 떠나서	494
— 박용래, 「저녁 눈」	

| 중국 선종 법맥의 계보 | 504 |
| 참고한 책들 | 506 |

제1화

부처가 꽃을 들자 가섭이 웃다
― 정현종, 「그 꽃다발」

1

어렸을 때 어른들로부터 "말 한마디에 천 냥 빚 갚는다."는 말을 많이 듣고 살았다. 이는 말을 삼가하고 남을 배려해서 하라는 뜻이었다. 사실 말 혹은 언어는 한 사람의 인격과 품위에서 나오기 전에, 인간에게 인간이 인간됨을 보장해주는 생명과 같은 존재이다. 하지만 오늘날 정치적 부패에서부터 시작된 언어의 붕괴는 사회 제반 현장에서 인간의 무자비한 권력욕, 끝을 모르는 재물욕, 눈이 없는 욕정의 적나라함만을 막장 드라마처럼 보여주고 있다. 마치 동물들의 서열 싸움과 먹는 것에 대한 탐욕, 암컷을 차지하려고 벌이는 수컷들의 혈투를 막강하게 업그레이드한 버전과도 같다. 언어가 인간에게 가르쳐준 지식과 지혜, 이성과 감정, 신과 자연이라는 개념 그리고 그것과 부합하는 실천적 경험들 곧 자유와 양심, 사랑과 자비 등

등이 있어 인간은 지금까지 만물의 영장으로 성장해왔던 것을 일거에 무너뜨릴 기세이다.

사실 언어는 아주 오래전부터 인간의 생존과 직결되는 도구였다. 인간이 지구상에 처음 출현했을 때 자연은 먹이를 제공해주기도 하지만 반면에 너무도 적대적인 존재였다. 이 자연을 극복하기 위해 인간은 무엇을 했을까. 철학자 이승종의 『우리와의 철학적 대화』를 보면 인간이 자연 속에서 행한 "생존에 필요한 초보적인 작업은 세상 만물을 인간의 입장에서 갈라 보는 것이었다. '나'와 나 아닌 것, 먹을 수 있는 것과 없는 것, 더운 것과 찬 것, 해로운 사람과 이로운 사람 등등. 이러한 가름을 해나가다 인간은 가름을 좀 더 용이하고 체계적으로 하기 위해 '이름'을 고안하게 되었을 것이다. 먹을 수 있는 것은 '음식'으로, 없는 것은 '독'으로, 해로운 사람은 '적'으로, 이로운 사람은 '친구'로 등등. 언어는 이러한 가름의 작업에서 비롯되었을 것이다." 꽤 그럴듯한 언어 생성의 기원을 묘파하는 글이다.

이렇게 가름의 작업에서 언어가 비롯됐다면 그 언어는 필히 인간의 입장을 가지게 될 수밖에 없지 않은가. 언어가 인간이 인간됨을 보장해주는 도구라는 말에서 '인간이 인간됨'이라는 뜻은 인간이 동물과 다른 존재라는 것임과 동시에, 인간이라는 무리 중에서도 인간의 품성을 갖추지 못한 자와 창의성, 상상력, 도덕성, 종교성 등 인간됨의 고결함을 갖춘 자가 있다는 분리적 판단을 내재하고 있는 것이다. 그럼에도 인간에게 "언어는 의사 전달을 가능케 하고 세상 만물의 가름과 이해의 결집으로서의 지식을 창출하는 역할을 수행"하는 데 너무도 유용한 도구여서 사람들은 언어를 생명과 같이 여기며 살고 있다.

하지만 가름의 기원을 가지고 있는 언어는 인간의 입장뿐만 아니라 나아가 그 언어를 말하고 있는 개인의 판단과 해석과 주장이 항상 견지되고 있다. 개인 각자가 아무리 열린 마음을 가지고 타자와의 대화를 한다 할지라도 가름에서 시작된 언어가 인간의 생존 욕구에서 비롯됐을진대, 자기중심적이고 이기적인 언어를 사용하지 않고는 세상을 살아나갈 수가 없다. 그런 언어로 상대를 제압하거나 배제시키지 않으면 반대로 나 자신이 분별과 경쟁의 사회에서 낙오될 수밖에 없다. 개인적으로는 침묵과 고요의 마음을 기르고 자비와 공덕의 삶을 살리고 해도 세계 속에 던져지는 순간 야수와 같이 변할 수밖에 없는 것이 인간의 삶이다. 그래서인지 삶에서 진정으로 '미묘한 가르침'은 언어문자로 표현할 수 없다고 하는 종교가 있다. 선종이다.

선종에서 깨달음의 미묘한 가르침은 경론이나 문구에 의하지 않고 스승으로부터 제자에게 마음에서 마음으로 직접 전해진다. 흡사 다중 속에서도 연인들의 눈빛과 눈빛은 서로 뜨겁게 부딪히는 것처럼 이론과 사량할 여지가 없이 이심전심으로 특별하게 전해진다. 선의 기원이자 1,700가지 공안(公案, 화두)의 제일로 들 수 있는 것이 염화미소의 일화이다. 염화미소 이야기에서 선(禪)이 비롯되었다고 말해질 정도의 이 핵심적인 공안에서 '불립문자'라는 언어 아닌 언어를 말하는 것은, 의미는 대척적이지만 창세기에 "태초에 말씀이 있었다"라는 말만큼이나 혁명적이다. 그렇지 않은가. 아함경 이래 불교의 수많은 경전들 그리고 논장과 율장의 문서들, 조주록을 비롯한 각종 선어록들이 사실 깨달음의 방편, 곧 강을 건너는 뗏목에 불과할 뿐 궁극의 진리는 언어로 표현할 수 없다는 데야 아득하지 않고

배기겠는가. 그럼에도 언어로 전해지고 있는 그 공안을 일단 살펴보지 않고는 우리는 한마디인들 할 수 없을 것이다.

2

　　석가모니 세존이 옛날 영취산에서 설법을 할 때에 꽃을 들어 대중 앞에 보이셨다. 대중은 모두 말없이 가만히 있고, 오직 가섭 존자만이 얼굴에 가득 찬 미소를 지었다.
　　세존은 비로소 말씀하셨다.
　　"나에게 올바른 법을 보는 안목(正法眼藏) 즉 열반에 이르는 미묘한 마음(涅槃妙心)과 실상에는 상이 없다(實相無相)는 미묘한 가르침(微妙法門)이 있다. 이것은 문자로 표현할 수도 없어 가르침 이외에 별도로 전할 수밖에 없기에(不立文字 敎外別傳) 위대한 가섭에게 맡기겠노라."

－『무문관』제6칙

　불교의 창시자 석가모니 세존과 제일 제자 가섭 간에 일어난 염화미소(拈華微笑)의 이야기다. 흔히 영산회상(靈山會上)이라고 하는 영취산 법회에서 일어난 일인데, 어느 날 부처님은 평상시와 다름없이 1,200 제자를 비롯하여 많은 대중을 거느리고 설법을 하였다. 그때 대중 가운데 한 사람이 꽃 한 가지를 공손히 바치자, 부처님은 아무 말 없이 그 꽃을 들어 올려 대중 앞에 보이신 것이다. 그러나 누구 하나 그 뜻을 헤아리지 못하고 묵묵히 바라볼 뿐이었다. 대중 속에는 부처의 10대 제자들 중 기억력과 이해력이 탁월한 아난도 있고, 지혜가 뛰어난 사리불, 공(空)을 풀이하는 데 일인자인 수보리, 설법에 능한 부루나, 신통력 제일의 목건련도 있었지만, 누구도 들어 올린 꽃의 의미를 헤아리지 못한 것이다.

그때 가섭 존자만이 얼굴에 활짝 미소를 지었다. 가섭은 10대 제자 중 두타제일(頭陀第一)로 불린다. 두타는 번뇌와 망념을 떨쳐 버리고 의식주에 대한 집착조차 여읜 채 청정하게 불도를 수행하는 것을 가리킨다. 한마디로 가섭은 어떠한 상이나 생각에 얽매이거나 집착하지 않고 무아(無我)의 마음으로 치열한 수행을 하는 사람이었다. 그러기에 두타제일만이 부처님이 들어 올린 꽃을 보고 그 의미를 통찰하고는 활짝 미소를 지은 것이다. 가섭의 파안미소를 보신 세존께서는 비로소 입을 여시고 "나에게 올바른 법을 보는 안목 즉 열반에 이르는 미묘한 마음과 실상에는 상이 없다는 미묘한 가르침이 있다. 이것은 문자로 표현할 수도 없어 가르침 이외에 별도로 전할 수밖에 없기에 위대한 가섭에게 맡기겠노라."고 말씀하셨다.

그렇다면 과연 문자로 표현할 수 없는 그 부처님의 염화는 무슨 의미이며 가섭의 미소는 또 어떠한 깨달음을 나투고 있는가. 이심전심 속에서 전해진 그 진리는 세존의 말씀 속에 얼핏 비친다. 일단 그 진리를 깨치기 위해서는 정법안장이 필요하다. 정성본 역주 『무문관』에 의하면 정법안장은 불법의 근본 진리를 깨달아 정법을 올바르게 볼 수 있는 지혜와 안목을 갖추는 것을 말한다. 가령 법안, 불안, 혜안과 같은 의미이다. 이러한 안목과 시선으로 열반묘심을 깨쳐야 한다. 이는 일체의 탐, 진, 치 삼독심과 번뇌의 불꽃이 완전히 소멸된 열반적정(nirvana)의 경지를 깨닫는 마음 상태를 가리킨다. 그걸 얻기 위해서 실상무상의 진리를 알아야 한다. 일체의 모든 존재는 연기법으로 이루어진 것이기에 생로병사 혹은 생주이멸을 거쳐 존재의 본래 상태인 공(空)으로 돌아간다. 그러기에 존재들의 실상은 사실 무상한 것이라는 일체개공(一體皆空)을 모르고선 미묘한 가르침을 깨치는 데는 난망할 수밖에 없다.

이런 미묘한 법문은 문자로 표현되거나 말로 설해질 수 없다. 이는 언어라는 것이 서두에서 말한 대로 '가름'의 속성을 갖고 있기 때문이다. 가른다는 것은 분별한다는 것인데, 불교나 선종에서 가장 큰 죄악으로 여기는 것이 인간의 분별심, 분별망상심이다. 모든 존재를 나의 입장에서 유리한 것만 분할, 취득해서 사용하는 것은 타자의 배제 속에서만 가능하다. 우리가 현실 사회 속에서는 언어를 의사 전달의 도구로 사용하고, 세상 만물의 가름과 이해의 결집으로서의 지식을 창출하는 데 너무도 유용하게 쓴다. 하지만 세상 만물이 하나의 뿌리에서 나온다는 만물여아동근(萬物與我同根)의 사상을 바탕에 깔고 있는 불교의 가르침 속에 가름의 언어는 존재할 수 없는 것이다.

그러니 그냥 꽃이다. 굳이 말한다면 그 꽃은 하나의 세계(一花世界)이자 아울러 실상이 무상이기에 항상적으로 존재할 수 없는 공의 환영이다. 그러한 꽃의 세계 속에서 너도 나도 그리고 모든 존재도 불변의 실체가 없는, 연기법만이 부처님이 돌연하게 든 꽃처럼 생생하다고 말할까. 이런 미묘한 법문을 두타행의 가섭 존자 같은 사람이 오늘날 현실 사회 속 어디에 있어서 깊이 이해하고 실행하며 다시 꽃을 들게 될까.

3

마추픽추 山頂 갔다 오는 길에
무슨 일인지 기차가 산중에서
한참 서 있었습니다.
나는 내렸습니다.
너덧 살 되었는지
(저렇게 작은 사람이 있다니!)
잉카의 소녀 하나가
저녁 어스름 속에
꽃다발을 들고 서 있었습니다.
항상 씨앗의 숨소리가 들리는
어스름 속에,
저 견딜 수 없는 박명 속에,
꽃다발을 들고, 붙박인 듯이.
나는 가까이 가서
(어스름의 장막 속에서 그 아이의
오, 보일 듯 말 듯한 미소를 보았습니다.
이럴 때 눈은 우주입니다.
그 미소의 보석으로 지구는 빛나고
그 미소의 天眞 속에 시냇물 흘러갑니다.
그 미소 멀리멀리 퍼져나갑니다.
어스름의 光度 속에 퍼져나갑니다.)
얼마냐고 물었습니다.

나는 2솔을 주고 꽃다발을 받아들었습니다.
허공의 심장이 팽창하고 있었습니다.

― 정현종, 「그 꽃다발」

    염화미소와 같은 선이야기와 현대시의 접점을 찾아보는 일은 사실 무모한 일인지도 모른다. 감각과 사유의 언어적 산물인 시가 언어 너머의 실천적 수행에 의한 깨달음의 세계 속에 있는 진실을 어찌 간파할 수 있다는 말인가. 하지만 시에도 온몸으로 부딪치는 체험과 상상력, 그리고 직관에 의한 통찰 등은 세계와 존재의 비의를 가끔씩 들여다보기도 한다. 이는 선 수행에서 지관(止觀)을 통한 오도의 환한 미소를 얻는 것에 비견될 것이다. 위의 정현종의 시에서 보일 듯 말 듯 하게 피어나는 미소도 그중 하나가 아닐까.

    시인은 지금 페루의 마추픽추 산정에 있는 옛날 잉카문명의 신비한 잔재를 보고 내려오는 중이다. 기차가 중간에서 잠시 멈추어 섰는데, 마침 그때 저녁 어스름 속에 꽃다발을 들고 서 있는 "잉카의 소녀 하나"를 발견한다. 너덧 살이나 되었는지, 저렇게 작은 사람이 있을 수 있을까, 할 정도로 여겨지는 소녀였다. 그 아이는 "항상 씨앗의 숨소리가 들리는 어스름 속에", "저 견딜 수 없는 박명" 속에 서 있다. 어스름은 휴식과 평안을 부르지만, 그 속에 아울러 생성과 예감의 씨앗이 숨 쉬고 있다. 작열하는 태양도 칠흑 같은 어둠도 아닌 어스름이야말로 씨앗을 발아시키고 낮과 밤의 경계를 무화시키는 서로 '저미는' 시간이기 때문이다.

    그런 어스름 속에 서 있는, 씨앗과도 같은 잉카의 소녀를 발견하고 시인은 기차에서 내린다. 그리고 가까이 가서 그 소녀를 본다. 어스름의 장막 속에서 그 아이의 "오, 보일 듯 말 듯한 미소"를 본다. 잉카 소녀이기에 아마도 벽옥처럼 푸른빛일 소녀의 눈을 보는 순간, 시인은 미소로 반짝이는 그 눈이 곧 '우주'라고 말해 버린다. 그 눈의 미소는 분별하고 분석하고 합리적인 이성으로는 결코 파악할 수 없는 것이었다. 시인의 마음을 통째로 사로잡은, 말로 표현할 수 없는 감동이었다. 그러기에 시인은 이 장면을 괄호 속에 넣어서 그것이 조용하고 신비로운 마음의 황홀 속에서 이루어지는 것임을 강조한다.

16세기 에스파니아에 의해 멸망하기까지 안데스산맥에서 태평양 해안에 걸쳐 대제국을 경영했던 잉카인들의 문명은 당시 세계 최고 수준이었다. 잉카 의사들은 절단 수술을 할 정도로 의학 지식이 높았고 농업용수로, 거대한 성채, 궁전과 신전을 건설한 최대 문명국이었다. 잉카의 마지막 왕이 황금을 숨겨놨다는 설화 속 공중도시 마추픽추가 발견된 것은 1911년 정도였는데, 산꼭대기의 도시는 놀라웠다. 잉카인들이 세계를 보는 방식인 상과 하, 우측과 좌측, 남성과 여성, 시간과 공간의 두 기준에 따라 절묘한 위치에 계획적으로 세워져 있었다.

하지만 그런 이분법적인 문명이 결승문자의 한계 때문에 제대로 밝혀지지도 못한 채 신화 속으로 사라진 쓸쓸함을 마추픽추에서 목도하고 내려오는 시인! 그의 눈앞에 잉카의 후예인 작은 소녀의 미소 띤 푸른 눈이 우주 그 자체로 빛나고 있는 것이었다. 시인은 마침내 흥분에 들떠서 "그 미소의 보석으로 지구는 빛나고/그 미소의 천진(天眞) 속에 시냇물 흘러갑니다./그 미소 멀리멀리 퍼져나갑니다./어스름의 광도(光度) 속에 퍼져나갑니다."라고 조용히 외친다. 하기야 아이의 반짝거리는 미소와 같은 보석이 지상 어디에 있다는 말인가. 꼭 잉카문명 여행 중에 만난 것이 아니더라도 아이의 미소 앞에서는 모든 욕망과 이기심은 항복되어지고, 세상은 평화와 사랑의 가슴 뻐근한 기쁨으로 넘쳐날 수밖에 없을 것이다.

너무도 기뻐서 속으로, 속으로 미소의 광휘에 휩싸이며 얼마냐고 묻는다. 2솔을 주고 꽃다발을 받아든다. 한데 아무리 '우주' 자체인 눈에서 '미소의 보석'을 발견하고 감동과 황홀의 기쁨에 젖은 시인일지라도 합리적 계산속에 사는 옹졸한 문명인 신분은 어찌할 수 없는 모양이다. 순식간에 온 지구를 빛내버리는 아이의 미소 앞에서 꽃다발의 가격은 왜 묻는가? 우리 돈 200원 정도의 2솔이라는 가격을 묻지 말고 호주머니에서 손에 잡히는 대로 돈을 쥐여주고 꽃을 받았더라면 얼마나 좋았을까. 물론 무의식중에 나온 문명인의 습관적 매매행위였겠지만 아이의 미소는 수만금의 돈으로도 결코 살 수 없는 것 아닌가. 그럼에도 돈을 지불하고 꽃다발을 받아드니 "허공의 심장이 팽창"한다고 시인은 고백하고 있다.

그렇다. 허공의 심장이다! 이러한 작은 소녀의 "오! 보일 듯 말 듯 한 미소"는 유위의 세계에서 볼 수 있는 미소가 아니다. 사람의 심장이 아니라 허공의 심장이 팽창하는, 선열(禪悅)의 세계에서나 반짝이는 미소이다. 그것을 나는 시에서 아무런 "욕심내는 것도 없이, 욕심내어 가닿을 데도 없이, 미소 자체만을 미소하며, 스스로 빛을 발하고 있는 미소는, 사람이 어쩌다 한번쯤 지을 수 있을까 말까 한, 자기 안의 부처가 잠시 꽃을 들어 보인 것"(「창」)이라고 표현한 적이 있다. 「그 꽃다발」은 염화미소의 공안을 구체화시킨 것 같은 명시이다.

제2화

세존은 한참 동안 그대로 앉아 있었다
― 황인찬, 「단 하나의 백자가 있는 방」

1

 오늘날 인터넷이나 각종 매체를 들여다보노라면 거기에 인간에 대한 신뢰와 희망이 가뭇없이 사라지게 만드는 말들이 횡행하는 것을 목도하게 된다. 날조된 사실과 왜곡된 신념, 편견과 억측, 황당한 궤변과 견강부회, 입에 담을 수 없는 욕설과 우김질 등 가짜뉴스와 '개소리(Bullshit)'가 판을 치는 그 세계는 그야말로 지옥이다. 특히 거짓말을 식은 죽 먹듯 하면서도 자기들만이 정의라고 우기며 상대편은 그 가족까지 발기발기 파헤쳐 인간으로서 도저히 참을 수 없게 만드는 정치인들과 그 팬덤이 조장하는 '소란―능변'은 가히 목불인견이다.
 이럴 때 막스 피카르트(1888~1965)가 『침묵의 세계』에서 말한 그 침묵이 그립다. "침묵은 하나의 원형상(原現像)이다. 침묵은 사랑,

믿음, 죽음, 생명 등과 같은 다른 원형상들과 마찬가지로 본래적으로 자명하게 존재한다. 침묵은 원현상들 중에서 가장 먼저 태어났다. 말하자면 아무것에도 소급시킬 수 없는 원초적 주어져 있음(所與)이다." 어느 시인이 '별들의 바탕은 어둠이다'라고 했는데 말의 바탕은 침묵이다. 사계절과 자연과 사물, 언어와 자아와 신화, 사랑과 예술과 진리들이 모두 침묵을 바탕으로 존재한다. 오늘날 '소란-능변'만이 모든 것을 지배해버린 세계에 침묵은 다만 존재할 뿐 아무런 목적도, 이용도 할 수 없는 존재의 대지이다. 침묵이라는 그 존재의 대지, 말의 바탕을 잃어버렸기에 말은 끝없이 추락한다.

인간에게는 침묵과 함께 "모든 것 중에서 가장 뛰어나고도 위험한 존재인 언어가 주어졌다. 창조하고, 파괴하고, 멸망으로 치닫다가 다시 영원한 어머니이자 최고의 명장인 자연에게 되돌아올 수 있도록"(프리드리히 횔덜린)하는 언어 말이다. 이 말에서 '자연'은 '침묵'으로 읽힌다. 언어 혹은 말은 침묵에서 나와서 우리가 자신을 증명하고 생성할 수 있도록 무궁무진하게 활약한 뒤에 다시 침묵으로 되돌아간다. 침묵에서 말이 발생하고, 그것에 의해서 모든 존재는 창조이전에서 창조로, 선사에서 역사로 나왔지만, 말은 다시 말 이전의 침묵으로 되돌아간다. 물론 침묵은 말을 통해서 비로소 그 의미와 가치를 얻게 되는 것 또한 사실이다.

인간의 말이 잠든 어느 폐촌의 대지에 서 보면 사위는 순식간에 침묵이 점령한다. 우리는 이때 일종의 두려움과 불안감까지 느끼게 된다. 거기에 침묵의 시원성과 원초성이 자리하기 때문이다. 바로 시원성과 원초성으로부터 시작하고 무엇인가를 새로 창조할 수 있다. 위의 책에 의하면 그런 침묵이라는 원형상이 파괴되어 버린 까닭에 인간에게 또 다른 원현상의 하나인 성(sex)에 지나치게 매달린다. 그 바람에 성조차 다른 원형상의 대열과 질서 속에서 보호받지 못해서 모든 기준을 잃어버리고 파탄의 지경으로 나아갔다는 것이다.

침묵에서 나오는 것이 언어이지만, 또한 "언어는 인간에게 앞서 주어진 것이다. 인간이 말을 시작하기 이전부터 언어는 인간 속에 있었다. 모리스 메를로-퐁티(1908~1961)는 "인간이 말을 배우기 이전부터 언어는 인간 속에 내재해 있다. 언어는 스스로 가르치며 스스로 해석한다. 태어난 직후 아이는 동물들이 그러는 것처럼 몸짓과 소리로 의사를 표시하지만, 어느 순간 새로운 차원에서 발생한 몇 개의 어휘가 아이의 입에서 터져 나온다. 바로 언어가 발휘하는 기적의 순간이다." 그것이 '선험적 언어' 자체라는 것이다. 그 선험성이 아이를 언어 속으로 밀어내, 아이는 마침내 그 언어로 하나의 세계에 속하고 하나의 세계를 창조해낸다.

이렇게 선험적으로 내재된 언어의 표출로 우리는 세상의 역사 속에 존재하지만, 언어의 분별성과 차별성으로 세계를 구획해가는 언어는 제 본래의 바탕인 침묵의 존재를 아예 무시해버린다. '소란-능변'의 언어로 실리와 효용적 가치만 좇는 가운데 인간들은 본래적 존재의 의미를 상실한 채 헤맨다. 인간과 자연, 인간과 인간, 인간과 부처의 분별없는 관계를 통해 삶을 사랑하고, 세계를 있는 그대로 사랑하는 법을 잊어버린다. 이럴 때 잠자리 날개처럼 여리고 투명한 고요와 침묵으로 되돌아와, 그 시원성과 원초성 속에서 다시 시작해야 한다.

2

어떤 외도가 부처님께 질문했다.

"말(有言)로도 묻지 않고, 침묵(無言)으로도 묻지 않겠습니다."

세존은 한참 동안 그대로 앉아 있었다.(良久)

외도는 찬탄하며 말했다.

"세존께서 대자대비로 저의 미혹한 구름을 열어서, 저에게 깨달음을 얻도록 하셨습니다."

외도가 떠난 뒤에 아난이 부처님께 여쭈었다.

"외도는 무엇을 증득했기에 깨달음을 얻었다고 말하는 것입니까?"

부처님은 말씀하셨다.

"세상의 좋은 말은 채찍 그림자만 보아도 달리는 것과 같다(如世良馬見鞭影而行)."

— 『벽암록』 제65칙

어느 날 외도(外道)가 부처님을 찾아와 질문을 했다. 여기서 외도라 함은 인도에서 불교 이외의 다른 종교나 사상을 신봉하는 사람을 총칭한다. 부처가 살아 있을 적에 우수한 육파철학(六破哲學)의 학도들이 자주 찾아와 도를 물어 시험하곤 했다. 육파철학은 바라문교의 흐름을 편성한 미만사, 베단타, 상카, 요가, 니야야, 바이세시카 등 인도의 정교라고 여기는 여섯 가지 철학파의 총칭이다. 베다문명에서 길러진 인도의 사상계는 우파니샤드 철학을 열어 인도종교의 근본을 형성하였는데, 외도들은 모두 윤회의 실체인 영혼(아트만)의 실재를 주장한다.

　반면에 불교는 영혼의 존재를 부정하는 무아설(無我說)을 제시하여 인도종교의 한 획을 긋고 있었다. 그러니까 인도의 네 가지 성 중 최고의 위치에 있는 승려 계급의 한 바라문 학도가 그때 새로운 종교사상을 요원의 불길처럼 일으키고 있는 부처를 찾아와 이런 대답도 저런 대답도 불가능한 질문을 한 것이다. "말(有言)로도 묻지 않고, 침묵(無言)으로도 묻지 않겠습니다." 그러니까 언어의 유무를 여읜 경지에서 불법의 진수를 설명해 달라는 것이었다. 이를 두고 양도논법(兩刀論法)이라고 하는데, 그런 딜레마를 통해 부처가 일으켰다는 새로운 종교의 허구성을 까발려 부처를 꼼짝달싹하지 못하게 하겠다는 것이다. 세존이 한마디라도 말한다면 그것은 '유(있다)'에 걸리고, 한마디도 말하지 않는다면 '무(없다)'에 걸리게 된다. 그러기에 부처는 "한참 동안 그대로 앉아 있었다." 서두에서 말한 대로 말 혹은 언어는 침묵에서 나와 자기의 소임을 마치면 곧장 침묵과 한 몸이 되어 버리기 때문에 말과 침묵은 애초에 둘이 아닌 하나다. 그래서 이견(二見)을 피해 그대로 앉아 있었던 것이다.

　여기에서의 "세존은 한참 동안 그대로 앉아 있었다.(良久)"라는 표현을 『무문관』에서는 "세존은 앉아 있는 그 자세로 앉아 있었다(據座)"고 한다. 즉 본래 여여불(如如佛)의 경지를 있는 그대로 보여준 셈이다. 부처 본래의 경지를 있는 그대로 보여준 것은 언어의 유무에 떨어지지 않고, 두 차별경계를 모두 포월(抱越)한 불심의 지혜를 '행동'으로 나타낸 것이다. 이것을 그대로 지켜본 외도는 순간 찬탄하며 미혹한 마음을 열고 깨달음을 얻는다. 그러고 보면 외도는 종교성이 높은 사람이다. 마치 원오 극근의 말대로 "은쟁반 위에 옥구슬이 구르듯" 걸림이 없고 산뜻한 깨달음의 전심(轉心)이 찬탄할 만하다. 옆에서 이를 지켜본 아난이 의아해하며 묻는다. "외도는 무엇을 증득했기에 깨달음을 얻었다고 합니까?" 참으로 안쓰러운 질문이다. 깨달음은 각 주체의 마음 작용인데 그걸 왜 묻는가? 이미 세존은 태연하게 앉아 계심으로 유무의 차별과 이견을 포월한 법성을 보여주었다. 또 외도나 범부나 본래 법성을 갖추고 있기에 영성이 출중한 외도는 순식간에 무명의 구름을 헤치고 니르바나로 들지 않았던가.

『잡아함경』에 의하면 결국 세존은 말씀하신다. "아난아! 이 세상에는 네 가지 종류의 말이 있다고 일찍이 말하지 않았더냐? 최고의 양마는 그야말로 채찍을 휘두르는 그림자만 보아도 똑바로 내닫고, 둘째의 말은 채찍이 털끝을 스쳐야만 놀라서 달리고, 세 번째의 말은 채찍이 몸에 떨어져 아픔을 느껴야만 비로소 달린다. 맨 끝의 말은 노마(駑馬)라서 채찍이 뼈에 사무치도록 때려야만 달린다. 그런데 방금 그 외도는 흡사 첫째의 양마가 채찍의 그림자를 보고 달림과 같지 않느냐?"

진시황의 천리마인 '추풍'은 부르면 곧장 되돌아왔다고 한다. 추풍은 천리마의 대명사로 황제가 기르던 명마 일곱 마리 가운데 가장 뛰어난 말이다. 부처는 외도의 선기를 이런 추풍과 같은 준마에 비유하며 깨달음의 근기에 있어서는 지둔하기 짝이 없는 아난에게 차근차근 설명해주고 있다. 이는 아무리 외도라 하여도 준민하고 훌륭한 추풍처럼 찰나에 진리를 증득하였다면 이는 이미 외도가 아니라며, 아난 너는 언제쯤 언어 밖에 있는 지극한 도를 깨치겠느냐는 다

그침인 동시에 자애로운 가르침이기도 하다.

3

조명도 없고, 울림도 없는
방이었다
이곳에 단 하나의 백자가 있다는 것을
비로소 나는 알았다
그것은 하얗고,
그것은 둥글다
빛나는 것처럼
아니 빛을 빨아들이는 것처럼 있었다

나는 단 하나의 질문을 쥐고
서 있었다
백자는 대답하지 않았다

수많은 여름이 지나갔는데
나는 그것들에 대고 백자라고 말했다
모든 것이 여전했다

조명도 없고, 울림도 없는
방에서 나는 단 하나의 여름을 발견한다

사라지면서
점층적으로 사라지게 되면서
믿을 수 없는 일은
여전히 백자로 남아 있는 그
마음

여름이 지나가면서
나는 사라졌다
빛나는 것처럼 빛을 빨아들이는 것처럼

— 황인찬, 「단 하나의 백자가 있는 방」

  미술 전시장에 세팅된 방 하나가 있다. 거기엔 조명도 울림도 없이 단 하나의 백자만 놓여 있다. 백자는 이왕이면 백자 달항아리가 좋겠다. 조명이 없어도 열나흘이나 열엿새 달 같은 백자 존재 자체의 하얀 빛이 어둠을 은은하게 밀어내고, 인위적인 울림이 없어도 열나흘이나 열엿새 달 같은 백자 존재 자체의 둥근 몸이 스스로 울림의 파동을 자아내고 있다. 처음에는 그 백자를 백자라고 이름 붙이지도 못하고, 이곳에 단 하나의 백자가 있다는 것을 '비로소' 그러니까 '나중에야' 알았다. 다만 그땐 하얗고 둥근 것이 스스로 빛나는 것처럼 아니 빛을 죄다 빨아들이는 것처럼, 조명도 울림도 없는 방에 침묵만으로 거기 있었을 뿐이다.
  "나는 단 하나의 질문을 쥐고/서 있었다." 당신은 누구신가? 그러한 당신은 누구신가? 혹여 여인이신가? 조명도 울림도 없는 어쩌면 무의 공간에서 하얗고 둥근 세계를 풍만하게 드러내어서 모든 색택과 조형의 전위를 무화시키는 여인이신가? 아니면 조명도 울림도 없는 어쩌면 무의 공간에서 스스로 빛나고 스스로 빛을 빨아들이는 당신이라면 혹여 신이신가? 이름을 붙일 수도 없는 다만 '신성'이신가? '나'는 하나의 질문만을 쥐고 서 있었다. "당신은 누구신가?" 나중에야 '비로소' 알게 된 백자는 하얗고 둥근 세계를 여는 여인이거나, 스스로 빛나고 빛을 빨아들이는 신이거나 간에, 대답하지 않았다.

다만 거기 그대로 존재할 뿐이었다. 하얗고-순결하고, 둥글고-원만하고, 빛나고-빛이고, 빛을 빨아들이고-회광반조하고 있는 존재에 대한 언명을 어떻게 하는가? 그 존재 자체가 대답을 하지도 않으니 오랜 침묵의 세계만이 거기 있었다. 그 여름이 가고, 수많은 여름이라는 시간이 점층적으로 쌓이면서 '나'는 마침내 그것에, 그것들에 대고 '백자'라고 명명했는데, 그럼에도 모든 것은 여전했다. 백자라고 말한 순간 무슨 아우라도 번지고 작은 탄성 같은 것이라도 일어야 할 것 같은데 모든 것이 왜 여전할까?

하지만 그 여전한 것도 잠시일 뿐 조명도 없고 울림도 없는 방에서 '나'는 놀랍게도, "단 하나의 여름을 발견한다." 그렇다면 그 묘령의 백자는, 백자라고 이름 붙인 백자는, 백자이자 백자가 아니고, 백자이자 백자가 아닌 것도 아닌, 그 백자를 훌쩍 포월(包越)해서 존재하는 '여름'이라는 '시간'의 백자일 뿐이었던가. 조명도 울림도 없는 방은 다만 무와 다름없는 태허의 공간이었고, 거기에 희고 둥글고 빛나고 빛을 빨아들이는 백자는 시간이었던가.

그 시간이 사라지면서, 점층적으로 사라지게 되면서, 믿을 수 없는 일은 그런 시간의 사라짐 속에서도 여전히 백자로 남아 있는 그 마음, 삼계유일심(三界唯一心)의 그 마음, 백자로 잠시 나타난 시간이 스친 그 마음이 전부였던가. 여름이 지나가면서 마음도 사라지니 나조차 사라진다. 빛나는 것처럼 빛을 빨아들이는 것처럼 아니 빛났다가 빛을 빨아들여 버리는 시간이 잠시 스친 마음일 뿐인, "존재!" 그리고 침묵만이 여여하게 남는 것인가.

제3화

내려놓아라
― 이윤학, 「제비」

1

익히 알다시피 성경에는 인류가 하느님에게 닿고자 하는 교만으로 바벨탑을 쌓는 이야기가 나온다. 이 교만의 밑바탕에 탐욕이 들끓고 있다. 탐욕은 욕망의 변질과 과잉이다. 그 바벨탑은 하느님이 인간의 언어를 흩어 버림으로 좌절된다. 또 예수가 광야에서 사탄에게 시험을 받을 때 그 시험이 모두 인간의 욕망과 관계되어 있음은 주지의 사실이다. 떡, 그것은 식욕과 재물에 대한 욕망이다. 세상 권력과 종교적 욕망에 대한 시험이 뒤를 잇는데, 인간의 가장 민감한 부분을 자극하고 유혹한다. 물론 예수는 이를 하느님의 이름으로 단호히 물리친다.

불교의 여러 경전에서도 부처가 험한 숲속에서 피골이 상접하도록 고행을 하는 와중에 마군이로부터 많은 유혹과 시험을 받는 장면이 나온다. 그중 『법화경』에 보면 마군이가 금식하는 석가모니에게 음식으로 유혹하자 "사람은 밥으로만 사는 것이 아니라 광음천(光音天)처럼 기쁨을 양식으로 먹고 산다."고 대답한다. 당시는 식욕 해결이 최대의 문제였던 시대를 반영한 유혹이었지만 부처는 이를 기쁨의 화안애어(和顔愛語)로 제압했다. 불교에서 탐진치를 3대악으로 놓는 데 있어 탐욕을 맨 앞에 둔 것도, 인간의 탐욕스런 욕망이 자신을 망치고 세상을 망친다는 것을 부처가 수행 중 한눈에 꿰뚫었기 때문이다.

홉스(1588~1679)는 인간의 행동을 야기하는 근본적인 동인인 욕망(desire)이 '쾌락을 향한 욕망'이라고 했다. 그렇다면 욕망은 쾌락의 하수인에 불과한 것인가. 하기야 인간의 3대 욕망인 식욕, 성욕, 수면욕은 거대한 본능인데 이것이 잘 충족되고 나면 쾌락이 찾아오는 것은 불문가지이다. 그런데 '비평이론'에서 욕망과 쾌락은 대립적이다. 욕망은 지속적인 흐름인데, 쾌락은 욕망의 흐름을 정지시키거나 종결시키기 때문이다.

이안 뷰캐넌의 『교양인을 위한 인문학 사전』에 의하면, 욕망에 관한 두 가지 논쟁 중 그 하나는 욕망이 인지적인가 본능적인가 하는 것이다. 이 문제에 대한 합의는 욕망은 본능에 속한다는 것, '문명화'되기 위해 우리가 경로를 만들고 봉쇄를 배워야만 하는, 우리를 관통하는 힘이라는 것이다. 다른 하나는 욕망이 자기 동기 부여적인가 아닌가의 문제다. 욕망이 결핍에 의해 유발된다고 주장하는 자크 라캉이 있는데, 이 욕망은 획득할 수 없는 대상을 향해 끊임없이 흐른다는 이론이다. 반면에 임마뉴엘 칸트는 욕망은 쾌락의 매개 없이 판단을 실행할 수 있는 이성이 가지고 있는 근본적인 힘 중 하나라고 했다. 이와 궤를 같이하여 욕망을 자연 자체를 이루는 기본적인 힘 중 하나로 취급하는 질 들뢰즈가 있다. 그는 펠릭스 가타리와 함께 '욕망하는 기계'라는 용어도 만들어 낸 바 있다.

에밀 졸라(1840~1902)의 소설 『테레즈 라캥』에선 욕정에 눈이 먼 유부녀가 정부와 짜고 연약한 남편을 물에 빠뜨려 수장한 뒤 남편의 어머니로부터 막대한 재산을 빼앗는다. 하지만 왜곡되고 과잉된, 눈먼 욕망에 취했던 그들은 서로간의 의심과 한없이 밀려드는 죄의식과 날선 신경전 끝에 자살로 그 종말을 맞고 만다. 이들의 성욕과 물욕에는 결코 브레이크가 없었다. 그들이 첫 관계를 맺을 때의 장면이다. "그녀의 얼굴에는 뜨거운 빛과 정열적인 미소가 흐르고 있었다. 정부의 얼굴은 달아오른 사랑으로 몰라보게 바뀌어 있었다. 미친 듯 애무하는 몸짓에, 입술은 젖어 있고 눈은 빛났다. 그녀는 황홀해하고 있었다. 몸을 비틀며 물결처럼 설레는 젊은 여인은 이상스런 아름다움을 지니고 있었다. 그녀의 얼굴은 내부에서 밝아오고 불꽃이 삶 속에서 튀어나오는 듯했다. 그리고 타오르는 피와 팽팽한 힘줄이 뜨거운 기운과 억세고 찌르는 듯한 공기를 주위에 내뿜고 있었다." 이제 비로소 정열을 가지고 재탄생한 셈이었다고 말하는 첫 불륜 장면의 휘황한 문장을 보아라. 이것이 건강한 사랑의 욕망이었더라면 얼마나 좋았을까.

인간에겐 건강한 욕망 뒤에 항상 금기를 깨고 싶고, 남보다 우위에 서고 싶어 하는 어두운 욕망이 하나 더 있다. 하지만 어떤 대상을 획득하고 나면 더 큰 대상이 생겨나는 욕망은 결코 충족되어질 수 없는 것이다. 호랑이나 사자는 사냥을 해서 배불리 먹고 나면 눈앞에서 영양이 장난질 쳐도 거들떠보지 않는다고 한다. 하지만 사람에겐 '마음'이라는 위장이 하나 더 있어서 먹고 또 먹고, 쌓고 또 쌓고, 지배하고 또 지배하고픈 욕망에 끝없이 시달리다가 파멸하고 마는 '어떠한 동물보다도 사악한' 인총들이 있다는 사실이 슬프다.

2

　　흑지범지가 신통력을 부려 양손에 합환오동화 두 송이를 들고 와서 부처에게 공양했다. 부처가 그를 불러 세웠다.
　　"선인아!"
　　범지가 응답하니, 부처가 말했다.
　　"내려놓아라(放下着)!"
　　범지가 왼손에 있는 꽃 한 송이를 내려놓았다.
　　부처가 다시 말했다.
　　"선인아, 내려놓아라!"
　　범지가 다시 오른손에 들고 있던 꽃 한 송이마저 내려놓았다.
　　그래도 부처가 다시 말했다.
　　"선인아. 내려놓아라!"
　　그러자 범지가 말했다.
　　"세존이시여! 저는 지금 빈 몸으로 서 있거늘 다시 무엇을 내려놓으라 하십니까?
　　부처가 말했다.
　　"나는 너에게 꽃을 내려놓으라고 한 게 아니다! 너는 바깥의 육진(六塵)과 너의 육근(六根)과 그 가운데의 육식(六識)을 한 번에 내려놓아야 한다. 그래야 버릴 게 없을 것이고, 너는 비로소 생사를 면할 수 있을 것이다."

범지가 그 말 한마디에 다시 태어나지 않는 진리를 깨쳤다.

— 『직지』 제7 석가모니불

'방하착'은 손을 내려 밑에 둔다는 뜻이다. 흔히 '내려놓아라' '놓아 버려라'라는 의미로 선종의 대표적인 화두 중 하나다. 중국 송대의 『오등회원』 세존장에 나온다. 이야기에 등장하는 흑지범지는 인도의 바라문 수행자이다. 신통력이 있었는지 합환오동화 곧 자귀나무꽃 두 송이를 만들어 와서 부처에게 공양한다. 그러자 "선인아!" 하고 부처는 그를 불러 세우고 말한다. "내려놓아라!" 범지는 왼손에 있는 꽃 한 송이를 내려놓았다. 그는 아마도 부처가 공양물을 고맙게 받겠다는 뜻으로 내려놓으라고 말했으리라 생각했을 것이다.

하지만 부처가 다시 말한다. "선인아, 내려놓아라!" 범지가 다시 오른손에 들고 있던 꽃 한 송이마저 내려놓는다. 이쯤에서 생각해 보면 이 범지라는 외도는 무슨 속셈으로 꽃을 만들어 가지고 와서 스승도 아닌 부처에게 공양을 했을까 하는 의문이 든다. 그렇다. 아마도 범지는 당시 인도 전역을 휩쓸고 있는 새로운 사상의 창시자 부처에게 나는 이렇게 신통력도 부릴 수 있을 정도로 수행 단계가 높은데 부처 당신은 과연 내게 무엇을 보여줄 수 있는가, 하는 자기과시욕과 부처를 시험하고픈 욕심으로 꽃을 들고 찾아온 것일 수도 있다.

부처가 이를 간파하지 못할 리 없다. 그러기에 부처는 다시 말한 것이다. "선인아. 내려놓아라!" 꽃은 두 송이 다 내려놓았는데 또 내려놓으라니? 이게 뭔가 의아해하며 범지가 말한다. "세존이시여! 저는 지금 빈 몸으로 서 있거늘 다시 무엇을 내려놓으라 하십니까?" 이에 부처가 말한다. "나는 너에게 꽃을 내려놓으라고 한 게 아니다! 너는 바깥의 육진(六塵)과 너의 육근(六根)과 그 가운데의 육식(六識)을 한 번에 내려놓아야 한다. 그래야 버릴 게 없을 것이고, 너는 비로소 생사를 면할 수 있을 것이다." 여기서 육진은 인식대상(object)인 색성향미촉법, 육근은 인식주체의 감각기관(sensory system)인 안이비설신, 육식은 육근과 육진이 상호작용하여 형성되는 인식내용(contents of consciousness)으로 안식·이식·비식·설식·신식·의식을 가리킨다. 이러한 밖의 대상과 안의 주체 그리고 그 가운데 인식내용까지 단번에 내려놓아야 버릴 것이 없고, 그래야만 생사윤회를 면할 수 있다는 것이다.

한마디로 "당신은 왜 나를 보러 왔느냐는 문제를 던진 것이다. 다시 말해서 꽃이나 바치러 왔는지, 신통력 자랑이나 하러 왔는지, 아니면 생사윤회를 벗어날 길을 물으러 왔는지 태도를 정확히 하라는 것이다."(박재현, 『화두, 나를 부르는 소리』) 결국 외도는 부처의 제대로 된 방하착에 대한 설명을 듣고 다시 태어나지 않는 진리를 깨친다. 다행한 일이다. 사실 방하착 한다는 것은 자기에게 가장 소중하고 귀중한 것, 자기 삶의 밑바탕이자 지탱해주는 힘, 그런 것을 내려놓아만 되는 일이 아니던가. 이 방하착은 삶에 책임지는 자세이기도 하다. 비리에 딱 걸린 정치인이 비리로 취득한 재산을 죄다 사회에다 반환하겠다며 용서를 비는 것은 책임지는 방하착이 아니다. 그것은 불리한 상황을 모면해 보려는 제스처에 불과하다. 설령 재물의 사회 환원을 이행했다 할지라도 그것은 자신의 소중한 것을 내놓은 것이 아니라 비리로 취득한 재산을 내놓았을 뿐이기 때문이다.

3

  제비가 떠난 다음 날 시누대나무 빗자루를 들고
  제비집을 헐었다
  흙가루와 알 수 없는 제비가 품다 간 만큼의 먼지와 비듬,
  보드랍게 가슴털이 떨어진다
  제비는 어쩌면 떠나기 전에 집을 확인할지 모른다
  마음이 약한 제비는 상처를 생각하겠지
  전깃줄에 떼 지어 앉아 다수결을 정한 다음 날
  버리는 것이 빼앗기는 것보다 어려운 줄 아는
  제비떼가, 하늘높이 까맣게 날아간다

              - 이윤학, 「제비」

  이윤학의 시 「제비」는 그의 신춘문예 당선작품으로 소품이지만 무거운 주제를 예리하게 담고 있는 시이다. 이는 "전깃줄에 떼 지어 앉아 다수결을 정한 다음 날/버리는 것이 빼앗기는 것보다 어려운 줄 아는/제비떼가, 하늘높이 까맣게 날아간다"는 명구절을 뽑아냈기 때문이다. 제비는 철새로 봄에 왔다 대개 사람의 집 처마 밑에 집을 짓고 새끼를 친 다음 가을이 되면 '강남'으로 가는 새이다. 바로 제비가 강남으로 떠나기 전에 집을 확인한 다음 "전깃줄에 떼 지어 앉아 다수결을 정한"다. 이는 떠나기 전 제비들이 전깃줄에 줄줄이 앉아 있는 모습을 회의하는 것으로 보고, 역시 떼로 앉아 짹짹거리는 모습을 다수결로 떠날 것을 결정하는 모습으로 본 것이다. 어쩌면 시인

의 시각이 이렇게 예리하면서도 동심이 묻어나고, 진지하면서도 위트가 배어 있는지 놀라울 따름이다.

더구나 다음 문장의 진술은 더욱 가관이다. "버리는 것이 빼앗기는 것보다 어려운 줄 아는/제비떼가" 흙가루와 품다 간 만큼의 먼지와 비듬, 보드라운 가슴털이 쌓인 정든 집을 버리고 하늘높이 까맣게 날아간다니? 그렇다. 내가 가진 집과 돈과 권력은 누구에게 빼앗길 수는 있지만 그것을 스스로 버린다는 것은 엄청 힘이 드는 일이다. 이것들을 얻기 위해 그 얼마나 많은 노력과 싸움과 고통을 감수했던가. 먹고 싶을 때 먹지 못하고, 잠자고 싶을 때 잠자지 못하고, 때론 가족들에게마저 수모와 냉대를 당하며 장만한 집과, 모은 재산과, 쟁취한 권력과, 억지로라도 만든 명예를 버리다니? 차라리 빼앗겼으면 빼앗겼지 버린다는 것은 상상조차 할 수 없는 일이다. 암 선고를 받고 며칠 남지 않은 여생인데도 불구하고 오늘까지 일구어놓은 기업을 손에서 내려놓지 못하고 자식들과 경영권 다툼을 벌이는 어느 재벌 회장을 보아라. 그러기에 이형기(1933~2005)의 시 「낙화(落花)」 첫 구절은 두고두고 인구에 회자된다.

> 가야 할 때가 언제인가를
> 분명히 알고 가는 이의
> 뒷모습은 얼마나 아름다운가

사실 이 구절은 인식에 큰 충격을 준다거나 감각에 특별한 쇄신을 주는 것도 아니고 그저 담담한 진술의 문장일 뿐이다. 그런데도 왜 사람들은 이 시구에 늘 감동을 하는가? 바로 갖고 있는 것을 "버리는 것이 빼앗기는 것보다 어려운 줄" 알기 때문이다. 정치인 중에 자기가 퇴장해야 할 때를 알고 정치 일선에서 깨끗하게 물러나는 사람을 나는 거의 본 적이 없다. 70세 넘어 치른 선거에서 패배하고 내려오거나 죄 짓고 감옥으로 끌려가는 것은 봤어도 정치인들이 병들어 내려온 모습도 별로 없다. 설령 2선으로 후퇴했다는 노정객들도 바로 그 2선에서 후배들에게 자기의 영향력을 행사하느라 온갖 권모술수를 부린다. 그들의 격정은 지칠 줄을 몰라 "결별이 이룩하는 축복에 싸여/지금은 가야 할 때"라고 선언하며 꽃답게 퇴장하는 법을 결코 모른다. 퇴장하는 순간 '죽은 인간'으로 생각하기 때문이다.

 이윤학은 제비가 떠난 뒤 처마 밑에 너절하게 남은 제비집을 시누대 빗자루로 헐어내며 밤톨처럼 똘똘한 시 한 편을 건져낸다. 자본이 세상의 어른 노릇 하는 지상에서 시인이 아직도 여전히 시인일 수 있는 것은, 이처럼 소소한 일상에서 삶의 핵심적 진실을 직관하고 통찰해내는 힘을 갖고 있기 때문이다.

제4화

죽은 부처가 맨발을 내보이다
― 문태준, 「맨발」

1

20세기의 뛰어난 문학비평가 중 한 사람인 노스럽 프라이(1912~1991)의 명저 중의 명저인 『비평의 해부』에 따르면 서구 문화에는 다섯 단계의 허구가 있다. 첫 번째, 최상의 단계는 신화로서 여기의 중심엔 당연히 탁월한 신적 존재가 있다. 두 번째, 높은 단계는 전설이다. 그 중심엔 다른 사람들과 자신의 환경에 비해 우월한 로맨스의 영웅, 인간이 있다. 세 번째, 중간 단계는 대개 서사시나 비극이다. 다른 사람들보다는 우월하지만 자연환경보다는 낮은, 높은 미메시스의 영웅인 지도자가 중심이다. 네 번째, 낮은 단계는 대개 희극이나 리얼리즘 픽션이다. 다른 사람이나 환경에 비해 우월하지 않아 우리 중의 한 사람에 속하는, 낮은 미메시스의 영웅이 중심이다. 다섯 번째 가장 낮은 단계는 아이러니로서 우리보다 힘이나 지성이 열등해 우리가 낮춰 보는 존재가 중심이다.

　이 다섯 단계로 정리된 유럽의 허구는 우주를 지배하는 두 힘 곧 빛과 중력 중에서 일단 '중력'에 순응해 허구를 이루는 중심이 점차 하강해왔다는 것, 그리고 하강하는 영혼을 멈추게 하거나 다시 상승하게 할 수 있는 것은 은총의 '빛'뿐이라는 사실을 말하고 있다.

　그런데 동양에는 탁월한 신이 없다. 공자나 석가모니는 신적 존재와 같은 탁월한 존재이긴 하지만, 공자는 신에 대해서 말하지 않았고 석가모니는 깨달음의 완성을 통해 열반적정을 얻고자 했을 뿐이다. 특히 석가모니는 서구 문화의 두 번째 단계인 영웅, 곧 왕의 아들로 태어났지만 온갖 권력과 재물과 쾌락을 누릴 수 있는 왕세자 직을 과감히 버리고 험한 숲속으로 나갔다. 7년의 고행 끝에 중도와 연기법을 깨닫고 탁발과 맨발로 포교를 하다가 마지막에 제일 제자인 가섭에게 역시 맨발을 보이고 입적했다.

　후대 사람들은 그를 신적 존재로 추앙하기도 하지만 부처는 수행과 깨침을 모범적으로 행한 스승의 한 사람일 뿐이었다. 이는 훗날 그의 추종자들인 선사들에 의해 "부처를 만나면 부처를 죽이고 조사를 만나면 조사를 죽이라."는 혁명적인 선언, 곧 부처나 스승을 수행상의 지표로 삼되 그것에 사로잡히지 말라는 말을 하게끔 한 사람이었다. 물론 부처도 높은 단계에서 가장 낮은 단계로 하강하여 살다가 죽었는데 훗날 추종자들에 의해 다시 신적 존재로 상승되어 있는 것만은 분명하다. 하지만 부처는 세속적으로 보면 서구문화의 허구 중 다섯 번째 가장 낮은 단계인 존재로 힘이나 지성이 열등해 우리가 낮춰 보는 존재가 중심인 경우와 같은 삶을 살았다. 한마디로 인류 역사상 가장 극적인 아이러니인 것이다.

물론 기독교의 예수는 그들의 교리에 의하면 본래 신이었다. 성부·성자·성령이라는 삼위일체론에서 '하느님의 아들'이라는 존재였다. 그랬음에도 인간의 죄를 대신 지고자 굳이 인간 속으로 내려와 십자가에 못 박혔다. 무오류의 신에서 죄인으로까지 전락한 예수는 그야말로 부처보다 더한 아이러니다. 하지만 기독교 교리 밖에서 그것을 곧이곧대로 믿는 사람은 그리 많지 않다. 예수는 탄생부터 성적 관계에 의하지 않았다. 또한 부활을 직접 본 사람도 없다. 동정녀 탄생과 육체의 부활은 현재까지의 과학으로는 불가능하다는 결론이 나 있다. 그러기에 신인 예수가 인간으로 태어났다는 것은 신앙이지 아이러니가 아니다.

구도자의 심리가 아닌 현실 세속사회의 인간 입장에서 보면 부처는 그야말로 무언가 너무 모자란 사람이다. 장차 왕이 될 신분을 버리고 가시덤불 밀림과 뱀이며 맹수들이 득시글거리는 숲속으로 들어가 피골이 상접하고 뱃가죽이 등가죽에 달라붙도록 7년 고행을 하다니! 왕의 신분으로 왕궁으로 초치하면 될 구도의 선구자들을 일일이 찾아다니며 배움을 청하다니! 나중에는 신도에게서 독버섯 밥상을 받고도 원망하지 않고 먹은 뒤 열반을 한다. 그리고 제자들에게 자기가 죽거든 자기를 믿거나 아무도 믿지 말고 "자등명(自燈明), 법등명(法燈明)" 곧 자기의 등을 밝혀 법의 등을 밝히라는 유언을 했다. 도대체 이것은 힘이나 지성이라고는 없는, 되레 뭔가 모자라서 우리가 낮춰 볼 수도 있는 존재만 같다. 더구나 그는 구도행의 시작부터 깨달음과 포교, 열반적정의 끝까지 맨발의 존재가 아니던가.

2

　　세존이 사라쌍수 사이에서 열반에 든 지 7일 만에 가섭이 늦게 도착하여 관을 세 바퀴 도니, 세존이 관 속에서 두 발을 내어 보이셨다(槨示雙趺).
　　이에 가섭이 절을 하니 대중이 어리둥절하였다.

—『선문염송』 제37칙

　　이 부처의 맨발 이야기는 불교설화로 전해 내려오는 '쌍림수하 곽시쌍부' 내용이다. 부처가 열반 후 하늘에서 내려온 금관 속에 입관을 하고 다비식을 거행하려 했으나 관이 움직이지 않았다. 사람들은 부처의 제일 제자인 가섭이 먼 데 포교를 갔다가 미처 돌아오지 못해 그와 마지막 이별을 하지 못한 바람에 관이 움직이지 않는 걸로 생각하였다. 사실 『열반경』에 의하면 가섭은 가지굴산에서 제자들과 함께 선정에 들어가 있었다. 그런데 그때 천지가 어둡고 일월이 광채를 잃고 새와 짐승들이 슬피 울었다. 분명 세존께서 입적하신 걸로 알고 7일 만에 돌아와 관을 세 바퀴 돌며 예를 갖춘다. 이어 "세존의 열반이 어찌 그리 빠르신고? 대자대비하시니 저를 기다리지 못할 리 없으실 터!"하고 게송을 읊으며 통곡을 하니, 그 순간 죽은 부처는 관 밖으로 발을 슬며시 내밀어 보인 것이다. 도대체 죽은 세존은 제일 제자인 가섭에게 어떤 의미로 맨발을 내밀었을까?
　　우선 이 쌍림수 아래서의 '곽시쌍부'의 이야기는 부처가 가섭에게 이심전심을 낸 삼처전심(三處傳心) 중 하나이다. 영산회상의 염화미소, 다자탑 앞에서 자리를 나눈 것과 함께 세 번째로 가섭에게 마음을 전한, 한마디로 전심의 의미라고 한다. 하지만 전심이 하필이면 왜 맨발이었을까? 출가 후 고행과 함께 중도를 깨달은 부처는 평생을 탁발과 포교로 고된 인생을 보냈다. 숲속에서는 시체를 싼 옷 조각을 거두어 꿰맨 분소의를 입고 수행을 했고, 득도를 한 뒤 제자들을 가르치면서는 매일 밥을 빌어먹는 탁발을 했으며, 가시밭이나 자갈밭이건 맨발로 먼 길을 걸어 포교행을 떠났다. 그러니 부처의 맨발은 분소의와 함께 무소유와 포교의 상징이라고 할 수 있다. 어쩌면 제일 제자인 가섭이 그런 자기의 구도의 길을 끝까지 따랐으면 하는 마음에서 죽은 뒤에도 맨발을 내밀어 보였을 것이다. 부처님의 맨발은 다시 말해 무소유와 포교를 통한 구도의 메타포로 보인다.

한편으로는 이것이야말로 근본주의적인 무소유다. 그 어떤 무소유의 정신도 부처를 능가할 수는 없다. 오늘날 자본주의가 극에 달한 사회에서 가난만이 대안이라고 말하며 몇몇 사람들이 '자발적 가난' 혹은 '선택적 가난'의 길에 나서는 경우가 있다. 가령 스스로 월든 호수가 있는 숲속으로 숨어 들어간 헨리 데이빗 소로(1817~1860)는 "고대 그리스, 중국, 인도, 페르시아의 현인들은 겉으로 부유한 자보다 더 가난한 사람은 없으며, 내면이 부유한 사람보다 더 부자는 없다는 것을 알고 있었다. 자발적 가난을 통해서 우리는 더할 나위 없이 공정하고 지혜로운 삶의 관조자가 될 수 있을 것이다."라고 하며 현대 물질문명의 대안이 자발적으로 선택한 가난의 삶이라는 것을 실천적으로 보여주었다.

물론 부처와 같은 근본주의적인 무소유로 세상을 살아갈 수는 없기에 '자발적 가난'을 선택한 사람들조차도 우러러보이는 것이 지금의 현실이다. 시인 윌리엄 블레이크는 "더 많이! 더 많이 빗나간 영혼의 절규!"라고 했다. 더 많이 가질수록, 그것이 더 많이 빗나간 영혼의 절규일 수밖에 없는 현실을 콕 짚은 시구이다. 『작은 것이 아름답다』라는 명저를 쓴 E. F. 슈마허(1911~1977)는 "필요를 확장시키고 키우는 것은 지혜를 죽이는 지름길이다. 이는 또한 자유와 평화의 반대말이다. 필요한 것이 많아질수록 자신이 통제하기 어려운 외부의 힘에 많이 의존하게 되고, 이는 결국 존재론적 공포를 증가시킨다."고 했다. 부처는 필요한 것을 다 버리고 무소유의 구도를 통해 인류에게 소유보다 존재의 삶이 아름답다는 것을 누누이 가르쳤다.

3

 어물전 개조개 한마리가 움막 같은 몸 바깥으로 맨발을 내밀어 보이고 있다
 죽은 부처가 슬피 우는 제자를 위해 관 밖으로 잠깐 발을 내밀어 보이듯이 맨발을 내밀어 보이고 있다
 펄과 물속에 오래 담겨 있어 부르튼 맨발
 내가 조문하듯 그 맨발을 건드리자 개조개는
 최초의 궁리인 듯 가장 오래하는 궁리인 듯 천천히 발을 거두어 갔다
 저 속도로 시간도 길도 흘러왔을 것이다
 누군가를 만나러 가고 또 헤어져서는 저렇게 천천히 돌아왔을 것이다
 늘 맨발이었을 것이다

사랑을 잃고서는 새가 부리를 가슴에 묻고 밤을 견디듯이 맨
발을 가슴에 묻고 슬픔을 견디었으리라
아— 하고 집이 울 때
부르튼 맨발로 양식을 탁발하러 거리로 나왔을 것이다
맨발로 하루 종일 길거리에 나섰다가
가난의 냄새가 벌벌벌벌 풍기는 움막 같은 집으로 돌아오면
아— 하고 울던 것들이 배를 채워
저렇게 캄캄하게 울음도 멎었으리라

— 문태준, 「맨발」

어느 날 시인은 어물전에 갔던 모양이다. 어물전은 생선이나 건어물, 젓갈 등을 파는 시장을 총칭한다. 우선 삶의 비린내가 어물전만큼 물큰한 곳이 별로 없을 것이다. 생과 사의 무참한 시간이 도마 위에서 펄펄 산 채로 도막쳐지고, 소금 속에서 폭 절여지는 육체의 해체와 이어지는 부패며, 마르고 말라 딱딱한 나뭇조각 같은 주검이 꼬챙이에 꿰어져 있는 것들의 아우슈비츠가 목전에 선연하게 펼쳐지는 곳이다. 그 어물전에서 '개조개'를 보았는데 마침 개조개가 움막 같은 껍질 바깥으로 붉은 속살을 내밀고 있는 모습이었다. 누군가 구매자에 의해 팔려가 미구에 펄펄 끓는 물에 던져질 개조개가 마지막으로 세상에 내놓은 속살을 보고 시인은 웬걸 죽은 부처의 맨발을 떠올린다. "죽은 부처가 슬피 우는 제자를 위해 관 밖으로 잠깐 발을 내밀어 보이듯이 맨발을 내밀어 보이고 있다"는 것이다.

이 부처의 맨발 이야기는 앞서 설명한 대로 불교설화로 전해 내려오는 곽시쌍부(槨示雙趺) 내용이다. 분소의의 구도, 탁발의 무소

유와 함께 맨발은 포교를 상징하는 것이었다. 가시밭길 돌밭길 가리지 않고 진리를 전파하기 위해 머나먼 길을 다녔던 맨발은 그러므로 구도행의 총체적 메타포이다. 그런데 어물전에서 시인은 한낱 미물일 뿐인 개조개의 맨발을 부처의 맨발로 본 것이다. 하기야 중생이 곧 부처라 했으니 개조개인들 부처가 아니겠는가. 시인이 그 "펄과 물속에 오래 담겨 있어 부르튼 맨발"을 조문하듯 건드리자 개조개는 "최초의 궁리인 듯 가장 오래하는 궁리인 듯 천천히 발을 거두어 갔다"고 표현한다.

펄과 물속에 오래 담겨 있어 부르튼 맨발은 구도와 포교행으로 부르튼 부처님의 맨발과 같지만 "최초의 궁리인 듯 가장 오래하는 궁리인 듯"하는 궁리는 무엇일까. 부처는 왕세자의 신분을 과감히 버리고 80 평생을 생사라는 일대 본분사에 대한 궁리로 보냈다. 그리하여 생명 있는 모든 존재가 괴로움이라는 입장에서 그것의 원인인 집착을 멸하고 팔정도의 삶을 살게 되면 해탈을 얻을 것이라는 사성제 사상을 설파했다.

하지만 이 개조개라는 '중생'은 그럴 틈이 없었다. 밥 벌어 먹고 사는 데에도 촌각을 다투는데 진리에 대한 궁리라는 것이 가당키나 했던가. 그런 '위대한 궁리'는 사실 이 아우슈비츠의 어물전에 와서 죽음을 앞두고 '처음 그리고 아주 오래' 해 보는 궁리였다. 삶이란 기껏 이런 것인가, 이 아우슈비츠에 던져지려고 그토록 아등바등했던가. 생각할수록 한스럽고 서럽고 고통스러운 일이지만, 이제라도 '천천히' 아주 천천히 일평생을 한번 돌아봐야 할 것 아닌가, 하는 생각의 표현이 "최초의 궁리인 듯 가장 오래하는 궁리인 듯"하는 궁리였다.

개조개는 사실 그렇게 '천천히' 거두어간 맨발의 속도로 시간도 길도 흘러왔다. 누구나 자기의 삶과 진리의 길을 찾아 수많은 풍상의 시간과 궁구를 바치는 것처럼. 누군가를 만나러 가고 또 헤어져서는 그렇게 돌아왔다. 살아 있는 모든 존재들이 그러겠지만 특히나 회자 정리의 고통을 극명하게 겪게 되는 것은 사람 아니던가. 사랑을 잃고서는 새가 부리를 가슴에 묻고 밤을 견디듯이 맨발을 가슴에 묻고 슬픔을 견디었다. 세상의 많은 일 중에서 사랑의 황홀이 끝난 다음에 오는 이별의 고통을 견디는 것만큼 슬픈 것이 있을까.

아— 하고 집의 새끼들이 울 때 부르튼 맨발로 양식을 탁발하러 거리로 나갔다. 어쨌거나 식솔들의 생계를 책임지려고 원치 않은 회사에라도 나가 갖은 굴욕도 참아가며 일하는 우리의 부모들을 보라. 그렇게 하루 종일 길거리에 나섰다가 가난의 냄새가 벌벌벌벌 풍기는 움막 같은 집으로 돌아와서는 울던 식솔들의 배를 채워주는 개조개! 그러니까 개조개의 '최초이면서 가장 오래하는 궁리!'는 무슨 의미니 가치이니 하는 관념 이전에 실존하는 삶 곧 생계와 사랑과 시간의 험난한 인생길에 대한 고통으로 몸부림하다가 늙어서는 마침내 죽음의 한계 상황을 수용할 수밖에 없는 우리네 슬픈 중생들의 궁리인 셈이다.

우리가 흔히 일상 속에서 만나게 되는 어물전의 흔하디흔한 개조개, 그 개조개가 내민 붉은 속살의 모습에서 부처의 맨발을 본 뒤, 마침내 일체개고의 상징에 부합하는 맨발을 통해 중생들의 고통스런 삶에 대한 일사천리의 전개를 감행하면서도 겸손하고도 정갈한 시적 예의로 절절한 감동을 주는 시이다.

제5화

유마가 불이법문에 대해 침묵하다
— 송찬호, 「나비」

1

우리는 아주 오랫동안 세상을 둘로 나누어 생각하고 해석하고 판단하는 이분법적 사유를 해왔다. 유와 무, 천과 지, 음과 양, 진과 속, 안과 밖, 좌와 우, 여와 야, 대와 소, 흑과 백 등등. 또 정신과 육체, 실재와 현상, 천국과 지옥 등은 어떤가. 이렇게 둘로 나누는 법을 계속 적자면 이 지면이 다해도 모자랄 것 같다. 언제부터 인간이 이런 일도양단식 이분법으로 세상을 보기 시작했는지 궁금해진다. 이분법의 다른 이름이자 이분법의 극명한 폐해인 흑백논리의 오류와 함께 우리는 오늘도 이원론의 세상을 산다. 서양에서는 실재와 현상의 이데아론을 펼친 플라톤적 사유를 바탕으로 영혼과 육체, 천국과 지옥을 만든 기독교가 성공을 거두어 누천년을 그 세계관으로 살아오고 있는 것은 우리가 익히 아는 일이다. 그런 이원론 아래에서는 서양과 동양, 강대국과 약소국, 문명과 야만, 중심과 주변, 흑인과 백인, 순수문학과 서브장르 등 국가, 정치, 문화, 인종 등 전 분야에서의 경계의 장벽이 세워진다. 여기에서 한쪽은 우월하고 한쪽은 배제의 대상으로 인식된다.

철학자 한자경도 저서 『마음은 이미 마음을 알고 있다 : 공적영지(空寂靈知)』에서 "사람들은 일체를 둘로 나눠서 보는 경향이 있다. 살아 있는 것과 살아 있지 않은 것, 보기 좋은 것과 보기 싫은 것, 옳은 것과 옳지 않은 것 등과 같다. 둘로 나누는 분별적 사고는 어디에나 있다. 여자와 남자, 선과 악, 미와 추 등등. 동양인은 오래전부터 이러한 이원성을 음양으로 표현해왔고, 현대의 서양화가 M. C. Escher는 천사와 악마로 그렸다. 크게 둘로 나누면, 나뉜 것은 그 안에서 또 나눠진다. 살아 있는 것은 움직이는 것과 움직이지 않는 것, 여자는 더 여자다운 여자와 덜 여자다운 여자 등등. 그렇게 분별은 끝이 없고 그 분별의 마지막에는 더이상 나뉘지 않는 단독적 개별자, 개체로서의 나가 있다. 세계는 그렇게 나와 나 아닌 것으로 나뉜다. 이원적 사고, 분별적 사고의 종착점은 개인주의이다."라고 명쾌하게 말한다.

동양의 공자도 일찍이 사람을 두 부류로 나누는 듯한 발언을 한 적이 있다. 『논어』 「자로」편에 나온다. 공자의 제자 중에 말솜씨와 정치적 수완이 뛰어난 자공이 있다. 그가 마을에 유세를 다닌 모양인데 하루는 공자에게 다음과 같은 내용을 여쭌다. "내가 어떤 마을에 가면 모두 나를 좋아합니다. 괜찮은 일이죠?" 공자께서는 "아니다."라고 대답한다. "어떤 마을에 가면 사람들이 모두 나를 마워합니다. 이런 경우는 어떻습니까?"하고 다시 묻자 역시 공자는 아니라고 말한다. 그리고는 공자는 가르친다. "마을 사람들 가운데 선한 사람, 그러니까 네 말에 호응하는 사람은 너를 좋아할 것이고, 선하지 않은 사람, 그러니까 네 말에 반대하는 사람은 너를 싫어할 것이다." 그렇다. 모두에게 칭찬을 받는 것은 그들이 좋아하는 말만 골라 아첨과 아부를 했기 때문에 그랬을 것이고, 모두에게 미움을 받는 것은 마을 사람들의 실정은 전혀 고려하지 않은 채 자기의 주의 주장만 강력하게 펼쳤으니 그랬을 것이다. "이제 선한 사람이 너를 좋아하고 선하지 못한 사람이 너를 미워하는 것은 당연한 일, 이것이 진실이다."

어떠한가. 공자마저도 세상엔 선인과 불선인이 있다고 한다. 사람들은 공명정대한 명분이나 사리 판단보다도 이해관계에 따라 생각하기 때문에 이분법의 논리는 어쩔 수 없다고 생각하는 듯한 발언임에 분명하다. 한데 영혼과 육체, 천국과 지옥, 너와 나라는 말은 그만두고라도 대개 다음의 개념어들은 합쳐 쓸 수 있다. 유무, 천지, 음양, 진속, 선악, 미추, 안팎, 좌우, 여야, 대소, 흑백 등이다. 유무는 무에서 유가 나왔으니 한 몸이다. 천지는 우주의 다른 이름이니 애초에 분리될 수가 없다. 음양은 태극처럼 서로 갈마들어가니 한 몸이다. 진속은 부처가 중생이고 중생이 부처라서 구별할 수 없다. 선악은 한 사람 속에 아니마 아니무스처럼 얽혀 있다. 미추는 절대적 기준이 없으니 구분할 수 없다. 몸에서 안팎은 피부 한 장이 구분한다. 그 피부는 안에도 밖에도 붙어 있다. 좌우는 이영희 선생의 명언처럼 새는 좌우의 날개로 나니까 한 개념이다. 여야는 한통속으로 해먹는 기득권이니까 나눌 수가 없다. 대소는 이원론의 개념이 아니다. 크면 크고 작으면 작을 뿐이다. 흑백은 사이에 벽을 칠 수 있는 것이 아닌 색깔일 뿐이다. 한지에 먹물 스며드는 것을 보아라, 얼마나 아름다운가. 의외로 이분법은 진리가 아닐 가능성이 크다.

2

    유마힐이 문수사리에게 질문했다.
    "어떤 것이 보살이 불이법문(不二法門)에 들어가는 것입니까?"
    문수사리가 말했다.
    "내 생각으로는 일체의 법에 관하여 말할 수도 설할 수도 없고, 보이거나 알 수도 없으며, 모든 질문과 대답을 떠난 이것이 불이법문에 들어가는 것입니다."
    그렇게 말하곤 문수사리가 유마힐에게 물었다.
    "우리들은 각자가 설명을 마쳤습니다. 인자께서 말씀해 보십시오. 어떤 것이 보살이 불이법문에 들어가는 것입니까?
    유마힐은 침묵했다(維摩黙然).

                                           – 『종용록』 제48칙

  유마힐 거사가 병으로 누워 있을 때 문수 보살이 병문안을 가서 나눈 그 유명한 불이법문 대화이다. 유마힐은 부처님 당시 갠지스 강 북쪽 비사리성에 살던 부호로 석가모니 부처의 재가제자였다. 그는 보살의 다섯 가지 수행 단계 중 네 번째 단계인 '모든 것은 태어난 바가 없다.'는 깨달음의 무생법인(無生法忍)을 얻어 대거사로 불렸다.

큰 부자로 평시엔 빈민을 구제하고 승려를 받들었으며, 바깥으로 드러나는 모습에 얽매이지 않고 중생을 제도하는 데에 힘썼다. 하늘의 천신과 마왕뿐 아니라 세상을 등진 왕족이나 귀족, 불법을 믿지 않는 외도들, 심지어 유곽이나 도박판에까지 이르러서 그의 명성이 멀리까지 퍼졌다. 그는 지옥에 있는 사람 마지막 한 명까지 구제하지 않으면 성불하지 않겠다는 다짐으로 수행 정진 하였다고 한다.

그가 병을 얻었을 때 석가모니 부처가 제자들에게 그를 문병할 것을 권하였다. 하지만 사리불이나 목건련, 가섭 등의 아라한과 성문 대중들은 저마다 유마힐 거사를 감당할 수 없다고 사양하며 아무도 가려 하지 않았다. 이에 문수 보살이 대표로 여러 보살 나한들과 함께 그의 방장실을 찾았다. 이때 문수 보살과 유마힐 거사가 주고받은 문답이 바로 『유마경』에 소개되어 있다. 유마힐 거사가 불법을 묻고 답하는 중에 "중생이 병들었으므로 내가 병이 들었소."라고 말하는 등 여러 대화가 이어진다. 이어 유마힐이 여러 보살들에게 "어떤 것이 보살이 불이법문에 들어가는 것입니까?"하고 묻는다. 그때 32명의 보살들은 사물을 둘로 나누어 보는 견해인 유위와 무위, 진과 속 등의 두 가지 진리를 합일시켜 불이법문이라고 대답했다.

마지막으로 문수 보살은 "내 생각으로는 일체의 법에 관하여 말할 수도 설할 수도 없고, 보이거나 알 수도 없으며, 모든 질문과 대답을 여읜 이것이 불이법문을 깨닫는 것입니다."라고 한다. 말하자면 32보살은 말로써 말을 버렸다. 문수 보살은 말이 없는 말(無言)까지를 일시에 털어 버림으로 불이법문을 깨닫는 것이라고 했다. 그러나 이것 또한 이미 말을 함으로써 빗자루로 마당을 깨끗이 쓴다는 것이 빗자루 자국이라는 또 다른 흔적을 남긴 꼴이 돼 버린 것이 아니고 무엇이랴. 문수 보살은 반야지혜를 상징하는 보살이며, 일곱 부처의 스승이고, 시방 제불의 어머니라고까지 불린다. 그런 그의 안목이 유마힐의 지혜에 미치지 못했을까.

불이법문이란 생사와 열반이 둘이 아니며 번뇌가 그대로 보리인 절대적 차원이므로 선과 악, 옳고 그름 등의 상대적이고 이원론적인 차별심을 한꺼번에 지우는 공(空)의 실천을 통해 근원적인 불심으로 나아가는 반야지혜이다. 『신심명』에서는 "지극한 깨달음을 체득하는 일은 조금도 어렵지 않다. 단지 취사선택하는 분별심만 없으면 된다(至道無難 唯嫌揀擇)."고 설하고 있다. 그럼에도 문수 보살은 우리들은 각자 설명을 마쳤으니 이제 거사께서 불이법문에 들어가는 것이 어떻게 가능한 것인지 말하라고 한다. 이에 "유마힐은 침묵했다!" 여기서 침묵은 상대적인 언어문자로 설명할 수밖에 없는 이원적이고 분별적인 차별심을 텅 비우고, 진실과 하나 된 본래심 곧 불이법문의 경지를 그대로 나타내고 있는 것이다.

유마힐 거사는 중국 문학인들에게도 큰 영향을 끼쳐 남조의 시인 사령운이나 소명태자, 그리고 당의 시인 왕유, 이백 등은 모두 그를 존숭하거나 보시 대상으로 삼았다. 특히 왕유의 경우는 그의 이름부터가 유마힐 거사에서 비롯된 것이며, 시를 짓는 데에 있어 그로부터 전고(典故)를 따왔다고 한다.

3

나비는 순식간에

째크나이프처럼
날개를 접었다 펼쳤다

도대체 그에게는 삶에서의 도망이란 없다
다만 꽃에서 꽃으로
유유히 흘러 다닐 뿐인데,

수많은 눈이 지켜보는
환한 대낮에
나비는 꽃에서 지갑을 훔쳐내었다

— 송찬호, 「나비」

　나비는 순식간에 째크나이프처럼 날개를 접었다 펼친다. 나비는 순식간에 째크나이프처럼 또 날개를 펼쳤다 접는다. 나비에게는 두 장의 날개가 있다. 나비의 날개는 두 장이지만 하나로 움직이기에 하나다. 새는 좌우의 날개로 난다. 새의 날개는 두 개이지만 좌우의 날개로 날기에 하나다. 사람의 팔은 두 개이지만 하나가 없으면 그 하나도 온전한 하나가 아니다. 그러기에 사람의 팔 두 개는 온전한 하나의 다른 이름일 뿐이다.
　그래서 나비는 두 장의 한 날개로 존재하고 새도 좌우의 한 날개로 존재하는데, 사람은 팔 두 개 중 왼쪽을 좌파라 하고 오른쪽을 우파라 한다. 좌파와 우파는 결코 이념이나 노선이 같을 수가 없다. 서로가 진영을 구축하면서 온갖 저주의 막말 공격과 물리적 행사도 서슴지 않는다. 거기에 한쪽은 흑이고 한쪽은 백이라는 흑백논리가 엎히면, 한쪽은 완전히 사라져야 한다. 역사에서 스탈린은 그런 진영의 테제를 창시했고 반대쪽은 무차별하게 죽였다.

그런데 나비는 날 때야 비로소 두 날개를 펼쳤다 접었다 한다. 날지 않을 때는 두 날개를 접고 앉아 있거나, 두 날개를 펼치고만 있을 땐 죽어 있기 십상이다. 나비는 두 날개를 접었다 펼쳤다 하는 그 하나로 "다만 꽃에서 꽃으로 유유히 흘러 다닐 뿐"이다. 꽃에서 꽃으로 유유히 흘러 다니는 것은 나비의 노동이다. 생존의 꿀을 빨고자 하는 노동이다. 그러기에 나비에게는 "삶에서의 도망이란 없다."

그럼에도 사람들은 그런 나비에게 인간의 생각으로 헛된 오명을 씌운다. 가령 이 여자 저 여자에게 건너다니며 성을 빼앗고 돈을 챙기는 패륜의 카사노바를 꽃에서 꽃으로 흘러 다니는 나비에 비유한다. 인간의 관념은 그렇게 사실을 왜곡하고 분별하고 남의 이름을 참칭한다. 하지만 나비의 두 장의 날개는 오로지 생존의 꿀을 따는 노동의 삶으로 하나 되어 꽃에서 꽃으로 유유히 흘러 다닐 뿐이다. 그렇다. 유유히 흘러 다닌다. 생존의 노동 만에 집착하지 않고 유유히 유희하며 유목의 삶을 살되 그 삶에서의 도망이란 없다.

그것도 "수많은 눈이 지켜보는 환한 대낮"이 치열한 삶의 현장일 수밖에 없다. 아돌프 히틀러(1889~1945)는 한 손을 높이 치켜들어 전진과 승리를 외쳤고 그런 히틀러에게 추종자들은 한 손을 치켜들어 충성 맹세를 했다. 하지만 그 한 손의 신과 같은 지시명령과 숙청은 은밀하게 이루어졌다. 모든 독재자들의 한 손은 나치 친위대 SS 같은 폐쇄된 비밀조직을 통해 움직였다. 하지만 나비는 수많은 눈이 지켜보는 환한 대낮에 삶이라는 두 장의 한 날개로 당당하게 움직였다. 그리하여 "나비는 꽃에서 지갑을 훔쳐내었다."

바로 그것이다. 수많은 눈이 주시하는 환한 대낮에 나비가 삶이라는 날개 하나로 흘러 다니며 꽃에서 훔쳐 낸 것은 '지갑'이었다. 지갑은 어떤 사람의 존재증명을 해줄 주민등록증이 들어 있지만 무엇보다도 생존에 필요한 돈이나 돈이라고 신용해주는 카드들이 들어 있다. 그러니까 나비는 꽃에게서 돈을 훔친 것이다. 나비에게서 돈은 생존에 필요한 꿀 아니겠는가. 그런데 나비는 그 꽃에게서 꿀만 훔쳐 내오는 게 아니다. 꿀을 훔친 대신 입이나 발이나 날개에 화분을 묻혀서 꽃에서 꽃으로 옮겨준다. 꽃의 생존을 위한 생식에 절대적인 도움을 주는 것이다. 사랑의 가교 역할을 한다고도 볼 수 있다.

두 장의 한 날개로 삶에서 삶으로 유유히 흘러 다니며 노동과 사랑의 두 가지 일을 하나로 하는 나비의 기가 막힌 삶이 바로 불이법문이 아니고 무엇이겠는가. 유위와 무위, 진과 속, 유언과 무언의 분별이 나비의 노동 앞에선 아무런 의미가 없다. 다만 환한 대낮의 침묵 속에서 근본진리의 현현이 생생하게 일어날 뿐이다. 나비는 아름답다.

\> 제6화

텅 비어서 성스러운 것이 없습니다
― 이준관, 「부엌의 불빛」

1

분별력의 기본 의미는 사물의 종류나 일의 이치를 가리는 능력을 말하는데, 세상 물정에 대하여 옳고 그름 따위, 혹은 가치를 판단하는 능력을 뜻하기도 한다. 젊은 날 분별력 있게 행동하라는 말을 많이 들었고, 장년이 되어서는 분별력 있게 행동하는 사람이라는 말을 들을 때도 가끔 있었다. 하지만 나이가 들수록 세상 물정에 대한 옳고 그름의 문제는 상대적일 수밖에 없고, 더구나 가치를 판단하는 문제에 있어서는 객관적이고 합리적 기준이 존재할 수 없다는 사실을 속속 깨달아간다.

불교에선 분별력 대신 분별심이라고 쓰는데, 분별해야 하기 때문에 항상 우열에 대한 가치 판단의 마음이 작용한다. 저열함과 고결함, 속된 것과 진정한 것 등에 대한 분별을 넘어 크고 작음, 잘나고 못남, 능력 있고 없음, 잘생기고 못생김, 똑똑함과 어리석음 등등 모든 것을 비교 분별하고는 사람들은 그 관념에 빠져 좋아하거나 괴로워한다. 가령 키가 170cm인 사람은 180cm인 사람보다는 작지만 160cm인 사람보다는 큼에도 불구하고 큰 사람과만 비교하여 자기의 작은 키에 대한 불만을 가지고 평생을 살아간다. 조선시대 여성 미인의 기준은 생산력과 연계되어 둔부가 크고 얼굴이 달덩이 같은 사람에 점수가 주어졌다. 오늘날엔 비디오에 적합한 형으로 키가 크고 얼굴이 마늘씨만 한 사람에게 방점을 찍는다. 미인 기준도 시대에 따라 달라지는 셈이다. 그러함에도 우리는 이미 자기가 설정해 놓은 분별력의 잣대로 세상을 판단하니 사실 세계는 무한정할 수밖에 없다.

프랑스 소설가 마르셀 프루스트(1871~1922)는 세계적인 걸작 『잃어버린 시간을 찾아서』에서 "세계는 모든 인간에게 참되지만 동시에 모든 인간마다에 다르다. (…) 사실은 단 하나의 세계가 아니라, 몇 백만의 세계, 인간의 눈동자 및 지성과 거의 동수인 세계가 있고, 그것이 아침마다 깨어난다."고 말했다. 이 말은 사람 각자에겐 자기만의 고유한 생각과 추구하는 가치의 세계가 있다는 말이다. 반면에 이것이야말로 각자가 자기만의 분별력으로 세상을 판가름한다는 말이므로, 그렇게 수백 수천만의 세계가 존재할 수밖에 없는 무한정의 함정에 빠지고 마는 것이다.

분별력은 합리적 이성의 다른 이름이다. 그 이성은 지식을 만들어낸다. 그 이성적 지식은 또 '진리'라는 것을 만들어낸다. 한데 "진리란 신성하고 절대적인 것이 아니라, 단지 당대의 권력과 지식이 결합해서 만들어낸 담론일 뿐이다."는 미셸 푸코(1926~1984)의 말이 있다. 한 시대의 진리가 다음 시대에서는 허위가 될 수 있고, 또 지배 권력에 따라 진실과 허위는 전도될 수도 있다는 이야기이다. 그러므로 '이것 아니면 저것(either or mentality)'이라는 흑백 논리 다시 말해 분별 논리가 더 이상 통용될 수 없다는 것은 주지의 사실이다.

또한 마치 자기 분별력이 절대인 양 세상을 재단하고 남을 비판하고 자기주장을 강력하게 피력해 온 것도 일단 큰 문제를 노정하고 있다. 그 예는 세계 역사에서 곧잘 찾아볼 수 있다. 한때 성성하고 혁혁한 새로운 사상의 담지자로 여겨졌던 지도자가 각고와 혈투 끝에 마침내 권력을 쟁취하자 경쟁자들을 적폐로 몰며, 자기의 권력 유지에 유리한 개혁과 신법을 저돌적으로 밀어붙이는 행태를 보인다. 그리고 자기도 모르게 서서히 독재의 길로 빠져들게 되는 경우의 예를 우리는 세계 역사 속에서 자주 목도하고 있다. 이런 걸 보면 인간의 분별력이 얼마나 가혹한 것인가를 여실히 알 수 있다.

분별력이란 궁극에는 자기 입장에서 세상을 보고 판단하며 타자는 배제해버리는 마음이다. 분별심의 가혹함을 일찌감치 깨친 부처님은 '고정된 법이 없음(無有定法)'에도 불구하고 '크다, 작다'고 하는 인식에 취해 있는 그 양 극단을 벗어나라고 가르쳤고, 그 가르침이 곧 중도였다. 아울러 모든 분별은 주위의 환경에 따라 달라지는 상대적인 개념으로 만물은 본래 크고 작은 것이 아니라 다른 것과의 관계성 속에서 인연에 따라 생각이 달라질(緣起法) 뿐이라고 가르친 것이다. 분별하지 않으면 세상은 있는 그대로 아름답다.

2

양무제가 달마 대사에게 질문했다.

"무엇이 성스러운 진리의 핵심(聖諦 第一義)입니까?"

달마 대사는 말했다.

"텅 비어서 성스러운 것이 없습니다(廓然無聖)."

양무제는 다시 질문했다.

"지금 짐과 마주하고 있는 그대는 누구십니까?"

달마 대사는 말했다.

"모릅니다(不識)."

양무제는 달마대사의 말을 깨닫지 못했다.

달마 대사는 마침내 양자강을 건너 위나라로 갔다.

— 『벽암록』 제1칙

『벽암록』 제1칙으로 전하는 이 이야기는 『전등록』에 더 자세하게 나와 있다. 중국 선종의 초조로 추앙받는 달마 대사(?~528)가 인도에서 중국으로 건너와 불법천자라고 하는 양나라의 무제(梁武帝)에게 초빙되어 그와 불법의 대의에 대해 나눈 내용이다. 양무제(464~549)는 502년에 양나라를 건립하여 불교를 신봉하고 사원과 탑을 세우는 등 국력을 동원하여 불법을 융성시킨 불법천자라고 한다. 아니나 다를까 위 공안에 앞서 무제는 달마를 만나자마자 자기 자랑을 늘어놓으며 묻는다. "짐이 왕 위에 오른 이래로 절을 짓고, 경전을 쓰고, 스님을 양성한 것이 셀 수 없는데, 어떤 공덕이 있소?" 대사는 일언지하에 "아무 공덕도 없소."라고 말해 버린다. 사실 공덕을 쌓고 그 공덕을 은근히 혹은 적극적으로 자랑해대는 사람은 국회의원 등 정치인들이다. 더구나 그들이 단골 메뉴로 자랑하는 공덕은 국민의 혈세를 가져다가 지역구민들의 민원을 들어준 것에 지나지 않는다. 그러기에 마치 그림자가 형상을 따르는 것과 같아서 있는 듯하나 실답지가 않은 공덕임에도 그것에 대한 무제의 자만심이 하늘을 찌른다.

무제의 공덕 자랑에 달마가 청정한 지혜의 찬물을 끼얹자 불만이 생긴 왕은 그렇다면 "무엇이 성스러운 진리의 핵심(聖諦 第一義)입니까?"라고 질문을 한다. 이는 부처가 깨쳤다고 하는 그 진리가 무엇이냐, 혹은 법의 근본이 되는 성스러운 진리가 무엇이냐는 물음이다. 이 역시 대사는 "텅 비어서 성스러운 것이 없습니다."하고 대답한다. 만법은 본래 청정한 공(空)인데 거기에 진리니 뭐니 무슨 사족을 붙일 것인가. 불법은 시공간이 함께하는 지금 여기에서 연기법에 따라 일어나는 지혜와 자비일 뿐이다. 그런데 무제는 불법이 성스러운 진리이자 어떤 고정된 법인 양 여기고 있다. 다시 말해 불법을 성스럽다고 생각한 것은 마치 범부와 성자가 따로 있다고 생각하는 것처럼 상대적인 분별심을 낸 것이다. 성(聖)과 범(凡), 선과 악, 미와 추, 보살과 대중 등 모두가 상대적인 분별심에 의한 분리와 차별 의식을 드러낸 말들이다. 그러니 달마로서는 불법의 근본은 너무도 확연해서, '성스러움도 없다'고 하는 본래면목을 드러낼 수밖에 없었다. 그런데도 여전히 깨닫지 못한 무제는 이제 화가 치미는지 그렇다면 "지금 짐과 마주하고 있는 그대는 누구십니까?"하고 노골적으로 묻는다. 도대체 고승이라고 해서 초빙했더니 공덕도 없다, 성스러운 불법도 없다고 하니 이게 누굴 놀리느냐는 생각이 들고, 그러자 지금 왕인 내 앞에서 지껄이고 있는 너는 도대체 무엇을 알기는 아는 중놈이냐는 투의 힐난을 섞어 해 댄 질문인 것이다. 결국 무제는 "모릅니다."라는 대답을 얻었을 뿐이다.

    돼지에게 진주를 던져주면 무엇하느냐는 속담이 있다. 무제가 알아듣지 못하자 달마는 떠나 버렸다. 후일담으로는 양무제가 나중에 당시 유명한 지공 화상에게 달마 대사가 누구냐고 물으니 "그는 관음대사이며 부처님의 정법을 전해 받은 조사다."라고 말하자 그를 다시 불러오도록 했지만, 나라 사람들 모두를 보내도 돌아오지 않을 거라는 대답만 들었다. 흔히 사람들은 지금 여기 자기 앞의 사람이 얼마나 소중한 줄을 모른다. 그 사람이야말로 일생일대의 나의 빛인 줄 모른다. 이를 인연이 닿지 않았기 때문이라고 사람들은 말하리라. 하지만 그 사람을 있는 그대로 바라보지 못하고 키가 작니, 얼굴이 빈천상이니, 돈이 없니 하며 분별심을 가지고 그를 바라보았기에 그 사람과의 혁명적인 조우가 이루어질 수 없는 것일 뿐이다.

3

    부엌의 불빛은
    어머니의 무릎처럼 따듯하다.

    저녁은 팥죽 한 그릇처럼
    조용히 끓고,
    접시에 놓인 불빛을

고양이는 다정히 핥는다.

수돗물을 틀면
쏴아 불빛이 쏟아진다.

부엌의 불빛 아래 엎드려
아이는 오늘의 숙제를 끝내고,
때로는 어머니의 눈물,
그 눈물이 등유가 되어
부엌의 불빛을 꺼지지 않게 한다.

불빛을 삼킨 개가 하늘을 향해 짖어대면
하늘엔
올해의 가장 아름다운 첫 별이
태어난다.

— 이준관, 「부엌의 불빛」

'부엌의 불빛'은 부엌의 주관자인 어머니의 불빛이다. 때로 어머니가 흘리는 그 눈물이 등유가 되어 부엌의 불빛을 고즈넉이 밝힌다. '고즈넉이'라는 말뜻대로 한적하고 아늑한 그 부엌의 불빛은 그럼에도 어머니의 무릎처럼 따뜻하다. 그렇다. 어머니의 무릎에 누우면 어머니가 토닥거려주던 잠은 얼마나 따뜻하던가. 저녁이 팥죽 한 그릇처럼 조용히, 그러니까 팥죽 두 그릇도 안 되는 한 그릇처럼 곤곤하게 끓고, 그나마 고양이에게 조금 나누어주었는지 벌써 싹싹 비운

접시에 반사되는 불빛을 고양이가 핥는다. 그 불빛은 오 촉짜리 알전구 불빛도 못 되고, 어머니의 눈물이 등유가 되어 밝히니 등잔불 정도는 되겠다. 부엌의 어둠을 다 밀어내지는 못하는 불빛이지만, 수돗물을 틀면 거기에서 또 하얀 불빛이 쏴아 쏟아지는 듯하다.

그 불빛 아래 책상도 없이 엎드려 착하디착한 아이는 숙제를 끝내고, 꺼질 듯 꺼질 듯 가물거리지만 어머니는 살아내는 일의 눈물로 그 불빛을 꺼지지 않게 한다. 그리고 그 불빛을 삼킨 개도 있다. 소소한 살림에 개까지 있다. 그 개가 하늘을 향해 짖으면, 하늘엔 세상에서 가장 아름다운 올해의 첫 별이 태어난다. 새해라서 첫 별이 아니라, 새해가 아니더라도 세상에서 가장 아름다운 별이 뜬 날이 이 가난한 살림에 언제쯤에나 있었겠는가. 그래서 올해의 첫 별이다. 이런 아름다운 첫 별이 올해 다시 뜰 날이 있을지도 모르겠다.

이 시는 분별과 차별에 물들어 있는 근대적 언어로 쓰인 시가 아니다. 어쩌면 신화와 같은 어머니의 공간, 아주 소박하고 빠듯하지만 너무도 따뜻하고 아늑한, 어머니의 품속의 다른 이름인 부엌이라는 공간과, 거기 가녀린 목숨처럼 겨우 밝혀지는 불빛에 관한 찬가이다. 근대적이고 과학적이고 이성적인 생각으로는 고양이가 불빛을 핥는달지, 수돗물이 불빛을 쏟고 그 불빛을 삼킨 개가 하늘을 향해 짖는달지, 그 개 짖는 소리에 세상에서 가장 아름다운 첫 별이 태어난다는 말 등은 할 수가 없다. 아무리 시적 은유라 해도 그렇다.

이런 시들을 읽게 되면 우리가 지금껏 분별하고 계산하고 따져온 말들은 하릴없이 무너진다. 어머니가 눈물로 겨우 밝히는 부엌의 불빛은 어머니가 사는 날까지 결코 끊이지 않으리라는 것을 마음으로 느낄 뿐, 왜 그렇게 궁상을 떠느냐고 타박할 수도 없다. 우리 자식들은 모두 그렇게 저녁이 팥죽 한 그릇처럼 끓는 부엌과 그 부엌을 밝힌 어머니의 불빛으로 어두운 세상을 헤쳐 왔고, 어디서 구박 당하지 않을 만큼은 성장했다.

그리스신화에서 인간에게 불을 가져다준 것은 프로메테우스였다. 그 벌로 그는 코카서스산에 묶여 독수리에게 간을 쪼여 먹히는 벌을 받았다. 그 불을 우리의 어머니들은 부엌에다 간직했다. 심지어 아궁이에 불을 지피고도 불씨 몇 개 정도는 재 속에 꼭꼭 묻어두어야 했다. 아침이면 그걸 꺼내 다시 불을 지피고 저녁이면 등잔불을 붙여 부엌의 불빛을 밝혔다. 어렸을 때 그 불씨를 꺼트려서 할머니로부터 큰 타박을 들은 어머니가 부랴부랴 이웃집으로 불씨를 얻으러 가던 것이 기억난다. 성냥 한 갑 사는 것도 힘든 시절이었다.

『부모은중경』에 '십대은(十大恩)'이 있다. 그중에 쓴 것을 삼키고 단것을 빨아 먹이는 은혜가 있다. 어머니는 부엌의 불빛을 밝혀서 자식들에게 단것을 먹이려고 진종일 입에서 쓴 내가 나도록 논일 밭일 집안일을 해치웠다. 어머니는 자식에게만큼은 결코 근대화 될 수 없다고 생각한다. 근대화 이전의 둥그렇고 따뜻한 품속과 그것의 다른 이름인 부엌, 그리고 부엌의 환할 것도 찬란할 것도 없는 불빛으로 오래오래 존재할 뿐이다.

제7화

네 마음을 벌써 편안케 해주었노라
― 조용미, 「불안은 영혼을 잠식한다」·김언희, 「불안은 불안을 잠식한다」

1

진화심리학에 의하면 인간은 태어나서 제일 먼저 불안과 공포의 감정을 느낀다고 한다. 이어서 분노와 죄책감, 애정과 우정 그리고 명예와 도덕 등에서 오는 행복감을 배우게 된다고 하지만, 그렇다고 해서 근본적인 불안이 사라지는 것은 아니다. 이런 불안과 공포 등 각종 마음과 거기에 따르는 행동을 연구하는 과학이 심리학이다. 1879년 독일의 빌헬름 분트(1832~1920)에 의해서 심리학이라는 현대과학이 창설된 이래 환경에 대한 인간 반응을 살피는 행동주의, 무의식이 행동을 결정한다는 심리치료, 계산하는 뇌에 대한 인지심리학, 타인의 세계 속의 존재를 다루는 사회심리학, 아이부터 성인까지의 발달을 추구하는 발달심리학, 성격과 지능에 대한 차이심리학 등으로 그 흐름이 계속 확장 전개되고 있다. 하지만 그렇게 심리학 분야가 확장되는 것만큼이나 불안이나 공포증은 점점 늘어나기만 한다.

　　당신이 내 곁에 계시면 나는 늘 불안합니다 나로 인해 당신 앞
날이 어두워지는 까닭입니다 내 곁에서 당신이 멀어져 가면 나의
앞날은 어두워집니다 나는 당신을 잡을 수도 놓을 수도 없습니다
언제나 당신이 떠나갈까 안절부절입니다 한껏 내가 힘들어하면
당신은 또 이렇게 말하지요 "당신은 팔도 다리도 없으니 내가 당
신을 붙잡지요" 나는 당신이 떠나야 할 줄 알면서도 보내드릴 수
가 없습니다

이성복의 「앞날」이란 시인데, 사랑과 불안의 심리가 빼어나게 표현되어 있다. 당신이 내 곁에 있으면 나는 기쁘지만 당신 앞날의 꿈을 앗을까 봐 불안하고, 당신이 기쁨을 찾아 멀어져 가면 나의 앞날의 희망이 닫힐까 봐 불안하다. 그래서 나는 당신을 잡을 수도 놓을 수도 없어 늘 안절부절못한다. 내가 그렇게 힘들어하는 것은 사실 나의 이기심 탓이라는 게 드러나는데, 바로 뒤 구절에 "당신은 팔도 다리도 없으니 내가 붙잡지요"라고 한 말 때문이다. 만약 여기서 말한 사람이 '아내'라면 아내는 되레 행동도 의지도 없이 불안한 마음만 있는 나를 붙잡는 셈인데, 괜히 나는 아내와의 분리 강박증에 시달리고 있는 것이다. 아내가 그렇게 안심시켜줘도 '나는 당신이 떠나야 할 줄 알면서도 보내드릴 수가 없다'는 이기적 불안감을 계속 드러낸다.

　이렇게 인간은 모순적 존재인 만큼 행복을 추구하면서도 끊임

없이 불안을 만들어낸다. 이런 불안에는 단순불안, 사회불안 장애, 광장공포증, 공황장애 등 다양한데, 그런 불안의 원인은 무엇일까? 심리학계에 있어서 3대 거장의 한 사람인 지그문트 프로이트(1856~1939)는 정신 장애를 일으키는 신경증적 불안(neurotic anxiety)은 성이나 공격성의 추동으로 가득 찬 무의식이 현실화하려고 할 때 자아가 불안을 느낀다고 한다. 사회적으로 용인될 수 없는 욕구들이기 때문에 자아는 이러한 불안을 직면하려 하지 않고 온갖 정신 장애를 만들어낸다는 것이다. 알프레드 아들러(1870~1937)는 신경증 환자는 현대 거대 사회에서 항상 열등감을 품고 살아간다고 한다. 물론 열등 콤플렉스와 반대로 목표 달성을 위해 끊임없이 애쓰는 우월 콤플렉스를 가진 사람은 더더욱 신경증 환자이다. 철학자 한병철은 이를 '과잉사회 증후군'으로 분석하며 타자가 아니라 자기와의 무한한 싸움으로 스스로 성과를 내지 못하면 살아남지 못한다는 불안으로 가득한 현대인의 스트레스라고 말한다. 카를 융(1875~1961)은 개인 무의식의 더 깊은 층에 자리한 집단 무의식의 원형을 분석해내는데, 집단 무의식의 예는 가령 기독교적 세계관 속에 살아가는 사람들이 원죄에 대한 실낙원 의식으로 늘 불안에 시달리는 것 등이다.

이 3대 거장 외에 멜라니 클라인(1882~1960)은 인간에게 있어 삶 본능과 죽음 본능의 투쟁은 일생 내내 계속된다고 하며 그 사이의 갈등에서 오는 불안을 이야기하고 있다. 또한 세계 전쟁을 겪은 뒤 나온 실존주의가 신경증적 불안 이외에 삶과 죽음, 고립, 의미, 자유와 같은 실존 때문에 발생하는 실존적 불안(existential anxiety)을 말하고 있다. 이 실존적 불안은 사실 불교와 선에서 말하는 불안과 일맥상통한 점이 있다. 이런 불안을 치료하기 위해 불안의 수만큼 많은 정신분석이나 건강심리학, 문화심리학, 상담심리학, 스포츠심리학, 실험심리학 등 여러 실제적 심리치료가 전개되지만 그 치료효과를 얼마나 보는지는 모른다.

2

달마 대사에게 혜가가 물었다.
"부처님의 법인(法印)을 들려주십시오."
달마 대사가 대답했다.
"부처님의 법인은 남에게 들려줄 수 있는 것이 아니니라."
혜가가 다시 말했다.
"제 마음이 편안치 않으니 스님께서 편안하게 해주소서."
달마 대사가 대답했다.
"네 마음을 가져오너라. 편안케 해주리라."
혜가가 대답했다.
"마음을 찾아도 끝내 얻을 수 없습니다."
달마 대사가 말했다.
"네 마음을 벌써 편안케 해주었노라(與汝安心竟)."

-『선문염송』제100칙

석가모니 부처가 깨달음을 얻기 위해 광야에서 피골이 상접하고 등가죽이 배에 달라붙을 정도의 7년 고행을 한 바 있지만, "옛 사람이 도를 구할 때는 뼈를 깨뜨려서 골수를 뽑아내었다."는 각오로 무릎까지 쌓인 눈 속에서 서서 자기의 팔을 잘라 스승 앞에 바치기까지 한 사람은 드물다. 이런 입설단비(立雪斷臂)의 주인공이 선종의 제2대 조사 혜가(487~593)이다. 선의 초조 달마가 인도에서 중국으로 건너와 양무제를 만났으나 그가 달마를 알아보지 못하자 훌쩍 떠나 숭산 소림사에 머물며 면벽하기를 9년째였다. 그는 육신을 몸이라 여기지 않고, 목숨을 생명으로 삼지 않으며, 오로지 법을 구하고 도를 얻고자 하는 '한 사람'을 찾으려 했으나 이를 얻지 못한 형편이었다. 이때쯤 신광이라는 사람이 찾아왔는데 그는 노자와 공자, 장자와 주역 같은 서적에 통달했지만 여기에서 미묘하고 극진한 진리를 얻지 못하다가 마침 소식을 듣고 달마를 찾아온 것이다. 그 밑에서 조석으로 시봉하고 가르침을 구했으나 얻지 못하자 어느 눈 퍼붓는 날 새벽까지 마당에 서 있다가 서두에서 말한 결단으로 어깨를 잘라버린다.

  위 공안은 바로 입설단비를 보고 달마 대사가 혜가와 나눈 선문답이다. 어깨를 잘라버릴 정도로 불도에 각오를 보이는 혜가를 보자 달마는 비로소 그가 법을 이룰 수 있는 그릇임을 알고 "부처님들이 처음 불도를 구할 때에는 불법을 위해 몸을 던지셨다. 네가 이제 내 앞에서 팔을 끊으면서까지 가르침을 구하니 네 이름을 혜가라고 바꾸어 주겠노라."고 하였다. 법호를 얻자마자 혜가가 "부처님의 법인을 들려주십시오."하고 매달린다. 이때 달마가 한숨을 쉬고는 "부처님의 법인은 남에게 들려줄 수 있는 것이 아니니라."하고 엄중하게 꾸짖는다. 혜가는 여전히 이 뜻을 깨닫지 못한 채 곧바로 마음의 불안을 잠재우는 평안을 주시라고 한 것이다. 이에 달마가 네 마음을 가져오라고 하자, 혜가는 마음을 찾을 길이 없다고 한다. 달마는 다시 "네 마음을 벌써 편안케 해주었노라."라고 하는 그 유명한 화두를 남긴다.

달마와 혜가가 나눈 문답을 안심법문(安心法問)이라고 한다. 달마어록으로 전하는 『이입사행론』에도 나오는데, 정성본 역주 『무문관』에선 이 새로운 선법인 "안심법문이 있었기에 달마가 중국 선종의 초조로서 자리매김 될 수 있었다."고 한다. 그런데 이 안심법문은 혜가가 불안한 마음을 찾을 수가 없었다고 말한 데에 대해 달마가 불안한 마음은 존재하지 않는다는 사실을 깨닫게 하기 위한 것이 아니었다. 찾는다고 찾아지고 없다고 해서 없는 것이 아닌 마음의 모순을 가르치기 위한 것이라기보다는 목전에서 너의 마음을 벌써 편안케 해주었다고 말했듯이 우선 마음을 안정시킨 것이 달마가 한 일이었다. 이것을 직지인심 견성성불의 교화수단이라고 하는데, 이처럼 사람의 마음을 곧바로 가리켜서 깨닫게 하는 방법을 최초로 펼친 선승이 바로 달마이다.

사람들은 일어나지도 않은 일에 미리서 불안해 하며 하룻밤에도 수없는 모래성을 쌓고 허무는 불면의 밤을 보낸다. 젊어서 직장도 잡히지 않고 어떠한 미래도 열릴 것 같지 않은 마음에서 오는 불안에서부터, 또 회사에선 실적을 내지 못하면 쫓겨나고 말 것이라는 과잉 성과 불안을 지나, 중년 넘어서는 무엇보다도 텔레비전 건강프로그램에 나오는 각종 병이 모두 내게 존재하는 것만 같은 건강 불안, 그리고 몸의 쇠락과 각종 통증과 사라진 영향력으로 인한 정신적 소외감에서 오는 노년 불안까지 사람들은 일평생 불안에 시달리는 존재이다.

시인 작가들에게 이런 불안은 노벨문학상 수상작가인 존 쿳시가 『청년시절』에서 밝힌 것처럼, "예술의 지고한 시험을 통과하지 못하고, 축복받은 재능을 타고나지 못했다는 사실이 마침내 드러나면" "이류(二流)라는 운명을 견딜 준비를 해야 한다"는 데서 온다. 설령 시험을 통과할지라도 급기야 바닥난 재능과 열정으로 끝내 문학사에 남을 대표 명작을 쓰지 못하리라는 불안감은 삶을 황폐화시킨다. 이럴진대 구도행을 떠난 선승이 오래도록 깨달음의 한 소식을 얻지 못하는 데서 오는 불안의 고통은 또 얼마나 클까. 그런 모든 사람에게 달마와 혜가의 안심법문은 큰 위안이 되고도 남을 공안이다.

3

보이지 않는 곳에서 누가
포도송이처럼 영글어가고 있는 나의 꿈을
뚝뚝 떼어내며 웅크린 내 잠에
확 불빛을 쏘아대었다
어디선가 물 떨어지는 소리가 들리기 시작하고
어둡고 따스한 잠 속에 끊임없이 울려오는
무거운 물방울 소리들
신성한 외로움에 빠진 나의
둥근 영혼을 누가 불안하게 하는가
물이 주르륵 흘러내리고
아직 단단해지지 않은 머리가 먼저

으깨어진다 세상에 대한 불길한 사랑이

누군가를 붉게 물들인다

— 조용미, 「불안은 영혼을 잠식한다」

    조용미의 위 시는 파스빈더 감독의 영화제목을 빌려온 시이다. 60대 미망인과 젊은 외국인 노동자의 사랑을 통하여 1970년대 독일사회에 잔재한 파시즘을 비판한 영화라고 하는데, 시가 영화 내용에서 영향을 받았는지는 모르겠다. 시는 "보이지 않는 곳에서" 누군가 "포도송이처럼 엉글어가고 있는 나의 꿈"을 포도알 떼어내듯 뚝뚝 떼어내기부터 시작한다. 그러기에 잠도 똑바로 못 자고 겨우 웅크린 잠에 또 확 불빛을 쏘아댄다. 불안에 이은 불면의 고통으로 겨우 웅크린 잠에, 그렇게 확 불빛을 쏘아대다니!
    어디선가 물 떨어지는 소리는 들려온다. 어둡고 따스한 잠 속까지 끊임없이 울려오는 무거운 물방울 소리들은 급기야 물이 주루룩 흐를 정도로 침구들을 진땀에 젖게 한다. 말이 싱싱한 외로움이고, 말이 둥근 영혼이지 불안에 잠식되게 되면 불안에 대처할 그 어떤 철학이나 깨침도 없는 머리가 먼저 으깨어지고 만다. 이때 세상에 대한 사랑은 오히려 불길해져 누군가를 붉게 물들이는데, 도대체 처음부터 밖에, 아니 안에 있는, 그 누가 왜 나를 불안하게 하는가. 다음은 「불안은 불안을 잠식한다」는 김언희 시인의 시이다.

    3분마다 발정하는 불안, 책상 아래서 불알을 주물럭거리는 불안, 기둥 같은 헛좆을 세우는 불안, 불안이 간통을 하고, 불안이 시를 쓰고, 불안이 불안의 눈알을 후벼 불안의 목구멍을 틀어막는다. 심장의 박동, 불안의 비트, 쉭쉭거리는 불안의 피스톤, 들숨 날숨 공기만 마셔도 살이 찌는 불안, 러닝머신 위에서 헐떡거리는 불안, 혀가 말리는 불안, 쓸개에 돌을 박는 불안, 수족관 속에서 질금질금 똥을 지리는 불안, 배가 갈라져도 숨이 끊어지지 않는 불안, 접시 위에서 벌렁거리는 불안, 우걱우걱 대가리가 씹히면서도 멈출 수 없는 교미, 다다를 수 없는 나라에 다다르는 불안

이 시는 현존재 앞에 벌어지는 모든 사건에 불안이 달라붙어 있고 마침내 불안이 불안을 잠식하는 사태에까지 처하게 되는 것이 삶이라고 말하는 것 같다. 이하준의 『실존주의자들에게 인생의 즐거움을 묻다』에 의하면 "불안은 불안을 이기고자 자기 추동적이며 자기 생산적인 일을 계속 해댄다. 그 일을 하는 순간만큼은 불안을 잊기 때문이다." 불안의 과잉이 과잉의 활동을 도모하게 한다. 하이데거에 따르면 인간에겐 근본 불안이 있다. 이 불안은 인간이 세상에 내던져진 존재이자 한 걸음 한 걸음 죽음을 향해 걸어가는 존재인 한 결코 제거될 수 없는 불안이다. 불안은 이미 심리 상태가 아니며 어떤 특별한 대상이 있어 생기는 것도 아니다.

하지만 이 불안이라는 사태에 부딪히면서 인간은 비로소 자기의 존재 의미를 탐구해야 하는 것은 아닌가. 중생이야 부처처럼 출가까지는 못한다 하더라도 뭔가 한번은 자기의 불안을 들여다봐야 하지 않는가. 조용미의 시는 불안의 감정을 읊은 시이고, 김언희의 시는 불안 장애의 행동을 나열한 시이다.

제8화

죄를 씻어주었노라, 누가 너를 묶었느냐
— 반칠환, 「먹은 죄」

1

 죄란 과연 무엇일까. 왜 사람들은 아무 잘못도 없이 곧잘 죄의식에 시달리곤 할까. 아무 이유가 없는데 일이 잘 안 되면 우리는 흔히 전생까지 끌어와 자기의 죄를 묻는다. 전생에 무언가 큰 잘못을 저질러서 그 죄과로 이 고통을 당하고 있는 거라고 생각하곤 하는 것이다. 불교에서 말하는 인생 팔고까지는 아니더라도, 청춘 시절의 가장 큰 고통은 구하여도 얻지 못하는 고통인 구부득고(求不得苦)였다. 그러더니 한 갑자를 돌고 보니 병고(病苦)가 가장 큰 고통이다. 그 고통에는 터무니가 있기도 하고 없기도 하다는 생각이 든다. 하지만 그 고통에 대해 전생까지 끌어와 묻는 그 뿌리 깊은 죄의식은 어디서 연유한 걸까. 서양에서 들어와 우리에게 오랫동안 자리 잡은 기독교적 사유에서 온 원죄 의식 때문일까.

젊어서 읽은 너새니얼 호손(1804~1864)의 『주홍글씨』라는 소설이 있다. 남편이 아닌 다른 남자의 아이를 낳은 여자의 고통과 죄의식에 관한 이야기다. 17세기 중엽 청교도들이 모여 사는 보스턴의 한 마을에서 일어난 간통 사건을 다루었는데, 주인공은 헤스터 프린으로 기구하게 살아가면서도 기개를 잃지 않는 당찬 여인이다. 그녀는 원래 영국에서 태어나 가난한 아버지의 강요에 의해 돈 많고 나이 많은 의사와 결혼했었다. 아무런 애정도 없는 결혼생활 도중 남편과 떨어져 신대륙 보스톤으로 이주한다. 연락조차 끊긴 채 언제 미국으로 올지 모를 남편을 기다리며 지루한 시간을 보내던 그녀는 느닷없이 다른 남자의 아이를 낳는다.

순결을 신조로 삼는 청교도 사회는 발칵 뒤집혔고, 헤스터는 재판에 넘겨져 간통을 뜻하는 알파벳 'A(Adultery)'자가 새겨진 옷을 입고 평생을 살아야 하는 벌을 받는다. 그런데 아이 아버지는 사실 지역에서 존경받는 목사 아서 딤즈데일이었다. 사람들의 강압적인 추궁에도 헤스터는 끝내 그 사실을 밝히지 않았는데, 사실 그녀는 그를 사랑해서 아이를 낳은 것이었다. 아서는 양심의 가책을 느끼면서도 비겁한 성직자 생활을 계속한다. 물론 7년 동안 내내 죄책감에 시달렸음은 주지의 사실이다. 목사는 삶의 막판에 도달해서야 신도들 앞에서 숨겨왔던 과거를 고백하면서 죽는다. 물론 헤스터도 부끄럽게 벌을 받는 것보다는 당당하게 벌을 받는 길을 택하고, 아이는 아름답고 주체적인 숙녀로 자란다.

이 소설은 죄와 인간을 정면으로 바라본 미국문학의 걸작이다. 독실한 청교도 집안에서 자란 너새니얼 호손은 자신의 조상들이 마녀사냥에 참여하고 퀘이커 교도들을 탄압하는 등 미국에 정착한 후 저지른 잘못에 죄책감을 가지고 있었다. 그 과거사에 대한 연좌제적인 죄책감 때문에 이 소설을 구상하고 쓴 것이라고 한다. 물론 이 소설의 주인공들이 갖게 된 죄의식은 간통이라는 분명한 근거나 이유가 있다. 요사이는 그런 간통 정도 가지고 죄의식을 느낄 사람은 별로 없을 것이지만 당시 청교도 사회에선 무시무시한 죄였다.

한데 현대 사회에선 그 죄의식, 죄책감이라곤 없는 후안무치한 사람들이 너무 많아서 되레 문제이다. 오늘날 정치인들이나 장관 등이 그들이다. 그 공직자들의 뻔뻔한 위선을 보면 숨이 턱턱 막힌다. 이 세상의 공정과 정의라곤 전부 독점해서 그걸 말과 글로 주구장창 부르짖던 사람들이 자기 자식들만은 거짓 스펙을 만들어서라도 명문 대학에 보낸다. 군대도 편하다고 인정된 데를 갔는데 그러고도 그걸 못 견뎌 군법 위반을 한 자식을 부모가 자기의 정치적 위력으로 무마시킨다. 놀랍게도 그들은 이 나라 법을 다루거나 위정자들이었다.

후안무치도 이런 경우가 없다. 사회의 리더들이 부끄러움을 모르고 죄의식이 없으니 국민이 따라서 부끄러움과 죄의식을 잃어간다. 논어에 나오는 대로 하루에 자신을 세 번 성찰한다는 '오일삼성오신(吾日三省吾身)'은커녕, 법의 그물에만 걸리지 않으면 하늘도 조각내 뜯어 먹을 자들이다. 죄의식이 아니라, 죄의식이 너무 없어 문제인 것이다.

2

2조 혜가가 법통을 계승한 뒤의 일이다. 마흔이 넘어 보이는 신도 하나가 불쑥 그를 찾아와 성명도 밝히지 않은 채 이상한 청을 하였다.

"저의 몸은 풍병에 걸렸으니 화상께서 죄를 씻어주십시오."

혜가가 말했다.

"죄를 꺼내 놓아라, 그러면 깨끗하게 씻어주겠노라!"

잠시 침묵이 흐른 뒤, 그 신도가 말했다.

"죄를 찾아도 찾을 수가 없습니다."

그러자 혜가가 말했다.

"보라, 나는 네 죄를 씻어주었노라(我與汝懺罪竟)!"

그 신도는 불교에 귀의해 승찬이라는 법명을 받았고, 후에 제3대 조사가 되었다.

— 『경덕전등록』 3권 제30조

초조 달마로부터 6조 혜능까지의 선은 참으로 간명직절하게 문제점을 짚었다. 지나치게 까다로운 방편으로 불법의 근본이 되는 '성스러운 진리의 핵심(聖諦 第一義)'이 무엇인지 헤매게 함이 없었고, 뚜렷하고도 명백하지만 그럼에도 무어라고 표현할 수 없는 깨달음의 진미를 맛보게 했다. 초조로부터 2조 혜가가 불안한 마음에서 단박에 평안을 얻었는데, 혜가도 스승으로부터 깨친 방식으로 3조 승찬(?~606)을 구했다. 승찬은 혜가를 만났을 때 사실 풍병을 앓고 있었다. 아마 그 때문에 늘 죄의식에 시달려 살았던 모양이다. 병 때문에 마흔이 넘도록 장가도 못간 채 전생까지 탓하며 살아왔을 그의 고통이 충분히 짐작이 가고도 남는다. 오죽하면 혜가를 만나자마자 자기가 참회를 할 테니까 그 방법을 일러 달라고 간청을 했겠는가. 참회를 해야만 그 풍병의 고통에서 벗어날 수 있을 것 같았기 때문이었으리라.

  그런 승찬에게 직지인심의 방법으로 당장 너의 "죄를 꺼내 놓아라, 그러면 깨끗하게 씻어주겠노라!"라고 다그친다. 그러자 승찬은 잠시 생각에 젖어 있다가 "죄를 찾아도 찾을 수가 없습니다."라고 솔직하게 대답한 것이다. 그러자 혜가는 "보라, 나는 네 죄를 씻어주었노라!"고 하며 승찬에게 자기가 짓지도 않는 죄와 죄의식에 사로잡혀 살지 말고 인식의 대전환을 통해 새로운 삶을 살라는 언명을 한다. 그 자리에서 깨침을 얻은 승찬은 『신심명』이라는 불후의 선시집을 남겼다. 이 시집은 『증도가』, 『대승찬』과 함께 삼대 선시집이다. 그중 앞부분은 다음과 같다.

지극한 도는 어려움이 없으며	至道無難
오직 간택함을 싫어할 뿐이다	唯嫌揀擇
다만 미워하고 사랑하지 아니하면	但莫憎愛
막힘없이 환하게 명백하리라	洞然明白

  법통을 이어받은 승찬은 스승들과 꼭 같은 그릇이라는 것이 밝혀졌다. 그가 환공산에서 불법을 전하고 있을 때 하루는 어린 사미승이 찾아와 절하며 말했다. 그는 도신으로 당시 나이 14세이고 승찬은 82세였다.

  "청하옵건대 스승이시여, 자비를 베푸시어서 제게 해탈의 법문을 일러주소서(願和尚慈悲, 乞與解脫法門)."

  "누가 너를 묶어놓았느냐?"

  "아무도 저를 묶어놓지 않았습니다."

"그렇다면 어찌 다시 해탈을 구하는가?"

스승이 말하자 젊은 중은 그 말에 크게 깨쳤다. 바로 제4대 조사가 되었다.

— 『경덕전등록』 3권 제31조.

승찬이 혜가의 전심을 물려받고 정진하여 82세 나이쯤 되었을 때는 선불교의 큰 스승이 되어 있었다. 그런 큰스님 앞에 어느 날 14세의 어린 사미승이 찾아와 절하며 해탈의 법문을 내려 달라는 것이었다. 14세 나이의 어린 사미승이 인생의 고뇌 속에서 해탈하는 묘법을 가르쳐 달라고 하니 어처구니가 없는 일이기도 했을 것이다. 아마도 사미승이었기에 다른 아이들보다 사고의 성숙이 있었으리라는 사실을 감안하고도 놀라운 일이다. 그 시퍼런 기개를 보고 승찬은 어쩌면 이 아이가 큰 법기가 될 것임을 찰나에 알아차렸는지 모른다. 그래서 해탈이라니? "누가 너를 묶어 놓았더냐?"고 직관적으로 다그쳤다. "아무도 저를 묶어 놓지 않았습니다."라는 대답에 이어 "그렇다면 너는 어찌 다시 해탈을 구하느냐?"는 한마디로 명백하고도 줄기찬 조사선(祖師禪)의 진풍을 날린 것이다.

전쟁이나 민주화운동 과정 중에서 폭격을 당하거나 고문을 당한 사람들 중에서 그 트라우마에 평생을 묶여 사는 경우를 종종 본다. 월남전에 참여했다가 목전에서 사람들이 파리 목숨처럼 날아가는 처참한 광경을 본 뒤 귀국하여 너무도 고통스러워하는 작가가 있었다. 술만 마시면 거리에 나와 괴성을 지르며 두두두두 기관총 쏘는 시늉을 하는 그 모습은 너무도 안타까웠다. 그런 극적인 일들이 아니더라도 키가 작은 사람들은 그 작은 키에 대한 열등감으로 평생을 묶여 살고,

어린 시절 못 먹고 살았던 사람들은 이제 먹고 살 만큼 되었는데도 친구들 술자리에서 돈 한 푼 쓰는 것을 아까워하다 따돌림을 당하곤 한다. 우리나라 사람들이 권력과 유착하여 개발 정보를 빼내든 사기를 치든 부동산 투기 같은 축재에 광적으로 집착하는 것은 전쟁 이후에 처참한 가난을 겪었기에 그 트라우마 때문이라는 진단도 있다.

그런가 하면 트라우마와 비슷한 콤플렉스가 있다. 강현식의 『꼭 알고 싶은 심리학의 모든 것』에 의하면 신데렐라 콤플렉스는 자신의 인생을 화려하게 만들어줄 왕자를 기다리는 마음에 묶인 사람이다. 슈퍼맨 콤플렉스는 상대방의 의지와 무관하게 상대방을 도우려는 마음으로 넘치는 사람이다. 계속 어린아이로 남고 싶어 하는 피터팬 콤플렉스, 작은 키에 대한 보상 심리로 공격적이고 과장된 행동을 하는 나폴레옹 콤플렉스, 형제자매가 서로 적대시하는 카인 콤플렉스 등 다양한 콤플렉스에 묶여 사는 사람들이 의외로 많다. 콤플렉스라는 단어는 1898년에 독일의 신경학자이자 정신과 의사였던 테오도르 치엔이 처음으로 사람의 마음에 적용했고, 그 후로 카를 융이 정신 분열 환자들의 마음속에 복잡하게 얽힌 생각과 감정 덩어리 곧 심리적 구조물이 있는 것을 알게 되었다.

그런데 노장 승찬이 이제 애송이에 불과한 도신을 향해 나이 차 같은 것은 애초에 고려하지도 않고 "누가 너를 묶어놓았더냐?"고 서슬 푸르게 닦아 세우자 도신은 언하에 해탈해버린다. "아무도 저를 묶어놓지 않았습니다." 한마디로 전광석화와 같은 스승과 제자의 줄탁동시 장면을 우리는 눈앞에 일어난 일처럼 생생하게 본다. 트라우마나 콤플렉스 때문에 정신 분열에까지 이른 사람은 약물이나 심리 치료도 받아야 하겠지만, 그렇지 않은 사람들은 어린 도신도 순식간에 얻은 해탈을 본보기 삼아야 할 것이다.

3

> 새끼들에게 줄 풀벌레 잡아오던
> 지빠귀를 새매가 나꾸어 갔다
> 가까스로 허물 벗은 날개 말리던
> 잠자리를 물총새가 꿀꺽 삼켜 버렸다
> 오전에 돋은 새싹을 다람쥐가 갉아먹는다
> 그러나 어느 유족도 복수를 꿈꾸지 않는다
> 다 먹은 죄가 있기 때문이다
> 한없이 슬퍼도 적막한, 푸른 숲 속의 일이다
>
> — 반칠환, 「먹은 죄」

알 수 없는 죄의식, 트라우마와 콤플렉스에 묶여 사는 사람들은 그것이 개인의 문제뿐만이 아니라는 사실을 일단 알아야 한다. 그것이 사회 구조적 문제일 수도 있고, 심리학적 문제일 수도 있으며, 위 시와 같이 생물학적, 생태적 사슬 속에 얽혀 있기 때문이기도 할 것이다. 풀과 나무의 푸른 잎들은 지구에서 주인 없는 빛과 공기와 물을 이용하여 제 몸을 만들고 키운다. 그 푸른 잎을 소와 양과 기린이 먹는다. 그런 동물들을 사자와 호랑이와 표범이 먹는다. 푸른 잎과 그것을 먹고사는 동물을 아울러 먹는 원숭이와 사람 등도 있다. 이는 지구에 사는 생물이 빠짐없이 연루된 먹이사슬이다.

모든 존재는 인드라망 같은 생태 사슬 속에 얽혀 살기 때문에 어쩔 수 없는 비극의 존재들이다. 그렇기 때문에 위의 시는 '한없이 슬퍼도 적막한' 죄의 죄 없음에 방점을 찍고 있는 것이다. 새끼들의 먹이인 풀벌레를 잡아오던 지빠귀를 새매가 나꾸어가고, 가까스로 허물 벗은 날개를 말리던 잠자리를 물총새가 꿀꺽 삼켜 버려도, 어느 유족도 복수를 꿈꾸지 않는다. 생태 사슬 속에서 먹고 먹히는 구조 때문이다. 다만 모든 동물은 먹이 사슬에서 먹히는 쪽의 수를 적정히 늘리고 먹는 쪽의 수를 적정히 줄여 포식의 연쇄가 망가지지 않도록 하고, 그 삶의 무기적 환경과 에너지의 순환을 원활하게 하는 생태계의 균형을 무너뜨리지 않는다. 수많은 세월을 통해 자리 잡은 이 균형의 연쇄 사슬을 무너뜨리는 게 있다. 인간이다. 이런 인간에 의한 현재의 지구 생태계의 파괴 혹은 변동은 거의 모든 생물에게 위협이 된다.

먹이 사슬에 가담한 생물들의 암묵적인 준칙은 생존에 필요한 최소한의 포식이다. 그러나 사람은 생리적인 위장 외에 마음의 위장을 하나 더 가진 그 탐욕 때문에 원천적으로 자연 혹은 지구 위의 현 생태계에 가장 적대적이다. 이런 문제를 근본적으로 치료할 불교의 화엄사상이 또한 있다. 우주의 모든 존재는 그 어느 하나라도 독자적으로 일어나는 일 없이 끝없는 시간과 공간 속에서 서로의 원인이 되며, 대립을 초월하여 하나로 융합하고 있다. 이런 화엄연기의 개념은 불교 생태학의 핵심 사상인데, 이는 생태 사슬 이론과 일맥상통한 사상인 것이다.

제9화

제 성은 불성(佛性)입니다
― 최승자, 「일찍이 나는」

1

인간에게 성씨란 무엇일까? 성씨가 없으면 인간 행세를 할 수 없을까. 현대 사회에서 성씨는 과연 옛날만큼이나 그 막강한 위세를 가질 수 있을까. 그 성씨는 도대체 어디서부터 유래한 것일까.『한국민족문화대백과사전』에 의하면, 성씨란 일정한 인물을 시조로 하여 대대로 이어 내려오는 단계혈연집단(單系血緣集團)의 한 명칭이다. 후대의 성씨는 한자식 표기로써 이름 앞에 붙어 족계(族系)를 나타내는 동계혈족집단(同系血族集團)의 명칭을 가리킨다. 성과 씨는 역사상 때로는 함께 붙어서, 때로는 각각 독립적으로 사용되기도 하였다. 본관과 함께 사용하여 혈연관계가 없는 동일한 성과 구별된다. 현재 한국인이라면 누구나 본·성·이름을 가지게 되어 있다. 중국의 경우 하·은·주(夏·殷·周) 이전에는 남자는 씨를, 여자는 성을 호칭하였다가 후대에 성씨가 합쳐졌던 것이며, 씨는 신분의 귀천을 분별하였기 때문에 귀한 자는 씨가 있으나, 천한 자는 이름만 있고 씨는 없었다.

중국의 영향을 받은 우리나라 사람들은 유난히 성씨와 본관에 집착하는 경향이 있다. 조선 시대는 전주 이씨 집단이 왕을 세습하여 이씨 조선이라는 명칭으로 비하되기도 했다. 이씨 조선 중반기를 넘어서며 성리학 추종 세력들은 성씨가 곧 가문인 것인 양 인식하여 그 동계혈족집단끼리 뭉쳐서 권력을 쟁취하고 그 권력으로 횡포를 부렸다. 성리학의 이념과는 아무 상관이 없는 혈족끼리 진영을 짜서 저지른 만행으로 조선조는 늘 피가 튀었다. 특히 조선 후기의 안동 김씨와 풍양 조씨 세력의 권력 다툼은 조선조를 망국의 길로 들어서게 한 근본적인 원인이다. 오늘날에도 무슨 대선 같은 게 있으면 향리의 화수회까지 총동원령이 내려져서 자기 성씨의 후보가 당선되도록 애를 쓴다. 최근 연예인들이 아예 성씨마저도 넣지 않은 예명을 외국적인 이름으로 짓는 것을 다반사로 행하고 있는 때에도, 전통깨나 있는 가문에서는 여전히 성씨와 본관과 항렬 따지기를 멈추지 않는다.

그런데 위에서 조선 후기의 안동 김씨가 세도 정치로 조선을 망쳤다고 했지만 이는 실제 안동에 사는 김씨들이 아니다. 『조용헌의 인생독법』에 의하면 세도를 부린 안동 김씨는 원래 안동에서 대대로 살았지만 1,500년대 초반에 한양에 와서 벼슬을 하기 시작했다. 벼슬하면서 집을 사고 아들, 손자 대에 걸쳐 과거 합격자가 계속 나오면서 한양에 눌러앉았다. 김영, 김번 형제가 과거에 급제하자 처음 한양 장의동에 거주하기 시작하면서부터 대대로 번성했다. 그 장의동을 줄여서 장동이라고 했고, 그래서 이들을 장동 김씨라고 부른다. 원래 장흥 고씨가 담양 창평 일대에서 번성하자 창평 고씨로 불린 것처럼. 그런데 김번의 증손자가 그 유명한 김상헌이다. 김상헌 후손들은 학파도 율곡학파에 속하였으며 당파도 서인, 노론으로 이어졌다. 실제 안동 사람들은 퇴계학파에 남인에 속하였으므로 장동 김씨들과는 색깔도 전혀 달랐다. 그러기에 조선 후기에 세도를 부린 안동 김씨는 세칭 '장동 김씨'라고 해야 옳다.

　불교에 귀의한 사람은 세속에서 쓰던 이름과 별개로 수계식 때 법명을 받는다. 수계를 하는 모든 불자들, 승려는 물론 재가 불자도 수계식을 치른 뒤 저마다 법명을 받는다. 한국 불교에서는 재가 불자에게 주는 법명은 남성 두 글자, 여성 세 글자로 짓는 관례가 있다. 승려가 받는 법명은 그 사람을 제자로 받아들인 은사 스님이, 재가 불자가 받는 법명은 수계식을 주관한 스님이 지어주는 것이 관례이다. 수계식 때 받기 때문에 계명(戒名)이라고도 하는데 법명을 받은 이후엔 속명은 군승이 아닌 이상 더는 사용하지 않는 것이 원칙이다. 어느 정도 법랍이나 지위가 있는 승려들은 법명과 별도로 법호를 스승에게서 받거나, 더러는 스스로 짓기도 하였다. 원래 우리나라 예절에서 높은 사람의 본명을 막 부를 수 없어 직책이나 호를 사용하는 관습이 있듯이, 법명도 막 불리는 것을 싫어했기 때문이라고 한다. 이 성과 관련한 선 이야기가 있는데 5조 홍인 이야기이다.

2

　제4조 도신 조사(580~651)가 길를 가다가 우연히 한 아이를

보고 발걸음을 멈추었다. 그 아이는 어머니 주씨와 함께 구걸을 하고 다니는 중이었다. 유심히 얼굴을 바라보던 조사가 주씨에게 "평범한 아이가 아니군요. 이 아이의 관상을 보니 부처님의 장엄한 32상에서 7가지가 부족할 뿐입니다."라고 말해주었다. 그리고 아이와 대화를 나누었다.

"너의 성(姓)이 무엇이냐?"

"성이 있으나, 보통의 성이 아닙니다."

"그래? 대체 무슨 성인가?"

"제 성은 불성(佛性)입니다."

"성이 없는가?"

"성은 그저 인연에 다른 가명일 뿐입니다. 그것은 본래 공(空)하므로, 성이 없습니다."

도신 조사는 아이가 큰 법기라는 것을 알아보고 주씨에게 출가시켜달라고 청하여 허락을 받았으니, 이 아이가 나중 5조 홍인(601~674)이다.

― 『조당집』 2권 31조

성이 뭐가 그리 중요해서 4조 도신은 길 가는 걸인 아이에게 성을 물어봤을까? 물론 그 아이가 평범한 관상을 가진 아이가 아니고 유심히 보니 부처님의 장엄한 32상에서 7가지가 부족할 뿐인 관상이라서 그랬다는 전승이 있다. 하지만 아이는 자기에게 성이 있으나 보통의 성은 아니라는 대답을 하고, 도신이 재차 묻자 "제 성은 불성(佛性)입니다."하고 당돌하게 대답한다. 세속의 성은 그저 인연에 따른 가명일 뿐 그것은 본래 공(空)하므로 성이 없다고 말하는 아이의 기개가 놀랍다. 걸인 아이에게서 이런 훌륭한 선의 근기가 있다니 놀라워서 도신은 아이 어머니 주씨에게 아이를 출가시켜 달라고 청하였던 것이다. 자성이 공이라는 선의 핵심적 진실을 꿰뚫고 있는 아이가 어찌 보통 아이던가.

그런데 사실 그 아이에겐 진짜로 성이 없었다. 이에 대해 김영욱이 『선의 통쾌한 농담』에서 자세히 정리한 자료에 의하면, 4조 도신이 황매산에 있을 때 한 팔십 노인이 찾아와서 가르침을 청한다. 도신은 출가는 가능해도 80세 나이에 언제 선법을 깨치고 도를 얻겠느냐, 환생할 수 있다면 그때 내가 당신을 기다리겠다며 노인을 내려보냈다. 소나무를 많이 심어서 재송도인이라고 스스로를 소개했던 노인은 그 길로 마을로 내려오던 중, 냇가에서 빨래를 하고 있는 젊은 여인에게 하룻밤 재워 달라는 부탁을 한다. 주씨라는 그 여인이 집에 가서 아버지와 오라비에게 허락을 구하고 다시 냇가로 돌아와 본즉 노인은 이미 죽어 있었다. 불과 며칠 후 처녀인 주씨의 배가 불러왔다. 아이를 가진 것이다. 혼인을 하지 않은 처녀가 임신을 했으니 마을의 미풍양속을 해친다고 해서 그녀는 집에서 쫓겨나야 했다. 이후 떠돌아다니다가 아이를 낳았는데 억울한 마음에 아이를 냇가에 버렸다. 하지만 곧바로 잘못을 깨닫고 냇가로 갔더니 아이는 냇물 위에서 편히 떠다니고 있는 것이었다. 주씨는 아이를 데려다가 구걸을 하며 키웠다. 그러니 그 아이에게 성이 있을 리가 없었다.

어쩌면 도신은 아이의 전생을 들여다본 숙명통을 통해서 예전 80세의 나이로 자신을 찾아온 재송도인의 인연을 생각했을지도 모른다. 그런 아이에게서 자신의 성이 불성이라는 대답을 듣고 도신은 얼마나 놀랍고 흐뭇했을까. 일설에는 두 조사의 인연을 극적으로 드러내기 위해서인지 다음과 같은 일화가 전해진다. 도신과 어린 홍인이 주씨와 작별하고 황매산으로 가던 중 큰 소나무를 보고 홍인이 갑자기 짧은 게송을 읊었다. "쓸쓸히 백발로 푸른 산에서 내려와서/팔십 먹은 옛 얼굴 바꾸고 돌아왔다네./사람은 돌연 소년이나, 소나무는 절로 늙었으니/이로부터 인간 세상에 다시 왔음을 알겠다네." 조사가 게송을 듣고 놀라 "너는 누구냐?"라고 묻자, "저는 전생에 소나무를 많이 심었던 재송도인이라고 합니다. 조사의 말을 듣고 인연이 되어 다시 세상에 태어났습니다."라고 대답하였다고 한다.

 도신과 홍인에게 수많은 수행자들이 모여들었는데 제자들이 무엇이 도인지 가르침을 청할 때마다 "지금 그대들 스스로의 본래 마음이 바로 부처인 것을 깨닫고 (…) 본래의 진심을 지키는 것이 도이다."라고 밝혔다. 수본진심(守本眞心), 곧 본래의 참된 마음을 지킨다는 화두인데, 전생에 늘 푸른 소나무를 즐겨 심고, 나이 팔십에 도를 구했으며, 다시 인간 세상에 홍인으로 돌아오기까지, 재송도인의 마음은 변함이 없었다. 그 변함없는 마음이 마치 그가 즐겨 심었던 푸른 소나무의 물성과 같다.

3

  일찍이 나는 아무것도 아니었다.
  마른 빵에 핀 곰팡이
  벽에다 누고 또 눈 지린 오줌 자국
  아직도 구더기에 뒤덮인 천 년 전에 죽은 시체.

아무 부모도 나를 키워 주지 않았다.
쥐구멍에서 잠들고 벼룩의 간을 내먹고
아무 데서나 하염없이 죽어 가면서
일찍이 나는 아무것도 아니었다.

떨어지는 유성처럼 우리가
잠시 스쳐갈 때 그러므로,
나를 안다고 말하지 말라.
나는너를모른다 나는너를모른다.
너당신그대, 행복
너, 당신, 그대, 사랑

내가 살아 있다는 것,
그것은 영원한 루머에 지나지 않는다.

— 최승자, 「일찍이 나는」

    최승자의 「일찍이 나는」이란 시는 서두에서 말한 사람의 일반적인 성(姓)뿐만 아니라 생물학적 성(性)과 사회적 젠더까지, 자기의 정체성이나 주체성을 밝힐 수 있는 모든 것을 내팽개쳐 버린다. 그 단적인 표현이 "일찍이 나는 아무것도 아니었다."는 첫 문장이다. 그리고는 자기를 사람으로서 사람대접을 받지 못한 마른 빵에 핀 곰팡이같이 몹쓸 것, 벽에다 누고 또 눈 지린 오줌 자국처럼 비천한 것, 아직도 구더기에 뒤덮인 천 년 전에 죽은 시체처럼 더럽고 금기시 되는 것이라고 한다. 아무 부모도 나를 키워주지 않았기에 생물학적 사회적 존재가 될 수 없었고, 쥐구멍에서 잠들고 벼룩의 간을 내먹고 아무 데서나 하염없이 죽어가기에 일찍이 나는 아무것도 아닌 것이다. 그러니까 유성처럼 잠시 스쳐가는 인연의 얼굴로도 알은 채 하지 말라, 나는 '영원한 루머'에 지나지 않는다고 한다.

김승희가 한국 여성 시사에서 '여성 자서전'적 인식의 창세기가 될 만한 작품으로 보는 이 시는 "아버지의 이름으로 형성된 가부장적 사회 안에서 여성은 어쩔 수 없는 변방이며 비천한 존재이며 무(無)이며 '더럽고 부적절한' 존재이며 메스꺼운 것들의 총체라는 것을 잘 보여준다." 그러나 3연에서 "나를 안다고 말하지 말라"며, 뭉뚱그린 "너당신그대, 행복"에게나 개별적인 "너, 당신, 그대, 사랑"에게 "나는너를모른다 나는너를모른다"라고 숨도 쉬지 않고 거듭 외치는 것은, 지금까지 누군가에게 호명되어서만 존재하는 여성적 타자로부터 여성주의적 주체로의 전환을 선포한 것이기도 하다.

직업이나 신분을 나타낼 때 그가 여성인 경우엔 여의사, 여교사, 여변호사, 여류시인, 심지어 거지조차도 여자거지라고 해야만 되는 현실, 역사 자체가 'herstory'는 결코 될 수 없고 'history'로만 되는 현실이 동서를 막론하고 여전히 지속된다. 이 시를 페미니즘적 시각과는 달리 개별화된 인간의 사랑의 소외감을 표현했다고 보기도 하지만 "일찍이 나는 아무것도 아니었다"며 "내가 살아 있다는 것,/그것은 영원한 루머에 지나지 않는다"고 하는 통렬한 자학적 진술은, 그렇게 나라는 존재가 영원한 루머에 지나지 않을지라도 나는 이제 '너당신그대'에게 정말 '아무것'도 아닌 '진정한 나'이고 싶다는 피맺힌 절규인 셈이다. 물론 여기에서 '너, 당신, 그대'는 아버지, 남편,

아들 등 당연히 가부장적 남성들일 수밖에 없다.

버지니아 울프(1882~1941)가 1929년에 발간한 『자기만의 방』은 유럽의 페미니즘 문학비평의 효시로 여겨진다. 오랜 역사를 통하여 여자가 여자이기 때문에 당해 온 편견과 불이익에 대해 논한 이 책에서 그녀는 "자기만의 방과 1년에 500파운드의 수입만 있다면" 남자 못지않게 문학 창작을 할 수 있으며, 미래에는 여성과 남성의 차별보다는 그 둘을 아우르는 '양성(androgyny)'이 진정한 창작을 가능케 할 것이라고 했다. 그녀는 줄거리가 아니라 주인공의 생각 및 의식의 흐름 등 주관적 체험을 표현한 소설로 유명해져 자기의 꿈을 이루었지만, 소녀 시절 사촌오빠의 성추행 등의 상처로 인한 우울증 때문에 시골집 강물에 몸을 던진다.

존 밀턴(1608~1674)의 『실낙원』의 주요 인물들은 신, 아들, 사탄, 아담, 천사들까지 모두 남성이며 여성은 사탄의 머리에서 나온 죄와 아담의 갈비뼈로 만든 이브뿐이다. 이것은 여성이 모두 남성에게서 파생된 존재임을 암시하는 것으로 이렇게 생긴 사회는 전적으로 가부장적인 구조이다. 자크 데리다(1932~2004)는 플라톤 이래의 모든 철학사상은 남근 중심주의(phallocentrism) 즉 남성 우월주의라고 비판했다. 다시 말해 로고스 중심주의가 탄생시킨 진리, 권위, 신, 선, 자본, 자아 등 전통적인 통합적 단일 개념들은 모두 남근 중심주의 또는 가부장 의식의 산물로 본다. 그의 해체론이 이를 분석 비판하는 것은 너무도 당연하다.

제10화

본래 한 물건도 없거늘
― 천양희, 「마음의 수수밭」

1

우리는 누구나 독학자이다. 누가 뭐라 해도 혼자 세상을 읽고, 혼자 우주를 궁금해 하며, 본문은 없고 해석만 난무하는 인생을 혼자 짐작하며 걸어간다. 천상천하 유아독존과 살불살조의 정신으로 나아간다. 요사이 전문화한 공부 시스템 속에선 세상과 인생과 우주에 대한 총체적 판단과 통찰을 할 수가 없다. 삶에서 무엇이 중요하고 무엇이 말단과 지엽의 문제인지 알지 못한다. 평생 사무실에 앉아 있는 까닭에 책상다리가 내 다리인지 내 다리가 책상다리인지 모를 상태로 살아온 사람이 어떻게 시 한 줄을 알겠는가.

독학 예찬론자들의 말에 의하면 독학이야말로 삶에 필요한 다양한 독서를 할 수 있어서 좋다고 한다. 자기가 연구한 전문 분야 외에 특별히 좋아하는 일에서 더 많은 성취감을 갖게 된다고도 한다. 나는 문학을 하지만 미술, 철학, 동양고전 등에서 삶의 많은 에너지를 얻는다. 어쩌면 시나 소설 쪽에서 보다 더 많은 지식과 지혜를 얻는 것 같다. 특히 불교 서적들은 틈만 나면 사들여서 책장에 가득한데, 이 독서로 마음이 환히 열릴 때가 많다.

시인으로서 내가 진짜로 독학해야 하는 것은 은산철벽에 갇히고 백척간두에 서 있는 나의 실존적 현실을 타파하여 마침내 오도송을 불러야 하는 일이다. 나는 소심해서 그런지 향엄지한처럼 마당에서 비질하다가 튀어 날아간 돌멩이가 대나무에 탁 부딪히는 소리에 순간 대오했다는 이야기에 마음이 잘 가질 않는다. 깨닫는 순간의 그 다이내믹한 스토리는 멋지지만 향엄은 깨닫기 전 수많은 경전을 읽고 좌선을 하는 등 양수겸장의 수행을 해오다가 한적한 절의 불목하니로나 살겠다고 떠나온 상태에서 '성령(!)'을 받았던 것이다. 그동안의 수행 정진이 없었다면 하늘에서 운석이 떨어지는 순간인들 찰나의 깨달음이 있었을까?

돈점 논쟁이 아직도 끝나지 않은 걸로 안다. 북종선의 신수와 남종선의 혜능으로부터 시작된 그 논쟁에서 우리나라 불교는 대개 혜능의 선을 따르지만, 사실 인류가 문자반야의 전승 없이 과연 불교인들 존재할 수 있었을까. 물론 선은 불교의 아방가르드이다. 격외도리(格外道理)일 수밖에 없는 것은 석가모니 부처의 염화미소의 전승을 우리가 알기 때문이다. 그러기에 요사이 사마타와 위빠사나에 관한 선법을 수행하는 선원들이 날로 늘어난다. 직관(intuition), 집중(focus), 단순(simplicity) 등의 마음 상태를 통해서 번갯불 같은 깨달음의 세계에 드는 여러 선객들의 모습은 신비하고 경이롭고 마음을 환하게 하는 것도 사실이다.

『도올의 로마서 강해』란 책을 보면 구약의 모세 오경에 나오는 아브라함 이삭 요셉 등 족장들의 이야기, 모세의 출애굽 사건, 여호수아의 정복과 판관들의 이야기, 그리고 다윗과 솔로몬 왕국 이야기들이 모두 민담(folk stories)일 뿐이라고 한다. 이는 이스라엘의 성서 고고학을 대표하는 헤르조그가 1999년 하레츠라는 이스라엘 주간지에 발표한 논문「홀리 랜드로부터의 진실 : 이스라엘 땅에서 70년 동안 수없는 고고학자들이 발굴해온 결과의 총 결론은 매우 명백하다. 성서가 말하는 역사 시대는 존재하지 않는다.」라는 기사를 근거로 한다. 성서가 말하는 역사와 관련된 고고학적 발굴이 어느 것 하나 이루어진 게 없으니 그렇게 주장할 만도 하다. 그러기에 모세 오경은 유다 민족이 바빌론 포로 생활 때 야훼를 유일신으로 믿는 그들이 나라가 멸절할 거라는 절박하고 절망적인 상황 속에서 몰래 야훼 유일신앙의 다양한 전승을 수집하고, 그것을 기록하고, 창작하고, 확대하고, 편집하여 창세기, 출애굽기, 레위기, 민수기, 신명기 등의 모세 오경이라는 언어의 숲을 완성시킨 뒤 그걸 역사화 하는 대 작업으로 민족적 절망 속에서 소망의 꽃을 피운 것이라는 결론이다.

   이천여 년 동안 서양의 삶과 문화를 지배해온 기독교 사상의 모태가 되는 모세 오경이 결국은 문필가들이 만든 설화집이라는 문자반야였다는 사실은 아주 중요하다. 아함경 등 초기 경전 이래 수많은 경전과 선사들의 선어록에 대한 공부가 없다면 우리의 깨달음이라는 것도, 사실 어디서 검증받고 인증받는 것을 떠나 스스로의 내적 공허 때문에 궁극적 해탈에는 실패할 것이라는 조심스런 생각을 갖게 하기 때문이다.

2

땔나무를 해다 팔던 혜능은 어느 날 장에 가는 도중에 한 길목에서 경을 읽는 소리를 듣고는 그 길로 황매산으로 가서 오조 홍인을 뵈었다. 공손히 배례하는 그를 오조는 뚫어지게 쳐다보더니 느닷없이 큰 소리를 쳤다.

"너는 어디서 온 놈이냐?"

"네 남해 신흥에서 왔습니다."

"남해에서 여기까지 그 멀고 먼 길을 도대체 무엇 하러 왔느냐?"

"불법을 구하러 왔습니다."

"쓸데없는 소리! 남해 사람은 오랑캐들이어서 불성이 없다. 불성이 없는 나무나 돌 같은 놈이 무슨 불법을 알겠느냐?"

"스님! 사람은 남북(南北)이 있습니다만 불성이야 어찌 남북이 있겠습니까?"

"이 건방진 놈! 저 방앗간에 가서 일이나 하거라."

혜능은 방앗간으로 가서 8개월 동안 고되게 방아만을 찧었다. 그즈음에 오조가 불법의 뜻을 깨친 게송을 내보인 제자에게 자신의 의발을 전하겠다고 했다. 이에 상좌인 신수가 게송을 읊고 나서 벽에 붙여놓았다.

몸은 보리의 나무요	身是菩提樹
마음은 맑은 거울의 받침대 같네	心如明鏡臺
늘 부지런히 털고 닦아	時時勤拂拭

티끌과 먼지가 묻지 않게 하리 　　　勿使惹塵埃

한참 방아를 찧던 혜능도 글 읽는 사람의 도움을 받아서 신수의 게송을 전해 듣고는, 다시 글 쓰는 사람의 도움을 받아서 자신의 게송을 벽에 붙였다.

보리는 본래 나무가 아니요 　　　菩提本無樹
맑은 거울 또한 받침대가 아니네 　　　明鏡亦非臺
본래 한 물건도 없거늘 　　　本來無一物
어느 곳에 때 끼고 먼지가 이랴 　　　何處惹塵埃

홍인이 혜능의 게송을 보고 그날 밤에 몰래 불러서 심법(心法)을 전해주었다. 다른 제자들의 시기를 우려하여, 가사와 발우를 전해주며 즉시 떠나라고 했다.

— 『육조단경』, 『조당집』 2권 제32조

육조 혜능 대사(638~713)는 속성은 노씨로 남해 신흥 땅에서 가난한 초부(樵夫)로 태어나서 낫 놓고 'ㄱ'자도 모르는 일자무식이었다고 한다. 어려서 부친을 여의고 철들기 전부터 땔나무를 해다 팔아서 근근이 홀어머니를 봉양하였다. 어느 날 나무를 짊어지고 장으로 팔러 가는 도중에 한 길목에서 문득 경을 읽는 소리가 들려서 발을 멈추고 귀를 기울였다. "응무소주 이생기심(應務所住 而生其心)! 마땅히 머무는 바 없이 그 마음을 내라!" 이 일구(一句)를 듣자마자 혜능은 감전이나 된 듯 깜짝 놀랐다. 실로 박하사탕 먹은 듯 영혼이 환하게 열리는 기분이었다. 그 일구는 대오각성을 일으킨 말이었다. 억제할 수 없는 구도심(求道心)이 불타올랐다. 경전 구절을 읊고 있던 노인에게 물어 드디어 황매산의 오조 홍인 대사를 찾아뵈었다. 첫 대면 장면이 이 화두의 앞부분이고, 거기서 "본래무일물(本來無一物)"이라는 오도송을 부르고 오조 홍인의 전법을 받은 이야기가 뒷부분인데, 위 공안 내용은 『육조단경』이나 『조당집』에 자세히 나와 있는 것을 간명하게 간추린 것이다.

　먼저 혜능의 초발심과 그 실천은 그야말로 전광석화와 같다. 어쩌면 가난한 초부로 태어나 일찍이 아버지를 여의는 바람에 공부를 못하고 땔나무나 해다 팔아 사는 신세라서 좌고우면할 것이 없었는지 모른다. 학문이 없어 관리로 나갈 길은 아예 없고, 앞으로 보고 뒤로 보아도 암담할 뿐인 처지에 남들처럼 공부할 수 있다면 하는 바람은 꿀떡 같았을 것이다. 하지만 그러한 처지에 있다고 해서 일생일대의 전환 혹은 각성을 하기는 쉽지 않다. 삶에 대한 욕망의 절실함, 공부에 대한 갈망, 대범한 행동력, 회사후소(繪事後素)와 같은 마음 바탕이 노인의 금강경 독송이라는 연기적 떨림에 폭발적으로 반응했기에 그 거쿨진 발걸음을 성큼성큼 황매산으로 옮겼을 것이다. 호랑이에게 잡혀 먹힐지라도 호랑이를 잡으려면 호랑이굴에 들어가야만 하는 절체절명의 결단은 아니나 다를까 오조 홍인과의 첫 대면 자리에서 결연히 드러난다. 불법을 구하러 왔다는 말에 오랑캐 따위가 무슨 불법이냐고 크게 다그치는 오늘날 조계종 종정이나 다름 없는 오조에게 "스님! 사람은 남북이 있습니다만 불성이야 어찌 남북이 있겠습니까?"하고 되받아친다. 사실 혜능이 태어난 남부 중국은 신수의 북부 중국에 비하면 촌구석이나 다름없었다. 종교, 사상, 문화

등 모든 분야에서 세련된 북중국에 비해 오랑캐 소리를 듣고 불성이 없는 나무나 돌 같은 놈 소리를 듣는 곳의 출신이 종정과 팽팽한 기싸움을 통해 결국 허락을 받는 장면은 무모하리만치 당당하다.

그리고는 절 방앗간에서 곡식이나 찧던 8개월 만에 석가모니 이래 불교 역사에서 이보다 더 큰 사단이 있을까 싶은 사단을 일으킨 것이다. 위 화두의 하반부에 이미 소개한 신수와의 게송 싸움이다. 그로부터 시작된 신수의 북종선, 혜능의 남종선은 나중에 점오와 돈오 논쟁으로 발전하여 불교가 큰 성장을 하는 데 거대한 주춧돌이 되었다. 우리나라의 돈점 논쟁은 성철 스님이 조계종의 개창자인 보조 지눌의 돈오점수를 비판하고 돈오돈수를 내세우며 난해하기 그지없는 논쟁들이 수도 없이 이어져 왔고, 때론 마치 흑백 논리처럼 흐르던 경우도 있었다. 사실 단박에 더 이상의 수행이 필요하지 않을 정도의 거대한 해탈을 이룬 성철 스님도 생애 전부를 경전 공부와 장좌불와와 봉암사 결사 등 남의 추종을 불허할 정도로 혹독한 수행에 바쳤던 것은 사실이다. 조그만 티끌 하나도 잘 보면 부처님의 청정 법신이고 그렇지 않으면 하나의 티끌에 지나지 않는다. 깨닫는가 깨닫지 못하는가에 차이가 있을 뿐이지 본래 물(物) 자체가 달라지는 것은 아니다. 하지만 티끌 하나를 청정한 법신이라고 단박에 알아차리더라도 공부하고 회향하는 수행으로 도력은 더 깊어지지 않을까.

돈오돈수, 돈오점수의 논쟁은 불교 선종 내에 이미 어마어마한 공부 자료가 쌓였을 테니까 나는 문학적인 입장에서 두 논리를 중국 당나라 때 최고의 두 시인인 이백(701~762)과 두보(712~770)를 비교하여 잠깐 유추해 볼까 한다. 이백과 두보는 이두(李杜)로 병칭되어 오늘에 이르기까지 시선(詩仙)과 시성(詩聖)으로 존숭 받아온 공전절후의 대 시인들이다. 이백이 꿈을 먹고 천공을 나는 멋과 풍류의 시인이었다면, 두보는 인간이 사는 땅에 발붙이고 살며 인간을 대변하는 정과 눈물의 시인이었다. 흔히 시 쓰기에 있어 이백을 천의무봉(天衣無縫), 두보를 절차탁마(切磋琢磨)라고 한다. 이는 둘 다 천재 시인이지만 이백은 재능이 승하고 두보는 노력에 기울었다는 이야기이기도 하다. 이백과 두보의 시를 비교해 본다.

청산에 사는 뜻을 내게 묻기에	問余何事棲碧山
웃음으로 대답하니 마음 절로 한가해라	笑而不答心自閑
복사꽃 강물에 흘러 아득히 사라지니	桃花流水杳然去
이곳은 인간세상 아닌 별천지라네	別有天地非人間

— 이백,「산중문답(山中問答)」

강물 파랗고 새 더욱 흰데	江碧鳥逾白
산은 푸르고 꽃은 타는 듯	山靑花欲然
올봄 스치는 듯 또 지나가니	今春看又過
어느 해에나 돌아가려나	何日是歸年

— 두보,「절구 이수(絕句 二首)」

「산중문답(山中問答)」은「산중답속인(山中答俗人)」으로도 불린다. 후자로 읽으면 흔히 첫 구절을 자문자답으로 읽는 것과 달리 좀 더 명쾌해진다. 누군가 청산에 사는 일을 물어보기에 굳이 대답하기보단 웃고 나니 마음이 저절로 한가롭다. 복사꽃은 강물에 둥둥 떠서 아득히 흘러가니 '내'가 사는 이곳이야말로 세속인의 세상 아닌 별천지가 아니고 무엇이랴. 이 시는 앞 두 구절에서 탈속인의 기개를 한가한 웃음으로 표현하는 데 있어 묘사보다는 활달한 진술을 감행한다. 그 진술이 일사천리다. 그리고는 뒤 두 구절에선 강물에 복사꽃 아득히 흐르는 모습에 대한 감각적 묘사를 통해 이곳이 세속인보다는 대장부나 선객들이 사는 별천지, 곧 무릉도원임을 구체화시킨다. 원래 복사꽃은 무릉도원의 원형 상징이다.

「절구 이수(絕句 二首)」는 두보가 마흔여덟 살 이후에 처자식을 이끌고 방랑길에 나선 뒤 어느 만춘에 지은 것이라고 한다. 강물이 벽옥처럼 파랗게 흐르고 거기에 고니인 듯한 순백색의 새가 난다. 고개를 돌리니 산조차 온통 연둣빛이고 꽃은 사방에 불타고 있는 봄이다. 여기서 앞의 벽(碧)은 발음상 bik으로 짧고 폐쇄적인 소리인데 반해 뒤의 청(靑)은 ching, 튀어 오른다. 앞은 가라앉은 푸른빛인데 비해, 뒤는 발산적이고 기세 좋은 푸른빛이다. 하지만 금방 사라질 이런 봄을 당하다 보니 고향으로 돌아갈 생각만 절로 난다. 그럼에도 이 시는 강물의 파랑색과 새의 흰빛, 산의 푸름과 꽃의 붉음이 정교하게 대비되어 있다. 강물과 산, 새와 꽃의 눈에 보일 듯 맑은 어우러짐도 아주 색을 잘 쓴 동양화 같다.

이백은 활달하고 두보는 정교하다. 이백은 단숨에 달리는 일필휘지의 서예필법이고 두보는 마애석불의 전각법이다. 이백은 선(仙)이고, 두보는 성(聖)이다. 신선과 임금의 차이가 이 시의 차이다. 신선은 천지간을 자유자재로 날지만 임금은 완벽에 가까운 통치술을 발휘해야 한다. 이백은 돈오돈수의 해탈형이지만 두보는 돈오점수의 구도형이다. 하나의 시를 쓰는 데 있어 발화법의 차이가 삶의 진실을 노래하는 시 본령의 차이를 내지는 않는다.

3

　　마음이 또 수수밭을 지난다. 머위잎 몇 장 더 얹어 뒤란으로
　간다. 저녁만큼 저문 것이 여기 또 있다.
　　개밥바라기 별이
　　내 눈보다 먼저 땅을 들여다본다.
　　세상을 내려놓고는 길 한 쪽도 볼 수 없다.
　　논둑길 너머 길 끝에는 보리밭이 있고
　　보릿고개를 넘은 세월이 있다.
　　바람은 자꾸 등짝을 때리고, 절골의
　　그림자는 암처럼 깊다. 나는
　　몇 번 머리를 흔들고 산 속의 산,
　　산 위의 산을 본다. 산은 올려다보아야
　　한다는 걸 이제야 알았다. 저기 저
　　하늘의 자리는 싱싱하게 푸르다.
　　푸른 것들이 어깨를 툭 친다. 올라가라고
　　그래야 한다고, 나를 부추기는 솔바람 속에서
　　내 막막함도 올라간다. 번쩍 제 정신이 든다.
　　정신이 들 때마다 우짖는 내 속의 목탁새들
　　나를 깨운다. 이 세상에 없는 길을
　　만들 수가 없다. 산 옆구리를 끼고

절벽을 오르니, 千佛山이
몸속에 들어와 앉는다.
내 맘 속 수수밭이 환해진다.

– 천양희, 「마음의 수수밭」

　천양희 시인의 위 시를 선적 깨달음의 입장에서 본다면 돈오돈수에 적용할 수 있을 것 같다. 먼저 알아야 할 것은 이 시는 처음부터 끝까지 마음속에서 행해지는 것이지 실제로 수수밭을 가거나 산을 오르거나 하는 행위의 산물이 아니라는 사실이다. 화엄경의 일체유심조의 시적 표현임이 흥미롭다.
　시의 전반부는 시적 화자의 마음 상태가 빽빽하고 얼크러진 수수밭을 지나는 것처럼 심란한 모양이다. 거기에다가 쓰디쓴 머윗잎 같은 마음마저 몇 장 더 얹어 뒤란으로 간다. 뒤란으로 가는 것은 얼크러지고 쓰디쓴 마음으로 삶의 뒤안길을 자꾸 돌아보게 되는 부정적인 상황에 처해 있다는 것을 말한다. 그러다 보니 마음은 자꾸 저녁만큼 저무는 쪽으로 기우는데 저문 것이 그 뒤란에도 있다. 사실 삶의 앞마당 혹은 광장에 나서지 못하고 수수밭이나 뒤란으로 자꾸 가는 것은 우울증의 일종일 수도 있다. 그러기에 '내'가 올려다봐야 할 개밥바라기별이 나보다 먼저, 그것도 땅을 들여다본다. 시적 화자는 바로 그 땅에서 혹은 세상에서 넘어져 우울증이 왔음에 분명하다. 그것은 바로 이어지는 "세상을 내려놓고는 길 한 쪽도 볼 수 없다"는 잠언구에서 드러난다. 비록 땅에서 넘어졌어도 그 세상을 제외시켜 놓고는 어떤 길인들 한쪽도 볼 수 없다는 것이다. 하물며 개밥바라기별마저 땅을 가리키고 있지 않은가. 땅을 짚고 일어서야 하지 않은가.

하지만 시적 화자는 여전히 과거에 붙잡혀 있다. 논둑길 너머 길 끝에는 보리밭이 있고 보릿고개를 넘은 세월이 있다. 바람은 자꾸 등짝을 때리고, 절골의 그림자는 암처럼 깊다. 그리고 보니 지금 시인은 어느 절의 객사에 와서 머물며 어지러운 마음, 쓰디쓴 마음, 우울한 마음, 보릿고개 같은 과거에 붙잡힌 마음, 그럼에도 세상에 다시 나서고 싶은 마음 등등으로 어지럽다. 그런 마음의 등짝을 바람이 와서 때리고 밤은 깊어져 절골의 그림자는 암처럼 깊어진다. 한마디로 세상에 나서는 데는 자기 스스로의 해답으로 자기를 항복시켜야 하는데 깨달음의 한 소식은 없이 암처럼 깊어가는 우울증의 마음일 뿐인 것이다.

하지만 시의 중반부에 오면 그 우울증의 마음에서 벗어나는 전복이 일어난다. '아니야, 이건 아니야', 단호하게 "몇 번 머리를 흔들고 산 속의 산,/산 위의 산을 본다." '산 속의 산, 산 위의 산'이란 현재 절이 속해 있는 실제의 산속에서 마음속의 산을 보고, 또다시 그 마음속 산 위로 올려다보아야 할 산을 말한다. 그 산은 곧 전심(轉心)이다. 개오(開悟)의 마음이다. 땅을 짚고 다시 삶의 의지로 일어서는 마음이다. 그 마음의 산을 깊이 들여다보고 개오하여 다시 그 산 위를 올려다봐야 한다는 것을 깨닫는다. 땅 위에 넘어졌으면 당연히 일어나 위를 보기 마련이다. 그 산 위를 올려다보니 거기 하늘의 자리는 싱싱하게 푸르다. 저렇게 싱싱하게 푸른데 넘어진 땅바닥만 기느라 그간 얼마나 우울해 했던가. 그 산의 푸른 것들이 어깨를 툭 친다. 올라가라고, 그래야 한다고!

그 뒤로는 일사천리다. 나를 부추기는 솔바람에 번쩍 제정신이 든다. 정신이 들 때마다 우짖는 내 속의 목탁새들은 다시 나를 깨운다.

'목탁새'라 함은 목탁처럼 계속 울려서 나의 좌절과 우울의 마음을 일깨워주는 새라는 의미로 만든 조어다. 그 새는 나를 일깨워 "이 세상에 없는 길을/만들 수가 없다"고 한다. 그렇다. 세상 밖으로 길을 낼 수는 없다. 세상 밖은 존재하지 않기 때문이다. 사람은 죽으나 사나 세계-내-존재다. 선승들은 상구보리의 해탈을 얻고도 하화중생의 회향을 한다. 그러지 않으면 종교는 더 이상 종교가 아니다. 대승 아니라 소승조차도 자기 구원은 사회 구원 없이는 안 된다는 것을 안다. 만법은 인드라망과 같은 관계의 연기법 속에 있기 때문이다.

산 옆구리를 끼고 절벽을 오르니, 천불산(千佛山)이 몸속에 들어와 앉는다. 천불산은 물론 부처를 이룬 내 마음이겠다. 그러기에 맘 속에 헝클어졌던 내 맘 속 수수밭이 환해진다.

제11화

선도 악도 생각지 마라
― 황인숙, 「말의 힘」

1

프랑스 철학자이자 미술사가인 조르주 디디-위베르만이 쓴 『모든 것을 무릅쓴 이미지들―아우슈비츠에서 온 네 장의 사진』엔 상상할 수 없는 모든 것을 무릅쓰고 지옥에서 얻어낸 네 장의 필름이 소개되어 있다. 「아우슈비츠 제5소각로의 위장 울타리」 사진, 「아우슈비츠 제5소각로」 사진, 「아우슈비츠 제5소각로의 가스실 앞 야외 화장 구덩이들 속에서 가스 살해된 시체들의 화장」 사진, 「아우슈비츠 제5소각로의 가스실로 몰리는 여인들」 사진이다.

그중 세 번째 사진은 가스실에서 살해된 사람들의 알몸뚱이를 바로 가스실 앞 야외 화장장 구덩이에 켜켜이 쌓아놓고 불로 태우는 장면이다. 짙은 흰색 연기가 꾸역꾸역 피어오르는 가운데 누군 구덩이가 가득 차서 미처 그 속으로 던져지지 못한 채 흩어져 널린 시체들을 불 속에 던지고, 또 누군 잘 타지 않는 시체 더미에 끊임없이 기름, 메탄올, 끓고 있는 인체 지방을 뿌려댄다. 그 목불인견의 모습 속에서 놀랍게도 부푼 복부가 파열되는 소리, 살들이 지글지글 끓는 소리, 셀 수없이 많은 인간 두개골들의 공허 속으로 휙휙 불 바람 빠지는 소리 등이 아비규환처럼 들려온다. 그리고 네 번째 「아우슈비츠 제 5소각로의 가스실로 몰리는 여인들」 사진엔 너무도 많은 발가벗겨진 여인들이 채찍 소리와 함께 가스실로 몰리는 그 경악을 금치 못할, 심장이 오그라드는 듯한, 아직 펄펄 살아 있는, 여인들의 알몸 떼가 있다.

사진을 찍은 사람은 나치스 친위대 SS가 증언 가능성을 절대적으로 제거하고자 포로들로 조직했던 대량 학살 '특별작업반' 즉 존더코만도의 어느 한 사람이었다. 상상할 수 없는 모든 것을 무릅쓰고, 상상할 수 없는 지옥에서 겨우 얻어낸, 그의 네 장의 사진으로, 우리는 지금까지 상상했던 나치스의 만행을, 상상을 몇 갑절 뛰어넘는 모습으로, 리얼하게 보고 만 것이다. 부모, 형제, 아내가 가스실에서 모두 죽고, 모든 소유물을 뺏기고, 모든 가치를 파괴 당한 채 혹독한 핍박과 굶주림 그리고 죽음의 공포 끝에 온 화장장의 불세례! 이때 우리는 선도 악도 생각할 수 없다. 인간에게 닥치는 이런 극한 상황에서 도대체 무엇을 생각할 수 있고 무엇을 생각지 않을 수 있는가.

이런 전혀 예기치 못하고 상상할 수 없는 불행의 상황을 개인적인 것으로 하방시켜 보자. 오규원(1941~2007) 시인은 "사랑할 시간이 많지 않다"고 했고, 독일 시인 라이너 마리아 릴케(1875~1926)는 "지금 집이 없는 사람은 앞으로도 집이 없을 것입니다."라고 했다. 선도 악도 생각지 말라는 것은 선도 악도 생각할 겨를이 없을 때가 있기 때문이다. 선도 악도 생각할 겨를을 주지 않는 운명적인 일이기 때문이다. 한밤중의 도둑처럼 날래게 들이닥치는 일, 도둑은 들이닥쳐도 번개처럼 사라지지만 운명적인 일엔 애초에 출구가 없다. 이런 일이 과연 무엇일까? 사랑할 시간이 많지 않은 이런 때에 우리는 일생일대의 본분사를 제쳐두고 무엇을 하는가. 가령 병원에서 죽음이 얼마 남지 않았는데도 재물에 집착하는 사람들을 보게 되면 인간에 대한 근본적인 회의감이 들 때가 있다. 날이면 날마다 반복되는 정치인들의 거짓말과 위선과 막말을 대할 때에는 인간이라는 존재의 허구성을 뼈저리게 느끼기도 한다. 이런 사람들에게 인간의 본분사를 외쳐본들 쇠귀에 경 읽기에 다름 아닐 터이다.

선이 무엇인가, 내가 좋아하는 일을 하는 것이다. 악이 무엇인가, 내가 좋아하지 않는 일을 남에게 시키는 것이다. 그러기에 선도 악도 생각지 말라는 것은 내가 좋아하고 좋아하지 않는 일이 모두 다 무의미해질 때, 선과 악의 분별을 넘어선 더 큰 문제가 닥칠 때가 있다는 것이다. 어떤 종교의 은혜로운 메시지에 반해 사람은 결코 구원받지 못한다. 아우슈비츠의 사진을 보고도 인간의 구원을 믿는 사람이 있을까. 인간은 구원을 받지 못한다. 진영을 나누는 신은 신이 아니기 때문이다. 나치스의 그 선민의식은 타자의 배제 심리다. 타자를 배제하기 때문에 영원히 용서받을 수 없다. 코로나로 온 나라가 난리를 칠 때 하느님의 선민이라는 몇몇 종교 지도자들이 드러냈던 본색을 보라. 그들은 자기들은 신이 보호해 주니까 절대 코로나에 걸리지 않는다고 한다. 인간은 구원받지 못한다. 인간에겐 오로지 스스로의 결단과 참회를 통한 수행의 일상화로 다만 해탈의 꿈에 다가갈 수 있을 뿐이다.

2

육조 혜능이 혜명 상좌가 대유령 고개까지 뒤쫓아온 모습을 보고, 오조 화상으로부터 물려받은 가사와 발우를 바위 위에 올려놓고 말했다.

"이 가사는 전법의 신표이기에 무력으로서는 가히 빼앗지 못할 것이다. 그대가 갖고 싶으면 가지고 가시오."

그러자 혜명 상좌는 그 가사와 발우를 들려고 했지만, 마치 산처럼 움직이지 않았다. 혜명은 망설이다가 두려워하면서 말했다.

"내가 여기까지 그대를 뒤쫓아온 것은 불법을 구하기 위한 것이지, 가사와 발우를 욕심낸 것은 아니요. 행자는 나를 위해 불법을 전해주기 바라오."

육조가 말했다.

"선도 생각지 말고 악도 생각지 말라(不思善 不思惡). 선악을 모두 함께 생각지 않을 때 어떤 것이 혜명 상좌 그대 본래면목(本來面目)인가?"

혜명 상좌는 이 말을 듣고 곧바로 대오하고, 전신은 땀으로 젖고 눈물을 흘리면서 예배했다.

— 『무문관』 제23칙

오조 홍인이 방앗간에서 방아나 찧던 일자무식의 혜능에게 전법의 상징인 의발을 건네주며 밤중에 몰래 떠나보냈다. 욕심 많은 제자들이 그를 해칠까 염려해서였다. 아니나 다를까 많은 제자들이 그의 족적을 쫓았는데, 그중 혜명이 선두였다. 출가 전에 사품 장군 출신이었던 그는 성질이 거칠고 난폭한 사람으로 발이 제일 빨랐던 것이다. 마침내 대유령 고개에서 혜능은 따라잡혔는데, 급한 마음에 오조로부터 물려받은 가사와 발우를 바위 위에 올려놓고는 말했다. "이 가사는 전법의 신표이기에 무력으로는 가히 빼앗지 못할 것이오. 장군이 가져갈 테면 가져가시오." 그러자 혜명은 그 의발을 들어 챙기려 했지만 마치 산처럼 움직이지 않았다. 혜명은 주저주저 망설이고 부들부들 떨면서 말했다. "내가 여기까지 온 것은 불법을 구하려고 한 것이지 가사와 발우를 욕심낸 것이 아니오. 행자는 나를 위하여 불법을 전해주기 바라오." 의발을 뺏으려 왔다가 그것이 바위 위에서 꼼짝을 하지 않는 이적이 일어나자 혜능의 권능을 두려워하여 무릎을 꿇은 것이다.

혜능은 두 번 생각할 겨를도 없이 "선도 생각지 말고 악도 생각지 말라. 선악을 모두 함께 생각지 않을 때 어떤 것이 혜명 상좌 그대 본래 면목인가?"라고 다그쳐 질문했다. 선과 악을 한꺼번에 생각지 않는 것은 선과 악이라는 사량 분별을 넘어 근본심으로 되돌아가라는 선지식의 지도이다. 모든 사람의 불성은 청정하여 선과 악, 범부나 성인, 좋고 나쁨이 없다. 선과 악이라는 분별심과 차별심을 비우는 공과 중도의 실천이 선이 제시하고 있는 법문이다. 그 법문의 실천만이 모든 존재의 본래면목을 볼 수 있게 한다. 정성본 역주 『무문관』에 의하면 "본래면목이란 불법의 대의를 체득하여 모든 존재의 진실된 모습을 파악하는 부처의 얼굴, 곧 불성이요 진여자성(眞如自性)이다. 지금 여기에서의 본분사(本分事), 곧 일생일대의 생사 문제를 실행하는 주체, 각자 갖추고 있는 본래의 생명 활동을 하고 있는 주체이다." 혜명은 이 말을 듣고 곧바로 대오하고, 전신에 땀과 눈물을 흘리면서 혜능을 예배했다. 의발을 빼앗기 위한 일념 하나로 뛰어온 급박한 상황에서 의발의 이적이 일어나자 뜻하지 않게 궁지에 몰린 그는 자기를 생각할 수 없는 무아, 무심의 경지에서 대오각성을 했던 것이다.

  사람들은 대개 급박하고 절박한 상황에서 신을 찾거나 자기를 돌아본다. 그런데 그런 극한 상황은 예기치 않게 갖가지로 일어난다. 독감으로 온몸에 열이 오르고 장작으로 팬 듯 통증이 전신으로 몰려올 때 사람들은 죽음을 앞둔 사람처럼 하느님, 부처님을 불러쌓는다. 지금까지 잘못한 것들을 생각난 대로 되뇌어 반성하고, 이 고통만 지나게 해준다면 앞으로 하느님도 부처님도 잘 믿겠다며 살려달라고만 매달린다. 열이 내리고 통증이 가시는 회복기에 들면 내가 언제 그랬느냐는 듯 순식간에 싹! 잊어버린다. 그런데 그따위 독감이 아니라 미구에 사랑할 시간이 많지 않을 때, 더는 집을 지을 시간이 남아 있지 않을 때, 아니 선도 악도 생각할 겨를이 없을 때 과연 우리는 무엇을 할 것인가.

3

    기분 좋은 말을 생각해 보자.
    파랗다. 하얗다. 깨끗하다. 싱그럽다.
    신선하다. 짜릿하다. 후련하다.
    기분 좋은 말을 소리내 보자.
    시원하다. 달콤하다. 아늑하다. 아이스크림.
    얼음. 바람. 아아아. 사랑하는. 소중한. 달린다.

비!
머릿속에 가득 기분 좋은
느낌표를 밟아 보자.
느낌표들을 밟아 보자. 만져 보자. 핥아 보자.
깨물어 보자. 맞아 보자. 터뜨려 보자!

- 황인숙, 「말의 힘」

　황인숙의 위 시는 잔잔한 호수에 퉁퉁 튀어 오르는 빗방울을 닮았다. 어찌나 경쾌하고 상쾌한지 욕심이라곤 털끝만치도 없는 명랑이 넘쳐난다. 딱딱하게 굳어 버린 명사는 거의 없고 기분 좋게 꾸며 주는 형용사, 늘 움직이는 동사, 거기에 '아아야' 감탄사까지 "머릿속에 가득 기분 좋은/느낌표를 밟아 보자"고 한다. 이렇게 선의도 악의도 없는 기분 좋은 말을 생각해 보고, 기분 좋은 말을 늘 소리내 보자고 한다. 이는 분명코 '느낌표'를 잃어버린 우리들의 마음을 돌아보게 한다. 이렇게 말괄량이 삐삐처럼 늘 명랑한 말만을 주문처럼 외우고 다니고, 한 발 한 발 밟을 때마다 피아노 소리가 울리는 음반 계단을 오르는 듯한 말들만을 하고 다닌대서, 잃어버린 느낌표들을 과연 되찾을 수 있을까 하는 생각이 들기는 한다.
　복잡한 현대 사회를 반영해서인지 별의별 일이 인기 있는 직업으로 새롭게 부상하는데 요사이 '레크레이션 지도자'를 넘어 '웃음치료 강사'라는 사람들도 이미 도처에서 활동한다. 노인 요양원, 동사무소 복지관, 심지어 회사 및 공무원 연수원에까지 와서 '하하하 하하하, 호호호 호호호' 큰 소리로 웃어 대자고 억지웃음을 강요한다. 그 억지웃음을 소리 내 웃다 보면 하도 어이가 없어서 그냥 웃어버리고 마는 경우가 있다. 살아갈수록 웃을 일은 줄어들고 짜증나고 화가 치미는 일은 시시각각으로 늘어난다. 그런데도 사람들은 모든 존재와 다르게 유일하게 갖고 있는 무기인 말로 모든 존재를 살상하느라 여념이 없다. 막말과 선동의 정치인, 종교계에 만연한 거짓 선지자들이 그중 대표적이다.

『논어』에 나오는 '교언영색(巧言令色)'이란 말은 남에게 잘 보이려고 그럴듯하게 꾸며 대는 말과 알랑거리는 태도를 말한다. 『당서』의 「이임보전」에는 구밀복검(口蜜腹劍)이란 말이 나온다. 구밀복검은 입에는 꿀이 있고 뱃속에는 칼을 품고 있다는 뜻으로, 말로는 상대의 혀처럼 굴지만 속으로는 아홉 마리 독사를 품고 있는 것이다.

또 아첨과 기만은 어떤가. 『주역』 태괘를 풀이함에 있어 「단전」에서는 "속으로는 강직한 뜻을 가지고서 상대를 기쁘게 한다(剛中以柔外)."고 말한다. 이에 대한 왕필의 주석이 볼만하다. "상대를 기쁘게만 하고 자신의 강직한 뜻을 어긴다면 아첨이고, 강직한 뜻만 지키려다가 상대를 감동시키지 못한다면 폭력이다." 우리는 흔히 자기보다 지위가 높다고 생각하는 상대의 기분을 맞추려 온갖 미사여구를 써가며 알랑거린다. 아첨이다. 물론 자기보다 낮아 보이는 사람에겐 되지도 않은 자기주장을 협박하다시피 강요한다. 폭력이다.

대개 보통 사람들은 논리적으로 말하지 않는다. 논리의 맥락과 틀이 딱 들어맞는 말을 청산유수로 하는 사람은 십중팔구는 거짓말을 하는 사람이다. 장관들 청문회에서 자기 가족 비리를 파헤치려고 하면 그것이 마치 남의 일인 양 유체이탈 화법으로 말하고, 또 미리서 짜온 플랜으로 말하다 보니 아귀가 딱딱 맞게 답변하여 되레 신뢰가 가지 않게 하는 경우가 태반이다. 오죽하면 '음주는 했는데 음주운전은 아니다'라는 말이 나왔을까.

존 러스킨(1819~1900)은 말을 '가면을 쓴 외교관' '교활한 외교관' '표독한 독살자'라고 하는 등 말의 타락 현상을 풍자하는 비유를 많이 사용했다. 조지 오웰은 "정치의 타락은 언어의 부패와 관계가 있다."고 말한다. 이를 뒤집으면 언어의 부패는 정치의 타락에 있다고 말할 수 있다. 인간의 말이 요즘과 같이 극심한 타락 현상을 보였던 것은 나라의 주권을 일본에게 강제적으로 빼앗긴 일제 말기였다. 전통적 가치를 포함한 기존의 모든 민족적 가치가 일제의 계획적이고 조직적인 파괴로 깡그리 무너져 가던 어둡고 암울한 시대였다.

시인 백석은 이런 암울한 시대 상황 속에서 민족의 주체적 자아를 문학 쪽에서 보존할 수 있는 가장 적절한 활동 영역을 농촌 공동체의 생활과 정서 그리고 고향의 말, 방언에서 찾으려고 했다. 말의 타락이 극심한 도시보다는 혈연과 거주지로 함께 엮어지는 생활 공동체의 끈끈한 유대를 여전히 갖고 있었던 농촌이기에 백석은 고향 평북 정주 산골마을의 언어를 시에서 되살려냈던 것이다.

그렇다면 황인숙이 이 시에서 대개는 어린아이들이 내뱉는 느낌표들을 만져 보고 밟아 보고 터뜨려 보자고 청유하고 있는 이유는 분명하다. 그것은 게 등껍질처럼 딱딱하고 이해 타산적인 말들, 번드르르한 정치적 수사와 진영논리의 말들만이 합리와 지성이라는 허울을 쓰고 횡행하는 세상에 대한 전복적 비판이다. 아울러 선의도 악의도 없는 기분 좋은 말들을 통해서 모든 존재가 있는 그대로 반짝이는 세상을 꿈꾸어서일 것이다.

제12화

움직이는 건 마음이라오
― 신경림, 「갈대」

1

 마음은 어떻게 탄생하는 걸까. 그녀가 장미를 좋아한다 해서 장미 한 아름을 사들고 그녀에게 간다. 그녀를 향한, 그녀 하나만을 향한 이 진정한 마음, 장미처럼 싱그럽고 향기롭고 선홍빛으로 붉어지는 이 마음, 그녀를 향해 가는 길의 나뭇잎도 새들도 모두 그녀를 향한 마음 위에 반짝인다. 이렇게 설레고 일렁이는 마음, 이 마음을 넘어 무슨 까마득한 전설처럼이나 그녀의 구중궁궐 속을 찾아가는 마음, 천년 동안이나 기다려온 듯한 임을 만나러 장미를 들고 가는 이 찰나의 마음, 찰나가 영원이 되어서는 호르헤 루이스 보르헤스(1899~1986)의 표현처럼 "영원히 그리고 하루 더 사랑하겠습니다"라는 고백을 하면, 영원의 돌 속에 갇혀 있는 그녀가 시간의 스테이지로 걸어 나오리라. 내가 그녀를 불렀을 때 그녀는 이 장미 빛깔과 향기로 내게 오고야 말리라. 존재의 침묵과 소외와 은폐 속에서 삶과 역사의 무대로 돌연 솟아나는 그녀라면, 이럴 때 나는 보지 못하고 만지지 못하고 듣지도 못할 터. 오로지 향기로만, 천지간에 가득한 향기로만 그녀를 느끼리라. 그 향기를 따라 뜨겁게 그녀를 향해 나가서는 떨리고 두려워하며 장미 한 아름을 건네면, 그때 온 우주가 나서서 꽃가루를 뿌리며 팡파레를 울리리라, 하고 생각하는 마음인데 "형광등 나갔어!" 아내가 꽥 고함을 친다.

현상학의 태두 에드문트 후설(1859~1938)은 마음이 가진 특성을 '지향성(intentionality)'이라고 말한 적이 있다. 우리의 마음은 늘 무엇인가에 쏠린다는 것이다. "지향성 없이는 객관과 세계는 우리에 대해 현존하지 않는다."고 말이다. 장미를 들고 그녀에 가는 나의 마음이 곧 세계의 현존인 것이다. 내가 장미를 들고 그녀에게 가지 않으면 장미를 들고 가는 마음의 객관과 세계는 현존할 수 없기 때문이다. "후설이 객관과 세계를 '노에마(noema)'라고 정의했던 것도 이런 이유에서이다. 노에마라는 말 자체가 우리의 마음, 혹은 정신인 '누스(nous)'가 지향하는 대상을 의미하니까. 다시 말해 객관이나 세계는 우리 마음과 무관하게 존재하지 않는다는 것이다."(강신주, 『매달린 절벽에서 손을 뗄 수 있는가?』)

『화엄경』에 '삼계유일심(三界唯一心)' '일체유심조(一體唯心造)'라고 설하고 있는 것처럼 불법은 한마디로 심법(心法)이다. 『화엄경』 「야마천궁품」에는 '마음과 부처와 중생, 이 셋은 차별이 없다'고 말했고, 마조도 '즉심시불(卽心是佛)'이라고 했다. 그런데 『무문관』 제27칙에 보면 이러한 불법을 체득한 남전은 독자적인 안목을 드러낸다. 한 스님이 남전 화상에게 "화상은 사람들에게 설하지 않은 불법이 있습니까?"하고 묻자 남전은 "있다."고 대답했다. "어떤 것이 사람들에게 설할 수 없는 불법입니까?"라고 반문하자 남전은 "마음도 아니고(不是心), 부처도 아니고(不是佛), 물건도 아니다(不是物)."라고 대답했다. 이것은 고정된 마음이나 부처나 물(物)도 사실 없다는 것이다. 여기서 물(物)은 일체의 사물과 중생, 곧 중생심을 말한다. 혜능이 말한 본래무일물(本來無一物)에 나오는 물 같은 중생심을 말하는 것이다.

그런데 위에서 장미를 들고 간 나의 마음을 받아들이지 않고 그녀가 장미 한 아름을 받는 것조차 거절했다고 하자. 받아지지 않기에 더욱 간절해지는 마음, 오로지 그녀만을 향해 집착하는 마음, 밤이건 낮이건 눈앞이 그녀의 얼굴만으로 가득 차고, 온 세상이 그녀만을 향해 고착되어지는 마음이 무섭다. 차라리 이 붉은 마음을 공개하지 말고 먼발치에서만 바라거나 그 향기로만 기억하는 마음이었다면 좋았을 걸 하는 생각이 뒤늦게 든다. 남전도 불시심, 불시불, 불시물이라고 말하지 말고 침묵하는 것이 더 좋은 공덕이 되었을 텐데, 하는 생각이 든다. 『논어』에도 "지나침은 미치지 못함보다 못하다(過猶不及)."라는 말이 있다.

2

　　육조 혜능은 어느 날 찰간의 깃발이 바람에 펄럭이는 모습을 보고, 두 스님이 서로 논쟁을 하는 인연을 만나게 되었다.
　　한 스님이 말했다.

"깃발이 움직이네."

그러자 다른 스님이 말했다.

"바람이 움직이는 것이네."

서로가 자기의 주장만 거듭할 뿐 불법의 대의를 깨닫지 못했다. 이에 육조가 말했다.

"바람이 움직이는 것도, 깃발이 움직이는 것도 아니오. 그대들의 마음이 움직이고 있을 뿐이오(不是風動, 不是幡動, 仁者心動)."

두 스님은 당황하여 어쩔 줄을 몰랐다.

- 「무문관」 제29칙

혜능은 홍인에게서 전법을 받고 밤에 몰래 떠나는 중에 혜명에게 잡혀 처음 설법을 한 뒤 16년이나 숨어 살았다. 그가 숨어 산 것은 홍인의 부탁이기도 했다. 혜능이 홍인을 처음 만났을 때 남해 신흥에서 왔다고 하니까 "이 오랑캐놈"이라고 소리를 쳤던 것처럼 당나라 때 남중국은 문화라는 게 별로 없던 촌구석이었다. 이런 '촌놈' 출신에다 글자도 쓸 줄 모르는 일자무식, 게다가 거칠기까지 한 성격의 혜능이었다. 그러기에 경전에 통달하고 좌선에 일가견이 있고 문화적으로 세련된 북중국 출신의 상좌 신수를 제치고 홍인의 의발을 받기는 했지만 밖에 당장 나설 수 있는 처지가 아니었다. 홍인 문하의 강력한 내부 반발과 스스로의 무지함 때문이었다. 그가 내세웠던 "본래무일물"이라는 선의 핵심 단어 하나로 중생을 제도하러 나설 수는 없지 않은가. 그래서 혜능의 은거는 한편으로는 밤잠을 자지 않는 공부와 좌선 등 불퇴전의 수행 정진의 시간이었을 것이다.

그런 그가 마침내 자신을 드러내게 되었다. 남해의 제지사에서 인종 법사(622~713)가 『열반경』을 강의하는 자리였다. 당시 인종 법사의 밑으로는 수많은 수행자들이 모여들었는데 혜능도 신분을 감추고 그 모임에 참석하고 있었다. 강설 도중 마침 불어닥친 바람으로 사찰의 깃발이 펄럭이게 되었다. 이에 인종 법사는 "그대들은 모두 바람이 찰간으로 부는 것을 보아라. 꼭대기의 깃발이 움직이는가?" 하고 묻는다. 대중들의 설왕설래 중에 어떤 스님이 "바람이 움직입니다."고 말하고 다른 스님은 "깃발이 움직이는 것입니다."고 말하며 서로 자기가 옳다고 논쟁을 시작한다. 서양 과학 입장으로 보면 당연히 바람이 움직인다는 스님 쪽에 서야 한다. 하지만 깃발이 움직이지 않으면 바람이 부는지의 여부도 알 수 없으니 이쪽 스님의 견해도 틀리다고 할 수 없다. 서로가 자기의 주장만 옳다고 하는 논전에 양쪽으로 진영까지 생겨 다투는데, 정작 법사가 묻고자 한 불법의 대의엔 추호도 접근하지 못하고 있는 것이다.

이때 행자들 속에 숨어 있던 혜능이 일어서서 "바람이 움직이는 것도, 깃발이 움직이는 것도 아니오. 그대들의 마음이 움직이고 있을 뿐이오."라고 말했다. 순간 좌중은 찬물을 끼얹은 듯 침묵했다. 모든 논쟁을 단칼에 종식시킨 것이다. 『역대법보기』 혜능전에 처음 전하는 자료에 의하면, 법사가 위에서처럼 묻는 것에 대하여 "본래 대중들의 번뇌 망상심이 움직이고 움직이지 않는 것일 뿐, 깃발이 움직이는 것이 아닙니다. 법은 본래 움직임(動)과 움직이지 않는 것(不動)과는 관계없습니다."라고 말했다고 전해진다. 그런데 "바람이 움직이는 것도, 깃발이 움직이는 것도 아니오. 그대들의 마음이 움직이고 있을 뿐이오."라고 하는 텍스트는 『조당집』 제2권 혜능집에 정리되어 있는 이야기를 요약한 것이다. 어쨌든 말이 끝나자 인종 법사는 놀라서 무슨 말을 할 수가 없었다. 사실 혜능의 주장은 『금강삼매경』 총지품의 게송에 "법에는 동과 부동이 없다. 성품이 공하기 때문에 적멸인 것이다."라고 한 구절에 의거한 것이다. 혜능이 숨어 살면서 경전 공부에 얼마나 충실했는지를 여실히 알 수 있는 대목이다.

옛 어른들의 말에 "마음이 콩밭에 가 있다."는 것이 있다. 혜능처럼 삶에서 건져진 촌철살인의 말이다. 서두에서 이야기한 바대로 우리의 마음은 각자 가 있는 데가 다르다. 어른들은 부동산 사무실, 증권거래소 등의 돈 버는 일에 가 있고, 국회의원 사무실과 대통령 팬덤 모임 등 권력의 주변으로 가뭄 끝 물웅덩이에 송사리 꼬이듯 몰린다. 연예인들의 공연장과 영화관 등 팝문화 현장에는 새파란 청소년들이 날밤을 모르고 몰린다. 각자의 마음인데도 어느덧 마음들이 진영을 형성하여 세상을 뒤흔든다. 기가 막히도록 놀랍다. 인생 일대의 본분사에는 아무런 관심도 없이 자기들의 감각적 쾌락 쪽으로만 십중팔구 마음이 몰린다.

3

언제부턴가 갈대는 속으로
조용히 울고 있었다.
그런 어느 밤이었을 것이다. 갈대는
그의 온몸이 흔들리고 있는 것을 알았다.

바람도 달빛도 아닌 것.
갈대는 저를 흔드는 것이 제 조용한 울음인 것을
까맣게 몰랐다.
- 산다는 것은 속으로 이렇게
조용히 울고 있는 것이란 것을
그는 몰랐다.

- 신경림, 「갈대」

  신경림의 「갈대」는 1956년 시인의 등단작으로 인구에 회자한 작품이다. 이 시는 비풍비번(非風非幡)의 공안과 닮은 듯 닮지 않고 닮지 않은 듯 닮은 것 같다. 시인이 불교재단인 동국대학교에 다닌 이력으로 보아 공안을 접했을 가능성은 있다. 그런데 이 시는 발표 당시 우리나라에 실존주의가 대유행이었다는 사실을 감안하면 위 공안의 실존주의적인 해석이 은연중 시에 배어 있다는 생각이 든다.

  실존주의라는 것은 제2차 세계대전이 끝난 후 합리주의적 세계관이 무너지면서 생겨난 이론이라는 것은 누구나 익히 안다. 이 세상은 합리적으로 설명할 수 없는 부조리와 무의미로 가득한 곳이기에 인간은 궁극적인 허무와 고독, 고뇌와 불안으로 울 수밖에 없는 존재라는 것이다. 그렇게 보면 "언제부턴가 갈대는 속으로/조용히 울고 있었다."라는 서두의 진술은 이 논리에 딱 들어맞는다. 갈대가 처한 어떠한 구체적 배경 제시도 없이 무턱대고, 언제부턴가 갈대가, 그것도 속으로 조용히 울고 있었다고 하는 단정적 진술은 황당하지만 실존주의적 해석으로는 별 문제가 없다. 여기서 갈대는 이미 인간을 유추하고 있기 때문이다.

그렇게 울고 있던 어느 밤, "갈대는/그의 온몸이 흔들리고 있는 것을 알았다." 이는 기존의 모든 가치가 무너지면서 이제 기원(紀元)도 없고 약속된 미래도 없이 부조리와 무의미와 고독과 불안 등으로 존재의 바탕이 온통 흔들려버린 현실에 대한 당연한 반응이다. 알베르 카뮈(1913~1960)의 소설 『시지프 신화』에서는 지옥 타르타로스에서 언덕 위로 큰 바윗돌을 영원히 밀어 올려야 하는 형벌을 받게 된 '시시포스' 이야기가 나온다. 이것은 시시포스처럼 바윗돌을 꼭 대기까지 애써 밀어 올리면 밑으로 떨어지고 그걸 다시 밀어 올려야 하는 행위를 반복적이고 영원히 해야 하는 인간의 부조리한 노동과 운명에 대해 말하고 있다.

그런 슬픈 운명을 어느 날 밤 갈대는 자각한다. 그런 슬픈 운명이기에 자기를 흔드는 것은 "바람도 달빛도 아닌 것"을 알게 된다. 입때껏 "갈대는 저를 흔드는 것이 제 조용한 울음인 것을/까맣게 몰랐"었지만 이제야 그걸 깨닫게 된 것이다. 흔히 사람들은 자기 의지로 일을 저질러놓고도 그게 잘못되면 외부의 상황 탓으로 돌린다. 그것은 자기책임 회피의 가장 전형적인 방법이다. 하지만 실존주의에선 존재 자체의 고독과 불안을 극복하는 법은 자기의 자유 의지를 한껏 발휘해서 행동에 나서야만 하고, 삶은 한순간도 쉴 수 없는 행동의 연속이기에 눈앞에 벌어진 모든 일은 자기의 책임일 수밖에 없다고 말한다.

"— 산다는 것은 속으로 이렇게/조용히 울고 있는 것이란 것을/그는 몰랐다." 이 시의 또 하나의 바탕이 된 불교적 사유로는, 인간은 원래가 고독하고 슬프고 고통스러운 존재라는 것이다. 인간의 현상계는 무상하여 쉼 없이 변화하고, 실체가 없이 공한 존재이기 때문이다. 그래서 영원히 존재하는 것은 없고 다만 인연 따라 나타났다가 인연 따라 소멸하는 연기적 존재이다. 애초부터 일체개고라는 존재의 고독과 비애를 숙명적으로 안고 태어났기에 늘 스스로 흔들리며 고독과 불안에 떨 수밖에 없다. 이러한 인간 존재의 비극주의를 시는 그 어떤 격정도 없이 담담히 진술한다. 그런데 이런 비극주의는 모든 존재에게 있어 단독자로서의 본연적 비애와 고독이기에 바로 '실존(existence)'이다.

  갈대가 자라는 곳은 바람이 세차게 불어대는 강가나 바닷가가 가까운 언덕이다. 갈대 하나하나는 다른 나무들과 달리 연약하기 짝이 없다. 그래서 갈대는 혼자 자라지 않고 집단으로 군생(群生)하며 살아가는 식물이다. 이런 갈대의 삶이 곧 인간의 삶이다. 물론 이 시가 인간의 사회성까지는 제시하지 않는다. 상투적인 희망이나 삶의 의지를 피력하지도 않는다. 그건 인간 각자가 단독적 실존으로서 결단해야 할 문제이기 때문이다. 그럼에도 이 시에서 갈대는 자기가 근원적인 울음을 갖고 태어난 존재라는 것을 까맣게 모르고 있다가 어느 날 밤 그것을 자각했다. 자기의 실존의 정체성을 자각했기에 그는 부처가 될 수 있는 길이 열려 있다.

제13화

손가락으로 달을 가리키다
— 김백겸, 「달의 문법에 관한 시」

1

　조지 오웰(1903~1950)은 "정치의 혼란은 언어의 부패와 관계가 있다."고 했다. 사실 그 언어의 부패를 조장한 것이 바로 정치인들이다. 정치인들의 위선과 기만, 책임전가와 적반하장, 진영논리와 견강부회에 동원되는 교언영색과 막말들은 나라의 품격을 추락시킨다. 이런 정치인들의 부패는 우리나라 현대사의 수십 년을 지배한 보수 기득권자들이 전매특허처럼 죄다 갖고 있었던 것들이다. 그런데 요새는 전매청이 사적 기업으로 바뀐 탓인지 이제 그 막말의 독점구조도 해체되어 새롭게 지배 권력이 된 자들에게도 막강하게 쓰인다.
　학창 시절에 민주화운동을 했다는 도덕적 우월감 하나로 똘똘 뭉친 어떤 정치인이 자기들이 없었으면 나라의 성숙한 민주사회를 이룰 수 없었을 것이라고 외치는 걸 그의 선거유세에서 들은 적이 있다. 그 말을 존중하면서도 피땀 흘려 일하여 경제를 건설하고 민주주의를 위해 건전한 한 표를 행사한 민중들은 배제한 말 같아서 씁쓸했다. 솔직히 말하면 그들은 입에 늘 민중이라는 말을 달고 살지만 손에 흙 한 점, 기름 한 방울 묻혀본 적이 없는 오로지 직업으로서의 정치를 해온 사람일 뿐이다. 월급 한번 제대로 받아본 적 없이 민중들의 후원금이나 정치자금으로 생활하면서 정치를 하려면 제대로 해야지 진영논리에 빠진 채 한쪽 눈만 뜨고 한쪽 눈은 감아버리는 개혁을 하면서 온 세상을 소란스럽게 한다. 이는 자기들 입장으로 권력을 재편하고자 하는 것 외에 공정과 정의와는 너무도 먼 일인 것이다.

어쨌거나 보수는 늘 수구적이고 반면 진보는 늘 극좌적인 양 진영의 대립 속에 국민은 없다. 그런 그들의 어느 한편에 서서 자기편은 잘했거나 못했거나 무조건 옹호하고 보호막을 치고 반대되는 진영을 향해선 적폐니, 신적폐니 하며 온갖 지옥의 말로 낙인을 찍고 몰아붙이는 나치스의 가스실 '특별처리반' 같은 '댓글처리반'이 있다. '일베'니 '문빠'니 하는 팬덤들이다. 이 특별처리반은 연예인들의 팬덤처럼 그들이 지지하는 정당이나 정치인들에 대한 광적인 집착과 지지를 보낸다. 그들은 애초에 '내가 믿고 싶은 것'만을 믿고, 그 믿음을 재확인시켜줄 증거를 찾아내고야 만다. 이걸 확증 편향이라고 한다. 여기에 확신 편향까지 더해지면 한번 마음먹은 생각을 맹렬히 확신하면서 혹시라도 이의를 제기하는 사람이 있으면 역시 지지집회나 인터넷 댓글 등으로 맹렬히 반박하고 공격한다.

다음은 겉모습 편향이다. 팬덤들은 그들의 리더가 그 자리에 오른 것은 그가 고귀한 뜻을 갖고, 늘 열심히 일하고, 양심 있게 살았기에 가능했을 것이라고 믿는다. 하기야 그들의 리더는 어떤 연설장에 나타나면 열성적이고 진지한 어조와 몸동작, 생생한 비유, 재미난 일화 등을 곁들여 늘 깊은 확신을 갖고 의견을 피력하기에 그들의 팬덤에겐 극적 효과를 가져다준다. 하지만 그 자리에 오르기 위해 얼마나 남을 짓밟고, 수상한 뒷거래를 하고, 권모술수를 부렸는지, 그 사실은 아예 생각지도 못한다.

그리고 집단 편향이다. 특정 정당이나 정치인, 이데올로기를 지지하는 사람들은 누가 아무 말 하지 않아도 진영의 입장을 묵묵히 따른다. 같은 당 사람이라도 이론을 제기하는 사람은 벌 떼처럼 공격해서 그 당에서 살아남지 못하게 한다. 자기네 진영 사람은 성폭행을 해도, 자식의 부정 입학을 도모하고, 자식의 군대 부정을 무마시켰어도, 오히려 그로 인한 피해자와 공익 제보자를 공격한다. 그리고는 남 탓하기 편향, 우월성 편향 등으로 똘똘 뭉쳐 나중에는 자기들에게 우호적이었던 중도파까지도 멀어지게 만든다. 그들은 이 모든 생각과 실천은 합리적인 이론에서 도출된 것이고, 역사에 올바르게 복무하는 일이라고 믿어 의심치 않는다.

위의 편향 이야기는 로버트 그린이 쓴 『인간 본성의 법칙』의 일부분을 발췌, 전용한 것이다. 손가락으로 달을 가리키는데, 달의 본체는 저기 있어도 이제 손가락으로 가리키지도 않고, 손가락만 계속 이리 비틀고 저리 꼬며 시선을 분산시킨다. 달이 진실이고 가리키는 손가락은 방편인데, 방편의 왜곡을 통해 진실 위에 장막을 계속 쳐댄다.

2

무진장이라는 비구니가 육조 혜능을 찾아왔다.

"제가 『대열반경』을 여러 해에 걸쳐 외우고 공부했지만, 아직 이해하지 못하는 곳이 많습니다. 가르침을 청합니다."

혜능이 천천히 입을 열었다.

"나는 글자를 모른다오. 그대가 경문을 소리 내어 읽어준다면, 내가 혹시 그 속에 담긴 진리를 이해하고 가르쳐드릴지도 모르지요."

혜능의 말에 당황한 무진장이 말했다.

"글자도 모른다면서 어찌 그 안에 담긴 진리를 알 수 있습니까?"

혜능이 잔잔한 미소를 짓더니, 손가락으로 하늘을 가리키며 대답했다.

"진리란 문자와 무관한 것이니, 마치 밤하늘의 달과 같다네. 반면 문자는 그대와 나의 손가락이나 다름없네. 손가락은 달을 가리킬 수 있어도 달 자체는 아니니, 달을 가리키면 달을 봐야지(見指忘月) 어찌 손가락을 보려고 하는가?"

— 『경덕전등록』 제5권 제33조

손가락으로 달을 가리키는 지월 이야기는 선을 수행하는 마음가짐을 단적으로 비유한 고사이다. 달은 궁극적인 진리나 깨달음을, 손가락은 진리로 연결하는 방편 즉 경전이나 좌선 등을 가리킨다. 그러기에 "진리를 가리키는 손가락을 보아서는 안 되고 진리 자체를 보아야 한다."는 뜻이다.

　육조 혜능에게 비구니 무진장이 찾아와서 『대열반경』을 읽어도 이해하지 못하는 부분이 많다며 가르침을 청한다. 혜능이 자신은 글자를 모른다고 한다. 그러자 글자도 모르면서 경전에 담긴 진리를 어떻게 아느냐는 비구니의 반문이 온다. 너무 상식적인 말이다. 이에 진리란 문자와 무관한 것이라고 대답하는 혜능! 사실이다. 진리는 불립문자, 교외별전으로 밝혀지기 때문이다. 달과 손가락 이야기가 계속 된다. 달은 진리이고 손가락은 문자라는 것이다. 그러면서 "달을 가리키면 달을 봐야지 어찌 손가락을 보려고 하는가?"하며 질책한다. 『장자』「잡편」의 "그물은 물고기를 잡기 위해서이므로, 물고기를 잡으면 그물을 잊어야 한다"는 말과 같은 취지이다.

　『능엄경』에 이런 구절이 있다. "어떤 사람이 다른 사람에게 손으로 달을 가리켜 보인다면, 그 사람은 손가락을 따라 당연히 달을 보아야 한다. 만약 손가락을 보고 달의 본체로 여긴다면, 그 사람이 어찌 달만 잃었다고 할 것인가. 또한 그 손가락마저 잃어버린 격이다." 손가락인 경전이나 좌선이나 공덕마저 잃어버린다면 본래면목은 언제 볼 수 있으랴. 어떤 스님들은 손가락에 불과한 경전 무용론을 주장하며 각종 기행과 일탈이 선의 예봉인 양 하며 만행(蠻行)을 저지른다. 달을 가리킬 손가락도 없는 주제에 선수행이라니 한심하다.

　하물며 다음의 시를 보라면 볼 것인가. "화가의 환상과 열정은 황금비율의 아프로디테 여신상으로부터 대상을 해체해서 기하학적 입체로 재구성한 피카소까지 미와 추의 역사를 그린다./수학자의 직관은 공간의 위상(位相)을 변주하는 산 그림자로부터 시간을 적분하는 해의 포물선에 이르기까지 태극과 율려(律呂)의 운동대위법을 상상한다/독립된 점으로 있는 하늘의 별을 의미의 끈으로 연결하는 인간 뇌의 복잡함/뇌라는 촬영감독은 시인 소리를 듣기 위해 이미지 숲에서 풍경을 찍고 언어로 표현한다"(김백겸, 「달의 문법에 관한 시」 부분) 화가의 그림, 수학자의 수, 촬영감독의 화면, 시인의 시 등은 모두 환상과 직관과 열정과 상상으로 하나의 이미지를 창조한다. 물론 그 이미지는 달이라는 진리 본체를 가리키는 각각의 손가락이다.

   수만 권의 경전은 손가락질 같아서 百千經券如標指
   손가락 따라서 마땅히 하늘의 달을 보네 因指當觀月在天
   달이 지고 손가락 잊어도 아무 일 없으니 月落指忘無一事
   배고프면 밥 먹고 졸리면 잔다네 飢來喫飯困來眠
                        - 소요당 태능, 「指月」

조선 중기의 스님 소요당 태능의 위 시는 선종의 지월 이야기를 격조 높은 운율로 표현한 시이다. 스님은 백천경권(百千經券)의 교학과 직지인심의 선학을 하나로 여기며 두 가지를 함께 정진하다 보면, 달이 지면 가리킬 곳도 없어지고, 해야 할 일도 남지 않게 된다고 했다. 그때 배고프면 밥 먹고 졸리면 잘 일 아니던가. 선교병행, 교선일치의 진리는 변하지 않는다. 공부도 없이 무슨 수행을 할 것인가. 공부 자체가 선수행이다.

3

> 예술은 '달'이 아니라 '손가락'의 고투가 중요하네
> 포에지로서의 이 세계가 이미 빛나는 '달'의 마음이기 때문
> 달이 후박나무 숲을 비추는 밤
> 바람꽃들이 낙화분분 정원에 떨어지는 밤
> 내 마음속의 예술가가 내 사랑의 깊이를 묻네
> 나는 조사 앞에 선 눈 푸른 衲子처럼 대답했네
> 나는 만 권의 책을 읽었고 천 편의 시를 썼으니 내 시의 깊이는 천 길이지요
> 하늘의 피 흘리는 달이 당신에 대한 내 사랑을 증거합니다
> 상징과 기호의 숲인 자연이 하늘과 땅 사이에 있네
> 음악처럼 흐르는 달빛의 리듬을 시인인 나는 듣네
> 생각해 보니 동양의 정신귀족들은 한가와 교만이 들어가 있는 깨달음의 달을 그려왔네 千江의 달이 풀벌레와 모래와 소나무 이파리에 스며 있는 언어의 숲에서 나는 달의 문법에 관한 시를 쓰네
>
> — 김백겸, 「달의 문법에 관한 시」 부분

예술가들에게 "예술은 '달'이 아니라 '손가락'의 고투가 중요"하다. 이 말은 "달을 가리키면 달을 봐야지 어찌 손가락을 보려고 하는가?"라는 오늘의 공안을 전복시킨다. 이렇게 공안을 전복시킬 수 있는 근거는 무엇인가? 그것은 "포에지로서의 이 세계가 이미 빛나는 '달'의 마음이기 때문"이다. 예술은 모든 진리에 대한 관념을 '구체적

형상'으로 만든다. 조각가는 커다란 바윗덩이에 불과한 물체에서 조각도와 끌과 망치로 거기 잠자고 있는 아프로디테를 깨워 꺼낸다. 화가는 하얀 화선지건 모직포건 빈자리만 있으면 연필과 물감과 붓을 써서 거기에 피카소라도 세울 수 있다. 조각으로 잠에서 깬 아프로디테나 그림으로 인상 찌푸린 채 서 있는 피카소는 예술가가 구체화시킨 '달'이라는 진리의 형상이다.

불교에서는 실상(實相)은 무상(無相)이라고 한다. 그럼에도 예술가들이 굳이 형상을 만드는 것은 그렇게 할 수밖에 없는 예술의 숙명 때문이다. 사람들은 "나는 길이요 진리요 생명이니 나를 따르는 자는 죽어도 살겠고"라는 말의 뜻을 실제적으로 느끼지 못한다. 하지만 목자가 양 떼를 이끌고 협곡을 지나 푸른 초원으로 이끌고 가는 모습의 그림을 보여주면 앞의 말을 단박에 알아차린다. 그토록 색즉시공을 말하고 만법이 공(空)함을 얘기하지만 불교미술로 가득한 절, 선시로 가득한 경전들 및 선어록을 보라. 그것들이 존재하는 건 진리를 실감나게 느끼게 하기 위한 예술가들의 노력 때문이다.

예술은 숙명적으로 구체적 형상을 어떻게 잘 그리고 잘 만들 것인지 피 말리는 고투를 한다. 그것도 손가락으로 하기에 손가락의 고투가 중요하다. 세상에 나와 있는 수많은 달마도를 보자. 짙은 눈썹에 부리부리한 눈에다 힘을 준 그림, 대머리와 웃는 입을 째져라 귀에 걸어놓은 그림, 포대화상의 불뚝한 배에 공기를 불어넣었거나 너부데데한 코에 모기를 앉혀놓은 그림, 그리고 봉덕각시처럼 엉덩이가 면적깨나 차지하고 앉은 그림 등등 다양하다. 그만큼 예술가들이 자기만의 달마도, 자기만의 진리도, 자기만의 부처상을 그리느라 고투한다.

그런데 부처님의 진리가 구현된 형체가 어디 달뿐일까. "달이 후박나무 숲을 비추는 밤/바람꽃들이 낙화분분 정원에 떨어지는 밤"의 모든 것들이 부처님을 나툰다. 부처님의 현신이다. 그런 부처님의 현신에 대한 예술가들의 '사랑의 깊이'는 심각할 정도이다. 그 깊이에 대해 작품을 할 때마다 자문자답하기를 천지간에 가득 날리는 낙화만큼을 한다. 마치 조사 앞에 선 눈 푸른 납자처럼 묻고 대답하고, 또 묻고 대답하길 반복한다. "나는 만 권의 책을 읽었고 천 편의 시를 썼으니 내 시의 깊이는 천 길이지요"라고 자만하면서. 하지만 그 시는 하화중생을 못 해서 단 몇 권도 팔리지 않는다. 달의 형상을 제대로 그리지 못했거나 스스로 화신(化身)을 못 해서 대중들의 부처를 자극하는 데 실패를 했기 때문이다. 억울해서 "하늘의 피 흘리는 달이 당신에 대한 내 사랑을 증거합니다"라고 하지만, 언제 증거를 들이댄다 해서 대답하는 하느님이나 부처님을 본 적이 있는가. 부처는 자기 스스로 부처가 아니던가.

부처의 상징과 기호의 숲이 하늘과 땅 사이에 있다. 모든 자연이 부처다. 음악처럼 흐르는 달빛의 리듬을 듣는다. 부처의 숨결이기 때문이다. 생각해 보니 동양의 정신귀족들은 한가와 교만이 들어가 있는 깨달음의 달을 그려왔다. 천강(千江)의 달이 풀벌레와 모래와 소나무 이파리에 스며 있는 숲에서 시인은 언어로 달의 문법에 관한 시를 쓴다. '달의 문법'에 관해 시를 쓴다는 것은 진리에 대한 물음의 규칙까지를 만들어 보겠다는 다짐이다. 물론 그 규칙은 시인 스스로 지켜낼 규칙일 것이다. 예술은 '달'이 아니라 손가락의 '고투'가 중요하다.

제14화

어떤 물건이 이렇게 왔는고?

— 문태준, 「꽃들」

1

 화엄경의 입법계품(立法界品)은 선재 동자의 구도 행각에 관한 내용이다. 선재라는 청년이 법을 배우기 위해 52명의 선지식을 찾아 나선다. 그 선지식 중에는 보살도 있고 장자, 거사, 청신녀, 여인 등 등장인물이 매우 다양하다. 선지식은 요샛말로 스승으로, 산 넘고 물 건너 태양이 내리쬐는 남쪽으로, 남쪽으로 순행을 하며 다양한 선지식을 만나 도를 묻는 것은 이미 수행 정진이다. 다양한 사람들의 삶의 방식, 다양하게 도를 추구하는 마음들을 배워 진정한 도를 찾고자 하는 이런 만행(萬行)은 젊은 날에는 한 번 해 볼 만한 일이지 싶다. 하지만 도를 구하는 것이 타자로부터 가능하다면 얼마나 좋을까. 기독교처럼 나를 대신해 십자가에 못 박힌 예수에게 기도만 하면 만사형통인 종교도 있다. 물론 글자를 읽지 못하고 나이가 들어서 공부나 좌선이 힘든 사람에게는 염불을 권할 수도 있다.

하지만 평생을 살면서 인생의 일대 본분사에 관한 의문과 그것을 스스로 깨쳐 보려는 생각을 왜 한 번도 갖지 못할까.『논어』「이인」 편에 "아침에 도를 들을 수 있다면 저녁에는 죽어도 좋다."고 하지 않던가. 주자는 이를 "도라는 것은 사물의 당연한 이치다. 진실로 그것을 들을 수 있다면, 살아서는 이치에 따르고 죽어서도 여한이 없을 것이다."라고 구도에 대한 열정을 토로했다. 반면에 다른 해석이 있다. 삼국시대 위나라의 하안과 왕숙은 "아침에 온 세상에 도가 행해지고 있다는 것을 들었다면 저녁에는 죽어도 좋다."는 공자의 탄식으로 해석했다. 인의가 올바르게 행해지는 세상을 기대한 말이라는 것이다.

뒤의 해석이 오늘의 현실에는 맞는 것 같다. 에리히 프롬이『소유냐 존재냐』에서 밝힌 것처럼 온 세상이 소유에만 집착하여 존재의 실상, 곧 도에 대한 생각은 손톱 밑의 때만치도 하지 않는 현실에 대한 탄식은 어찌 공자만의 것일까. 미국 하버드대학교와 서울대학교의 도서관 도서 대출 현황을 비교해 보니까 1위부터 10위까지 하버드대는 진리와 구원과 인생의 의미 문제를 추구하는 고전들이 전부 차지했는데, 서울대는 거의 모든 순위에 최근에 유행하는 일본 명랑 소설이 차지하고 있더라는 말을 들은 적이 있다.

유럽의 경우엔 프랑스혁명 이후 300여 년 동안 혁명과 반동을 거듭 거치면서 물질적 근대와 정신적 근대가 병행하여 이루어진 반면, 우리나라는 식민지와 동족 전쟁을 거친 황폐 속에서 개발독재에 의한 물질적 성장만 30~40년에 압축적으로 이루어졌다. 그러다 보니 의식의 근대화가 미처 뒤따르지를 못해 오늘날 어른들은 돈에 광적으로 집착하고, 젊은이들은 자기가 벌지도 않은 그 돈을 마음대로 써가며 일본 명랑소설처럼 가볍게 살려는 태도를 가진 경우가 날로 늘어간다. 그들에게 어른들이 살아온 이야기를 조금이라도 할라치면 '꼰대 의식'이라고 몰아세우며 어떤 진리에 대한 갈구는 추호라도 생각지 않으려고 한다.

박상륭(1940~2017)의 『죽음의 한 연구』라는 소설은 내가 보는 한 한국 최고 소설의 하나이다. 주인공은 장소로부터, 습속으로부터, 법적 등록으로부터, 세상의 금기로부터 계속해서 탈주하는 도보 고행승을 따른다. 그 스승은 죽기 전에 그에게 쇠로 금을 만들 듯 너 자신을 재료로 하여, 너 자신 속에서, 너 자신의 힘으로, 너 자신의 사상을 만들라고 했다. 그도 남이 먹다 남긴 사상의 찌꺼기를 가지고 유희할 생각은 처음부터 하지 않았다. 그리하여 수도자들이 각자 자기가 선택한 방식으로 진리를 추구하는 곳, '유리'로 들어갔다. 그리고는 "드디어 죽음 위에 정박한 배로구나, 죽음이여, 그러면 내게 오라. 내가 그대 위에 드리운 그늘을 온통 밤으로 덮어, 그 그늘의 작은 한 조각을 지워버리도록. 육중한 어둠이여, 이제는 오라. 까마귀들로 더불어, 그러면 오라."고 하며 죽음을 관통하고야 말 도를 추구한다. 이런 구도 소설은 김성동의 『만다라』, 고은의 『화엄경』과 『선』, 한승원의 『아제아제 바라아제』 이후 더 이상 나오지 않는다. 이제 도를 얻지 못해도 돈과 팝문화만 있으면 되는 세상 아닌가.

2

　　남악 회양 선사가 조계산으로 가서 육조 혜능 선사의 법을 좇으려고 하였다.
　　육조가 물었다.
　　"그대는 어디서 왔는가?"
　　회양이 대답했다.
　　"숭산을 떠나 화상에게 예를 갖추어 절을 올립니다."
　　육조가 다시 물었다.
　　"어떤 물건이 이렇게 왔는고(什麼物與麼來)?"
　　회양이 대답했다.
　　"한 물건이라고 해도 맞지 않습니다."

－『조당집』제3권

　　육조 혜능 대사의 문하에는 뛰어난 인물이 구름같이 모여 그 법을 사승(嗣承)한 자가 무려 43명이며 오도(吾道)를 한 자는 그 수를 헤아릴 수 없었다고 한다. 이 수많은 걸출 가운데 청원 행사와 남악 회양이 특출한 제자이다. 현재 선종은 이 두 줄기 계통 외에는 별로 없다고 해도 과언이 아니다. 즉 조동종은 청원의 법통이며, 황벽종과 임제종은 모두 남악의 후손들이다. 청원 행사는 육조를 참견하고 "성제라고 하여도 안 됩니다."라고 해서 불교의 '제일의(第一義)'라고 할지라도 오히려 제일의라고 할 것이 없다는 지견을 올바로 드러내어 대중들의 제일좌로 추대를 받았다고 한다.
　　그리고 남악 회양(677~744)이 처음 육조를 방문한 기록은 오늘

살펴볼 공안이다. 남악은 나중에 6조로부터 전법을 받고 7대 조사가 된 뒤 다시 8조인 마조 도일에게 법을 전수했다고 하는 인물이다. 산동성 금주 출산으로 15세에 호북성 옥천사로 출가하여 구족계를 받은 뒤 율장을 배우는 것으로 수행을 시작했다고 한다. 한데 구족계를 받은 지 다섯 해가 지난 즈음에, 진리를 배우려 해도 깨달을 길이 없다며 행각을 떠나 여러 선지식을 찾는다. 숭산의 안화상에게 갔다가 거기에서도 안주하지 못하고 조계의 육조에게로 온 것이다. 물론 남악이 육조에게 찾아온 것은 법 곧 도를 구하러 온 것이다.

혜능은 보자마자 "그대는 어디서 왔는가?" 묻는다. "숭산을 떠나 화상에게 예를 갖추어 절을 올립니다." 남악의 대답에 바로 다그친다. "어떤 물건이 이렇게 왔는고(什麽物與麽來)?" "여기서 '한 물건'이라 할 때의 물(物)이라는 한자어는 개념화하기 이전을 뜻하기 위해 겨우 만들어낸 표현이다. 영어의 something 정도로 생각하면 된다. 개념화(conceptualization)는 이름 붙이기이다. 이름을 붙이려면 먼저 이름 붙이려고 하는 것을 대상화(objectification)해야 한다. 그래서 세상에서 제가 저 자신을 이름 붙이는 경우는 없다. 한데 사람은 유일하게 제가 제 이름을 붙이기도 한다."(박재현,『화두, 나를 부르는 소리』)

여기서 결국 "어떤 물건이 이렇게 왔는고?"라는 물음은 "너는 누구냐?"라는 뜻이다. 이때 "저는 회양이라고 하는데요."하고 대답을 했으면 쫓겨났을 것이다. 회양이라고 부르기 전의 너는 누구냐에 대한 답을 바랐을 것이기 때문이다. 그런데 남악 회양은 역시 상근기다. "한 물건이라 해도 맞지 않다."고 반박한다. '한 물건'이라고 겨우 만들어낸 그 말조차 개념화 한 것이니 옳지 않다고 받아친 것이다. 사실 개념은 개념일 뿐이다. 노자도 "도를 도라고 말하면 더 이상 도가 아니다."라고 말하지 않았던가. 도는 말이나 글로 설명하거나 개념화할 수 있는 것이 아니라는 말이다. 남악 회양을 남악 회양이라 해도 진짜 남악 회양이라고 할 수 있는 것이 아니다. 오로지 본래면목을 구할 뿐이다.

3

    모스크바 거리에는 꽃집이 유난히 많았다
    스물네 시간 꽃을 판다고 했다
    꽃집마다 '꽃들'이라는 간판을 내걸고 있었다
    나는 간단하고 순한 간판이 마음에 들었다
    '꽃들'이라는 말의 둘레라면
    세상의 어떤 꽃인들 피지 못하겠는가
    그 말은 은하처럼 크고 찬란한 말씨여서
    '꽃들'이라는 이름의 꽃가게 안으로 들어섰을 때
    야생의 언덕이 펼쳐지는 것을 보았다
    그리고 나는 그 말의 보살핌을 보았다
    내 어머니가 아궁이에 불을 지펴 방을 두루 덥히듯이
    밥 먹어라, 부르는 소리가 저녁연기 사이로 퍼져 나가듯이
    그리하여 어린 꽃들이
    밥상머리에 모두 둘러앉는 것을 보았다

                                                                         - 문태준, 「꽃들」

문태준의 시는 담백함으로써 진정성을 자아내는 솜씨가 타의 추종을 불허한다. 예술 특히 시에 있어서 전위를 형식적인 면에서만 이해한 것인지 요새 젊은 시인들의 기괴하고 파괴적이고 도착적이고 혼종적인 언어로 조작해낸 괴물 같은 이미지들을 대하면 끔찍하다. 익숙한 것에 대한, 마땅히 그래야 한다고 생각하는 것에 대한 전면적이고 지속적인 의단(疑團)이 선과 예술의 출발점이다. 선은 복잡하고 난해하기 짝이 없는 교학의 논리에 대응하여 직관, 단순, 소박, 집중, 무채색 등의 선 스타일(Zen style)을 만들어냈다. 여기 선 이야기에 등장하는 화두들도 동문서답, 넌센스, 단도직입, 투사 등등의 대화법 속에서 진리에 대한 직관적 통찰을 해내는 모습은 상상을 초월할 만큼 절묘하다. 말 그대로 묘법이다.

오늘의 시 「꽃들」은 문태준 시의 특장점이 잘 나타나 있는 시이다. 모스크바 여행이라는 일상 속에서 건진 이 시는 역시 담백하다. 어렵고 특별한 말 하나 없고, 화려하고 충격적인 비유 같은 것도 없이 대체적으로 평이하고 소박한 말들로 구성되어 있다. 그런데 시 제목이기도 한 시적 소재가 '꽃들'이라는 지극히 "간단하고 순한" 말 때문에 시 전체가 그토록 평담성과 자연미를 구축한 게 아닌가 하는 생각이 든다. 물론 그런 담백함으로 자아내는 시적 의미는 한지에 먹물 번지듯 깊고 진한 여운과 함께 아득하게 번진다.

여행 중 모스크바 거리를 걷는데 거리에는 꽃집이 유난히 많았다. 꽃집들은 스물네 시간 꽃을 판다고 했다. 그런데 꽃집마다 내걸고 있는 간판들이 모두 '꽃들'이라는 이름을 내걸고 있었다. "꽃들!" 사실 이 말은 간판 이름으로서는 이름도 뭣도 아니다. 그래도 꽃집 이름이라면 '희플라워', '행복꽃집', '생생플라워센터' 등등 각기 꽃집의 고유한 이름이 있어야 할 것 아닌가. 더구나 방금 꽃집 이름들처럼 기쁨이나 행복이나 생생함의 의미라도 담긴 이름이어야 하지 않는가. 보통 사람은 음식점이라도 열게 되면 멋진 이름의 간판부터 걸게 마련인 것은 너무도 당연하다. 그런데 꽃집의 이름이 '꽃들'이라니? 이토록 '간단하고 순한 간판'이라니!

  그런데 시인은 이런 간판이 마음에 든다. 하기야 오늘날 우리나라 도회의 거리를 보라. 국어, 외국어, 그림, 사진 등이 뒤범벅되고 네온사인이 휘황찬란한 빛을 터뜨리는 간판을 보면 정신이 핑핑 돌 정도이다. 그러니 이름이라고도 할 수 없는 간판 이름 '꽃들', 간단하고 순한 말 '꽃들', 말의 직접성과 원형성이 그대로 살아 있는 '꽃들', 특별한 이름으로 규정되거나 중첩된 의미를 갖지 않은 '꽃들', 그러기에 오히려 "말의 둘레"가 한없이 넓어져서 그 둘레라면 "세상의 어떤 꽃인들 피지 못하겠는가"하고 감탄하게 하는 '꽃들'이다. 결국 '꽃들'이라는 말은 "은하처럼 크고 찬란한 말씨"가 된다. 어떤 말에 사람들 각자가 자기 중심적인 입장에서 아무런 의미 규정을 하지 않을 때 말의 원형성은 왜곡되지 않고 그 너른 의미를 끝없이 발산할 수 있음을 보여준다는 시인의 생각이다.

  하도 간단하고 순해서 되레 은하처럼 크고 찬란한 말씨가 된 '꽃들'이라는 이름의 꽃가게 안으로 마침내 들어섰을 때 시인은 "야생의 언덕이 펼쳐지는 것을 보았다." 그 야생의 언덕에는 온갖 꽃들이 저마다의 빛깔과 향기로 만화방창하고, 쌍쌍의 벌 나비들이 춤을 추고 있었을 것이다. '꽃들'이라는 "말의 보살핌"이 이렇게 극진한 것이다. 그 말의 여운은 "내 어머니가 아궁이에 불을 지펴 방을 두루 덥히듯이/밥 먹어라, 부르는 소리가 저녁연기 사이로 퍼져나가듯이" 계속 퍼져 나간다. 어머니의 그 밥상머리에 둘러앉았던 "어린 꽃들"들 중 하나가 '시인'이다. 아, 이렇게 아름다운 시라니! 이렇게 고결한 시를 쓰는 마음이라니!

프리드리히 횔덜린(1770~1843)의 제목이 없는 시 중에 "이익은 많다 그러나 이 대지 위에서/인간은 시적으로 거주한다"는 시 구절이 있다. 지금까지 인간은 이 땅에 살기 위해서 눈부신 문명을 건설하고 문화를 일구어 왔다. 그 지어진 것들은 인간의 생존과 행복의 증진에 엄청나게 도움과 이익이 되는 것들이다. 그러나 생존과 행복과 이익만을 위해 사는 것으로 존재 의미가 충족될까. 그럴 것도 같지만 "이 대지 위에서 인간은 시적으로 거주한다"고 시인은 말한다. 여기서 "시적으로"라는 말은 이익을 넘어서고, 이익의 기준으로 측정되지 않은 본래적인 게 있다는 말이다. 그것은 '꽃들'이란 말처럼 극진한 보살핌을 받아야 할 것들이다. '시적으로'라는 말에 이미 내포되어 있듯이 아름답고 사랑스럽고 신비로운 존재의 진짜 의미 같은 것 말이다. 애인의 눈빛에서 그 고유한 빛깔과 향기의 꽃을 읽어 내는 마음이 시적으로 존재하는 마음 아닐까.

제15화

좌선한다고 부처가 되겠느냐
― 김명인, 「화엄에 오르다」

1

『열자』「탕문」 편에는 우공이산(愚公移山)이라는 고사가 있다. "어리석은 노인이 산을 옮긴다."는 뜻이며, 속뜻은 열심히 노력하면 결국은 이룰 수 있다는 것이다. 북산에 어리석은 노인이 살고 있었다. 집 앞에 태항산과 왕옥산이 가로막고 있어서, 길을 멀리 돌아가야만 하는 불편을 겪는다. 산을 옮기겠다는 생각으로, 90세라는 나이에 흙을 파내기 시작했다. 이웃들이 와서 헛수고가 될 것이라고 만류했지만 자자손손 파내면 될 것이라며 계속했다. 결국 산신령과 옥황상제가 그 노력에 감동하여 산을 다른 데로 옮겨주었다는 이야기다.

예전 시골에선 어른들이 "막고 품어라"는 말을 많이 했다. 도랑에서 미꾸라지를 잡으려고 하는데 미끄러워서 잘 빠져나가는 미꾸라지를 별 도구도 없이 어찌 잡겠는가. 물이 들어오는 도랑 위쪽과 물이 빠져나가는 아래쪽을 막고 양동이로 물을 품어낼 수밖에 없다. 도랑 바닥이 드러날 때까지 계속 물을 퍼내다 보면 마침내 진흙 속에 숨어드는 미꾸라지가 꾸물거린다. 고스란히 건져내니 양동이로 가득했다. 우공이산의 일상 적용 버전이다.

위 두 이야기는 효율성과 속도전의 톱니바퀴에서 단 하루도 빠져나올 수 없는 현대인들에게는 그야말로 가당치도 않은 이야기일 수 있다. 가고자 하는 목적지에 빨리 가야 하기에 고속도로를 만들었고, 시간당 100km를 달려야 하는 그 도로에서 60km 이하로 달리면 범법자가 된다. 그 차는 교통경찰에 의해 재빨리 길 밖으로 끌어내진다. 아니 끌어내지기 전에 빠른 속도로 달려오는 뒤차들에 의해 큰 사고를 당할 수도 있다. 이런 효율성과 속도전에 염증을 내고, 그 스트레스로 강박증과 우울증을 앓는 사람들이 날로 늘어난다.

미국의 정신과 전문의이자 심리학자인 마크 웹스타인이 쓴 『진료실에서 만난 붓다』라는 책은 '불교 명상과 심리 치료로 일깨우는 자기 치유의 힘'이라는 부제를 달고 있다. 그는 정신과 의사로서 '자아라는 다루기 힘든 문제에 대처하는 방법'으로 '팔정도'를 적용하고 있다.

> 자신과 사물의 본성을 있는 그대로 직시한다.
> (바른 견해, 정견, 正見)
> 자신의 감정을 솔직히 인정하고 내면을 관찰한다.
> (바른 사유, 정사유, 正思惟)
> 자신에게 오늘부터 새로운 이야기를 들려준다.
> (바른 말, 정어, 正語)
> 주어진 순간과 처지에 최선의 행동을 찾는다.

(바른 행위, 정업, 正業)
나에게 주어진 세계와 제대로 관계를 맺는다.
(바른 생계, 정명, 正命)
깊이 개입하지도 멀리서 방관하지도 말아야 한다.
(바른 노력, 정정진, 正精進)
인식하고 알아차리며 통제하지 않는 정신적 근육을 기른다.
(바른 알아차림, 정념, 正念)
삶의 불확실성을 즐기는 하나의 방식을 배운다.
(바른 명상, 정정, 正定)

이는 삶이 무엇을 제공하든 정면으로 마주할 수 있는 훈련이다. 그는 이런 팔정도의 현대적 버전을 환자들의 임상에 지속적으로 적용했다. 그 결과 환자들에게 곧잘 고요한 마음이 가져다주는 내적 평화와 창조적 표현의 만족감, 지속적인 관계에서 비롯되는 위안과 기쁨, 타인을 돕고 가르치는 데서 오는 만족감, 자신의 이기적 관심사에서 벗어나 다른 사람의 행복을 고려하는 데서 오는 해방감 등등 현실 속의 니르바나를 얻게 하곤 했다.

정약용(1762~1836)이 이승휴에게 보낸 편지 중에 한 구절 옮긴다. "요즘 고요함을 익히고 졸렬함을 기르니(習靜養拙), 세간의 천만 가지 즐겁고 득의한 일들이 모두 내 몸에 '안심하기(安心下氣)' 네 글자가 있음만 못한 줄을 알겠습니다. 마음이 진실로 편안하고, 기분이 차분히 내려가자, 눈앞에 부딪히는 일들이 내 분수에 속한 일이 아님이 없더군요. 분하고 시기하며 강퍅하고 흉포하던 감정도 점점 사그러듭니다." 습정양졸과 안심하기! 마음의 해탈을 이루는 데 한 도정이 되기도 하겠다.

2

　　남악 회양이 숭산의 반야사에 왔을 때 같은 산 전법원에 젊은 스님 마조 도일이 자못 열심히 좌선을 하고 있었다. 일찍이 회양은 이 도일이 법기임을 알아차리고 물었다.
　　"대덕은 무엇 때문에 좌선을 하는 것이오?"
　　도일이 말했다.
　　"부처가 되려고 합니다."
　　회양은 기왓장 하나를 가져와 그의 옆에서 갈기 시작했다. 이를 보고 도일이 물었다.
　　"기왓장을 갈아서 무엇을 하려 하십니까?"
　　"갈아서 거울을 만들려 하오."
　　"기왓장을 간다고 어찌 거울이 되겠습니까?"
　　"기왓장을 갈아서 거울이 되지 못한다면, 그대는 좌선을 한다고 해서 어찌 부처가 되겠는가?"
　　이에 도일이 물었다.
　　"그럼 어떻게 해야 합니까?"
　　"수레가 가지 않는다면 수레를 때려야 하는가? 아니면 소를 때려야 하는가(打車卽是 打牛卽是)?"
　　도일은 말문이 막혀서 일언반구도 할 수가 없었다.
　　　　　　　　　　　　　　　　　　　　　　　　ー「마조어록」 행록

남악 회양과 마조 도일(709~788)의 아주 유명한 일화다. 좌선을 해서 부처가 되려는 것은, 기왓장을 갈아서 거울을 만들려고 하는 것과 같다는 것이다. 그러면 어떻게 해야 할까? 남악은 앉아서 좌선하는 것을 통해 부처가 되려고 하는 마조의 치우친 견해를 타파해 주기 위해 소와 수레의 비유를 든다. 소는 마음이고 수레는 몸이다. 수레가 가지 않을 때 소를 때려야지 수레를 때려 봐야 소용이 없다. 왜 그런가? 마음이 동하지 않는데 몸이 저절로 움직일 수 없기 때문이다. 부처가 되고자 한다면 마음공부를 해야지 좌선에 집착하는 몸공부를 해서 무엇 하겠는가. 이것은 좌선이 쓸모없다는 것이 아니라 좌선에 대한 집착, 그것을 통해서 부처가 될 수 있다는 믿음을 타파해야 한다는 것이다.
　돈황본 『육조단경』에 "남종의 법문에서는 무엇을 좌선이라고 하는가? 일체의 대상, 경계에 걸림 없이 무애 자재한 것이다. 마음 밖으로 일체의 대상 경계에 망념이 일어나지 않는 것을 '좌(坐)'라 하고, 자기의 본성을 깨달아 산란됨이 없는 지혜를 '선(禪)'이라고 한다."는 말이 있다. 이는 북종선에서 행해 왔던 번뇌 망상을 퇴치시키는 본래의 선정이나 명상의 차원을 벗어나, 일체의 망념이 일어나지 않는 진여 본심을 자각하여, 일상에서도 시절 인연의 본분사에 대한 지혜를 건립하며 사는 삶을 좌선이라고 정의한 것이다. 마조 도일도 깨달음을 얻은 뒤 "평상심이 도(平常心是道)"라는 입장으로 선을 완성한다. 선은 앉거나 눕거나 앉은 모습에 집착한대서 깊은 이치에 통하리라 생각할 사람은 아무도 없다.
　혜원 편 『선어사전』에 의하면, 선은 산스크리트어 jhana, 팔리어

dhyana의 음역인 선나(禪那)를 줄인 말이다. 원어의 마지막 a가 탈락하여 잔, 디얀이라고 발음되어 선으로 되었다고 하지만, 실은 선(禪)의 한자 자체에 원어에 상응하는 의미가 있다. 선의 원어는 동사 어근의 '숙고하다, 심사(沈思)하다'에서 파생된 명사고, 현대어로는 명상이나 주의(注意)라고 번역할 수 있다. 불교의 선은 요가에서 발전했지만 요가를 넘어섰다. 세존이 두 사람의 선인에게 배운 요가는 최고의 경지를 얻었지만 그것은 마음을 제어하여 황홀 상태에 있는 것일 뿐 깨어나면 속세의 욕망과 번뇌가 다시 일어나는 것이었다. 세존이 구한 요가는 누구나 언제 어디에서도 그렇게 하여 평안을 얻는 것이었다. 그것이 바로 선이었다.

　세존의 선은 지(止, samatha)와 관(觀, vipassanā)을 행하는 것이다. 지는 '고요, 평정', 관은 '세간의 진실을 보는 것'이라는 의미이다. 선은 안으로는 마음을 평정히 하고 안정된 마음으로 세간의 진실을 관찰하는 것이므로, 지는 내면적인 행이며 관은 그것이 외계로 행해진 행이라고 할 수 있다. 선은 부파 불교를 거치고 대승 불교가 성립되면서 공(空)의 실천을 지관의 중심에 두었고, 이를 공관(空觀)이라고 했다.

3

　　　어제 하루는 화엄 경내에서 쉬었으나
　　　꿈이 들끓어 노고단을 오르는 아침 길이 마냥
　　　바위를 뚫는

천공 같다, 돌다리 두드리며 잠긴

山門을 밀치고 올라서면 저 천연한

수목 속에서도 안 보이는

하늘의 雲板을 힘겹게 미는 바람소리 들린다

간밤에는 비가 왔으나, 아직 안개가

앞선 사람의 자취를 지운다, 마음이 九折羊腸인 듯

길을 뚫는다는 것은

그렇다, 언제나 처음인 막막한 저 낯선 흡입

묵묵히 앞사람의 행로를 따라가지만

찾아내는 것은 이미 그의 뒷모습이 아니다

그럼에도 무엇이 이 산을 힘들게 오르게 하는가

길은, 누군들에게 물음이

아니랴, 저기 산모롱이 이정표를 돌아

의문부호로 꼬부라져 羽化登仙해 버린 듯 앞선 일행은

꼬리가 없다, 떨어져도 떠도는 산울림처럼

이 허방 허우적거리며 여기까지 좇아와서도

나는 정작 내 발의 티눈에 새삼스럽게 혼자 아픈가

길섶 풀물에 든

낡은 經소리 한 구절 내내 떨쳐 버리지 못해

시큰대는 발자국마다 마음 질척거리는데

화엄은 화음 속에 얼굴을 감추고 하루 종일

굴참나무 잔가지에 얹히는 經典을 들어 나를 후려친다

       - 김명인, 「화엄에 오르다」

「화엄에 오르다」는 등산 과정과 구도 과정을 비유적으로 결합시킨 시다. 노고단에 오르기 위해 시인은 화엄사 경내에서 어제 하루를 묵었다. 오래간만의 등반 때문에 꿈이 들끓어 잠을 설쳤고, 그 결과 아침 노고단을 오르는 길이 마치 천공으로 바위를 뚫는 것처럼 힘이 든다. 하지만 시인은 곧이어 돌다리 건너 산문을 열고, 천연한 수목들 사이로 구름을 미는 바람 소리도 듣는다. 등산 도중 시인은 뒤처져서 앞 사람의 자취를 놓치고, 안개에 둘러싸인 산은 앞선 사람의 자취를 지워버린다. 뒤처진 시인은 막막한 마음으로 길을 찾을 수밖에 없다. "마음이 九折羊腸인 듯/길을 뚫는" 것은 "무엇이 이 산을 힘들게 오르게 하는가"하는 질문에 대한 답 때문이다. 이어지는 "길은, 누군들에게 물음이/아니랴,"라는 독백 속에서 이 등산이 인생, 즉 길의 탐구와 비유되고 있다는 것을 알 수 있다.

좀 더 분석해 보면, 등산이 천공으로 바위를 뚫는 것처럼 힘들다는 것은, 진리에 도달하는 길이 그처럼 힘들다는 뜻이리라. 더구나 등산 도중 뒤처져 길을 잃고 혼자 남는다. 이는 진리의 세계란 보이지 않는 길을 혼자 찾을 수밖에 없다는 현실을 말한 것이다. 하늘의 운판을 밀어 올리는 바람이라는 표현도, 진리에 이르는 길은 막막한 의혹의 구름을 헤쳐야만 된다는 것에 대한 비유이다. 또한 등산 중 앞서 사라진 사람들에 대한 독백은 나보다 먼저 길을 찾아간 선인들의 가르침을 말한다. 선인들의 자취를 지워버리는 안개는, 길이란 남이 제시해주는 것이 아니라 스스로 찾지 않으면 안 된다는 것을 은유한다. 사실 "부처를 만나면 부처를 죽이고 조사를 만나면 조사를 죽이라."는 화두가 선가에 쟁쟁하다.

앞선 사람들로부터 떨어진 시인은 이 산 저 산 허상의 세계를 떠도는 산울림처럼 허방에 빠져 허우적거린다. 앞선 사람들처럼 시인이 우화등선하지 못하는 이유는 무엇인가. 그것은 앞선 선인들의 자취를 지운 안개, 그리고 발의 티눈 탓이다. 그것들은 마음의 안개와 육신의 티눈으로, 시인의 세속적 속성이 장애물임을 가리킨다. 마지막 부분에서 등산 과정을 통해 시인이 찾고자 한 것이 화엄세계라는 것이 드러난다. 그럼에도 "길섶 풀물에 든/낡은 經소리 한 구절 끝내 떨쳐 버리지 못해/시큰대는 발자국마다 마음 질척거리는" 데에서 시인은 아직도 진리의 세계에 닿지 못하고 그것의 방편인 낡은 경소리에나 매달리는 자신의 모습을 본다.

선문답 중에 조사가 도를 묻는 선승에게 던진 물음이 있다. "너는 나룻배로 강을 건넌 뒤 나룻배를 머리에 이고 가겠느냐 버리고 가겠느냐."는 것이다. 나룻배란 화두를 의미한다. 이미 화두를 깨치고 진리를 깨달은 사람이 그것에 매여 진리 자체를 보지 못하는 어리석음을 꼬집어주기 위한 물음이다. 우주 자체가 진리요 화엄의 현신인데 시인은 그것을 진리로 인식하지 못하고 관념 속에 빠져 고뇌하고 있다. 그러한 시인에게 화엄은 끝내 얼굴을 감추고 굴참나무 잔가지에 얹히는 경전을 들어 시인을 후려친다.

제16화

이것이 무엇인가?
— 오규원, 「나비」

1

시론에서 유추적 상상력이라는 것이 있다. 유추는 미루어 짐작하는 것이다. 두 개의 비슷한 사물이나 사실에서, 한쪽이 어떤 성질이나 관계를 가질 경우, 다른 사물도 그와 같은 성질이나 관계를 가질 것이라고 추리하는 것이 유추의 사전적 정의이다. 기본적으로 유추는 두 대상을 마주 세움으로써 시작된다. 그리하여 두 대상의 유사성을 찾아나가는데 물론 그 한편에는 항상 인간의 삶이 있다. 어쩌면 모든 시는 그것이 무엇을 노래하고 이야기하든지 간에 결국 우리의 인생을 노래하고 이야기한다고 할 수 있다. 이솝 우화에 등장하는 여우는 여우가 아니라 사람이다. 조지 오웰의 소설 『동물농장』에 등장하는 나폴레옹이라는 시커먼 돼지 역시 탐욕스런 인간의 상징적 대체물이다. 이 두 상징이 얼마나 엄밀히 조응하는가에 따라 유추의 효과는 그 빛을 발한다. 다만 유추에 있어서 두 개의 사물 중 겉으로 드러나는 사물과 그 사물 뒤에 숨어 드러나지 않는 사물이 있다. 드러나지 않는 것은 그 시가 함의하고 있는 본래 취지이다.

그런데 일반적으로 유추를 통해 획득되는 시적 인식은 계몽적이거나 풍자적인 형태로 드러난다. 유추의 대상을 통해 삶이 무엇인지를 배우거나 삶의 허위와 비루까지를 까발리며 그 진실의 속살을 맛보라는 것이다. 그런 유추의 시가 문제 삼는 삶은 물론 포괄적이고 일반적인 추상으로서의 삶이 아니라 자본이나 권력, 허영과 만용 등으로 왜곡된 어떤 특정한 삶을 풍자하거나, 가령 물고기와 대화하는 동네의 바보가 실은 그 순정한 마음으로 되레 삶의 외경을 느끼게 하는 존재라는 사실을 명료하게 인식하게 한다.

> 그 오징어 부부는
> 사랑한다고 말하면서
> 부둥켜안고 서로 목을 조르는 버릇이 있다
>
> — 최승호, 「오징어 부부 3」

3행으로 이루어진 이 짧은 시의 대상은 '오징어 부부'이다. 이 시를 표현으로 드러난 구조만 보고 오징어 부부의 사랑 이야기로만 생각하는 사람은 별로 없을 것이다. 우선 오징어 부부가 사랑을 표현하는 방식의 유별난 모습을 보자. 사랑한다고 말하면서 "부둥켜안고 서로 목을 조르는 버릇"은 결코 사랑의 자연스런 방식이라고 볼 수 없다. 물론 서로 사랑의 행위를 하면서 꼬집고 때리고 물고 할퀴는 등 사디즘적 성애를 즐기거나 상대의 그런 행위에 오히려 복종하고 노예가 되고 싶어 하는 마조히스트도 있다는 사실은 익히 잘 알려져 있다. 그게 변태적 성욕인지 정신병인지 아니면 극도의 흥분된 성행위 상태에서 종종 있을 수 있는 행위인지는 몰라도 그게 일반적인 것이 아님은 분명하다. 한데 오징어 부부의 사랑 행위에 대한 남다른 이 표현은 오징어에 달린 여러 개의 긴 발의 형상에서 취한 상상력으로, 이런 모습은 오징어 부부의 개성적인 사랑 표현 방식이지 굳이 특별할 것도 없다는 생각이 들기도 한다.

  그럼에도 사랑한다고 말하면서 서로 목을 조르는 버릇이 있는 부부는 그 오징어 부부만이 아니라는 생각이 든다. 그렇다. 우리 주변에도 이런 류의 사랑을 하는 사람 부부가 의외로 많다. 사랑한다고 열정을 다해 말하면서 정작은 상대가 자기의 사랑 안에서만 존재하기를 숨이 턱턱 막히도록 강요하고 있는 부부들 말이다. 교묘하게도 사랑이라는 이름으로 상대의 모든 것을 구속하고 억압하고, 심지어는 폭력을 행사하고선 그 폭력마저 사랑하기 때문에 했노라고 비열하게 변명하는 예는 현실 부부에게서 곧잘 만날 수 있다. 결국 그 오징어 부부는 사랑의 본질을 깨닫지 못하는 어리석은 욕망으로 뒤덮인 인간이며 그 사랑의 방식은 우리들이 항용 지니고 있던 버릇이었던 것이다. 단 3행으로, 여러 개의 긴 다리를 가진 오징어의 특성을 풍자적으로 이용하여 우리 인간의 왜곡된 사랑의 행태에 대한 신랄한 비판을 가하고 있는 시의 날카로운 유추의 힘이 대단하다. 물론 이 시의 풍자는 계몽성을 내포하고 있다.

2

　　마조 대사가 백장 스님과 길을 가다가 들오리가 날아가는 모습을 보았다. 마조 대사가 말했다.
　　"무엇인가(是什麼)?"
　　백장 스님이 말했다.
　　"들오리입니다."
　　마조 대사가 말했다.
　　"어디로 갔느냐(什麼處去也)?"
　　백장이 말했다.
　　"날아가버렸습니다."
　　마조 대사는 백장의 코를 비틀어버렸다. 백장은 아픔의 고통을 참으며 신음하였다.
　　마조 대사가 말했다.
　　"뭐야! 날아가버렸다고?"

―『벽암록』 제53칙

　　마조 대사가 백장 스님(720~814)과 함께 길을 가다가 들오리가 날아가는 모습을 보고 백장에게 묻는다. "무엇인가?" 이 물음은 물론 선문답의 제시로 백장의 안목을 시험하고자 한 것이다. 마조 대사가 하늘을 나는 들오리가 들오리임을 몰라서 물은 것이 아니라는 이야기이다. 그런데 백장은 뻔한 대답을 하고 만다. "들오리입니다." 라고. 위에서 말한 시에서의 유추적 상상력만 동원했어도 겉으로 드러나는 상식적인 대답을 하지는 않았을 것이다. 마조는 제자와 함께 길을 가는 시공간에 불현듯 나타난 들오리를 치켜들어, 오고 가는 시절 인연 속에서 존재의 본질과 작용을 나타내는 우주 만법에 대한 제자의 인식을 시험하고자 던진 물음일 텐데 백장은 게의 등껍질만 긁고 있는 것이다.

그래서 마조는 다시 묻는다. 재차 기회를 준 셈이다. "어디로 갔느냐?" 그러자 백장은 역시 상식적인 대답을 하고야 만다. "날아가버렸습니다." 백장은 여전히 마조가 하는 말의 뜻을 알아채지 못하고 표면적인 의미만 붙잡고 있다. 들오리가 어디로 갔느냐는 물음의 저의엔 바로 들오리가 날아왔다 날아가버린 뒤의 빈 하늘처럼 법계에 두루 작용하여 감출 수 없는 공(空)이라는 대도의 지혜 작용을 물었거나, 그런 들오리와 만법은 오고 가는 시절 인연 속에서 필경 어디로 돌아가는가에 대한, 제자의 생각을 물었을 것이다. 그런데도 여전히 바위의 등 긁기를 하고 있으니 이러고도 백장인가?

마침내 마조 대사는 백장의 코를 비틀어버렸다. 어떻게 해서든 백장이 깨닫도록 물음과 방편을 제시했지만 생각한 대로 진도가 나가지 못하자 코를 잡아 비틀어버린 것이다. 그러면서 "뭐야! 날아가버렸다고?"라고 말한다. 『조당집』엔 이 구절이 "아직 여기에 있는데 언제 날아갔다고 하느냐?"로 나와 있다. 이는 결국 마음을 어디다 두고 들오리에나 관심을 두고 있느냐는 것이다. 들오리라는 외부의 형상이 날아가거나 날아가지 않거나 자신 본래의 마음자리에 집중하면 그 자리가 깨달음의 자리라는 것을 알게 된다.

옛글에 "마음자리가 밝아지면 막힘과 장애가 없어져서 이기고 지는 것, 나와 너, 옳고 그름 등의 지견과 알음알이를 버리고 안온한 곳에 도착한다."고 했다. 「마조 화상과 들오리」라는 제목의 이 공안은 결국 전형적으로 유추적 상상력이 작동하고 있다. 이야기에 등장하는 '들오리'를 일단 '마음'으로 유추했으면 의외로 쉽게 풀릴 공안이었다. 위에서 유추에 있어서 두 개의 사물 중 겉으로 드러나는 사물과 그 사물 뒤에 숨어 드러나지 않는 사물이 있다고 했다. 그러니까 들오리는 겉으로 드러나는 사물이고, 이 들오리가 유추하고 있으나 드러나지 않는 그것은 마음이었던 셈이다. 다시 말해 백장의 마음을 묻고 싶었던 것이 마조의 본래 취지다.

여기에 이어지는 이야기로 코의 비틀림을 당한 백장은 아픔의 고통을 참지 못하고 신음소리를 냈다고 전해진다. 고통을 참지 못해 낸 신음소리는 일부러 내는 작위성의 소리나 분별심으로 내는 소리가 아니다. 이야말로 백장 자신의 본래심의 발로였다. 선문답에서 사물을 제시하여 불법의 참된 정신을 깨닫게 하는 것을 지사문의(指事問義)라고 한다. 이때 사물에 끄달리면 자기 자신의 본래심을 잃어 지혜를 망각하게 된다. 불법은 심법이다. 날아가는 들오리를 인식하는 것도 마음이다. 마음 밖에서 들오리에 집착하면 경계에 떨어져서 자신의 본래면목은 죽고 만다. 들오리와 자기가 하나가 되어야 주객일치가 된다.

3

작약꽃이 한창인 아파트 단지의
화단을 나비 한 마리가 날고 있다
어린 후박나무를 지나 향나무를

지나 목단을 넘고 화단 가장자리의
쥐똥나무를 넘어 밖으로 가더니
다시 속으로 들어와
한창인 작약꽃을 빙글빙글 돌더니
아무것도 없는 허공을
혼자 훌쩍 날아올라 넘더니
비칠대는 온몸의 균형을 바로잡고
날아 넘은 허공을 뒤돌아본다
뒤돌아보며 몸을 부풀린다.

― 오규원, 「나비」

  위에서 사물을 가리켜서 불법의 참된 정신을 깨닫게 하는 것을 지사문의라고 했다. 위의 시 「나비」는 지사문의에 다름 아닌 시라고 볼 수 있다. 우선은 작약꽃이 한창인 아파트 단지 화단에 나타난 나비의 행로를 좇는 마음의 시이다. 작약꽃이 한창일 테니 때는 오월이겠다. 눈부신 오월이라서 아파트 창문을 열고 밖을 보니 나비 한 마리가 화단에서 날고 있는 것이다. 도시 아파트 단지에서 봄이라고 해서 나비나 벌이나 새들을 자주 볼 수 있는 것은 아니다. 그러기에 시인은 나비를 발견한 순간부터 이미 마음이 열렸을 것이다.

  정진규(1939~2017)의 「산수유」라는 시를 보면, 역시 집의 뜰에 찾아온 벌 떼를 보고 "수유리라고는 하지만 도봉산이 바로 지척(咫尺)이라고는 하지만 서울 한복판인데 이건 정말 놀라운 일이다 정보가 매우 정확하다 훌륭하다 어디서 날아온 것일까 벌떼들, 꿀벌떼들, 우리 집 뜨락에 어제 오늘 가득하다 잔치잔치 벌였다 한 그루 활짝 핀, 그래, 만개의 산수유, 노오란 꽃숭어리들에 꽃숭어리들마다에 노오랗게 취해! 진종일 환하다 나도 하루 종일 집에 있었다 두근거렸다 잉잉거렸다 이건 노동이랄 수만은 없다 꽃이다! 열려 있는 것을 마다할 것이 어디 있겠는가"하고 무척은 설레며 환하게 열려 버린 마음을 직정적으로 토로한다.

하지만 오규원은 작약꽃이 한창인 아파트 단지에 나비 한 마리가 나타나서 화단의 어린 후박나무를 지나 향나무를 지나 목단을 넘고 화단 가장자리의 쥐똥나무를 넘어 밖으로 나가는 모습을 묵묵히 바라볼 뿐이다. 그 어떤 감정이나 의지의 개입도 없이 그야말로 투명한 눈으로 나비의 행로를 좇는다. 그럼에도 독자들은 시인이 좇는 나비의 행로를 함께 좇으며 나비가 날개를 팔랑거리며 날아가는 그 길이, 마치 나비의 두 날개가 펼쳐지고 접혀질 때마다 환하게 열리고 닫히고 다시 열리고 닫히는 눈부신 광경을 보리라 생각한다. 이는 나비가 날아오기 전까지만 해도 아파트 단지 내의 삭막한 허공이었을 뿐인 그곳이 나비가 나타나서 있는 그대로의 모습으로 반짝이며 길을 열고 있는 현상의 생생한 목도인 셈이다.

밖으로 잠시 나갔던 나비는 "다시 속으로 들어와/한창인 작약꽃을 빙글빙글 돌더니/아무것도 없는 허공을/혼자 훌쩍 날아올라 넘더니/비칠대는 온몸의 균형을 바로잡고/날아 넘은 허공을 뒤돌아본다" 전반부와는 표현이 달라진 양상이다. 물론 밖으로 나갔던 나비가 다시 돌아와 작약꽃을 빙글빙글 돈다거나 허공을 혼자 훌쩍 날아오른다거나 하는 그 행로를 좇는 것은 분명하다. 하지만 온몸의 균형을 바로잡는다랄지, 날아 넘은 허공을 뒤돌아본다랄지, 마지막 행에서 "뒤돌아보며 몸을 부풀린다."거나 하는 것은 시인의 마음이 개입이 없이 나비가 혼자 그런다고 하기에는 어딘가 좀 어색하다.

　가만히 살펴보니 나비가 아파트 단지 밖으로 나갈 때까지는 시인의 눈은 나비의 행로를 묵묵히 따르며 관찰한다. 그런데 나비가 다시 화단으로 돌아온 뒤부터는 그 눈이 마음으로 바뀌며 그 나비를 은근히 시적 주체로 전환시키고 있다는 점이다. 그래서 밖으로 잠시 나갔던 나비가 다시 '속으로' 들어왔다는 것은 곧 '마음속으로' 들어왔다는 것이다. 한창인 작약꽃을 빙글빙글 돈다는 것은 꽃이라는 존재의 아름다움에 도취해 춤을 춘다는 것이고, 아무것도 없는 허공을 혼자 훌쩍 날아올라 넘는다는 것은 도취 다음의 텅 빈 고독감 때문에 제풀에 겨워 날아 넘는다는 말이다. 비칠대는 온몸의 균형을 바로잡는다는 것은 그럼에도 마음을 균형을 바로잡고 삶을 정면으로 응시한다는 것, 날아 넘은 허공을 뒤돌아본다는 것은 결국 내가 춤추며 놀았던 존재의 화단이 공즉시색 색즉시공의 허공이었음을 성찰하게 된다는 뜻이다.

　마지막 행에 그런 나비가 "뒤돌아보며 몸을 부풀린다."는 것은 나비에 이입되어 유추된 시인의 생각이 인생이라는 막막 허공으로 확대되고 있음을 말해준다. 위의 공안에서 백장은 들오리에만 정신이 팔려 마음을 놓치고 있었다. 그런데 시인은 아파트 화단에 나타난 나비를 좇고 있었지만 실은 마음을 일점도 놓치지 않고 자기 마음의 행로, 삶의 행로를 좇고 있었던 것이다. 그러면서도 시인은 어떠한 지적 조작으로도 사물에 개입하는 바가 없이 '함이 없이 하는' 무위이화(無爲而化)의 시학을 펼치고 있다.

제17화

이 마음이 곧 부처다
— 이문재, 「마음의 오지」

1

"우리 존재의 수많은 변화들에 통일성을 부여해주는 그것은 무엇일까? 순간에서 순간으로 이동하면서 우리 인격의 일관성을 유지시켜 주는 것은 무엇인가? 우리의 다양한 인상들 전체를 하나로 엮어주는 그것은 무엇인가? 인상들이 한데 모여 조율되고, 하나의 합일된 전체로 구성되는 그곳은 대체 어디인가?"(스와미 비베카 난다, 『마음의 요가』)

위 물음에 대한 답은 아트만(Atman)이다. 아트만은 '숨'이라는 뜻으로, 끊임없이 변화하는 몸과 마음에 비해 변하지 않는 영혼을 말한다. 육체와 마음 너머에 형상 없이 존재하며 시간과 공간, 인과 관계를 초월해서 무한하고 편재하며, 영적 본성을 지닌다. 따라서 태어나지도 죽지도 않는 불변의 실체인 것이다. 『우파니샤드』 철학에서 우주의 실재를 뜻하는 브라흐만(Brahman)과 함께 가장 중요한 원리로 여긴다. 불이일원론(不二一元論) 베단타에서는 개인적 영혼인 아트만과 우주적 영혼인 브라흐만이 궁극적으로 동일하다고 주장한다.

세상의 거의 모든 종교는 '영혼'을 인정하고, 이 영혼은 '신적인 저쪽'을 지향한다. 그중 대표적인 예가 기독교이다. 이 종교들은 지상의 삶과 신적인 저쪽의 삶의 지속적 동일성을 지향하는데, 그 지속성과 동일성의 주체가 영혼이다. 그 영혼은 우주적 영혼과 하나를 이루거나, 신의 구원으로 그 품에 안기건 간에 불변의 실체임에는 다름이 없다.

대승불교의 이론적 기초를 놓았던 중관학파(中觀學派)와 유식학파(唯識學派)가 있다. 중관학파는 만법이 영원하진 않지만 일정 시간을 지속한다는 이론을 펼친다. 모든 존재가 불변한다는 극단적인 본질주의와 순간순간 변해서 덧없다는 극단적인 허무주의의 양 극단을 벗어나 중도를 취하는 중관 사상을 말한다. 화무십일홍, 꽃이 열흘을 못 가지만 그 열흘만큼은 화려하게 존재하는 것 아닌가. 그러니 벚꽃이 진다고 슬퍼하거나 벚꽃이 영원할 것이라는 생각에서 벗어나 지금 여기의 화려한 모습을 보라는 것이다.

유식학파는 불변하는 것에 대한 맹신이나 변화하는 것에 대한 절망은 인간의 심층에 아뢰야식(阿賴耶識)이 있기 때문이라고 한다. 과거 자신이 경험했던 모든 것이 일종의 무의식적인 기억으로 심층부에 저장되어 이 심층의식이 집착과 아집을 만들어낸다는 것이다. 마치 사고로 손목이 잘렸는데도 한동안 환상통에 시달리는 것처럼 이 아뢰야식은 과거에 연연하여 시절 인연을 받아들이지 못하고 지금 여기에 주어진 삶의 주인이 되지 못하게 한다. 정신분석학에서

의식에 여러 문제를 일으키는 무의식과 비슷한 개념이지만, 향수를 뿌리면 일정 정도 옷에 밴 향이 남아 있다가 결국엔 사라지는 것처럼 만법이 불변하는 것은 아니다.

"운문 화상은 한 스님이 '어떤 것이 부처입니까?'라는 질문에 '똥 젓는 막대기(乾屎橛)!'라고 대답했다." 또 "동산 화상에게 한 스님이 '어떤 것이 부처입니까?'하고 묻자 '마포 세 근(麻三斤)이다.'라고 대답했다." 선불교의 세계는 "위를 향하는 것도, 중심을 향하는 것도 아니다."(현병철, 『선불교의 철학』) 하늘 위에 있다는 불변의 절대적 존재를 신앙하는 것도 아니고, 세계의 중심이라고 하는 마음의 구중궁궐 속에서 헤매는 아트만 종교도 아니다. 선불교는 기원이 없고 가닿을 곳이 없다. 부처는 열반하면서 나를 신앙하지 말고 만법의 주인인 자신을 등불로 삼고, 올바른 진실인 법을 등불로 삼으라고 하지 않았던가. 그렇기 때문에 선불교는 세계로부터 도망치는 것이 애초에 불가능하다.

선불교의 세계는 신학적이고 목적론적인 '의미'가 모두 제거돼 있다. 선불교의 '무(無)'의 세계는 텅 비어 있어 의지할 수 있는 어떤 것도 제공하지 않는다. 있는 그대로의 현상을 있는 그대로 바라보면 그 위에 밝은 달이 환하고 바람이 살랑거린다. 버들은 푸르고 꽃은 붉다. 그리고 배고플 때 밥 먹고 졸리면 잠자는 것이다. 굳센 영웅적 자아가 일상적 속박을 끊는 결단 같은 집념이 애초에 의미가 없다. 무슨 무문관이니 장좌불와니 하는 것도 세계를 사량 분별하지 않고 여여하게 바라보기 위한 하나의 방편일 뿐이다. 여여한 그 세계야말로 끝 모를 연계성과 중도성의 모습으로 나타난다. 다만 마음으로 수렴되고 확산될 뿐이다. "종이 하루 종일/멀리 울렸습니다. 꽃의/

향기가 따라 울립니다."(마쓰오 바쇼)

2

> 마조를 처음 만난 자리에서 대매 법상이 물었다
> "어떤 것이 부처입니까?"
> 마조 스님이 말했다.
> "이 마음이 곧 부처다(卽心是佛)."
> 이 말에 대매는 깨달았다.
>
> —『무문관』 제30칙

마조 선사는 조사선의 중심 인물이다. 그의 문하에서 걸출한 선승들이 많이 나오면서 불법이 중국의 생활 종교로 정착하게 되었다. 선문답도 마조 문하에서 활발하게 번창하였고, 본격적인 선어록도 기록되기 시작했다. 여기에 제시되고 있는 마조와 대매의 문답도 마음으로 단도직입하는 번갯불 같은 것이다.

"어떤 것이 부처입니까?" 하고 물으니, "이 마음이 곧 부처다."고 대답했을 때 보통 중생들은 뜨끔할 것이다. 재물에 대한 탐욕, 권력에 대한 집착, 성에 대한 욕망 등으로 들끓는 이 마음이 부처라니? 절망과 우울증과 콤플렉스로 가득 찬 이 마음이 부처라니? 성공욕과 명예욕과 영생에 대한 욕심으로 평생을 경쟁하는 이 마음이 부처라니? 하지만 그러한 무명(無明)의 존재가 아니라면 도가 왜 필요하겠는가. 그런 마음속에서 부처를 자각하는 게 도 아닌가.

마명이 쓴 『대승기신론』에서는 마음의 두 가지 측면을 생멸심과 진여심으로 본다. 분별과 집착 때문에 희로애락으로 널뛰기하는 마음이 생멸(生滅)의 마음이라면, 집착과 분별을 끊어서 호수처럼 맑고 잔잔해지는 마음이 진여(眞如)의 마음이다. 돈, 성공, 지위, 명성 등 화려했던 과거라는 시간에 집착해서 늙고 소외되어가는 현재의 시간을 용납하지 못하는 생멸심은 현재를 있는 그대로 보고 수긍하는 진여심과 결국은 하나이다. 불교는 심법이기 때문에 지옥같이 여겨지는 이 마음이 부처로 일어서는 길이 아니라면 종교도 아무런 의미가 없다.

그렇다고 해서 또 이 마음이 부처라는 것에 집착하면 안 된다. 『전등록』 15권 법상전에는 이 이야기의 뒷부분이 계속 이어진다.

후에 대매는 산중에 머물렀다. 마조가 그 깊이를 재 보기 위해 스님 하나를 보냈다. 스님 이 대매에게 물었다.
"마조 대사께서는 무엇을 배웠습니까?"
"대사께서는 내게 이 마음이 곧 부처라고 말씀하셨소."
스님이 다시 말했다.
"대사께서는 최근에 부처님의 진리를 가르치는 방법을 바꾸었습니다."
대매는 의아해 할 것도 없이 바로 물었다.
"방법을 바꾸었다니 그게 무슨 말이오?"
"대사께서는 이제 이 마음도 아니요, 부처도 아니라고 말씀하십니다."
"그 영감탱이, 언제까지나 대중들의 마음을 뒤집어놓을 생각인가? 그 양반이야 그렇게 하든 말든 나는 '즉심시불'로도 충분하네"

스님이 돌아와 그 내용을 알리자 마조가 말했다.

"매실이 다 익었군. 가서 따 먹어라!"

대매(大梅)란 '큰 매실'이란 뜻이니 마조는 그 이름을 빗대 매실이 다 익었다고 말한 것이다. 확실히 대매는 깨달은 사람이었다. 자신이 해야 할 일이 무엇인지 알았기 때문에 스승의 시험에도 흔들리지 않았다. 대매는 남에게 기대지 않는 정신을 보여주어 스승을 기쁘게 했다. 물론 대매가 '즉심시불' 하나만을 고집하는 것도 문제이긴 하다. 애초에 "부처란 무엇입니까?"라고 물은 것 자체가 부처라는 고정관념을 가지고 부처를 상대적으로 혹은 밖에서 찾는 차별심이 있었다. 마조는 그것을 간파하고 '즉심시불' 곧 네 마음이 부처라고 대답한 것이다. 한데 그것을 계속 고집하고 있으니 어찌 문제가 아니겠는가. 그럼에도 한번 깨달은 뒤 흔들리지 않는 마음이 마조의 인정을 받게 된 것이다. 마조가 제자들을 가르치는 방법은 매우 다양했다. 130여 명의 제자를 이끌었는데 저마다의 촌철살인으로 다그쳤다. 남전 보원, 서상 지장, 백장 회해가 대표적인 제자들이다.

3

탱탱한 종소리 따라 나가던
여린 종소리 되돌아와

종 아래 항아리로 들어간다
저 옅은 고임이 있어
다음 날 종소리 눈뜨리라
종 밑에 묻힌 저 독이 큰 종
종소리 그래서 그윽할 터

그림자 길어져 지구 너머로 떨어지다가
일순 어둠이 된다
초승달 아래 나 혼자 남아
내 안을 들여다보는데
마음 밖으로 나간 마음들
돌아오지 않는다
내 안의 또 다른 나였던 마음들
아침은 멀리 있고
나는 내가 그립다

— 이문재, 「마음의 오지」

위에서 『대승기신론』의 예도 들었지만 불교에서 마음은 두 가지 의미로 쓰인다. 생멸심 곧 중생심(衆生心)과 진여심(眞如心)이다. 일반적 의미의 마음인 중생심은 대상을 비교하고 나누어서 파악하는 분별심이다. 이 분별심이 바로 괴로움이 생겨나는 이유이다. 두 식구가 살기에 아파트 32평짜리도 넓은데 친구가 48평짜리를 사는 바람에 열패감이 드는 것이 바로 분별심이다. 존재를 있는 그대로 보는 것(正見)이 아니라 분별심의 필터를 통해서 바라보기 때문에 세상이 괴로움이다. 진여심은 바로 이런 분별심이라는 의식의 필터 없이 있는 그대로 세상을 보는 것이다. 그렇게 보면 세상은 부딪치는 것이 참(觸事而眞)이고, 눈에 보이는 모든 것이 깨달음(囑目菩提)이다. 있는 그대로 완전하게 드러나 있는 제법 실상의 세계를 선에서는 마음, 법, 자성, 실상, 불성, 본래면목, 진여, 해탈, 열반 등으로 다양하게 부른다.

이문재의 시 「마음의 오지」는 집착과 분별의 중생심 때문에 잃어버린 자기의 본래의 마음 곧 진여심을 그리워하는 시이다. 시인은 어느 때 절에 가서 거기 범종각에 항상 걸려 있는 종 밑의 바닥이 둥근 항아리처럼 파여 있는 것을 보게 된다. 모든 범종 밑에는 대개 바닥이 그렇게 파여 있는데 종을 칠 때 소리가 둥근 항아리를 빙 돌아 나가면 그 여운이 멀리까지 퍼져나간다고 한다. 시인은 그 의미를 발전시켜 "탱탱한 종소리 따라 나가던/여린 종소리 되돌아와/종 아래 항아리로 들어간다/저 옅은 고임이 있어/다음 날 종소리 눈뜨리라"고 한다. 종을 칠 때 소리는 죄다 퍼져나가지만 그중에 조금은 남아 그 항아리에 옅게 고여 있다가 다음 날 아침 종을 칠 때 그것이 마중물이 된다는 의미이다.

마중물이란 예전에 샘에서 펌프로 물을 품어서 쓰던 시절에 펌프질을 하기 전에 먼저 한 바가지 정도 붓는 물을 말한다. 그 마중물을 붓고 펌프질을 해야 땅 밑의 물이 끌어 올려진다. 그처럼 종 밑의 항아리에 옅은 고임으로 남아 있는 종소리가 마중물이 되어 다음 날의 종소리를 다시 울릴 수 있도록 한다는 것이다. 그러니 "종 밑에 묻힌 저 독이 큰 종"이고 그래서 종소리가 더욱 그윽할 것이라는 얘기다. 이러한 생각을 "그림자 길어져 지구 너머로 떨어지다가" 일순 어둠이 되는 시간, 새 밀레니엄이 시작되는 거대한 시간에, 초승달 아래 혼자 앉아서 한다. 그 범종 밑의 둥근 항아리 같은 마음속을 혼자 들여다본다.

밀레니엄이 바뀌는 자정의 꼭대기에 독야청청 선승처럼 홀로 좌정해서 그 둥근 마음 항아리를 들여다보는 마음이 비장하다. 들여다보니 마중물로라도 남아 있을 줄 알았던 "내 안의 또 다른 나였던 마음들"은 없다. 아마 진여심에 다름 아니었을 그 "마음 밖으로 나간 마음들"은 사라진 채 이제 돌아오지 않는다. 사실 순수했던 어린 시절엔 그 마음속에 참된 것들, 착한 것들, 아름다운 것들에 대한 꿈으로만 가득했었다. 하지만 지금은 그 항아리에 돈과 권력에 대한 집착만 가득 차게 된 것이 어른이 아니던가. 그런 생각을 밤중 내내 하지만 아침은 멀리 있고 "나는 내가 그립다." 집착과 분별로 들끓는 마음이 아니라 나의 본래의 마음, 꿈으로만 가득 찼던 진여의 마음이 그리운 것이다.

물질문명의 영화가 최고조에 달한 새천년이 바뀌는 시간에 "나는 내가 그립다"고 말하는 사람이 여기 시인 말고 누가 있겠는가. 여기서 새천년의 시간이라고 하는 것은 이 시가 발표된 시점이 2,000년이기 때문에 해석하는 데 과감히 참조했다. 그렇게 해석하면 이 시의 비장미는 더욱 강화된다. 지금은 시인처럼, 나도 내가 그립다.

제18화

일면불 월면불이다
— 강은교, 「自轉 1」

1

남해의 임금은 숙(儵)이고 북해의 임금은 홀(忽)이며 중앙의 임금은 혼돈(混沌)이다. 숙과 홀이 때로 혼돈의 땅에서 함께 만났는데, 혼돈이 그들을 매우 잘 대접하자, 숙과 홀이 혼돈의 은혜에 보답하려고 상의하여 이렇게 말했다. "사람들은 모두 일곱 개의 구멍이 있어 보고 듣고 먹고 숨을 쉬는데, 이 혼돈만은 없으니, 시험 삼아 구멍을 뚫어주자"하고는 하루에 구멍 한 개씩을 뚫었더니 칠 일 만에 혼돈이 죽었다.

위의 '혼돈의 죽음' 이야기는 『장자』「응제왕(應帝王)」 마지막 장에 나온다. 전호근의 『장자 강의』 등에 의하면, 여기서 숙과 홀은 각기 '빠르다' '갑자기'를 뜻하는 시간의 신이자 유위, 작위, 인간의 문명을 상징한다. '숙홀지간'이라고 하면 아주 짧은 시간을 뜻한다. 중앙의 혼돈은 시간의 흐름에 적용받지 않는 원시의 도, 무위, 자연을 상징한다. 이 중 남해의 숙은 밝음을 상징하는 양(陽)을 나타내고 북해의 홀은 반대로 어두운 음(陰)을 상징한다고도 할 수 있다. 달리 표현하면 숙은 있음(有)의 제왕이요, 홀은 없음(無)의 제왕이다. 세상 만물에 대한 숙의 실체적 사유와 홀의 허무적 사유는 동전의 양면과 같다.

반면 중앙의 혼돈은 흑백과 선악과 피아와 시비가 나누어지지 않은 상태이다. 이렇게 시비 등을 구분할 수 없다는 것은 지각이 없다는 뜻이다. 지각이 없기에 계산할 수 없어 혼돈이다. 그런 혼돈을 숙과 홀이 보기에 얼마나 답답했을까. 그래서 그간 혼돈의 땅에서 만날 때마다 너무 잘해준 은혜에 대한 보답으로 혼돈에게 하루에 한 개씩 구멍을 뚫어주니 칠 일 만에 죽어버리더란 것이다. 사실 혼돈은 그동안 밝음과 어두움, 있음과 없음의 제왕들인 숙과 홀을 차별하지 않고 있는 그대로를 존중하여 대접했다. 밝음은 밝음대로 어둠은 어둠대로 그 가치를 수용한 것이다. 그 은혜에 대한 선의로 구멍을 뚫어주었는데, 보고 듣고 먹고 숨쉬기는커녕 혼돈이 그만 죽고 말았다니!

숙과 홀은 혼돈에 대한 선의로 합리적이고 이성적인 생각을 실행에 옮겼을 뿐이지만 결국은 상대방의 고유성을 해치고 만 것이다. 사실 도는 베푼다는 의식을 지니지 않을뿐더러 보답을 바라지도 않는다. 태양이 은혜를 받고자 세상을 비추는 것이 아니다. 세상 만물 또한 빛에게 보답하려 하지 않는다. 그냥 자연적 흐름이다. 그런데 이를 획일화하면 그 실상은 파괴되는 것이다. 다시 말해 혼돈의 비극은 숙과 홀의 분별심이 가져온 비극이다. 자기들과 다른 존재를 있는 그대로 인정하지 않고 자기들 생각대로 상대를 동일화하려는 데서 온 비극이다. 이것은 더 나아가면 상대를 지배하려는 욕망의 폭력으로 발전할 수도 있다.

그런데 혼돈을 중앙의 임금이라고 했는데, 왜 혼돈이 중앙일까? 남해의 숙이나 북해의 홀은 그냥 빨리 움직이는 시간의 존재이다. 양극 곧 양 끝으로 갈수록 그들은 빨라진다. 하지만 중앙에 있는 존재는 움직이지 않는다. 회전목마를 생각해 보면 이해가 빠르겠다. 회전목마의 중앙의 봉은 움직이지 않는다. 움직인다 한들 시작점과 종착점이 같은 위치라면 움직였다고 할 수 없다. 회전목마에서 남쪽에 앉은 사람과 북쪽에 앉은 사람은 결코 만날 수 없다. 이 이야기 속에서도 숙과 홀은 중앙의 혼돈의 땅에서 만날 뿐이다. 그들은 시간의 신이므로 시간의 흐름을 벗어나지 않으면 만날 수 없다. 그러기에 중앙의 혼돈의 땅으로 가야만 만날 수 있는 것이다. 바로 그 중앙은 음과 양, 무와 유를 분별하거나 차별하거나 계산하거나 하는 모든 이성적, 합리적 사고를 하지 않기 때문이다. 그 중앙은 시간 밖의 무위, 무용, 노자의 도 같은 것이다. 만약 그것을 과학적이고 이성적인 합리론이나 경험론에 가두는 순간 세상에는 계산과 분별만 남을 것이다.

아래 공안에서 일면불 월면불을 분별해서 보면 생사를 나누어서 보게 되고, 단멸과 영원을 차별해서 보게 되고, 번뇌와 보리를 이원화하게 되고, 범속을 갈라 보게 되는 불교의 최대 비극을 겪게 되듯이 말이다.

2

마조 도일 화상이 병환으로 몸이 편치 않았다.
원주 스님은 마조 화상에게 물었다.
"화상께서는 요즈음 법체가 어떠하십니까?"
마조 화상이 대답했다.
"일면불 월면불(日面佛 月面佛)이지."

― 『조당집』 14권

이 공안은 『조당집』 14권 마조 화상전에 전하고 있는 유명한 선문답인데, 마조 화상이 입적하기 얼마 전에 병환으로 고통 받고 있는 그에게 원주가 건강을 여쭙는 인사말이다. 그런데 육체적인 병환을 걱정하여 여쭙는 원주의 질문에 마조 화상은 "일면불 월면불(日面佛, 月面佛)이지."라고 남의 일인 듯 짧게 대답하고 있다.

일면불 월면불은 『불명경』 제7권에 "월면이라는 부처님이 있는데, 그의 수명은 일일일야(一日一夜)이며, 일면이라는 부처님이 있는데 그의 수명은 1800세라고 한다."라고 한 데서 나온 말이다. 마조 화상은 『불명경』의 일면불과 월면불의 입장을 예로 들어 자신의 현재 경지에 대해서 대답하고 있는 것이다.

다시 말해 마조 화상은 '내가 생로병사의 인연을 당하여 이제 곧 죽음에 들어야 하나 보다. 수명이 짧은 월면불이건 수명이 긴 일면불이건 이 길에서 벗어날 자는 없으니, 수명의 길고 짧음에 무슨 여한이 있겠느냐. 길고 짧음에 상관없이 일체의 차별과 분별심을 초월한 깨달음의 경지를 나는 지금 누리고 있으니, 걱정 말아라.'라는 정도의 말을 줄여서 간명직절하게 말하고 있는 것이다. 과연 이름 높은 선의 대장군답다.

마조 화상이 어떤 사람인가. 중국 현종 연간에 형악의 전법원에서 남악 회양을 만나 대오한 뒤 이후 선종의 발전에 절대적 영향을 끼친 마조 도일이 그이다. 마조는 강서를 중심으로 교화하여 홍주종이라고 칭하기도 하였는데, 당시 호남의 석두 희천과 쌍벽을 이루며 천하에 이름을 날린 중국 선종의 중흥조로, 8대조이다.

그가 형악의 전법원에서 좌선을 하고 있을 때 남악 회양이 "스님은 좌선하여 무얼 하려는가?"하고 묻자 마조가 "부처가 되고자 합니다."하고 대답한다. 이에 회양이 그 옆에서 기왓장 하나를 들고 갈아 댄다. 이번엔 마조가 깜짝 놀라서 "기왓장을 갈아 무엇을 하시렵니까?"하고 묻자 "거울을 만들려 하네."라는 대답을 한다. 이후 일사천리로 문답이 이어지고 마조는 그 자리에서 큰 깨우침을 얻게 된다.

그 유명한 선문답은 이 책의 제15화에 자세하게 실려 있는 바, 예전에 육조 혜능이 회양을 만났을 때 말하길 "인도 반야다라가 예언하기를, 그대의 발아래서 망아지 한 마리가 나와 천하 사람들을 다 밟아 죽일 것이다."라고 했는데, 회양은 바로 마조(馬祖)를 두고 한 말씀이었음을 간파하고, 자기의 여섯 제자 중에 유일하게 마조에게만 심인을 전한다.

이후 마조는 서당 지장, 백장 회해, 남전 보원, 대주 혜해, 분주 무업, 귀종 지상, 대매 법상, 반산 보적, 염관 제안, 방거사 등을 배출하며 대회상(大會上)을 이루었다. 일면불 월면불이라는 말을 남기고 입멸한 뒤에는 육조 혜능보다 먼저 시호가 내려지기도 했다.

중국 조사선의 황금기를 일군 그의 사상은 첫째 불어심위종 무문위법문(佛語心爲宗 無門爲法門)이다. 부처님께서 말씀하신 마음을 종지로 삼고, 무문을 법문으로 삼는 사상이다. 남악 회양과의 만남을 통해 좌선이라는 문에서 벗어나 행주좌와를 문으로 삼았기에 일상 생활 어느 것 하나 문 아닌 것이 없게 되었다. 이것은 둘째 평상심시도(平常心是道)와 연결된다. 조작이 없고, 옳고 그름도 없으며, 취할 것도 버릴 것도 없고, 단멸하지도 영원하지도 않으며, 범부도 없고 성인도 없는 것을 평상심이라 했고, 이 평상심이야말로 도라고 했다. 일상의 행주좌와 어묵동정이 모두 분별과 계교가 없이 일심(一心)으로 이루어지기 때문에 이것을 도로 삼은 것이다. 이 일심은 셋째 대승의 일심으로 이어져 구할 것도 닦을 것도 없다는 사상으로 발전한다. 왜냐하면 이 순간의 마음이 곧 부처(卽心是佛)이기 때문이다. 마조의 대표적 공안인 평상심시도와 즉심시불은 후대에 공안으로 채택되어 선종에 어마어마한 영향을 끼쳤다.

한데 마조가 죽음을 앞두고 병환 따위에 대한 생각을 일찍이 떨쳐버릴 수 있었던 것은 이미 큰 깨달음을 성취하여 법신불의 지경에 있었기 때문이다. 깨달음의 경지는 중생심의 생멸이 없는 불생불멸이며, 번뇌 망념의 생사가 없는 불생불사의 경지이다. 그래서 깨달음 자체인 법신불의 대표적인 아미타불은 나고 죽음이 없기 때문에 '한량없는 수명(無量壽)'이라고 한다. 하물며 천하의 마조가 누릴 수명이야 말해서 무엇 하랴.

3

날이 저문다.
먼 곳에서 빈 들이 넘어진다.
無限天空 바람 겹겹이
사람은 혼자 펄럭이고
조금씩 파도치는 거리의 집들
끝까지 남아 있는 햇빛 하나가
어딜까 어딜까 도시를 끌고 간다.

날이 저문다.
날마다 우리나라에
아름다운 여자들은 떨어져 쌓인다.
잠 속에서도 빨리빨리 걸으며
침상 밖으로 흩어지는
모래는 끝없고
한 겹씩 벗겨지는 생사의
저 캄캄한 數世紀를 향하여
아무도
자기의 살을 감출 수는 없다.

집이 흐느낀다.
날이 저문다.
바람에 갇혀

일평생이 落果처럼 흔들린다.
높은 지붕마다 남몰래
하늘의 넓은 시계소리를 걸어놓으며
광야에 쌓이는
아, 아름다운 모래의 여자들

부서지면서 우리는
가장 긴 그림자를 뒤에 남겼다.

― 강은교, 「自轉 1」

　우주 만유는 고립된 것이 아니라 상의적 수수 관계인 연기법을 이루며 끊임없이 생멸 진화하며 변화한다. 이런 상호 의존적인 연기적 변화로 고정된 실체적 자성이 존재하지 못한다. 이런 연기적 변화의 이법은 결국 변하지 않는 것이 없다는 것만이 변하지 않는 이법이다. 강은교의 대표작의 하나인 「自轉 1」은 바로 이런 무상과 무아라는 변화의 이법을 '바람'이라는, 불변적 실체가 아니면서도 천변만화의 작용을 하는 존재를 상징물로 등장시켜 여실하게 보여준다. 이 시를 영상화한다면 아무래도 재난 장면을 연출해야 할 것 같다.
　날이 저물면서 무한천공 가득 바람이 밀려온다. 이에 빈 뜰은 넘어지고, 거리의 집들은 파도치고, 사람은 혼자 펄럭인다. 오로지 끝까지 남은 햇빛 하나가 어딜까 어딜까 도시를 끌고 도망간다. 그런데 이렇게 도시가 움직인다는 표현은 지금도 지구가 끝없이 자전하며 쉼 없이 움직이고 있는 엄연한 사실을 생각하면 그리 낯설지 않다. 날이 저물고 바람이 가득 불어오자 모든 물체가 중력이 사라지며 연달아 넘어지고, 펄럭이고, 파도치고, 끌리는 이런 현상, 이런 현상을 연이어 생기게 한 어둠과 바람의 이미지는 자전이라는 우주적 연기법의 작용을 상징하는 것으로 보면 된다. 어둠과 바람, 둘은 그 힘을 합쳐 사람과, 결코 무너지지 않을 것 같은 사람의 도시마저도 깃발이나 파도와 같은 독특한 시간의 이미지로 변형시키는 것이다. 연기법은 곧 우주 만물의 시절 인연을 관통하는 시간법이 아니던가.

그런데 이런 연기적 시간 이미지인 어둠과 바람은 당연히 인간을 가차 없이 살해한다. 날이 저무는 날마다 우리나라 여자들이 낙과처럼 떨어져 쌓이게 하는 것이다. 이런 인간은 휴식의 잠 속에서도 제대로 머무르지 못하고 시간의 힘에 밀려 빨리빨리 걸어가서 삶의 마지막 공간인 침상으로부터 흩어져 죽음의 모래알이 된다. 인간이란 결국 생사의 우주적 회전, 혹은 생사의 캄캄한 수세기적 시간으로부터 결코 벗어날 수 없다. 마치 에드바르드 뭉크의 「죽음과 소녀」라는, 젊은 여자가 해골과 포옹하고 있는 그림처럼 아름다운 살을 자랑하는 젊은 여자의 몸도 해골을 지나 모래가 되는 데는 결코 예외일 수 없는 것이다.

특히나 "모래는 끝없고/한 겹씩 벗겨지는 생사의/저 캄캄한 數世紀를 향하여/아무도 자기의 살을 감출 수는 없다."는 표현에서도 보듯, 아무도 자기의 감출 수 없는 생사 문제는 누구에게나 일생일대의 근본사이다. 그래서 옛날 선가에서는 이 생사 문제에 대한 해답을 듣기 위해 부정관(不淨觀) 수행이라는 것도 행했다. 절세미녀의 주검을 앞에 눕혀놓고 선승들이 주욱 둘러앉아 그 여자의 몸에서 악취가 나며 부패가 시작되는 때부터 마지막 백골만 남을 때까지의 단계를 치열하게 응시하며 깨달음의 성취를 도모했던 것이다.

어쨌든 이런 처연한 죽음은 그 얼마나 침통한 일인가. 집은 흐느끼고, 날은 하릴없이 저물고, 바람에 갇힌 세상은 모래가 쌓인 광야로 변한다. 일평생 낙과처럼 무기력하게 바람에 흔들리다가 곧 땅에 떨어져 모래가 될 사람은, 그러나 자기의 일생 곧 자기의 주체적 시간을 높은 지붕마다 "하늘의 넓은 시계소리"로 걸어놓고 보이지 않는 시간의 거대한 힘과 싸워 보기도 한다. 하지만 끝내는 모래로 부서져 쌓이고 쌓이며, 그나마 가장 긴 그림자를 뒤에 남기는 것이다. 인간을 죽음으로 이끄는 이 무정하고 잔인한 시간은 결국 우주의 자전의 힘인 것이다. 하지만 그 자전의 힘이 우주적 연기법일 경우는 어떤가?

그렇다면 "높은 지붕마다 남몰래/하늘의 넓은 시계소리를 걸어놓"는다는 것은 어떤 높은 단계의 사유 속에서는 연기법의 시간을 수용한다는 뜻이며, "부서지면서 우리는/가장 긴 그림자를 뒤에 남겼다."는 것은 그 '긴 그림자'가 우리가 평생 영위해온 업이건 공덕이건 간에 세상에 무척 남긴다는 것이 아닌가. 물론 스스로는 그 업과 공덕의 과실로 윤회의 사슬이거나 깨달음의 니르바나를 성취하는 것이겠지만, 거기까지는 종교와 신앙의 문제이니 시에서 더 이상 왈가왈부할 일은 아니겠다.

한데 이러한 해석은 해석일 뿐이고, 시는 감각과 사유의 직관적 통찰로 메시지의 이미지화 곧 구체적 형상을 창조하는 작업이기에 마조가 일면불 월면불을 구별하지 않는 것처럼 그 구체적 형상인 이미지를 가슴과 영혼 깊이 느끼면 된다. 그리고 「自轉 1」에서와 같이 묵시론적 허무의 비의를 발하고 있는 강은교의 시세계를 여성주의적 비평의 망으로 불러낸 김혜련의 페미니즘적 해석도 돌아봐야 한다. 그녀는 이 시에서 "버려지는 여자"라는 이미지에 주목하여 3연을 "높은 지붕"이라는 근대 이성의 도시 한복판 마천루 꼭대기에, "하늘의 넓은 시계소리"라는 어쩌면 무한천공 천상의 초월적 시간을 향한 처절하면서도 강렬한 비원을 걸어놓고 싸우다 죽어가는 우리나라의 아름다운 여자들에 대한 표현이라고 말한다. 하지만 강은교에게 내재한 선험적 허무와 그 캄캄한 심연에 버려지는 여자는 여자이기도 하지만 먼저 인간 일반을 지칭하고 있다고 봐야 할 것이다.

제19화

배고프면 밥 먹고 졸리면 잔다
― 최영철, 「인연」

1

인류의 가장 오래된 고전 중의 하나인 『일리아스』엔 수많은 영웅들과 신들이 등장한다. 그중 트로이의 마지막 대왕이자 위대한 장군 헥트로의 아버지인 프리아모스가 있다. 트로이전쟁을 통틀어 가장 기품 있고 용감했고, 전쟁으로 자신의 모든 것을 잃었음에도 전쟁의 도화선이 된 파리스의 아내 헬레네를 벌주지 않을 정도로 인자했다. 그런데 아들인 헥토르가 적장 아킬레우스에게 죽었고, 그의 시체는 적진에 있었다. 프리아모스는 큰 슬픔을 억누르고 아킬레우스의 격렬한 분노에 용감히 맞서, 헥토르의 시체를 찾아오기 위해 적진으로 간다. 배상금을 치르며 협상은 순조롭게 이어졌다. 늙은 대왕의 부성애에 감동한 아킬레우스가 자신의 아버지가 겪게 될 비통함을 생각하며 시체를 돌려주기로 한 것이다.

협상이 끝나고 아킬레우스가 노인에게 말한다. "고귀한 노인장! 우리 이제 먹기로 합시다." 음식이 즉석에서 차려지고 프리아모스는 아들을 죽인 원수와 먹고 마신다. 외교적 예의 때문이기도 하겠지만 국사나 장례 같은 중대한 일이 있어도 누구나 먹는 일상사를 피하지는 못한다. 배가 부르자 노인에게 피할 수 없는 또 하나의 일상사가 닥친다. 잠이 쏟아지는 것이다. 노인은 아킬레우스에게 말한다. "이제 가능하면 어서 나를 잠자리에 들게 해 주시오. 달콤한 잠을 실컷 누릴 수 있도록 말이오." 그렇다. 노인으로서는 아들 잃은 슬픔과, 아들을 찾으러 간 긴 여행과, 긴장된 협상과, 철천지원수인 적장과 음식을 먹는 일 등을 치르고 나니, 온갖 피로가 한꺼번에 몰려왔기에 잠이 쏟아지기도 했을 것이다. 나라가 무너져도 잠은 오는 법일 테니 프리아모스인들 어쩌겠는가.

먹고 마시고 잠자는 일은 실존의 바탕이 되는 위대하고 거룩한 일이다. 걷잡을 수 없는 식욕과 수면욕은 일생에 한 번 볼까 말까 한 콘서트도 무용지물로 만든다. 그러니 그토록 용감했고 기품 있고 인자했던 위대한 왕이, 더할 나위 없이 애국자였던 아들을 죽이고 그 시신을 점유한 적장 앞에서, 먹고 마시고 참을 수 없는 졸음에 잠을 청하는 일 따위나 하다니, 하고 아무리 힐난해 본들 어쩌겠는가. 예전 시골 초상집에 가 보면 "산 사람은 살아야 한다, 먹어야 일 치른다."며 비명에 간 망자를 안타까워하며 실의에 빠진 상주들을 달래서 음식을 먹이던 어른들을 보곤 했다. 세상에 가장 가슴 뭉클한 일들 중의 하나였다. 먹어야만 슬픔도 이겨낸다는 것을 어른들은 이미 잘 알았다.

바로크미술의 거장 페테르 파울 루벤스(1577~1640)의 「키몬과 페로는 먹는 일을 거룩함의 차원으로 승화시켰다. 키몬은 식민지 푸에르토리코의 독립을 위해 투쟁하다가 국왕의 노여움을 사 감옥에 갇히고 일체의 음식물 반입은 금지되었다. 해산한 지 얼마 안 된 딸 페로는 굶어 죽어가는 아버지의 임종 직전에 면회를 갔다. 페로는 아버지를 보자 젖가슴을 풀어헤치고 젖을 물렸다. 그런 딸의 젖을 아버지는 꿀꺽꿀꺽 빨아 먹었다. 루벤스는 이런 부녀간의 숭고한 헌신과 사랑의 이야기를 그림으로 그렸다. 한편으로는 후대 사람들에게 배고픔과 목마름 그리고 그것을 해결하고자 하는 먹는 일의 다급함은 상황의 모든 것을 뛰어넘는 숭고한 행위라는 것을 가르쳤다.

한때 방송에서 잘 먹고 잘 자는 법으로 웰빙의 삶을 얘기하는 건강 프로그램들이 넘쳐났다. 의사와 한의사, 식품연구가와 요리사, 운동 트레이너와 시청자들이 총동원되어 지금까지의 모든 식습관과 수면 습관이 잘못되어 왔다는 양 새로운 웰빙의 삶을 가르치고 트레이닝을 시켰다. 그러더니 요새는 또 '먹방'이라고 전국의 맛집이란 맛집은 죄다 찾아다니며, 평생에 먹은 일밖에 하지 않은 것 같은 하마와 같은 개그맨을 등장시켜, 과도하게 먹는 열풍을 만들어낸다. 그리고 하루에 커피는 두세 잔, 잠은 오후 11시 이전에 꼭 자야 한다고 거의 강요하다시피 알려준다. 그렇잖아도 아침에 출근하려면 일찍 자야 하는데, 마치 전 국민이 잠도 제대로 못 자는 사람들인 양 가르치며 시청률을 견인하려 애를 쓴다. 과연 어떻게 먹는 것이 잘 먹는 것이고, 어떤 것이 잘 자는 잠인가 생각하느라 걱정을 가중시키는 프로그램들이었다.

2

어느 날 계율에 밝은 원 율사라는 이가 마조 대사의 법제자인 대주 혜해 선사를 찾아와 물었다.
"화상께서도 도를 닦을 때 노력을 기울이십니까?"
선사가 말했다.
"그렇다."
"어떤 노력을 기울이십니까?"
"배고프면 밥을 먹고 졸리면 잠을 잔다(饑來喫飯 困來卽眠)."
"사람들 모두가 그러하니 다 스님처럼 수행한다 하겠습니다."
"그렇지 않다."
"뭐가 다르단 말씀입니까?"
"그들은 밥 먹을 때 밥 먹는 데 전념하지 않고 백 천 가지 분별심을 일으키고 잠 잘 때 천만 가지 계교(計較)를 일으킨다. 그것이 밥 먹는 데만 몰두하는 나와 다른 점이다."

- 『경덕전등록』 제6권

위에서 먹고 마시고 잠자는 일은 실존의 바탕이 되는 위대하고 거룩한 일이라고 했다. 먹고 잠자는 것은 인간의 탄생 이래 인간으로서 생존을 이어가고 인간의 존엄을 지키는 일일 뿐만 아니라 모든 생명체의 생명 됨이 먹고 잠자는 데서 시작되고 또한 끝나기 때문이다. 인간은 잘 먹고 잘 자면 잘 살게 되고, 잘못 먹고 잘못 자면 스트레스 때문에 제 명도 채우지 못하고 죽을 수밖에 없다. 그러기에 "배고프면 밥을 먹고 졸리면 잠을 잔다."는 것은 너무나 자명한 사실이다. 배고프면 먹고 졸리면 자는 것은 노자의 생각에 의거하면 자연을 따르는 무위법이다. 위대한 영웅도, 지혜로운 현자도, 빛나는 시인도, 밥 먹고 잠자는 이 너무나도 자연스런 무위법을 따르지 않고는 멋진 인생을 영위할 수가 없다.

원 율사가 입이 딱 막혀 더 이상 묻지 못했다는 이 선문답은 '기래끽반'이라는 화두를 탄생시킴으로 굉장히 유명해졌다. 그럼에도 이 이야기는 사실 너무 자명해서 싱겁기 짝이 없다. 대선사의 수행이라는 게 30년 장좌불와나 1,000일의 무문관 수행도 아니고 기껏해야 겨우 밥 먹고 잠자는 것이라니? 이게 무슨 선인가 따지고 싶기도 하다. 하지만 '기래끽반'은 일상 생활 전부를 도로 삼는 생활선의 대표적인 화두이다. 다시 말해 세간의 일상 생활 외에 불법이 따로 있는 것이 아니라는 이야기이다.

> 땅 위에 내려
> 조알을 세고 있는 새
> 손바닥만 한 땅 위
> 조알을 하나씩
> 부리로 세고 있다
> 몇 개 조알의 힘으로
> 새는 하늘로 떠오르고
> 새들을 따라 조알들은
> 허공에 흩어진다.

권혁진 시인의 「遠景」이란 시다. 놀라운 발견의 시이다. 우리는 새가 그 멋진 날개로 창공을 기세 좋게 나는 것만을 보아왔다. 우리는 그 새에게 자유라는 이름을 붙이고 수많은 미사여구를 붙여 노래 불렀다. 하지만 이 시인은 땅 위에서 몇 개의 조알을 쪼고 그 "몇 개 조알의 힘으로/새는 하늘로 떠오르"게 된다는 사실을 본다. 정녕 기막힌 진실의 확인이다. 이처럼 특별히 기특한 일을 도모하거나 비상한 일을 조작하지 않고 일상의 생활에서 잘 먹고 잘 자는 평상심의 도를 드러낸 것이 기래끽반이다.

마조 대사의 법사인 금우 화상도 밥 먹는 일을 중요한 수행이라고 일깨웠다. "금우 화상은 점심 공양 시간이 되면 몸소 밥통을 들고 승당 앞에서 춤을 추고는 크게 웃은 다음 '보살들이여! 어서 와 공양을 하시오.'라고 외쳤다."(『벽암록』 74칙) 금우 화상은 공양주 직을 맡아 대중들을 공양했는데, 『무문관』 13칙에 보면 덕산의 문하에서 설봉의존이 역시 공양주로 수행한 이야기를 전하고 있다. 그는 평생 공양주로서 주걱을 갖고 다녔다고 한다. 불교의 전통 교단에선 아침에 죽을 먹고 점심 한 끼의 식사로 일체의 애욕과 애착을 끊는 두타행을 하였는데, 아침은 제천의 선신이 식사하는 시간이고 낮은 삼세의 제불이 식사하는 시간이라고 한다.

그러므로 "밥 먹고 잠자라는 법문은 감각적 욕구에 탐닉하라는 얘기가 결코 아니다. 사람이 밥을 먹는지 밥이 사람을 먹는지 알 수 없는 경지에 이른 물아일체의 수행을 당부하는 간절한 호소다."(이은윤, 『노장으로 읽는 선어록』) 사람들은 밥 먹을 때 이런 계산 저런 술수를 수도 없이 해댄다. 마치 인간은 계산하기 위해서 태어난 동물인 양 생각을 멈추지 않는다. 그래서 밥을 좀 더 느긋하게 먹지 못하고 후다닥 달려 나가고, 같이 먹는 상대의 이 눈치 저 눈치 봐 가며 밥을 먹는다. 혹여 누가 밥 한 끼 먹자고 하면 무언가 내게 부탁할 것이 있어서 그런 것이라 생각하고, 실제로 그런 일은 자주 일어난다.

그러니 망아(忘我)의 경지에서 밥과 사람이 하나가 되어 주체와 객체가 모두 사라진 곳, 다시 말해 자아가 비어 있고 대상도 비어 있는 공 상태에 도달한 먹기와 잠자기가 과연 가능이나 하겠는가. 그래서 '기래끽반'이야말로 인간이 하늘에서 품수한 도리로 천인합일의 숭고한 도덕이지만 가장 실천하기 어렵기도 한 깨달음의 경계라고 한다.

3

> 오늘은 특별한 날이라고
> 자장면집 한켠에서 짬뽕을 먹는 남녀
> 해물 건더기가 나오자 서로 건져 주며
> 웃는다 옆에서 앵앵거리는 아이의 입에도
> 한 젓가락 넣어 주었다
> 면을 훔쳐 올리는 솜씨가 닮았다
>
> — 최영철, 「인연」

단 6행에 불과한 최영철의 시 「인연」은 그 짧은 내용에 반해 많은 감동을 전해주는 시이다. "오늘은 특별한 날"이라고 가족이 외식을 나왔다. 가족의 특별한 날이라고 하면 부부의 결혼식 기념일이거나 구성원 누구의 생일일 가능성이 높다. 한데 오늘날 젊은 부부들은 이런 특별한 날을 일부러라도 만들어 외식도 나오고 여행도 가는 삶의 황홀한 시간을 즐기는 경우가 많은 모양이다. 바람직한 일이다. 나 같은 베이비붐 세대들은 우선 생존의 노동에 치여 생일상 한번 제대로 받아 보기 쉽지 않았었다. 그래서 이제 자식들이 부모를 위해 잔치를 마련하거나 해외여행을 주선해줘도 뭔가 어색하고 실제에 익숙해지지 않는다.

시 속의 부부는 특별한 날을 기념하여 외식을 나왔는데 바로 그 현장이 자장면집이다. 양식 레스토랑이나 한정식집도 아니고 어째서 자장면집일까. 물론 자장면집을 폄하하는 것은 아니지만 중국음식집에 왔으면 오향장육이니 유산슬이니 하는 청요리 하나 정도는 시킬 수 있을 것 아닌가. 그런데 기껏 짬뽕을 먹는 것을 보니 이 부부는 서민 계급을 벗어나지 못했을 가능성이 있다. 비싼 청요리를 먹을 형편이 못 되는 것이다. 그럼에도 짬뽕을 먹으며 오징어조각 정도나 될 해물 건더기가 나오자 서로 건져주며 웃는다. 짬뽕 내용물 중에 그나마 해물 건더기가 고기라고 생각해서인지 서로 먹여주는 모습은 아름답고도 눈물겹다.

그리고 보면 이 부부는 가난하지만 서로의 사랑은 아직도 씩씩하고 꿋꿋하다. 불교 설화에 보면 부부간의 인연은 전생에서 헤아릴 수 없는 만남이 있었어야 가능하다고 한다. 가령 직경 16km가 되는 너른 바위에 겨자씨를 온통 깔아놓은 채 백 년 만에 한 번씩 천사가 나타나 겨자씨 한 알씩을 들어내는 식으로, 그것을 죄다 들어내기까지의 만남과 시간이 있어야 한다는 것이다. 그러한 인연이었기에 이 부부는 서로를 아껴주고 배려해주는 마음씨가 되었으리라. 그리고 이 부부의 인연을 완성시켜주는 것은 옆에서 앵앵거리는 아이다. 엄마 아빠에게 당신들만 서로 넣어주지 말고 나도 먹여달라고 앙탈

하는 아이의 모습이 너무 귀엽다. 한 젓가락 물려주니 "면을 훔쳐 올리는 솜씨가 닮았다" 물론 부모하고 면을 훔쳐 올리는 솜씨하고 닮았을 테니, 이로 인해 제목으로 뽑은 이 가족의 좋은 '인연'이 완성된 것이다.

이 시에서처럼 하늘로부터 품수한 자연스런 본능인 동시에 천연의 대도인 밥을 먹는 행위는 오로지 밥 먹는 일에 집중하기를 요구한다. 밥 먹으면서 어떤 계교(計較)도 부리지 않고 서로가 아끼고 위하며 밥을 잘 먹는 일은 자연을 따르는 무위법이라고 위에서 말했다. 불교에서는 무위법을 곧 불법이라고 한다. 가족의 화기애애한 식사라는 일상사가 제1의 도 닦는 행위인 것은 그것이 자연스런 일이기 때문이다. 하이데거는 "우리가 소박한 자연의 소리를 들을 수 있는 능력을 회복할 때 우리의 삶은 진정으로 충만해질 수 있다."고 했다. 소박하지만 자연스러운 음식 먹는 일에서 부처의 말씀을 들을 수 있을 때 우리의 삶은 풍성해진다.

임제종 양기파의 선장인 백운 수단 선사(1025~1072)는 석가모니의 사홍서원(四弘誓願)을 자기의 사홍서원으로 바꾸었다. 『선종등록석해』에 의하면 "배고프면 밥 먹고, 추우면 옷 껴입고, 졸리면 다리 뻗고 자고, 더우면 부채질 한다."는 것이다. 석가모니의 사홍서원인 중생을 다 건지고, 번뇌를 다 끊고, 법문을 다 배우고, 불도를 다 이루기 위해서라도 밥 잘 먹고 잠 잘 자는 일은 중요하다. 잘 먹는 음식으로 만들어지는 건강한 육신이 건강한 생각을 만들기 때문이다.

제20화

만물은 나와 한 몸이지요
— 정호승, 「들녘」·오규원, 「物物과 나」

1

21세기 들어 모든 분야에서 가장 인기가 있는 시대적 주제는 아마도 '생태환경 문제'일 것이다. 이는 생태환경의 심각한 파괴로 인한 지구와 인간 삶의 미래조차 보장을 받을 수 없는 처지에 놓인 인간들의 불안감 때문이다. 일찍이 에리히 프롬은 저서『소유냐 존재냐』에서 "우리는 인간과 자연의 조화라는 선지자들의 비전을 포기하고, 자연을 정복하고 그것을 우리의 목적에 맞게 변형시키는 것으로 문제를 해결하려 했다. 그 결과 자연의 정복은 자연의 파괴에까지 이르게 되었다."고 했다. 이것이야말로 선지자적인 발언이었다.

하지만 정복과 적대감에 눈먼 우리는 자원이 유한하다는 사실, 마침내 고갈되어버릴 수도 있다는 사실, 자연이 인간의 탐욕에 대한 반격을 가해 오리라는 사실을 인식하지 못했다. 이에 인간과 자연이 공멸하지 않고 공생하기 위해서는, 죽어가는 자연을 치유하여 인간과 자연이 적대와 대립이 아닌 화해와 조화를 이룰 수 있는 방향으로 나아가야만 한다는 새로운 가치관이 나타났다. 생태적 세계관 혹은 우주적 상상력이라고도 하는데, 이는 우주의 순리에 의한 자연과의 친화를 바탕으로 하는 삶에 대한 모색을 도모한다.

일찍이 도가에선 "사람은 땅을 본받고, 땅은 하늘을 본받고, 하늘은 도를 본받고, 도는 자연을 본받는다(人法地 地法天 天法道 法道自然)."(『노자』 25장)거나, "천지는 나와 생존을 같이하고 만물은 나와 한 몸이다(天地與我幷生 萬物與我爲一)."(『장자』,「제물론」)라는 글들로 인간과 자연이 둘이 아님은 물론이고, 자연을 땅과 사람과 하늘보다도 우위에 두었다. 한데 이 생태적 상상력은 무엇보다도 모든 가치 위에 있는 만유의 '생명'에 대한 인식과 존중을 전제하지 않고서는 그 담론이 성립할 수 없다는 것은 주지의 사실이다. 그렇다면 불교의 자연과 생명에 대한 인식은 어떤 것일까. 이는 석가모니가 전생에서 수도승으로 지내던 때의 일화 하나만 들어도 명쾌히 알 수 있다.

"하루는 명상에 잠긴 수도승에게 토끼 한 마리가 숨을 할딱이며 숨어들었다. 수도승은 호랑이한테 쫓겨 온 토끼가 가엾은 생각이 들어 품에 숨겨주었다. 그러자 호랑이가 곧장 달려와 토끼를 내어달라고 요구했다. 일주일 내내 쫄쫄 굶다가 발견한 토끼를 잡아먹지 못하면 자기가 죽는다는 것이다. 그러고 보니 호랑이도 불쌍했다. 호랑이도 엄연한 생명 아니던가. 수도승은 난감했다. 하지만 수도승은 이내 딜레마에서 벗어났다. 토끼도 살리고 호랑이도 살리기 위하여 토끼와 같은 무게의 자기의 살점을 떼어주기로 한 것이다. 그래서 저울을 갖다 놓고 한쪽에는 토끼를, 또 한쪽에는 자기 허벅지살을 베어 올려놓았다. 그런데 웬일인지 아무리 커다란 살덩이를 올려놓아도 저울추는 토끼 쪽으로 기우는 것이었다. 마침내 자기 몸 전체를 저울 위에 올려놓자 비로소 저울은 수평을 이루었다. 여기서 수도승은 모든 생명의 무게가 동일하다는 사실을 깨달았다. 그래서 자기 몸 전체를 던져 호랑이에게 보시함으로써 호랑이와 토끼를 살리고 자신은 죽는다."

이 이야기는 불교 설화이기 때문에 과장된 점이 있다. 하지만 야만과 무지의 시대라는 기축기(基軸期)에 이토록 생명에 대한 귀중한 인식을 했다는 것은 놀라운 일이다. 모든 생명의 무게가 같다는 생각은 자신의 생명과 타자의 생명을 똑같이 존귀한 것으로 보는 것이다. 이러한 기본적인 생명 인식은 무슨 거창하고 난해한 이론보다도 오늘날 직면한 생태계의 문제를 해결할 단초가 된다는 점에서 매우 고무적이다.

생태학은 생명의 원천으로서의 대지와 자연을 인간 사회에 긴밀하게 연결하고자 하는 학문이다. 현대 생태 이론에 따르면 모든 존재의 체계는 존재들에 얽힌 '사슬' 사이의 에너지 흐름에 연결되고 하나의 유기체로 통합된다고 한다. 존재의 사슬은 무생물의 수준을 겨우 벗어난 미약한 종류의 존재로부터 가장 우수한 피조물에 이르기까지 여러 중간 단계를 포용한 위계질서에 의해 배열되어 있다. 이는 엄청난 규모의 사슬로서 가히 인간의 상상을 초월하는 것이다. 그런데 이 사슬은 모두 조화로운 화해를 그 기본정신으로 꾸려진다.

2

　　육긍 대부가 남전 화상과 대화를 나누면서 질문을 했다.
　　"승조 법사는 '천지는 나와 한 뿌리이며 만물은 나와 한 몸(天地與我同根, 萬物與我一體)'이라고 말했는데, 정말 훌륭한 말이지요?"
　　남전 화상이 정원에 핀 꽃 한 송이를 가리키며 대부를 부른 다음 말했다.
　　"요즘 사람들은 이 한 송이의 꽃을 볼 때 마치 꿈결에서 보듯 한다오."

—『벽암록』 제40칙

　　육긍(764~834)은 당나라 헌종 시절 어사대부로 관리들의 잘못을 바로잡는 직책을 맡은 사람이었다. 그가 하루는 남전과 대화를 나누면서 "승조 법사는 '천지는 나와 한 뿌리이며 만물은 나와 한 몸(天地與我同根, 萬物與我一體)'이라고 말했는데, 정말 훌륭한 말이지요?"하고 물었다. 승조 법사는 후진시대의 고승으로 도생, 도융, 도예와 함께 구마라집 문하의 4대 철인의 한 사람이다. 어린 시절 노장을 탐독했다. 아마 그러했기에 서두에서 말한 『장자』「제물론」편의 "천지는 나와 생존을 같이하고 만물은 나와 한 몸이다(天地與我并生 萬物與我爲一)."라는 문장을 읽었을 것이고, 이를 다시 육긍이 거론한 모양이다. 정성본 역주 『벽암록』에 의하면 "장자의 대의는 만물이란 본질적으로 똑같다는 사실을 논했고, 승조는 만물의 자성은 모두 자기에게로 귀결된다는 점을 주장했다."고 한다. 만물을 모두 자기로 삼는 사람은 신이나 사람, 현자와 성인이 각기 다를지라도 모두 같은 성품과 바탕을 지녔다는 것이다.

여기서 "천지는 나와 한 뿌리이며 만물은 나와 한 몸이다."라는 말은 만법일여(萬法一如)라는 불교 정신을 말한 것이다. 만법 곧 만물이 연기법에 의해 이루어진 것이기 때문에 애초에 자타와 주객, 천지라는 이분법은 있을 수 없다. 한 몸일 수밖에 없다. 가령 우리가 먹는 쌀밥을 먹는 데 있어선 먼저 땅과 볍씨가 있어야 하며, 거기에 농부의 손길과 땅을 갈 소와 쟁기가 필요하며, 똑같이 물과 공기랑 햇빛과 바람이 필요하다. 그리고 그 쌀을 시장에 납품하는 유통업자가 있고, 마지막으로 그 쌀을 사다가 쌀밥을 짓는 사람이 또 있어야 한다. 이러는데도 만물이 하나가 아닌가.

육긍 대부가 만물이 하나라는 말은 참 좋지요, 라고 묻자 남전은 정원에 핀 꽃 한 송이를 가리키며 "육긍 대부! 요즘 사람들은 이 한 송이의 꽃을 볼 때 마치 꿈결에서 보듯 한다오."라고 대답한다. 대답하고는 한숨이 나와 아마 먼 산을 보았을 것이다. 남전의 말은 육긍 대부의 말처럼 만물은 한 몸인데, 한 몸이라는 것이 너무도 분명한 사실인데, 이 사실을 사실대로 보지 못하고, 만물과 하나 되지 못하고, 사실이 아닌 꿈결인 양 보고 있으니, 이것이야말로 문제가 아니겠소? 라는 반문인 것이다. 뿐만 아니라 소에 코뚜레를 꿰고 멍에를 지운 것처럼, 인위로써 자연을 망치고, 조작으로써 본래 모습을 훼손하고, 탐욕으로써 이익에 따르는 현실! 그 현실에 대한 안타까움을 토로한 말이라고도 할 수 있다.

인간이 만물의 영장이라고 하지만 인본주의적인 생각이다. 인간은 대부분의 동물들과 마찬가지로 생장에 필수적인 물질을 스스로 생산하지 못한다. 그래서 인간은 스스로의 생존을 다른 생물에 의지할 수밖에 없다. 지구 위에 존재하는 생물들의 먹이사슬을 거슬러 올라가면 그 끝에는 언제나 필요한 것을 스스로 생산하는 녹색식물이 있다. 녹색식물은 생태계에서 유일한 생산자로 분류된다. 인간은 물론 모든 동물은 녹색식물 없이는 살 수가 없다.

3

> 날이 밝자 아버지가
> 모내기를 하고 있다
> 아침부터 먹왕거미가
> 거미줄을 치고 있다
> 비 온 뒤 들녘 끝에
> 두 분 다
> 참으로 부지런하시다
>
> — 정호승, 「들녘」

정호승의 시를 보면 우리가 30~40년 전에 겪었던 어린 시절 들녘 풍경이 나온다. 왜 어린 시절인가? 볏잎에 먹왕거미가 거미줄을 치고 있기 때문이다. 거미는 볏잎에 스미는 각종 날벌레나 병충을 잡기 위해 거미줄을 치는데, 요새는 농약 때문에 메뚜기도 미꾸라지도 없는 실정이어서 거미가 줄을 칠 리 없다. 그런데 왜 오늘 있을 수도 없는 이런 내용의 시가 마치 현재의 일인 양 버젓이 튀어나왔는가? 바로 위에서 말한 오늘날 서구 중심의 과학 기술과 근대 문명 곧 자본주의의 폐해를 극복할 수 있는 대안을 생각했기 때문이다.

　이 대안은 바로 "만물은 생명의 그물 속에서 동등한 목숨을 가진다."고 생각하는 생태학적 세계관이다. 이 시에서 오월 푸르른 날 아버지는 모를 내고 먹왕거미는 거미줄을 치는 농촌 풍경을 선연하고 보여주고 나서는 끝부분에 가서 "두 분 다/참으로 부지런하시다"라고 말한다. 모를 내는 아버지나 거미줄을 치는 먹왕거미나 두 분 다 부지런하시다, 라고 말함으로 "천지만물은 모두 하나일 따름이고 차별이 없다."라는 장자의 말처럼 모두를 차별을 두지 않는 공경의 대상으로 여기는 것이다. 이는 한마디로 인간 중심, 이성 중심, 욕망 중심의 현대인의 사고에 일대 패러다임의 전환을 통한 맑고 깨끗한 구원의 힘을 제시한 것이다.

　이런 패러다임의 전환을 위한 팁이 될 수 있는 다음 시를 보자.

　　　7월 31일이 가고 다음 날인
　　　7월 32일이 왔다
　　　7월 32일이 와서는 가지 않고
　　　족두리꽃이 피고
　　　그 다음 날인 33일이 오고
　　　와서는 가지 않고
　　　두릅나무에 꽃이 피고
　　　34일, 35일이 이어서 왔지만
　　　사람의 집에는
　　　머물 곳이 없었다

나는 7월 32일을 자귀나무 속에 묻었다
그 다음과 다음 날을 등나무 밑에
배롱나무 꽃 속에
남천에
쪽박새 울음 속에 묻었다

— 오규원, 「物物과 나」

이 시는 지금까지의 시간 관념으로는 결코 해석될 수 없는 시이다. 7월 31일 다음에는 당연히 8월 1일이 나와야 하는데 엉뚱하게 달력에 존재하지도 않는 7월 32일이나 33일 34일이 나온다. 지금까지의 서구 중심의 직선적 시간관이 깨진다. 우리는 1년을 12개월, 365일로 계산한다. 이것은 서구의 수적인 시간 개념이다. 곧 강박적으로 분할하고 원자화하고 측정하고 계산하는 뉴턴의 "절대적이고 수학적인 진리의 시간 개념"을 무기로 시간의 고유성과 다양성을 말살해버린 산업 사회에 맞는 개념이다. 또한 "시간은 돈이다(Time is money)."라고 한 프랭클린의 시간 관념으로 시간에 충만해 있는 은총과 자비를 비천하고 무자비한 시간 세기로 고갈시켜버린 후기 산업 사회와 너무도 궁합이 잘 맞는 시간 이데올로기이다.

이러한 근대적인 시간 개념이 낳은 문명과 자본의 확장은 우리의 생태적인 삶의 풍성함을 모두 앗아버렸다. 제이 그리피스가 쓴 『시계 밖의 시간』이라는 책을 보면, 마다가스카르 섬의 말라가시족의 캘린더는 호리병박꽃이 피는 달, 황소가 사코아나무 그늘을 찾는 달, 뿔닭이 조는 달, 빗물에 밧줄이 썩는 달 등이 나온다. 인도 안다만 숲의 나바호족의 '향기 캘린더'에는 1월은 눈이 장막으로 쳐들어

오는 달, 2월은 새끼 독수리의 달, 4월은 여린 새순의 달, 9월은 채소가 익는 달, 11월은 미풍의 달 등이 있다.

1월, 2월, 3월 하고 세는 근대적 시간 개념은 아무 의미가 없고, 다만 그들의 삶과 자연 현상이 하나의 행위 속에 황홀하게 합일되는 내용으로 만든 달력이다. 그러기에 그들에겐 가령 4월이라 해도 수많은 4월이 있는 것이다. 4월을 여린 새순의 달이라고 한 것은 그때의 자연 현상과 삶의 행위의 가장 중요하고 특징적인 국면을 뽑아 그렇게 붙였기 때문에 가령 복사꽃이 피는 달, 벌나비가 날아오는 달, 은어를 잡는 달 등 풍성하게 열려 있는 자연과 삶의 행위 속에 즉각적으로 다시 붙일 수 있는 것이다.

근대적 시간 개념은 필히 속도를 낳게 하고 더 많은 것을 갖게 한다. 심지어 15분으로 쪼개진 시간 달력을 만들어놓고 생산을 독려하고 과잉의 재부를 일부 부유층이 독점하는 현대 사회에서 그래도 생태계의 파괴를 늦추는 것은 숫자적이고 직선적인 시간 관념에 대한 제고이다. 우리는 일요일 하루라도 근대적 시간 관념에서 완전히 해방되어 씻지도 말고 청소도 말고 그냥 몸이 하자는 대로 푹 쉬어버리면 자동차 오일도 아끼고 물도 아끼고 허덕거리는 허기도 다스릴 수 있을 것이다. 이런 점에서 오규원의 시는 매우 상징적이다. 바로 만물이 하나 되는 일의 실천에 앞설 근대적 시간 관념에 대한 성찰을 노래한 시이다.

제21화

일원상(一圓相) 가운데 앉았다
― 문인수, 「달북」

1

고대로부터 인간들은 자기들이 믿는 신앙이나 철학의 주체를 조각이나 문양 등 상징적인 이미지로 남기길 좋아했다. 인도의 사원 입구의 벽에 새겨진 탄트라의 문양들, 유럽의 여러 성당 천장이나 벽에 그려진 성경 이야기 그림들, 동남아시아의 성전에 걸린 짐승들의 해골이나 뿔들이 그것이다. 칠레에서 3,700km 떨어진 태평양 남동부의 외딴 이스터섬에 900개에 달하는 모아이 거대 석상은 세계 7대 불가사의의 하나다. 그렇게 커다란 석상들을 그토록 대량으로 세운 힘은 도대체 무엇인가. 분명히 어떤 종교적 상징석일 것이다.
언어학자들이나 종교사학자들은 이런 상징적 이미지들을 번역하여 옛사람들의 신앙 체계나 문화 풍습의 개념을 알 수 있게 해준다. 이러한 '영원한 상징'의 이미지를 이해하고 재평가하는 데 있어 문화

인류학자들의 연구가 큰 역할을 했다. 카를 융은 이런 고대 상징이나 신화에 '분석심리학'을 적용했고, 미르치아 엘리아데(1907~1986)는 여러 종교 전승에 쓰인 상징어를 연구하여 전통적인 종교 문화를 해석하는 데 눈부신 공헌을 했다. 그리고 조지프 캠벨(1904~1987)은 신화 연구에 평생의 여정을 바쳐 그 신화 상징들을 세속의 인간 심리와 문화에 적용시켜 큰 성공을 거두었다.

선종에서도 일원상(一圓相)이라는 상징도를 사용한 선사들이 있었다. 『벽암록』 제33칙에 보면 진조 상서가 자복 화상의 불법에 대한 견해를 시험하기 위해 오는 것을 보고, 자복 화상은 허공에 일원상을 그렸다. 진조 상서는 당시 대신으로 장차관급의 고급관리이다. 거사지만 불심이 깊어 여러 스님의 안목을 시험하였는데, 자복 여보 화상은 먼저 선수를 친 것이다. 위산과 앙산의 위앙종은 일원상을 그려서 제시하는 독창적인 선풍을 펼쳤는데, 자복 여보 화상은 위앙종의 선승이었기에 진조 상서에게 그 상징도로 대응을 한 것이다.

일원상에는 97가지 의미가 있다고 한다. 그것을 몇 가지로 요약하면 절대의 진실인 불법 그 자체를 상징하여 나타냈고, 수많은 선정의 삼매를 모두 이 일원상에 포함시켰다. 나아가 주객의 차별적인 대립이 나누어지기 이전의 근원적인 불성의 지혜 작용을 표시한 것이자, 일원상이 불법의 대의를 나타내는 문자의 의미를 포함하고 있다는 것이다. 한마디로 일원상은 불법의 종지를 나타내고 있는 것으로, 과거·현재·미래, 삼세(三世)의 시간과 동서남북 및 사유 상하의 시방(十方) 세계를 아우른 상징적 도식인 셈이다. 현대에 와서 일원상은 원불교를 창립한 소태산 박중빈(1891~1943)의 큰 깨달음에 의해서 천명된 궁극적 진리의 상징으로서 사유나 언설, 논리적 판단으로는 다 드러낼 수 없는 경지이다.

그런데 이러한 상징은 부처 탄생 설화에서도 잘 나타나 있다. 『나지마 니카야』에 "여래는 태어나자마자 발을 땅에 딛고 북쪽을 향해서 흰색 양산을 드리운 채 일곱 걸음을 걸었다. 일체 제방을 바라보고 황소의 목소리로 말했다. '나는 세상에서 가장 높은 자, 가장 선한 자, 가장 연장자이다. 이것이 나의 마지막 탄생이니, 이후로 나에게 새로운 생은 없으리라.'"고 했다.

이에 대해 미르치아 엘리아데는 『이미지와 상징』에서 다음과 같이 주장한다. "세계의 정점에서 부처가 내딛은 '일곱 걸음(삽타 파다니)'의 상징은 아주 명백하다. '나는 세상에서 가장 높은 자'라는 표현은 부처의 공간적 초월성을 뜻한다. 사실 부처는 일곱 행성에 해당되는 우주의 일곱 층을 가로지름으로써 '세계의 정상(로카게)'에 도달한 것이다. 그런데, 그는 공간의 초월 그 자체로서 동시에 시간을 초월한다. 인도의 우주론에서 창조가 시작된 곳이 바로 이 정상이었고, 따라서 이곳이 가장 오래된 장소이기 때문이다. 그런 이유에서 부처는 '나는 세상에서 가장 연장자이다.'라고 외친 것이다. 부처는 우주의 정상에 도달함으로써 세상의 시작과 동시대인이 된다. 그는 시간과 창조를 폐기하고 우주 창조에 앞서는 순간에 존재한다."

부처를 일곱 개의 우주 차원에 통과시켜 세계의 '중심'에 관입(貫入)시키고 세계 창조 이전의 무시간적 순간과 통합시킴으로써 시간과 공간을 초월하는 이러한 이미지, 시간의 상징과 공간의 상징을 훌륭하게 통합시키는 '일곱 걸음'이라는 상징어는 모든 언설을 넘어선다.

2

> 남전, 귀종, 마곡 화상이 함께 혜충 국사를 예방하러 가는 도중에 남전 화상이 땅에 일원상을 그려놓고 말했다.
> "한마디를 올바르게 이르면 가겠다."
> 귀종 화상이 그 일원상(一圓相) 가운데 앉았다.
> 마곡 화상은 여인이 절하며 인사를 하는 시늉을 하였다.
> 남전 화상이 말했다.
> "이러한즉 가지 않겠다."
> 귀종 화상이 말했다
> "이 무슨 수작인가?"
>
> ─『벽암록』제69칙

  일원상의 법문은 마조를 비롯하여 그의 문하의 귀종 지상, 방거사 등 여러 선승들이 사용하였는데 일원상을 선문답의 공안으로 채택한 최초의 선승은 남양 혜충(?~775)이었다. 그가 자신을 찾아온 중생을 위해 손가락으로 허공에 원을 그린 일에서 기원했다고 전한다. 제3조 승찬은 『신심명』에서 "원은 태허(太虛)와 같아서 모자람도 남음도 없다."라고 하였다. 원은 곧 우주 만법이다. 하나의 원인 일원상은 우주 만법 그대로의 모습인 '진여(眞如)'를 상징하며, 깨달음을 얻은 마음을 보여주기 위해서 간결하게 도식화한 형상인 것이다.
  어느 날 그런 혜충 국사를 만나서 깨우침을 얻고자 남전, 귀종, 마곡 화상이 길을 떠난다. 장안으로 가는 길은 멀고도 멀었는데, 길을 걷던 남전이 문득 땅에 하나의 원을 그린다. 바로 혜충 국사의 일원상이었다. 일원상을 그려놓고 남전은 이에 대해 "한마디를 올바르게 말하면 가겠다."고 말한다. 동문들이 일원상에 대한 자신의 뜻과 부합하는 생각을 가지고 있는지 물어본 것이다. 그러자 귀종은 얼른 원으로 들어가서 앉아버렸다. 우주 만법을 상징하는 원으로 들어가 만법과 하나라는 의미가 담긴 행위였다. 만법일여(萬法一如)다.

마곡은 여인이 절하며 인사를 하는 시늉을 하였다. 여인이 예배하는 것을 관인배(官人拜)라고 하는데, 여인과 관료들은 머리에 두관을 쓰고 장식을 하기 때문에 허리를 약간 굽히고 가볍게 합장하는 인사일 수밖에 없다. 마곡이 여인의 예배를 한 것은 물론 일원상의 법문을 제시한 혜충 국사를 향한 인사라고 본다. 남전은 귀종과 마곡의 행동을 보고는 "이러한즉 가지 않겠다."고 선언한다. 이 정도의 안목을 갖추었다면 굳이 혜충 국사를 친견해서 법문을 들을 필요가 있겠느냐는 말인 셈이다. 일원상은 혜충 국사가 주창한 법신의 지혜 작용을 의미하는데 귀종과 마곡이 일원상을 보고 이미 깨침을 얻었으니 매양 한가지라는 것이다.

여러 자료에 의하면 남양 혜충 선사의 법맥을 이은 탐원 응진 스님은 일원상을 깊이 연구하였다. 그는 스승으로부터 전해 받은 97개의 원상을 깨우치고, 여러 선사나 수행자와의 선문답을 통해 스승이 남긴 일원상의 가르침을 전하였다. 그는 앙산 혜적에게 97개의 원상을 물려주었는데 혜적은 한번 보고는 바로 불태워버렸다. 다음에 응진이 혜적을 만나서 원상은 잘 간직하고 있느냐는 물음에 혜적은 한번 보고 뜻을 다 깨우쳤기 때문에 태워버렸다며 종이를 꺼내서 97개의 원상을 다시 그려냈다는 이야기가 있다. 그는 훗날 위산 영우의 법맥을 이어 남종선의 오가칠종의 하나인 위앙종을 널리 펼쳤다.

그런데 일원상은 마음그릇이라고 생각할 수도 있겠다. 앞서 일원상은 과거·현재·미래 삼세(三世)의 시간과 동서남북 및 사유 상하의 시방(十方) 세계를 아우른 상징적 도식인 셈이라고 했기 때문이다. 원불교 최고 어른인 상사(上師) 이광정 선생은 『마음수업』이라는 저서에서, 마음그릇인 일원상 속에 가득 담긴 이 마음을 찾아야 할 대상, 지켜야 할 대상, 밝혀야 할 대상, 바루어야 할 대상, 길들여야 할 대상, 가꾸어야 할 대상, 채워야 할 대상, 뭉쳐야 할 대상, 맑혀야 할 대상, 비워야 할 대상이라고 정의한다. 이렇게 마음을 수련해야 하기 때문에 마음이 가장 어렵다. 하지만 만법유일심이자 일체유심조다. 이런 위대한 마음을 쓰는 데 있어 일원상 정도는 그려놓고 그 마음그릇 속에 마음을 채우고 닦고 맑히고 비우는 '마음 찾기'를 계속하는 것이 눈 푸른 운수납자의 길이자 꿈이다.

3

저 만월, 만개한 침묵이다.
소리가 나지 않는 먼 어머니,
그리고 아무런 내용도 적혀 있지 않지만
고금의 베스트셀러 아닐까
덩어리째 유정한 말씀이다.
만면 환하게 젖어 통하는 달,
북이어서 그 변두리가 한없이 번지는데
괴로워하라, 비수 댄 듯

암흑의 밑이 투둑, 타개져
천천히 붉게 머리 내밀 때까지
억눌러라, 오래 걸려 낳아놓은
대답이 두둥실 만월이다.

— 문인수, 「달북」

  만월은 만개한 침묵이다. 보름이라는 우주의 시간으로 가득 찬, 온전히 둥근 달인 만월은 활짝 열린 침묵이다. 활짝 열렸지만 소리가 나지 않는 침묵이다. 소리가 나지 않는 침묵이 곧 어머니이다. 그 어머니가 달로 된 북, 달북이다. 항상 자식들에게는 활짝 열렸지만 몹쓸 삶으로 아무리 두들겨 맞아도 소리가 나지 않는, 소리를 내지 않는 침묵이다. "마음의 달 홀로 둥그니/빛이 삼라만상을 삼키었구나/빛과 경계 모두 없어지니/다시 이 무슨 물건인가"(경허 성우) 이 물건은 어머니이다. 세상에 홀로 둥근 것은 어머니의 마음뿐이다. 온전히 그 마음의 빛만 환하기에 어머니에게 빛과 경계는 아무 의미가 없다. 그 빛으로만 둥근 침묵이므로 세상의 그 어떤 소리나 형상인들 다 삼켜버린다. 어머니는 곧바로 우주다.
  그렇게 둥글게 열린 환한 침묵의 페이지에다 무슨 내용인들 못 적을까. 물과 불과 땅과 바람을 적을 수 있다. 하늘과 운명과 오늘과 미래를 적을 수 있다. 그럼에도 아무런 내용도 적혀 있지 않다. 『채근담』에는 "인해독유자서, 불해독무자서(人解讀有字書, 不解讀無字書)."라는 구절이 나온다. 사람들은 문자 있는 책은 읽을 줄 알되 문자가 없는 책은 읽을 줄 모른다는 뜻이다. 환하게 열린 침묵의 페이지에 아무런 내용도 적혀 있지 않기에 사람들은 그 마음의 글자를 읽지 못한다. 하지만 제대로 된 자식이라면 그 어머니의 문자가 없는 책을 읽지 못할 리가 없다. 그래서 백주에 광고를 하지 않아도 고금의 베스트셀러이다. 온 덩어리째로 유정한 말씀인, 말하지 않아도 말해지는 말씀인, 무자서의 말씀이기 때문이다.

이처럼 문자가 없어도 만면 환하게 젖어 통하는 달, 어머니의 달을 지상으로 끌어내리니 그것은 곧 북이다. 가정일로 자식 일로 늘 두들겨 맞는 게 숙명인 북이다. 두들겨 맞을수록 그 변두리가 한없이 번져가는 북이다. 말 없고 글자 없는 침묵에 다름없는 소리로만 번지는 북의 숙명적인 괴로움을 누가 알겠는가. 그렇다. 북이기에 두들겨 맞는 일이 숙명인데, 아뿔사! 그보다 더 근원적인 숙명이 있다. 암흑과의 싸움이다. 어두워지고 암흑이 온 누리를 지배하기 시작하는 밤, 그 암흑의 지배 외엔 그 어떤 빛도 용납되지 않는 밤, 무엇이 그 암흑을 밀어내는가. 그 암흑의 밑이 비수를 댄 듯 투둑 타개지며 천천히, 아주 천천히 그 암흑의 피를 뒤집어쓰고 붉게 머리를 내미는 게 있으니 바로 만월이다. 어머니이다. 자식들이 살아갈 세상이 결코 암흑이 지배하는 세상이 되어서 아니 되기에 초승달 초하루부터 억누른 그 암흑을 찢고 기어코 솟아오르는 어머니의 만월이다.

오래 걸려 낳은 대답 자체로 두둥실 떠오른 만월이다. 세상이 아무리 각박하고 힘들어도 오래 걸려 낳은 대답인 만월, 만월의 어머니가 존재하는 한 우리는 다시 마음을 씻고 살아갈 힘을 얻는다. "원은 둥글다. 모나고 이지러진 곳이 없다. 한 모서리만 지키지 않고 둥글게 뒤섞여 그 한계가 없으니, 원만 자재하다. 원은 꽉 차 있고, 또한 비어 있다. 원은 텅 빈 온밤의 별 하늘과, 이를 바라보는 내 눈과 마음을 가득 채우는 만월이다. 원은 온전한 자연이며, 조화로운 우주다."(김영욱, 『선의 통쾌한 농담』) 온전한 자연이자 조화로운 우주인 만월 곧 어머니를 따르는 길이 구원의 길이다. 어머니 자체가 오래 걸려 낳은 대답의 덩어리이기 때문이다. 아무리 두들겨 맞아도 환하게 열린 침묵, 그 유정한 말씀 덩어리로 암흑을 밀어내고 마침내 두둥실 떠오른 어머니의 만월, 그것이 삶의 대답이다.

　이제 그 대답을 찾았으니 우리는 길에서 헤매지 않아도 된다. 모든 길은 어머니 속으로 통한다. 방황과 유목, 기쁨과 슬픔, 고단과 남루, 괴로움과 이별의 모든 길 위에 어머니의 만월이 비춘다. 소리가 나지 않는 침묵의 북으로 우리의 길을 독려하고, 우리 대신 소리도 못 내고 두들겨 맞는 북으로 세상의 길을 일으켜 세운다. 어머니는 길이고 진리이고 부처다.

제22화

남전이 고양이를 베다
— 오규원, 「새와 집」

1

60여 년을 살아왔는데 의식이 든 이후로 평생을 양쪽 진영이 투쟁하는 소리만 듣고 살았다. 남과 북, 군부와 민간, 호남과 영남, DJ와 YS, 좌와 우, 보수와 진보, NL과 PD, 자본가와 노동자, 친이와 친박, 친문과 반문, 태극기부대와 댓글부대 등등에다 요새는 광화문과 서초동으로 대변되는 공정과 불공정의 대결이다. 그런데 이런 양 진영의 싸움은 죄다 정치적 야욕이 만들어낸 것이었다. 『목민심서』에 의하면 정치의 요체는 백성들 배부르고 등 따습게 하는 것이라고 했는데, 그들에겐 정치가 권력을 잡고 그것을 지키기 위한 투쟁일 뿐이다.

진영 테제의 창시자는 소련의 독재자 스탈린(1878~1953)이라고 한다. 그의 생각처럼 정말 세상은 공존할 수 없는 적대 진영으로 나뉘어 있으며, 정치는 진영 간의 전쟁일 뿐인가. 하기야 교수 중에 강의 땐 늘 중도 중용을 이야기하던 사람도 정치판에만 들어가면 진영의 나팔수가 되고, 같은 진영 안에서도 소신 있는 발언을 하면 진영의 팬덤들이 나서서 무참하게 공격해버린다. 양 진영이 정책을 가지고 경쟁을 벌이는 것은 민주주의의 발전을 위해서라도 당연한 일이다. 토인비의 말처럼 역사는 도전과 응전의 역사일진대, 그런 창조적이고 혁신적인 경쟁을 통해서 민중의 삶의 개선과 국력의 신장을 도모하면 얼마나 좋으랴.

한데 우리나라 정치 진영에선 왜 막말과 분풀이와 피해의식의 발로만 난무하는가. 그토록 기회균등과 정의와 공정을 부르짖던 사람들도 자기 진영의 사람들의 문제에는 사생결단하고 전투에 임한다. 독재자들의 전술 교과서가 된 『나의 투쟁』에서 히틀러는 프로파간다의 요령을 간파한다. 상대를 지속적으로 공격하고, 대중 본능을 자극할 문구를 동원하고, 사태가 불리해지면 지성이 아닌 감정에 호소하라고 한다. 1950년대 미국 공화당 의원 조지프 매카시도 이런 방법을 썼다. 국무부에 침투한 공산주의자가 205명이나 있다는 명단을 갖고 있다며 크게 '뻥'을 치고, 정적을 향한 거침없는 인신공격을 특화하지 않았더라면 그는 단순히 상원의원에 머물렀을 것이다. 오늘날 한국의 정치판이 꼭 이 모양이다.

아리스토텔레스는 정치는 최고의 예술이라고 했지만, '소란-능변'술만 날로 쌓아가는 우리나라의 정치는 『논어』에 나오는 '눌언민행(訥言敏行)'이라는 말도 좀 배워야 한다. "말은 굼뜨게 행동은 재빠르게 하라." 말만 앞세우고 실행이 뒷받침되지 못하는 것을 조심하라는 가르침이다. 오늘날 진영의 정치인에게 딱 맞는 말 아닌가. "사람이 성숙한다는 것은 이질성에 대한 이해력 내지 포용력이 넓어지는 것을 의미한다. 삶의 규칙이 매우 다른 타인을 그 나름의 조건 속에서 파악하고 받아들이는 너그러움"(김찬호, 『눌변』)의 신사들이 우리 정치에는 왜 없을까. 신사는커녕 국민 한 사람 한 사람이 노동과 사랑과 지혜로 올려놓은 국격이나 도덕 수준을 끊임없이 끌어내리는 천박하고 야만적인 사람들이 되레 정치인이 아닌가.

"일찍부터 우리는 믿어 왔다./우리가 하느님과 비슷하거나/하느님이 우리를 닮았으리라고//말하고 싶은 입과 가리고 싶은 성기의/왼쪽과 오른쪽 또는 오른쪽과 왼쪽에/눈과 귀와 팔과 다리를 하나씩 나누어 가진/우리는 언제나 왼쪽과 오른쪽을 견주어/저울과 바퀴를 만들고 벽을 쌓았다.//나누지 않고는 견딜 수 없어/자유롭게 널려진 산과 들과 바다를/오른쪽과 왼쪽으로 나누고//우리의 몸과 똑같은 모양으로/인형과 훈장과 무기를 만들고/우리의 머리를 흉내 내어/교회와 관청과 학교를 세웠다./마침내는 소리와 빛과 별까지도/왼쪽과 오른쪽으로 나누고//이제는 우리의 머리와 몸을 나누는 수밖에 없어/생선회를 안주 삼아 술을 마신다."

김광규 시인의 「도다리를 먹으며」라는 시이다. 만물의 영장이라고 스스로를 하느님 수준으로 올려놓고 인간들이 하는 짓은 온통 분리하고 차별하고 공격하고 죽이는 일이다. 새는 좌우의 날개로 날듯이 우리의 눈과 귀와 손발은 모두 좌우에 하나씩 붙어서 완전체를 이룬다. 그런데 이제는 머리와 몸을 나누는 수밖에 없어 생선회를 안주 삼아 술을 먹는다. 한데 도다리는 원래 한쪽에만 눈이 붙어 있는 것이 생태의 모습인데, 사람들은 두 개의 눈을 갖고도 도다리처럼 한쪽 눈만 맹신하는 것이다. 그래서 "눈은 구원을 받을 수 없다."고 한다.

2

남전 화상은 동당과 서당의 수행승들이 고양이를 두고 다투고 있으므로, 그 고양이를 잡아들고 말했다.

"자! 여러분이 무엇인가 한마디 말을 할 수 있다면 고양이를 살려줄 테지만, 말을 할 수 없다면 베어버릴 것이다."

수행승들은 모두 말이 없었다.

남전은 곧 그 고양이를 베어 버렸다(泉逐斬之).

저녁 때 조주가 외출하고 돌아오자 남전은 낮에 있었던 일을 조주에게 이야기했다.

바로 조주는 신발을 벗어 머리에 얹고 밖으로 나가버렸다.

그러자 남전은 말했다.

"만일 조주가 그 자리에 있었다면 고양이를 구할 수도 있었을 텐데."

— 『무문관』 제14칙

불살생(不殺生)의 계율이 성성한 선원에서 살생이 일어난다. 그것도 마조 도일 문하에서 서당 지장, 백장 회해와 함께 3대 선승으로 도가 높은 남전 보원에 의해서다. 사연인즉슨 고양이 한 마리가 발을 다친 모양이다. 그걸 놓고 선원의 동당과 서당의 수행승들이 동서로 나뉘어 싸우고 있다. 서로가 네가 다치게 했느니 그렇지 않느니 하며 우기느라 소란을 피우고 있었을 것이다. 하라는 공부는 뒷전에 두고 고양이 한 마리 때문에 그것도 동당과 서당 편을 나눠 싸우다니! 마침 이 꼴을 보게 된 스승 남전이 다친 고양이를 잡아 치켜들고는 이 일에 대해 누구든 "무엇인가 한마디 말을 할 수 있다면 고양이를 살려줄 테지만, 말을 할 수 없다면 베어버릴 것이다."라고 선언을 한다. 하지만 양편 스님들 누구 하나 입도 뻥긋 못하자 그 즉시 칼을 들어 고양이를 두 동강 내버린다.

스승은 불법의 대의를 체득한 궁극적인 한마디(一句)를 요구했지만, 고양이에 대한 아집과 상대방에 대한 의심과 진영 간의 왜곡된 동지애 등 분별심으로 가득 차서 씩씩거리고 있는 그들에게, 전광석화 같은 일구가 떠오를 리 없다. 그래서 애먼 고양이만 목숨을 잃게 된 졸경을 치르게 된 것이다. 조금이라도 깨침이 있었다면 수행승으로서 자기들이 벌인 일이 얼마나 부끄럽고 창피한 일인 줄을 알았을 텐데 말이다. 일이 벌어진 저녁에 조주가 외출하고 돌아왔다. 남전은 낮에 있던 자초지종을 조주에게 이야기했다. 얘기를 들은 조주는 신발을 벗어 머리에 얹고 밖으로 나가버렸다. 참을 수 없이 가벼운 행동이었다.

진지한 것은 삶의 예의다. 하지만 너무 진지한 것은 또 집착이다. 때론 나비처럼 가벼움 속에 삶의 희열과 예술이 있다. 그 가벼움이 고정관념과 규정을 미끄러지듯 스치며 횡단해버린다. 신발은 발에 신는 것이기에 신발이다. 모자는 머리에 쓰는 것이기에 모자이다. 하지만 그런 이성적이고 규정적이고 불변적인 진리라고 여겨지는 은산철벽 같은 것을 깨서 나비처럼 가벼운 희열의 날개를 다는 것이 선이다.

삶이 무의미하거나 하찮거나 중요하지 않거나 간에 삶에 의미를 부여하는 것은 '우리'라고 장 폴 사르트르(1905~1980)는 말한다. "가치란 다름 아니라 우리가 선택하는 의미"라는 것이다. 그래서 메를로-퐁티는 "우리의 몫은 삶을 유의미하게 만드는 것"이라고 했다. 자기 고유의 의미를 창조하려 할 때 많은 사람들이 부딪히는 문제는 가치의 주관성에 관한 것이다. 가치는 주관적이다. 특히 선의 가치는 주관과 객관이 하나 되는 직관적 통찰이다. 지금까지 신발은 발에 신는 것이라는 보편적이고 규정적인 고정관념 속에 살아온 것을 머리에 가볍게 올릴 수도 있다는 주관적 창조성, 직관적 통찰력이 전광석화처럼 빛나야 한다. 조주의 그 기개를 잘 알았기에 남전은 중얼거린다. "만일 조주가 그 자리에 있었다면 고양이를 구할 수도 있었을 텐데." 아마 이 중얼거림 속에는 조주 같은 그런 자유자재한 깨달음이 없었기에 고양이를 두 동강 내야만 했던 자기 자신에게 대한 후회의 마음도 가득했을 것이다. 수행승들의 어리석음과 집착과 분별심을 깬다는 것이 남전 자신의 어리석음을 드러낸 꼴이 돼버렸으니까.

3

딱새 한 마리가 잡목림의
산뽕나무 가지에 앉아 허공에서
무엇인가 찾고 있다 딱새의 그림자도
산뽕나무에서 내려오지 않고
가지에 그냥 붙어 있다
박새 한 마리도 산뽕나무 뒤편
붉나무 가지를 두 발로 잡고 있다
그러나 산뽕나무 저편 팥배나무에서

문득 날아오른 새 한 마리는
남쪽의 푸른 하늘에 몸을 숨기더니
다시 나타나지 않는다
새가 몸을 숨긴 그 하늘 아래는
집을 짓고 사람들이 산다

— 오규원, 「새와 집」

  딱새 한 마리가 잡목림 속의 산뽕나무 가지에 앉아 허공에서 무엇인가를 찾고 있다. 이는 딱새가 나뭇가지에 앉아 고개를 갸우뚱하고 허공을 바라보고 있거나, 그러다가 하늘을 향해 콕콕콕 부리를 쪼아대는 모습을 "허공에서/무엇인가 찾고 있다"고 표현한 것이리라. 그 다음 "딱새의 그림자도/산뽕나무에서 내려오지 않고/가지에 그냥 붙어 있다."고 했는데, 이는 관찰의 눈을 통해서 본 것이 아니라 관찰의 상상력으로 본 것이다. 왜냐하면 산뽕나무 가지가 웬만치 굵지 않고서는 밑에서 올려다보는 나뭇가지에 딱새 정도의 그림자가 붙어 있는 모습이 보일 수도 없거니와 그 딱새 그림자가 나무 밑의 땅 위에까지 드리우도록 짙을 수도 없기 때문에 그렇다. 그러나 귀신이 아니고서는 이 지상의 모든 존재가 갖게 되는 업의 그림자를 갖지 않을 수 없기에 으레 딱새 그림자도 딱새가 앉아 있는 그 나뭇가지에 붙어 있으리라는 생각에서 그렇게 표현할 수도 있었겠다.

  그 딱새처럼 박새도 산뽕나무 뒤편의 붉나무 가지를 두 발로 붙잡고 있다. 앞에서 딱새는 가지에 '앉아' 있는데 박새는 가지를 '붙잡고' 있다. 이는 앉아 있는 그대로의 생명의 존재가 생명력을 구가하는 의지의 존재로 바뀌며 삶에 대해 좀 더 적극적인 자세를 취하는 박새를 표현한 것이다. 한데 "산뽕나무 저편 팥배나무에서/문득 날아오른 새 한 마리는/남쪽의 푸른 하늘에 몸을 숨기더니/다시 나타나지 않는다." 앞서 욕망과 의지의 새를 표현했지만 불교식으로 말하면 모든 존재는 내외가 모두 공(空)이어서 금방까지 산뽕나무 뒤편 팥배나무에 있던 새 한 마리가 문득 날아올라 남쪽 하늘로 날아가버린 뒤로는 이제 새는 없다는 것이다.

더구나 시에서 산뽕나무 '뒤편', 산뽕나무 '저편' 등의 표현으로 시적 대상들이 존재하는 공간의 공간감을 창출하며 "새가 몸을 숨긴 그 하늘 아래는/집을 짓고 사람들이 산다"고 표현한다. 이는 허공에서 지상까지, 잡목림에서 저기 남쪽까지, 딱새에서 박새까지, 산뽕나무에서 팥배나무까지 모든 존재들이 천연덕스럽게 존재하지만, 궁극적으로는 '허공' 아래인 땅에서 사람들이 집을 짓고 산다고 하며 모든 찬란하고 아름다운 존재들도 결국에는 공이라는 적멸과 열반을 사는 존재라는 것을 존재들이 스스로 말하게 하고 있는 것이다.

이 시는 모든 존재들을 있는 그대로의 자리에 배치해 놓았을 뿐인 것 같은데도 우리가 감각하고 생각하기 이전에 먼저 존재하고 있는 바대로 그들은 스스로 우리에게 많은 것을 보여준다. 보는 사람으로서는 생각할 수도 없는 자기들의 비의에 우리를 초대하여 우리를 되레 만져대기까지 한다. 그러니까 그 우주적 통찰의 자리에 사람들도 한자리 끼워주는 요량이다. 이처럼 대상과 주체의 경계가 무의미해져버리게 만드는 묘한 시는 동당이니 서당이니 서로 가르고 타박하는 분별심으로는 결코 이해할 수 없는 시이다.

오규원은 사실 시 생애의 중반부까지 거의 대부분을 모더니즘적인 언어 실험에 몰두한 시를 써왔었다. 물론 이 시들은 인간이 언어적 존재인 것을 간파한 가장 현대적인 사유를 시에 실험하고 적용한 것이었다. 하지만 폐기종으로 인해 도회지에선 호흡을 정상적으로 할 수 없는 고통이 왔다. 그래서 강원도 영월의 무릉 가는 길 강가에 집을 짓고 살며 생각의 대전환을 이루었다. 지금까지 모든 존재와 사물에 인간의 관념적 언어를 뒤집어씌운 것에 대한 성찰 끝에 '날것의 시학'을 펼쳤다. 그건 다름 아닌 위 시처럼 존재를 있는 그대로 보는 것이었다. 인간의 생각을 되도록 개입시키지 말고 존재의 작은 기미까지도 관찰하여 태허와 다름없는 공(空) 속에서 벌어지는 우주의 조화와 그 신비를 보려는 것이었다.

'말과 생각을 넘어서 말하고 생각하기'의 모범을 보여주는 용수의 『중론』「관인연품」에서 "인연법에서 보면 모든 법은 생겨나지도 않고 없어지지도 않으며, 항상하지도 않고 단절된 것도 아니며, 같지도 않고 다르지도 않으며, 오는 것도 아니며 가는 것도 아니다. 부처께서 이와 같은 인연법을 설해서 언어와 허구에 의한 온갖 희론(戱論)을 바로잡았다."라고 한다. 모든 설법 가운데 으뜸인 '인연법'을 설하신 것인데, 이를 "모든 삶들은 조화로운 어울림에서만 바른 생명 활동이 있을 수 있다는 연기적 사유다. 언어의 분별 속에 사는 것은 곧 아집과 법집 속에 사는 삶으로 이것이 바로 희론에 불과한 것이다."라고 정화 스님은 풀이한다.

제23화

개에게도 불성이 있습니까?
― 오규원, 「봄과 길」

1

 "하늘엔 빛나는 별, 내 마음엔 도덕률"이라는 명언은 칸트가 한 말이다. 임마누엘 칸트(1724~1804)가 도덕률을 이토록 경외한 이유는 뭘까? "칸트철학에는 세 차원이 있다. 하나는 주체로서는 알 수 없는 물자체다. 다른 하나는 주체에게 경험적으로 나타나는 현상계다. 마지막으로 물자체와 현상계 사이를 나누면서 이어주는 제3의 차원이 있다. 그것은 경험적 대상을 비로소 나타나게 만들어주는 의식 내 선험적 원리들이 자리하는 영역이다. 칸트는 그런 선험적 원리들이 자리하는 장소를 초월론적(transcendental) 차원이라고 부른다."(김상환, 『왜 칸트인가』)
 이를 물자체는 신이나 대타자, 현상계는 세계와 주체, 초월론적 차원은 인간에게 선험적으로 존재하는 의식이나 도덕률로 투박하게 대입해 볼 수 있을까. 도덕률은 양심이나 종교성으로도 바꿀 수 있을까. 칸트가 훗날 기독교적 신을 인정한 것으로 보아 가능한 상상일 수도 있겠다. 인간에게는 선험적으로 종교성이 있는 것 같다. 그 종교성이 마음속의 도덕률 곧 양심이다. 이 양심이 하늘의 별을 바라볼 수 있게 하는 힘이다. 그러기에 초월론적이다.

사람이 급박하거나 절박한 처지에 놓이게 되면 생전 믿어 본 적이 없는 신을 부르거나, 양심에 어긋나는 짓을 하게 되면 왠지 마음 한구석이 켕기게 되고 부끄러움이 들기도 한다. 그런가 하면 숭고한 것이나 아름다운 것을 보게 되면 경외감과 함께 신의 걸작이라는 생각이 들기도 하고, 불의와 불공정이 창궐하는 세상을 보곤 생각지도 못한 신을 원망하게도 된다. 모두 다 마음속에 선험적으로 내재한 초월론적 의식 때문이다.

불교에서는 이런 종교성을 불성(佛性)이라고 한다. 불성은 범어로 Buddha-dhātu인데 부처인 근거, 부처로서의 본질, 부처가 될 수 있는 가능성, 깨달음을 성취할 수 있는 가능성이다. 동의어로 여래장(如來藏, Tathāgata-garbha)이 있는데 일체의 중생이 여래가 될 수 있는 바탕을 함장(含藏)하고 있다는 뜻이다. 이런 불성 혹은 여래장은 서양의 초월론적 종교성하고는 확연하게 차이가 난다. 서양의 종교성이 어떤 절대적 존재에 대한 의타적 의식인 반면 불성은 부처가 될 수 있는 바탕, 깨달음을 성취할 수 있는 가능성이기에 주체적이다.

초기 불교에서는 수행을 하면 아라한 정도의 성자는 될 수 있어도 고타마 붓다 같은 부처가 될 수 있다고는 생각지 못했다. 부처는 오직 석가모니 부처님 한 분으로서 그 외는 인정하지 않았다. 그러나 대승 불교가 전개되면서 중생으로서의 보살이 등장함과 동시에, 중생이라 할지라도 누구나 붓다가 될 수 있다는 사상을 적극적으로 피력하였다. 모든 중생이 본래 부처가 될 수 있는 본질을 갖고 있다는 것을 주장한 여래장과 불성사상이 그 대표적인 것이다.

『열반경』에서는 본질적으로 "모든 중생에게는 불성이 있다(一體衆生 悉有佛性)."고 설명하는데, 구제로부터 제외된 일천제(一闡提)마저도 성불할 수 있다고 말한다. 유식계의 논서에서는 중생의 깨달음에 대한 능력의 차별을 설정하여 성문, 독각, 보살과 부정성(否定性), 무성(無性)으로 분류한다. 이런 일천제나 5성설은 대승에서 모든 평등한 구조를 설명하는 소위 일승(一乘)사상과 모순된다. 그 때문에 중국 일본 한국에서 많은 논의가 있었다.

여하튼 모든 중생에게 불성이 있다거나 마음이 곧 부처라는 말들은 그간 상좌 불교나 부파 불교 등에서 보이는 논서나 율서의 복잡함이나 난해함에 지친 사람들에겐 가뭄에 큰비와 같은 상쾌함과 통쾌함을 주었다. 혜능같이 제도적 배움이라곤 없는 사람도 단박에 깨달아 '제일의'를 성취할 수 있는 길이 열렸기 때문이다. 한국의 요즘 시들이 대중들은 읽지 못하고 학문 연구 대상으로 전락하는 웃지 못할 일이 벌어지고 있는 것처럼, 종교 교리들이 대중이 접근할 수 없도록 어렵고 학문적이라면 그것은 이미 종교성을 많이 상실한 것이라고 볼 수 있다.

2

한 스님이 물었다.

"개에게도 불성이 있습니까(狗子還有佛性也無)?"

조주 스님이 대답했다.

"없다."

"뭇 중생이 모두 불성이 있다고 했거늘, 개에게는 왜 없는 것입니까?"

"개에게는 업식성(業識性)이 있기 때문이다."

훗날 다른 스님이 물었다.

"개에게도 불성이 있습니까?"

조주 스님이 대답했다.

"있다."

"불성이 있다면, 어찌 가죽 안에 들어 있습니까?"

"개가 알면서도 범했기 때문이다."

— 『종용록』 제1권 제18칙

『조주어록』과 『무문관』에는 개에게는 불성이 없다는 일화만 실려 있고 『종용록』엔 두 일화가 함께 실려 있다. 한 스님이 물었다. "개에게도 불성이 있습니까(狗子還有佛性也無)?" 조주 스님이 대답했다, "없다." 조주 스님(778~897)의 '무자공안(無字公案)'이 탄생하는 순간인데, 흔히 선종의 제일 관문이라고 한다. 이 '무'자 공안을 문제로 삼고 참구하는 것은 "마치 뜨거운 쇳덩이를 입에 넣고 뱉을래야 뱉을 수도 없고 삼킬래야 삼킬 수도 없는 처지에 빠진 것처럼, 지금까지 익히고 배워온 일체의 견해와 식견을 모두 탕진하고, 오로지 일념으로 공부하고 익혀 나가서 자신의 의식과 일체의 외부경계의 차별과 구별이 없어져 하나가 되는(打成一片, 一行三昧), 그런 깨달음의 경지를 이루어야 한다."(정성본 역주, 『무문관』)는 화두의 탄생인 셈이다. 그야말로 수많은 불자들이 한번쯤 도전해 본 공안일 것이다.

한데 조주의 "없다."는 대답에 스님은 반문한다. "뭇 중생이 모두 불성이 있다 했거늘, 개에게는 왜 없는 것입니까?" 이는 『열반경』에 나오는 "일체중생 실유불성(一體衆生 悉有佛性)"을 근거로 반문한 것이다. 일체중생엔 일천제도 있다. 일천제라는 불법을 반대하고 핍박하는 등 성불할 성품이 아예 없는 사람에 대한 논쟁도 파란이었는데, 결국은 모든 존재를 하나의 큰 수레에 태워(一乘) 깨달음에 이르게 할 수 있다는 대승불교의 입장으로 귀결된다. 그리고 일체중생엔 사람만이 아니라 하늘을 날고, 물속을 헤엄치고, 땅 위를 달리고, 엎드려 기는(飛潛走伏) 생명체 모두가 포함된다. 한데 왜 개에게만 없느냐는 것이다.

대개의 깨달음이 없는 사람들이 할 수 있는 의당한 반문이다. 한데 여기의 '무'자를 허무의 무로 봐서도 안 되고, 유무의 차별적인 무로 봐서도 안 된다고 한다. 누군 이것을 '절대무'라고 규정하고 "우주 만물의 음과 양, 유와 무, 본체와 현상의 가치를 동시에 내포하고 있는 우주 자연의 운행 법칙"(이은윤, 『노장으로 읽는 선어록』)이라고 설명한다. 하지만 선기가 약한 스님은 이를 깨치지 못하고 여전히 사량하고 분별하는 마음으로 마치 논쟁을 벌이다시피 대화에 임하고 있다. 설마 조주가 일체중생 실유불성을 모르고 "없다." 했을까?

그런 스님을 가르치기 위해서 『종용록』은 다음의 일화를 붙여놓고 있다. 다른 스님이 "개에게도 불성이 있습니까?" 묻자, 조주 선사는 여기서는 "있다."고 하는 것이다. 이 스님도 반문한다. "불성이 있다면, 어찌 가죽 안에 들어 있습니까?"라고. 이 스님에게도 연기법을 이야기하고 아주 저차원의 '육도윤회'설을 들이대 본들 알아먹겠는가.

"개에게도 불성이 있습니까?"라고 한 두 스님의 질문은 사실 쓸데없는 질문이다. 이는 이미 유무에 대한 분별을 전제한 질문일 뿐, 자기 존재의 본질에 대한 대의단과는 상관이 없다. 개는 개 나름의 삶이 있는데 개를 판단하고 있는 것이다. 아마도 땅바닥에 뒹구는 불쌍한 개에게도 불성이 있어서 과연 깨달음을 얻을 수 있겠느냐는 측은지심 끝에 물었거나, 개에게는 불성이 없을 것이라는 자기만의 판단을 하고 스승이 어떻게 대답하는가를 시험하려고 물었을 가능성이 크다. 일체중생 실유불성까지 아는 스님이 무식할 리는 없으니 말이다.

결국 조주도 임시방편을 취할 수밖에 없다. 개에게 불성이 없는 것은 개에게 '업식성(業識性)이 있기 때문'이고, 개에게 불성이 있는 것은 개가 '알면서도 범했기 때문'이라고. 여기서 업식성은 집착을 낳는 근본적인 의식, 프로이트가 말하는 무의식, 유식론에서 말하는 아뢰야식을 말한다. 집착과 번뇌로 괴로워하는 중생의 마음, 자기의 과거 행동으로 인한 습관적 무의식에 끄달리는 마음이다. 개가 알면서도 범했다는 것은 스님의 우문(愚問)에 대하여 분별과 논리를 뛰어넘는 넌센스 같은 것이다. 이것은 묻고 있는 스님들에게 오히려 네게 아직도 업식성이 있고, 네가 알면서도 나를 시험하는 죄를 범하고 있지 않느냐고 반문하는 것과 같다.

『장자』「제물론」에서는 "만물은 어느 하나도 확고한 실체가 아니다. 한마디로 무이고 공이다. 그러나 이 '무'는 유와 대립된 개념이 아니다. 무를 유와 대립된다고 여기는 것은 아직 '나' 또한 실체가 아님을 인정하지 않기 때문이다. '나' 또한 실체가 아님을 인정하면 유에 대한 모든 집착이 사라져 마음이 허(虛)를 이루게 된다."고 했다. 장자의 철학과 불교의 공 사상이 대동소이를 넘어 거의 하나다. 유와 무는 서로를 살게 해준다(有無相生)느니, 유는 무에서 산다(有生於無)느니 하는 노자의 말도 무와 유에 대한 참구에 있어서 아주 도움이 되겠다. 어쩌면 조주는 이런 노장철학을 잘 이해했을 것이다.

조주의 이 무자공안은 송나라 초 오조 법연 선사가 화두로 제기하여 설법하면서 간화선 수행의 골격이 되었고, 대혜 종고의 간화선은 사실 조주 무자 화두를 참구하는 수행으로서 '무자선'을 널리 펼치게 된다. "일단 깨달음의 경지를 체득하여 무자 관문을 통과하게 되면 관우 장군이 큰 칼을 자유자재로 휘두르는 것처럼 대자유를 얻을 수 있고, 부처를 만나면 부처를 죽이고 조사를 만나면 조사를 죽이며 생사의 언덕을 뛰어넘어 해탈을 얻을 수 있다. 평생의 기력을 다하여 무자 공안을 참구해야 한다."고 무문 혜개는 말하고 있다.

3

나비가 동에서 서로 가고 있다
돌이건 꽃이건 집이건
하늘이건 나비가 지나가는 곳에서는
모두 몸이 둘로 갈라진다 갈라졌다가
갈라진 곳을 숨기고 다시
하나가 된다
그러나 공기의 속이 굳었는지

혼자 길을 뚫고 가는 나비의 몸이
울퉁불퉁 심하게 요동친다

― 오규원, 「봄과 길」

  조주의 공안에서 도출된 무와 유의 문제를 놀랍게도 형상화한 오규원의 「봄과 길」이란 시이다. 시인은 나비의 날개가 펴졌다가 순식간에 접히는 모습을 포착한 데서 '갈라졌다가 다시 하나가' 되는 길 혹은 존재들을 본다. 나비가 동에서 서로 가고 있다. 서에서 동으로 갈 수도 있겠다. 그런데 나비는 간 것도 아니고 현재 '가고 있다.'
  나비가 지나가는 곳에서는 돌이건 꽃이건 집이건 하늘이건 모두 몸이 둘로 갈라진다. 나비의 날개가 두 장이어서 펼칠 때 지나가는 길이 갈라졌다가 접히면 갈라진 곳을 숨기고 순식간에 다시 하나가 된다. 나비가 지나가기 전 애초에는 양쪽으로 갈라지는 길이 없었다. 그러다 나비가 두 날개를 팔랑이며 날아가자 거기에 갈라지는 길이 생기는 것이다.
  다시 말해 보자. 나비가 지나가기 전 애초에는 갈라지는 길이 없었다. 아니 없었던 것도 아니다. 그건 무도 아니라 완전히 허공이었다. 그런데 두 날개를 팔랑이며 날아가자 양쪽으로 갈라지는 길이라는 유가 발생한다. 이건 무에 반대되는 유가 아니라 나비가 생성시킨 길 아닌 길이 허공에 난 것이다. 돌이건 꽃이건 집이건 하늘이건 그것이 그냥 존재 자체이지 나비가 지나간대서 갈라지고 하나 되어 길을 내는 것이 아니다. 나비가 그 위로 지나가자 다만 양쪽으로 갈라지는 길이 나는 것 같다가 나비가 지나가고 나면 순식간에 하나가 되는, 아니 본래의 허공으로 돌아가는 것이다.

이건 유에서 무로 돌아가는 것이 아니라 나비의 날개가 펼쳐짐에 따라 갈라져 생겨난 길이 날개가 접혀지며 그 길이 사라지는, 그야말로 착시를 한 것이다. 그러니까 처음부터 끝까지 생겨난 길도 사라진 길도 없었다. 처음부터 끝까지 무도 유도 없는 공만 있었을 뿐이다. 그 공 위로 나비의 펼쳐지고 접혀지는 날갯짓만 있었던 것이다.

그런데도 "공기의 속이 굳었는지/혼자 길을 뚫고 가는 나비의 몸이/울퉁불퉁 심하게 요동친다" 이것은 나비가 일직선으로 날아가지 않고 자기 생태의 모습대로 춤을 추듯 날아가는 것에서 깨친 삶에 대한 직관이다. 공기의 속이 굳었다는 것은 누구나 살아가는 세계가 중압감으로 다가온다는 뜻일 테고, 혼자 길을 뚫고 가는 몸이라는 것은 그럼에도 세계 속에 홀로 던져진 단독적 실존으로서의 현존재가 단단하게 굳은 길을 스스로 뚫고 갈 수밖에 없다는 뜻이다. 그러니 나비가, 나비의 날갯짓이, 나비의 날갯짓이 만든 길이 울퉁불퉁 심하게 요동치는 것이다. 하지만 이건 어디까지나 나비의 날갯짓만으로 생겨난 길 아닌 길이다.

그렇다. 개에게는 불성이 있다느니 없다느니, 유니 무니 하는 것은 아무 의미가 없다. 나비가 지나가고 있는 자리에 길이 펼쳐지고 접혀진다거나, 길이 생기니 닫히니 하는 것은 모두 착시이고, 오로지 나비의 날갯짓만이 눈앞에 존재하는 것이다. 굳은 공기 속을 혼자 뚫고 가는 나비의 힘겨운 날갯짓만이 있지만, 그 힘겨운 날갯짓을 나비의 춤으로 생각하는 사람들도 있다.

제24화

뜰 앞의 잣나무니라
― 김소월, 「山有花」

1

60년 전에 나온 독일의 사회심리학자 에리히 프롬(1900~1980)의 책 『소유냐 존재냐』를 20대 때 읽었다. 그때는 소유라고는 해 본 적이 없기에 머리로만 읽었는데, 이 책은 21세기 현재에 읽어야 딱 맞춤이지 싶다. 소유의 극한을 향해 치닫고 있는 현실사회에서 최소한이라도 존재적 삶이 왜 필요한지에 대한 성찰을 해 볼 수 있게 하기 때문이다. 프롬은 삶의 양식을 소유적 실존양식과 존재적 실존양식으로 나눈다.

전자는 재산과 이윤을 추구하고 집착하는 소유양식으로, 현대 사회에서는 이 소유가 존재양식을 결정짓는다고 생각한다. 더 많이 소유하는 것을 유능한 인간으로 생각하기 때문이다. 이들은 과거·현재·미래라는 시간 안에 구속되어 산다. 과거에 축적한 돈, 땅, 명성, 사회적 지위, 지식, 자식, 기억 등을 추억하며 '나는 과거로 존재한다.'고 한다. 이들에게 미래란 앞으로 과거가 될 것을 선취하는 시간이라고 생각하는데, 그래서 '나는 미래를 가지고 있다.'고 한다. 서구 사회는 정복, 착취, 폭력, 제압의 과거로 오늘과 미래를 산다. 특히 그들의 주류 종교는 이런 '자기 탐욕'을 은폐하는 장막이 되어, 구속과 은혜로 죄책감을 날려버린다.

『작은 것이 아름답다』을 쓴 E. F. 슈마허는 "삶의 내용으로서의 경제는 치명적인 질병이다."고 말한다. 경제의 무한한 성장은 유한한 세계에 결코 적합하지 않기 때문이다. 오늘날 모든 정치가는 말끝마다 경제를 살리겠다고 부르짖고 그 경제의 과실을 독점한다. 경제가 삶의 내용이 되어서는 결코 안 되는 이유이다.

하늘의 정정한 것이 수면에 비친다. 네가 거기 흰구름으로 환하다. 산제비가 찰랑, 수면을 깨뜨린다. 너는 내 쓸쓸한 지경으로 돌아온다. 나는 이제 그렇게 너를 꿈꾸겠다. 초로(草露)를 잊은 산봉우리로 서겠다. 미루나무가 길게 수면에 눕는다. 그건 내 기다림의 길이. 그 길이가 네게 닿을지 모르겠다. 꿩꿩 장닭꿩이 수면을 뒤흔든다. 너는 내 외로운 지경으로 다시 구불거린다. 나는 이제 너를 그렇게 기다리겠다. 길은 외줄기, 비잠(飛潛) 밖으로 멀어지듯 요요하겠다. 나는 한가로이 거닌다. 방죽가를 거닌다. 거기 윤기 흐르는 까만 염소에게서 듣는다. 머리에 높은 뿔은 풀만 먹는 외골수의 단단함임을. 너는 하마 그렇게 드높겠지. 일월(日月) 너머에서도 뿔은 뿔이듯 너를 향하여 단단하겠다. 바람이 분다. 천리향 향기가 싱그럽다. 너는 그렇게 향기부터 보내오리라. 하면 거기 굼뜬 황소마저 코를 벌름거리지 않을까. 나는 이제 그렇게 아득하겠다. 그 향기 아득한 것으로 먼 곳을 보면, 삶에 대하여 무얼 더 바라 부산해질까. 물결 잔잔해져 수심이 깊어진다. 나는 네게로 자꾸 깊어진다.

「방죽가에서 느릿느릿」이라는 나의 시이다. 소유적 실존양식에 대비되는 존재적 실존양식의 모습을 보여주고자 한 예시이다. 여기서 이 시에 대한 판단은 유보하되 존재의 의미가 수심처럼 깊어지는 것을 보여주고자 한 시임엔 분명하다. 존재적 실존양식은 시에서처럼 '지금 여기(hie et nunc)의 삶'에 대해 말한다. 존재적 실존양식의 전제조건은 독립과 자유 그리고 비판적 이성을 지니는 것이다.

이 실존양식은 먼저 각자에게 주어진 천부적 재능을 풍요롭게 펼치며 자기를 늘 새롭게 하는 것, 자기를 사랑하고 모든 존재 속에 잘 흐르게 함으로써 고립된 자아의 감옥을 초극하여 삶의 관계성을 배우는 것이다. 사시사철 자연에 맞춰 이루어지는 노동을 알고, 과거나 미래에 얽매이지 않고 지금 여기의 모든 존재들에게 소중한 기쁨을 주는, 그런 사람이 되는 것이 존재적 삶을 사는 경우라고 할까.

2

어느 스님이 물었다.
"무엇이 조사가 서쪽에서 온 뜻인가요(祖師西來意)?"
조주 스님이 대답했다.
"뜰 앞의 잣나무(庭前栢子樹)니라!"

대답을 듣자마자 스님은 말했다.

"화상께서는 경(境)으로 보여주지 마십시오."

그러자 조주 스님은 말했다.

"나는 경으로 보여주지 않는다."

제자는 다시 물어보았다.

"무엇이 조사가 서쪽에서 온 뜻인가요?"

조주 스님은 대답했다.

"뜰 앞의 잣나무니라!"

-『조주록』

　어느 제자 스님 하나가 스승 조주에게 묻는다. "무엇이 조사가 서쪽에서 온 뜻인가요(祖師西來意)?" 여기서 조사는 달마 대사이고 그가 서쪽 인도에서 중국으로 왔기에 그렇게 물은 것이다. 이 질문의 본의는 대사가 그렇게 중국으로 와서 전하고자 한 '불법의 대의'가 무엇이냐는 물음이라는 것에 대체적으로 합의한다. 여러 선어록에서 220회가량 이 질문이 등장한다고 한다. 하도 유명해서 아마 일반인들도 이 선문답은 한 번쯤 들어봤을 것이다. 선승들의 대답은 저마다 다른데 여기 조주의 대답이 가장 유명하다. 그것은 "뜰 앞의 잣나무니라!"라는 마음에 콕 박힐 정도로 간명직절한 대답에 고전적인 품위가 있고, 전광석화 같은 기발함이 있고, 깊은 사유를 요할 정도로 질문과 대답 사이가 떨어져 있고, 무엇보다도 현재 눈앞에 생생하게 펼쳐진 장면처럼 활발발하기 때문이다.

　아마 책을 읽었거나 다른 사람에게 얻어들은 초조 달마까지를 거론하며 불법의 대의에 대해 야심차게 질문을 한 스님에게는, 그야말로 엉뚱한 난센스같이 여겨지는 스승의 대답이 성에 차지 않은 모양이다. 대답을 듣자마자 "화상께서는 경(境)으로 보여주지 마십시오." 하고 강력하게 말한다. 여기서 '경(境)'은 인식대상을 가리키는 산스크리트어 '비사야(visaya)'의 번역어로 흔히 '경계'라고도 한다. 그러니까 "제자는 잣나무를 자신의 마음과는 무관하게 뜰 앞에 존재하는 객관적인 사물로 이해하고"(강신주, 『매달린 절벽에서 손을 뗄 수 있는가?』 있는 것이다. 조주는 대답한다. "나는 경으로 보여주지 않는다." 스승 조주의 대답엔 잣나무를 자신의 마음 밖의 사물로 인식하는 게 아니라 마음과 활발발하게 교감하고 있는 하나의 살아 있는 실존으로 보고 있다는 뜻이 내포되어 있는 것이다.

그러자 스님은 스승으로부터 다짐을 받았으니 이제야말로 자기의 성에 차는 대답을 들을 수 있으리라는 기대로 다시 묻는다. "무엇이 조사가 서쪽에서 온 뜻인가요?" 스승은 촌각도 주지 않고 대답한다. "뜰 앞의 잣나무니라!" 처음과 똑같은 대답을 한 것이다. 똑같은 대답에 대오했다는 뒷이야기가 없는 걸로 보아 아마 제자는 무기의 오리무중 속에 빠졌을 것이라 짐작된다. 하지만 스승은 분명하고도 단호하게 말했다. 뜰 앞의 잣나무라고!

아마도 조주는 제자와 선문답을 나누고 있는 선원 뜰에 생생하게 서 있는 잣나무를 늘 봐왔을 것이다. 봄여름가을 키는 자라고 갈비 떨구어 낸 자리엔 새잎을 틔워내면서도 늘 푸르게 거기 서 있는 잣나무를 바라보며 서로 교감했을 것이다. 그러기에 조주가 통찰한 불법의 대의는 뜰 앞의 잣나무라는 것, 늘 도반 삼아 교감해왔던 잣나무라는 존재의 여여함이라는 것, 사시사철 변하는 제행무상을 따르면서도 푸르고 성성한 정진을 멈추지 않는 잣나무라는 것, 이는 어쩌면 조주가 잣나무이고 잣나무가 조주인 불이(不二)의 세계로서의 잣나무라는 것이다. 이렇게 한 뜰에서 잣나무와 조주의 '존재 그대로의' 수행만큼 불법의 대의를 제대로 드러내는 게 어디 있으랴. 선문답은 대개 제자의 진지한 질문에, 대화가 벌어지고 있는 '지금 여기'의 일상적 사물을 들어 직관적 통찰을 보여주는 스승의 답으로 구성된다. 오늘 근본적인 질문을 퍼붓는 제자를 당하여 조주가 한 대답엔 그래서 선원 뜰 앞의 잣나무가 시절 인연의 지혜와 함께 통찰의 마음에 전광석화처럼 임한 것이다.

하지만 사람들은 소유적 실존양식에 빠져 살기에 뜰 앞의 잣나무가 보일 리가 없다. 그 잣나무가 좀 더 크면 잘라서 팔아야겠다는 생각을 한다면 그 청청한 '나무수도승'이 보일 리가 없다. 까짓 그 나무가 무슨 대수이기에 불법의 대의를 구현하고 있다고 하는 것인가 하고 조주 스님의 대답을 엉뚱한 농담쯤으로나 여긴다면 그에게 깨달음은 일천제만큼이나 멀 것이다. 깨닫지 못하는 중생은 사람과 나무, 불심과 중생심을 차별하지만 깨달은 사람은 만법은 하나라는 진실을 안다. 모든 존재는 연기법과 일체개공으로 하나라는 사실을 안다. 이런 깨달음은『유마경』의 불가사의 해탈 법문에서 말하고 있는 것처럼, 수미산이 겨자씨에 들어가고 사해의 바닷물이 한 터럭의 구멍 속으로 들어간다. 사량 분별로는 파악할 수 없는 경지이다.

3

산에는 꽃 피네

꽃이 피네
갈 봄 여름 없이
꽃이 피네

산에
산에
피는 꽃은
저만치 혼자서 피어 있네

산에서 우는 작은 새여
꽃이 좋아
산에서
사노라네

산에는 꽃 지네
꽃이 지네
갈 봄 여름 없이
꽃이 지네

— 김소월, 「山有花」

    김소월(1902~1934)의 시 「山有花」는 「진달래꽃」과 함께 쌍벽을 이루는 시이다. 「진달래꽃」이 인간사에서 가장 핵심적인 문제인 만나고 헤어지는 사랑의 시절인연에 대한 아픔과 슬픔을 노래한 시라면, 「山有花」는 존재의 의미와 그 물음에 대한 잔잔한 대답 같은 시이다.

"산에는 꽃 피네/꽃이 피네/갈 봄 여름 없이/꽃이 피네" 가을엔 산국화, 봄에는 진달래, 여름에는 들장미가 계절 따라 핀다. 이처럼 우주의 조화, 자연의 순리를 거스르지 않는 꽃들의 피고 지는 일은 늘 여전함으로 "산에/산에" 반짝인다.

그런데 "산에/산에/피는 꽃은/저만치 혼자서 피어 있네"라고 시인은 말한다. 여기서 꽃이 '저만치 혼자서' 피어 있다는 것은 어떤 하나의 꽃이 다른 꽃들과 떨어져서 홀로 외롭게 피어 있다는 것처럼 읽힌다. 모든 존재는 삶과 운명 앞에서 '단독적 실존'으로 설 수밖에 없다는 생각을 전제한다면 말이다. 그런데 여기서 꽃을 세상 속의 인간으로 유추한다면, '저만치 혼자서' 피어 있다는 것은 소유적 실존양식이 지배적인 현실 속에서 조금은 떨어져 자기 존재의 고고(孤高)한 의미를 독립적으로 구현하고 있다는 뜻으로 읽을 수도 있겠다.

하지만 아무리 홀로 높고 외로운 그 어떤 존재라도 시절 인연에 따른 만남과 헤어짐, 생성과 소멸은 피할 수 없다. 누구나 인드라망처럼 얽힌 관계성 속에 존재하기 때문이다. 아니나 다를까 그렇게 '저만치 혼자서' 피어 있는 꽃을 좋아하는 존재가 나타난다. '산에서 우는 작은 새'다. 그 새는 꽃이 좋아 산에서 산다고 한다. 이러한 새에게 꽃이 반응하지 않으리라고는 누구도 상상하지 못할 것이다. 왜냐하면 많은 시에서 새와 꽃, 혹은 꽃과 새는 한자리에 등장한다. 가령 '꽃 피고 새 우는 봄이라네'라는 관용구나 여러 화조도(花鳥圖)에서도 보듯 꽃과 새는 항상 서로 얽혀 있는 존재로 표현되는 것이다.

물론 그것은 인간의 생각이지만, 실제로 새가 이 꽃 저 꽃에게서 꿀을 따며 그 날개나 몸에 꽃가루를 묻혀 암꽃에 옮겨주는 생식의 역할, 혹은 사랑의 메신저 역할을 하기도 한다. 모든 새가 꽃의 꿀을 따는 것은 아니지만 많은 새가 꽃의 생식을 돕는다. 꽃은 움직이지 못하기에 새의 역동적인 모습을 동경하고, 유목에 지친 새는 꽃의 정적인 안정을 꿈꿀 수도 있다고 생각하는 것은 시인의 생각일지라도 꽤 그럴듯한 상상의 소산이다.

피는 꽃은 항상 그 속에 지는 것을 내포하고 있다. 꽃이 피고 지는 일은 하나의 일이지 둘이 아니다. 그래서 "산에는 꽃 지네/꽃이 지네/갈 봄 여름 없이/꽃이 지네"라고 시인은 마지막 구를 맺는다. 꽃 피는 일 따로 있고 꽃 지는 일 따로 있는 것이 아니라 반딧불이 반짝거리며 빛과 어둠 혹은 생성과 소멸을 변주하듯, '지금 여기'라는 시공간 속에 놓인 모든 존재는 늘 변하므로 실체가 없기에 다만 꽃도 피고 지는 것일 뿐이다. 우리는 꽃이 피고 지는 그 화려한 찰나나마 조용히 즐기면 되는 것이다. 그것이 조사서래의이다.

제25화

평상심이 도다
— 황동규, 「버클리풍의 사랑노래」

1

『노자』 1장에 "도를 도라고 말하면 늘 그러한 도가 아니다(道可道 非常道)."라는 말은 동서고금에 빛나는 문장 중 하나다. 이를 도올 김용옥은 도를 도라고 말하는 것은 시시각각 변하지 않을 수 없는 도를 우리의 고정 관념 속에 넣어 마치 영원불변의 실체로 여기는 그런 것이 아니라는 뜻으로 해석한다. 동양인에게 '불변'이라는 개념은 존재하지 않으며 '영원'이라는 것은 '변화의 지속'일 뿐이라는 것이다. 그런데도 우리는 불변의 실체도 아닌 것을 늘 개념화하여 이름 붙이기를 애써 한다. 하지만 "이름을 이름지우면 늘 그러한 이름이 아니다(名可名 非常名)." 모든 사물에는 이름이 있다. 그 이름은 곧잘 고착화해버린다. 그리고 그렇게 고착화한 이름은 늘 무반성적, 무비판적으로 사용된다.

젊은 날에 노동판에서 단 2년 '노가다'를 할 때 등단해서 그 후 40년 동안 왕성하게 문학 활동을 하며 시집, 산문집을 10여 권이나 낸 사람에게 아직도 '노동시인'이라고 부른다. 그 이름의 실체는 끊임없이 변화해 왔는데 애초에 노동시를 썼다는 고착화 된 관념으로 말하고 평가한다. 그리고는 그의 노동시는 투박해도 진정성이 있더니 요새 시는 세련은 된 것 같은데 너무 어려워져 읽을 수가 없도록 변했더라는 것이다. 물론 여기서 변했다고 말하는 것은 '변질됐다'는 뜻이다. 평가자는 그가 늘 노동시인이어서 자기 평가 아래 있기를 바라는 것이다.

인류는 역사 이래 도, 진리, 불법, 아트만, 하느님, 극락, 천국 등 도와 관련된 많은 이름을 만들고 거기에 집착해 왔다. 요사이 세상을 소란하게 하는 새천지, 마음하늘수련, 계룡산이니 하는 것들도 무슨 비법의 도인 양 사람들을 끌어모은다. 대명천지 문명 세상이라고 하는 오늘날에 되레 헛된 이름을 붙인 도들이 너무 많이 출현하고 사라진다. 도와 진리를 갈구하는 사람이 많이 늘어났다는 것은 세상과 마음의 황폐화로 인한 긴박하고 절박해진 절체절명의 사람들이 그만큼 늘어났다는 것이다.

『임제록』에서 임제는 이렇게 설파한다. "불법은 특별한 작용이 있는 것이 아니다. 다만 평상시에 번뇌 망념의 일없이 무사한 것이다. 대소변을 보고, 옷 입고, 밥을 먹고, 피곤하면 자리에 눕는 것이다. 어리석은 사람은 이러한 것을 비웃겠지만 지혜 있는 사람은 이 도리를 알 것이다. 옛사람이 말하기를 '밖을 향해 공부를 하는 것은 모두 어리석은 녀석이다.'라고 하였다. '처한 곳에 따라 주인이 된다면 자신이 있는 그곳이 그대로 모두 진실의 세계가 된다(隨處作主 立處

皆眞).' 어떠한 경계가 닥쳐와도 이를 바꿀 수가 없다. 비록 종래의 습기와 무간지옥의 업보가 있을지라도 그대로 해탈의 큰 바다가 된다."

오늘날 수행자들이 불법의 안목을 체득하지 못하여 마치 눈먼 염소가 코에 닿는 물건을 모두 입안에 집어넣는 것과 같다는 것이다. 불법의 안목이 막히니 자기가 주인이면서 주인인 줄을 모르고 이 경계 저 경계에 기웃거리며 헛된 것에 헛된 이름이나 마구 붙이고 다니는 것이다. 하지만 자기가 처한 곳에 따라 주인으로 산다면 자신이 자리한 그곳이 그대로 모두 진실의 세계가 된다. 해탈이 밖에 따로 있는 것이 아니다.

어느 매거진에서 보았는데, 신심 깊은 과학자들 500여 명이 고도의 천체 망원경으로 지금도 매일 '천국'을 찾고 있지만 아직도 발견하지 못하고 있다는 기사였다. 천국을 '마음의 평안' 정도의 비유로 생각지 않고 장소(place) 개념으로 인식하는 사람들이니 어쩌겠는가. 『노자』 11장엔 "있음이 가치가 있는 것은 없음이 기능을 하기 때문이다(有之以爲利 無之以有用)."는 말이 있다. 이 말을 이렇게 해석해 보자. 도가 가치가 있는 것은 도가 없기 때문이다, 라고. "용구거사는 실로 가련하다/밤새 '공'과 '유' 말하다가/문득 부인의 사자후 듣고/지팡이 놓치며 아찔해 한다." 소동파가 독실한 불교 신자인 진계상(용구거사)에게 보낸 편지에서 그의 부인 하동유씨의 고함을 사자후로 표현해 놓았다. 밤새 이름 붙이고 논하는 이론이 부인의 꽥 지르는 소리만도 못하다는 이야기다. 만법을 있는 그대로 보아야 한다.

2

조주 스님이 남전 스님에게 물었다.
"무엇이 도(道)입니까?"
남전이 말했다.
"평상심이 도다(平常心是道)."
"그렇게 하면 알아차릴 수 있겠습니까?"
"하려고 들면 어긋난다."
"하려 들지도 않고 어찌 도를 알겠습니까?"
"도란 알고 모르고에 속하지 않는다. 안다고 하는 것은 헛된 망각이요, 모른다고 하는 것은 무기(無記)다. 만일 참으로 의심할 것도 없는 도를 통달한다면 마침내 허공과도 같이 툭 트여서 확연한 것이니, 어찌 애써 시비를 가리겠는가?"
조주 스님이 언하에 깊은 뜻을 깨달으니 마음이 밝은 달과도 같았다.

- 「조주록」

조주 종심 선사는 당나라 말기의 스님으로 가섭 존자와 같이 120살을 살았다. 그는 매일 탁발을 하며 수행 공덕을 쌓고 제자들을 가르친 두타의 삶을 살았다. 그는 일생 동안 무엇을 해 보겠다는 생각을 하지 않았다고 한다. 선종의 경우 마조 대사 이후 선사들은 하나같이 '평상심시도'라는 화두를 설파하는 데 일생을 보냈다 해도 지나치지 않다. 마조의 평상심시도를 계승해서 발전시킨 선사들은 법제자인 남원 보원, 대주 혜해와 법손인 조주 종심, 임제 의현이 손꼽힌다. "도는 닦아 익힐 필요가 없다. 오직 더러움에 물들지만 않으면 된다. (…) 나고 죽는 생각을 염두에 두고 일부러 별난 짓을 벌이는 것을 바로 더러움에 물든다고 하는 것이다. 단번에 도를 이루고 싶은 생각이 있는가? 평소의 이 마음이 도이다, 평상심이란 어떤 마음인가? 일부러 꾸미지 않고(無造作), 이러니저러니 가치 판단을 하지 않으며(無是非), 마음에 드는 것만을 좋아하지도 않고(無取捨), 범과 성을 분별하지 않는(無凡聖) 마음을 가리킨다."(『마조어록』)

마조가 설파한 평상심시도 법문으로 아주 평이하다. 도는 수행을 통해 닦을 필요가 없다는 선사상은 당시로서는 충격적이고 혁명적인 것이었다. 종래의 경전 공부와 수행에 비해 아주 새로운 것이었다. 이 법문으로 조사선의 '도불수용론(道不修用論)'이 나와 많은 폐단을 불렀지만 평상심에 대한 사량 분별을 했기 때문이다. 선종의 4구게는 교외별전·불립문자·직지인심·견성성불이다. "경전을 떠나 전해오는 바, 언어문자에 의존하지 않고, 곧바로 사람의 마음을 가리켜, 자성을 보고 깨쳐 부처가 된다."는 것이다. 이보다 더 자명한 진리가 어디 있는가. 다시 말하면 범소유상(凡所有相) 개시허망(皆是虛妄) 약견제상비상(若見諸相非常) 즉견여래(卽見如來), 곧 "모든 것은 허망하니 모든 현상을 현상 아닌 걸로 알면 즉시 여래를 보게 된다."

도, 진리, 다르마(dharma), 성제 제일의라 불리는 불법은 무엇인가? 평상심이다. 평상심이란 근원적인 우리들의 본래의 청정심이며, 진여자성, 불성을 의미한다. 번뇌 망념이 없는 무심이다. 평상심은 영어로 one's everyday mind이다. 일상(日常)의 마음이다. 우리가 자연스레 하루하루를 살아가는 것이 도이다. 밥 먹고 일하고 사랑하고 잠자는 일들 하나하나가 불법 아닌 것이 없다. 다만 하려고 들면 어긋난다. 조작하고 시비하고 취사선택하고 중생과 보살을 나누면서 세상의 재물과 권력과 성욕에 집착하면 어긋난다는 것이다. 더구나 도란 지(知)와 무지(無知)의 문제가 아니다. 안다고 하면 분별심에 의한 헛된 착각이고, 모른다고 하면 어리석고 무식함이다.

『육조단경』에 의하면 "불법은 원래 세간 속에 있다(法元在世間)."고 했다. 노장도 "진리는 존재하지 않는 곳이 없다(道無所不在)."고 했다. 이 평상심시도는 난해하고 복잡한 불교 교리체계를 매일매일의 평범한 일상사로 해방시켰다. 무심한 가운데 자연의 운행질서를 따라 살고, 우리가 숨 쉬고 밥 먹으며 살아가는 일상의 삶 그 자체가 도인 것이다.

3

내 그대에게 해주려는 것은
꽃꽂이도
벽에 그림 달기도 아니고
사랑 얘기 같은 건 더더욱 아니고
그대 모르는 새에 해치우는
그냥 설거지일 뿐
얼굴 붉은 사과 두 알
식탁에 얌전히 앉혀 두고
간장병과 기름병을 치우고
수돗물을 시원스레 틀어놓고

> 마음보다 더 시원하게,
> 접시와 컵, 수저와 잔들을
> 프라이팬을
> 물비누로 하나씩 정갈히 씻는 것.
> 겨울 비 잠시 그친 틈을 타
> 바다 쪽을 향해 우윳빛 창 조금 열어 놓고,
> 우리 모르는 새
> 언덕 새파래지고
> 우리 모르는 새
> 저 샛노란 유채꽃
> 땅의 가슴 간질이기 시작했음을 알아내는 것
> 이국 햇빛 속에서 겁 없이
>
> — 황동규, 「버클리풍의 사랑노래」

    황동규의 시 「버클리풍의 사랑노래」는 시인이 미국 버클리에서 체류할 때 쓴 시이다. '버클리풍'이라고 하니까 특별히 버클리 사람들의 풍습이나 삶의 방식을 따라 시를 썼다기보다 그곳에서 삶과 사랑을 새롭게 깨치며 썼다는 의미 정도로 받아들이면 될 것 같다. 오랫동안 유교적 가부장 지배 문화에 깃든 한국에서 잠시 벗어나 이국 생활을 하다 보니 외롭고 막막함 속에서 늘 함께해 온 아내에 대한 사랑의 감정이 새롭게 들었을 것이다. 그동안 아내는 자신의 모든 생활을 유명한 시인이자 국립대학교수인 그의 삶에 맞춰 묵묵히 순종하고 인내하며 헌신으로 일관해 왔으리라는 것은 누구도 짐작할 수 있다. 그런 아내가 시인의 일 때문에 타국에 함께 체류하는데 그곳에 와서도 '나'의 일거수일투족을 챙겨주는 것이 너무도 고맙다. 그래서 새로운 사랑의 마음을 고백하고 싶은 게 이 시로 현실화한 것이다.

그런데 이제는 격정의 나이도 지났다. 그러니 '당신을 영원히 사랑하겠습니다'라는 고백 따위는 더는 할 수 없다. 사랑의 격정에 사무칠 때는 하늘의 별이라도 따다 바치겠노라고 고백하고, 죽을 때도 한 날 한 시에 손잡고 죽자고 맹세하지만 그런 고백과 맹세의 부질없음은 이미 알고 있는 일이다. 더구나 사람은 나이가 들게 되면 '영원' 쪽으로 생각이 기울 것도 같지만, 오히려 '하루하루'의 시간들과 그 일상이 더 소중하게 느껴지게 된다. 그걸 잘 아는 시인도 "내 그대에게 해주려는 것은/꽃꽂이도/벽에 그림 달기도 아니고/사랑 얘기 같은 건 더더욱 아니고/그대 모르는 새에 해치우는/그냥 설거지 일 뿐"이라고 한다.

여기서 꽃꽂이나 벽에 그림 달기도 일상적인 일이다. 하지만 설거지는 일상 중에서도 가장 직접성을 띤 일이다. 꽃꽂이나 그림 달기는 해도 되고 안 해도 되는 꾸미는 일이지만, 설거지는 생존을 위한 식사의 뒤처리다. 주부들에게는 가장 고역스러운 일상의 본래 얼굴이라고 할 수 있는 일이다. 이렇게 직접적이고 본래성을 띤 일상의 고역을 그대 모르는 새에 가만히 해치우는 것이 '나'의 새로운 사랑 얘기라는 것이다. 그 설거지라는 것은 어떤 것인가. "얼굴 붉은 사과 두 알/식탁에 얌전히 앉혀 두고/간장병과 기름병을 치우고/수돗물을 시원스레 틀어놓고/마음보다 더 시원하게,/접시와 컵, 수저와 잔들을/프라이팬을/물비누로 하나씩 정갈히 씻는 것."이다.

'얼굴 붉은 사과 두 알' 같은 사랑의 마음이 가득하니 고역스런 설거지를 해도 마음이 시원하다. 그 마음보다 더 시원하게 수돗물을 틀어놓고 간장병과 기름병을 치우고 접시와 컵, 수저와 잔들, 프라이팬을 물비누로 하나씩 정갈하게 씻는다. 이것이 설거지다. 나도 아내의 직장 때문에 결혼 이후 줄곧 혼자 살림을 해 오는데 무엇보다도 밥 먹고 설거지하는 일이 제일 싫고 고역스럽다. 그래서 오래전부터 설거지물이 많이 나오지 않도록 밥과 김치와 반찬 한 가지 외에는 식탁에 올리지 않는다. 고기, 생선 등 굽고 볶는 탓에 식용류와 세재를 써야 하는 음식은 집에서는 먹지 않는다.

생전 하지 않던 새로운 사랑의 방식인 '아내 몰래 설거지를 해치운 일'을 시원스레 하고 나서 "겨울 비 잠시 그친 틈을 타/바다 쪽을 향해 우윳빛 창 조금 열어 놓고" 보니 "우리 모르는 새/언덕 새파래지고/우리 모르는 새/저 샛노란 유채꽃/땅의 가슴 간질이기 시작했음을" 알게 된다. 아니 지금껏 무심코 지나왔던 그러한 것을 새롭게 "알아내는 것"이 사랑이라는 것을 깨닫게 된다. "이국 햇빛 속에서 겁 없이." 이는 결국 유교적 가부장 문화가 지배적인 한국에서라면 남의 눈치가 보여서라도 함부로 할 수 없는 일을 외국에 나오니 '겁 없이' 할 수 있더라는 얘기다. 이는 일상 속에서의 평상심을 깨친 그야말로 '겁 없는' 사랑 이야기이다.

제26화

지극한 불도는 어려움이 없다
― 정현종, 「바보 만복이」

1

　선적 세계를 잘 드러내는 대표적인 그림이 십우도(十牛圖)이다. 선종에서 소의 묵묵한 노동력과 힘 있는 생명력에다가 오로지 한 길 깨달음을 향해 정진하는 납자(衲子)들의 본분사(本分事)를 의탁한 그림이다. 대지에 발을 딛고 논밭을 갈며 사는 소는 바로 행주좌와 어묵동정의 일상 그대로 청정한 진리를 찾아 헤매는 선사들의 마음을 상징한다. 그래서 깨달음의 대의를 소를 통해 시각화한 것이 십우도인데, 진리를 찾아 불도를 이루는 일이 그만큼 어려운 과정을 거쳐야만 가능하다는 것을 생생하게 보여준다. 가장 보편적인 그림은 12세기 송대 곽암 선사가 게송으로 정리한 것으로, 아래는 요코야마 고이츠의 저서 『십우도, 마침내 나를 얻다』를 참조하여 간명하게 정리한 십우도에 대한 글이다.

십우도의 제1은 심우(尋牛)이다. 도망친 소를 찾아서 우거진 수풀을 헤치고 그 자취를 찾는다. 인생은 왜 사는가, 나는 누구이며 나의 본성은 무엇인가, 하는 등의 진리를 찾기 위해 원력을 일으키는 단계이다. 근세 철학의 시조인 데카르트는 스무 살이 넘자 그때까지의 학문 방법에 의문을 품고 모든 지식의 내용을 의심해 보기로 결심했다. 이것을 '방법적 회의'라고 불렀는데 진리에 육박하기 위한 의도적인 의심이다. 이 의심은 칼 야스퍼스가 인간 존재의 '한계 상황'이라고 부른 "죽음을 피할 수 없고 고통을 겪지 않을 수 없으며 싸우지 않을 수 없는 상황, 혹은 우연의 손에 맡겨져 있고 '불가피하게 죄에 빠져드는' 상황"(『철학이란 무엇인가』)에까지 이르러야 한다. 목숨을 걸고 감행한 일생일대의 궁구에 첫발을 디딘 것이라면 이쯤은 되어야 한다.

제2는 견적(見跡)이다. 소를 찾을 실마리가 되는 발자국을 본다. 그 발자국을 보고 소가 어디에 있는지 대강 짐작해 보는 단계이다. 여기서 소 발자국은 경전이나 논서에 쓰여 있는 각종 내용이다. 진리란 무엇인가, 어떻게 하면 진리에 도달할 수 있는가를 설한 가르침이다. 이를 통해 삶의 의미가 무엇인가, 참된 자기가 어떤 존재인가를 어렴풋이 보게 된다. 가령 불교 경전에서 "모든 법은 무아이다." "나와 타자는 둘이 아니다." "나와 만물의 뿌리는 같다."는 구절들을 대할 때 확실치는 않지만 내가 그런 존재일까, 하는 생각을 갖게 된다. 하지만 언어의 노예가 되어서는 안 된다. 선가에서 불립문자 교외별전을 말하는 것이나, 비트겐슈타인이 "말할 수 없는 것에 대해선 침묵해야 한다."는 말 등은 진리란 결코 언어로 파악될 수도 표현할 수도 없다는 것을 우리에게 가르쳐준다.

제3은 견우(見牛)이다. 소의 발자취를 따라 찾아 들어가 드디어 소를 발견하게 된다. 여기서 본다는 것은 견해 혹은 의견을 갖는다는 뜻이 있다. '본다'는 의미가 있는 영어 view는 견해에 해당하는 말이고, 독일어로 '본다'를 의미하는 ansehen에서 유래한 Ansicht도 견해라는 의미가 있다. 그래서 본다는 것은 사물의 고찰방식을 의미한다. 아리스토텔레스는 인간의 지능 활동을 첫째 만드는 것, 둘째 생각하는 것, 셋째 보는 것으로 나누었는데 그중 보는 능력을 인간의 능력 중에서 가장 탁월한 것으로 쳤다. 여기서 보는 것은 '진리를 본다.'는 것이다. 불교적으로는 탐진치 삼독에 물들어 있는 자기, 무상과 고와 무아의 존재인 자기 본래 모습을 본다는 것이다.

제4는 득우(得牛)이다. 정신을 집중하여 소를 잡았으나 날뛰는 소를 뜻대로 다루지는 못하고 산속으로 구름 속으로 헤매며 채찍을 가한다. 이런 날뛰는 마음을 길들여서 참된 자기를 밝히는 단계가 득우이다. 물론 여기에선 난폭한 소를 잡아매는 고삐가 중요한데, 참된 자기를 인식하는 고삐는 구체적으로 무엇인가. 불교적 관점으로 말하면 이 고삐를 계·정·혜 삼학이라고 말할 수 있고, 요가에서 지(止, 사마타)와 관(觀, 위빠사나)의 수행이라고 할 수 있다. 이런 고삐들을 통해 죽음을 향해 가는 인간 존재의 엄혹한 문제로부터 눈을 돌린 채, 하이데거의 말대로 쓸데없는 잡담이나 호기심이나 애매함의 일상 속에 매몰되어 살아가는 '세인(世人, das Man)'의 상황과 마음을 극복해야 한다.

제5는 목우(牧牛)이다. 소에 코뚜레를 하여 채찍이 아니더라도 사람을 잘 따르기에 이르렀다. 거친 마음을 뜻대로 길들여 자신의 있는 그대로를 대면한다. 하지만 심층에 잠들어 있는 번뇌는 수시로 출몰한다. 유식 사상에 "현행(現行)을 조복(調伏)하고, 종자를 끊고, 습기(習氣)를 버림으로써 처음으로 번뇌의 종자를 없애게 된다."는 말이 있다. 현행을 조복한다는 것은 구체적인 여러 마음 활동을 항복시켜 가령 분노 같은 것을 억제한다는 말이다. 그러나 심층에서 일어나는 분노의 종자, 곧 분노의 가능성이라는 근원을 끊지 않고는 안 된다. 게다가 홀연히 깨달음을 얻었다 해도 지금까지 살아온 폐습이 몸과 마음에 남아 있어 습관적으로 행하게 되는 행위까지 끊지 않으면 안 된다. 신라의 김유신이 자기의 마음 다짐과 상관없이 기생집으로 향하는 말의 머리를 잘라버린 것처럼.

제6은 기우귀가(騎牛歸家)이다. 소를 타고 하늘 향해 피리를 불며 집으로 돌아온다. 인생의 깨달음을 얻어 경험이나 관념에 얽매이지 않는 있는 그대로의 모습으로 사는 모습이다. 여기서 소를 탔다는 것은 진리와 한 몸이 되었다는 뜻이다. 현대과학은 토성의 고리가 한 겹이 아니라 여러 겹이라는 사실을 알아냈다. 우리 마음도 표층 심리인 안식·이식·비식·설신·신식의 감각과 의식인 사고부터, 심층 심리인 말나식과 아뢰야식까지 있다. 이 아뢰야식은 근본의 마음이고 여기엔 선과 악의 종자, 언어와 현상을 일으키는 명언종자, 미래 세상을 결정하는 업종자, 깨달음을 낳는 본유종자, 새롭게 뿌리 내린 신훈종자 등 다양한 종자들이 모여 있다. 이런 심층 심리의 존재 방식에까지 자기의 진면목을 꿰뚫었다는 것이다. 그래서 목동이 소를 타고 피리를 분다는 것은 자기의 진면목을 깨달았을 때 마음의 근저에서 일어나는 대 환희를 맛보고 즐긴다는 것으로, 진리를 깨달은 마음의 선열인 것이다.

제7은 망우존인(忘牛存人)이다. 소를 타고 집에 돌아오니 소는 사라지고 사람만 한가롭다. 달은 구름을 벗어나고 한 줄기 서늘한 빛이 영겁의 밖을 비춘다. 깨달음을 얻은 후 그것마저 잊은 평안해진 상태에서 모든 것이 자유자재하다. 임제 선사 열반송의 마지막 문장에 나오는 "취모검을 쓰고 나선 급히 다시 갈아야 한다(吹毛用了急還磨)."는 말이 있다. 진리를 깨닫고 나서 그 깨달음에 취해 있으면 어느새 진리의 고착화가 일어난다. 깨달은 뒤 사람이 한가로운 것은 평안함과 열반적정의 고요를 누리며 일체 대상에 대한 걸림 없이 자유자재하다는 것이다. 그러나 마음은 항상 깨어 있어서 깨달음의 고착화에 대응해야 된다.

제8은 인우구망(人牛俱忘)이다. 소도, 소를 몰던 채찍도 소용없고, 사람마저 텅 비었다. 백 가지 새가 꽃을 물어오니 한바탕 웃음이다. 깨달음의 진면목이 펼쳐지는 새로운 세상이다. 붓스트랩 모델 이론에 의하면 "우주는 상호 관련된 사건의 다이내믹한 직물(織物)이며 모든 입자는 다른 모든 입자로부터 구성되어 있다고 한다. 이것은 개체가 전체이고 전체가 개체라는 것이니, '하나가 곧 일체(一卽一切)'라는 상즉상입의 논리에 해당한다. 그래서 도겐 선사는 "모든 존재로부터 자신이 증득되는 것이다."라고 말한다. 여기서 소건 채찍이건 그것을 다루는 목동마저 사라지고 순백의 커다란 원 하나가 그려질 수밖에 없다. 불교가 설하는 공(空)이라는 궁극적 진리를 순백의 원으로 상징화시키고 있는 그림인데, 그래서 이 그림을 공일원상(空一圓相)이라고도 한다. 일원상은 불교의 근본적인 진리가 총체적으로 담겨 있는 크나큰 마음그릇이다. 이 마음그릇이 충만하니 세상은 깨달음의 진면목이 펼쳐지는 화엄 세상이다.

제9는 반본환원(返本還源)이다. 본래 청정하여 한 티끌의 미혹함도 없으니 어찌 닦음을 더하랴. 청풍명월의 암자에 앉아 암자 이전이 무엇인가 보지 않아도 물 절로 잔잔하고 꽃 절로 붉다. 본래의 근원으로 돌아와서, 있는 그대로의 상태인 자연에 도달해 있는 마음이다. 사실 지금까지 진리를 찾아 여기까지 온 것은 모두, 인공(人工)의 일이었다. 인간의 공부, 작위, 의도에 의한 진리 찾기였다. 그 진리 찾기를 통해 마침내 산 절로 물 절로 산수 간에 나도 절로인 무위자연에 도달한 것이다. 그 속에서 참다운 자유인이 된 것이다. 모든 것에서의 자유, 모든 것으로부터의 자유, 모든 것을 향한 자유를 얻었다. 정치적, 경제적, 도덕적, 종교적인 것으로부터 자유를 얻었다. 근원적인 의미에서의 자유, Sein으로서의 자유를 얻었으니 그것이 자연인이다. 여기서는 화안애어 즉 온화한 얼굴과 사랑의 말로써 타자를 접하는 가장 이상적인 삶의 방식만이 통한다.

 제10은 입전수수(入纏垂手)이다. 표주박을 차고 거리에 들어 집집마다 다니며 사람들과 더불어 사는 가운데 성불한다. 이는 깨달음을 얻은 후 세상 속으로 회향하여 하화중생의 삶을 산다는 것이다. 지금까지 진리를 찾아 용맹 정진하여 마침내 깨달음의 백척간두에서 홀로 유유자적, 독락의 기쁨과 즐거움을 누렸다. 물론 그 백척간두는 자연도 좋고 무릉도원도 좋고 그 어떤 낙원이라 해도 좋다. 하지만 언제까지 그 독락의 즐거움에만 빠져 있을 것인가.『무문관』제46칙에서는 "백 척의 높은 장대 끝에 앉아 있는 사람이라도 아직 올바른 불법을 체득한 것이라고 할 수 없다. 백 척의 장대 끝에서 반드시 한 걸음 더 걸어가서 시방세계에 자기의 전신을 드러내야 한다(百尺竿頭 進一步 十方世界 現全身)."고 말하고 있다. 백척간두 위의 독락에서 대사일번(大死一番), 곧 크게 한번 몸을 날리는 죽음으로 세상에 자기의 전신을 안착시켜야 한다. 이것을 회향(回向)이라고 한다. 소를 찾는 목동의 최종 목적이 위로는 보리를 구하고 아래로는 중생을 사랑하는 일에 있음을 누가 모르랴.

2

조주 화상이 시중에서 법문하였다.
"깨달음은 조금도 어렵지 않다. 오직 간택을 피하면 된다(至道無難 唯嫌揀擇). 조금이라도 말이 붙으면 이것이 간택(揀擇)이고 명백(明白)이다. 노승은 명백 속에 있지 않다. 그런데 오히려 그대들은 지키고 아끼는가?"
그 때에 어떤 스님이 질문했다.
"이미 명백 속에 있지 않은데 무엇을 지키고 아낀다는 말입니까?"
조주 화상이 말했다.
"나 역시 모른다(我亦不知)."
스님이 말했다.
"화상께서 모르신다면 무엇 때문에 명백 속에 있지 않다고 하십니까?"
조주 화상이 말했다.
"물어서 알았으면 절하고 물러가게!"

— 『벽암록』 제2칙

이 공안은 조주 화상이 3조 승찬 대사의 『신심명』의 일절을 인용하여 행한 대중 설법이다. 서두의 십우도는 불도를 성취하는 것의 어려움에 대해 10가지 관문을 제시하고 각 그림마다 공부하고 수행해야 할 과제를 부여한다. 그런데 이 공안에서는 지극한 도 곧 궁극의 깨달음은 조금도 어렵지 않다고 한다. "깨달음은 조금도 어렵지 않다. 오직 간택을 피하면 된다(至道無難 唯嫌揀擇)."는 것이다. 간택이란 취사선택을 말한다. 취하고 버리는 마음이 있으면 지극한 도는 양변(兩邊) 즉 변견(邊見)에 떨어져 중도의 바른 견해를 모르게 된다. 양변이나 변견에 떨어진 것 자체가 분별이나 변별을 했기 때문이다.

하지만 안타깝게도 사람은 "조금이라도 말이 붙으면" 혹은 "말하는 순간" 취사선택에 떨어지기 십상이다. 이 책 제1화에서 밝힌 대로 언어 생성의 기원은 '가름'에 있다. 인간이 자연 속에서 행한 생존에 필요한 초보적인 작업이 '나'와 나 아닌 것, 먹을 수 있는 것과 없는 것, 더운 것과 찬 것, 해로운 사람과 이로운 사람 등으로 세상 만물을 인간의 입장에서 갈라 보고 이를 적과 친구, 음식과 독 등등으로 언어화했기 때문에 지극한 도는 말로써 성취될 바가 아니라는 것이다. 더구나 불도가 마치 명백(明白) 곧 깨달음을 추구하는 것이 그 목적인 양 그걸 기대하는 마음으로 수행하면 이는 깨달음에 대한 집착심이다.

여기서 '명백'은 역시 『신심명』 중 "다만 증애(憎愛)가 없으면 통연 명백(洞然明白)하다."라는 구절에서 나온 말인데, 증애가 없는 것 곧 미워하고 갈애하는 마음을 여의는 것이 명백이라는 깨달음이다. 이보다 더 간명한 명백에 대해 마조는 평상심이 도라고 했고, 육조 혜능도 '마음으로 도를 깨닫는 것'이라고 했다. 어떤 고정된 불도가 있는 것처럼 그 불도를 마음 밖에서 찾아 헤매는 한 수행자는 영원히 불법과는 멀어질 수밖에 없다. 설령 깨달음을 성취했다고 해도 자기가 깨달았다고 하는 순간 벌써 깨달음과 깨닫지 못함이 마치 따로 있는 양 분별을 전제한 것이기 때문에 그건 진정한 깨달음과는 거리가 있다.

깨달음에 안주하려는 마음 또한 중생심에 불과한 것이어서 궁극적으로는 소승에 불과한 수행자일 수밖에 없다. 그래서 조주 화상은 "노승은 명백 속에 있지 않다. 그런데 오히려 그대들은 지키고 아끼는가?"하고 묻는 것이다. 이 말은 '나는 분별심의 중생 세계에도 머무르지 않고 또한 깨달음의 보리 세계에도 머무르지 않는다. 그런데 여러분은 깨달음의 경지를 수행의 목적으로 삼고, 또한 깨달음의 세계에 안주하려고 한단 말이냐?'라는 뜻이다.

그러자 대중 가운데 어떤 스님이 질문했다. "이미 명백 속에 있지 않은데 무엇을 지키고 아낀다는 말입니까?" 깨달음의 경지에 머무르지 않는다면, 무엇을 보호하고 아껴야 할 것이 있느냐는 것이다. 이에 조주 화상이 대답한다. "나 역시 모른다(我亦不知)." 사실 깨달음의 경지에 머물지 않는다고 한 것은 그 깨달음의 경지를 초월한다는 것이 아니라 백척간두에서 다시 몸을 날려 시방세계로 회향해야 한다는 뜻이다. 그런데도 스님은 형이상학적 논리 안에서 탈출하지 못하고 있는 것이다. 깨달음을 얻으면 그 자체를 보호하고 아껴야 할 것이 아니라 그 개인적 상구보리가 대중적 하화중생으로 나아가야 하는 것은 선수행의 기본적 상식이다. 그런데도 이론으로 따지니 '나는 모를 수밖에!'

그러나 스님도 지지 않는다. "화상께서 모르신다면 무엇 때문에 명백 속에 있지 않다고 하십니까?" 이쯤 되면 스님은 논리학에 철저한 사람이라는 걸 알 수 있다. 마치 『장자』 「추수」 편에 나오는 장자와 혜시의 호하다리 위의 대화편에서처럼, 물속 뱅어의 즐거움을 안다고 하는 장자의 말에 "자넨 뱅어가 아닌데 어찌 그놈의 즐거움을 안단 말인가?"하고 논리적으로 따지는 혜시와 같다. 장자는 시적 감수성을 지닌 철학자로써 자신이 만물과 하나 되는 흥취를 토로하고 있는데, 이성적인 논리학자인 혜시는 과학적 지식의 엄밀성을 논리적으로 요구하고 있으니 대화가 통할 리가 없다. 그러니 조주 화상도 스님의 혜시와 같은 질문에 "물어서 알았으면 절하고 물러가게!"라고 일언지하에 자리를 물리친다. 거기서 물러난 스님은 아마도 여전히 이해가 되지 않을 것이다.

3

거창 학동 마을에는
바보 만복이가 사는데요
글쎄 그 동네 시내나 웅덩이에 사는
물고기들은 그 바보한테는
꼼짝도 못 해서
그 사람이 물가에 가면 모두
그 앞으로 모여든대요
모여들어서

잡아도 가만있고

또 잡아도 가만있고

만복이 하는 대로 그냥

가만히 있다지 뭡니까.

올 가을에는 거기 가서 만복이하고

물가에서 하루 종일 놀아볼까 합니다

놀다가 나는 그냥 물고기가 되구요

― 정현종, 「바보 만복이」

 성인(聖人)과 바보의 차이는 무엇일까. 아니 차이보다 같은 것은 무엇일까. 제일 먼저 생각해 볼 수 있는 것이 성인과 바보는 욕심이 없다. 성인은 끝없는 수행 정진과 완벽한 깨달음으로 욕심에서 해탈한 반면, 바보는 애초에 무슨 재물이나 권력이나 명예욕 같은 것 자체를 알지 못한다. 성인은 거친 조밥에 김치 한 조각으로도 만족할 줄 알고, 바보 역시 주면 주는 대로 먹고 스스럼없이 만족할 뿐이다.
 성인은 깨달음을 얻은 뒤엔 원효처럼 남녀노소 빈부귀천을 가리지 않고 세상의 두두물물과 자기를 하나로 생각한다. 그러기에 거지소굴과 홍등가를 가리지 않고 무애행(無碍行, 无涯行)을 자유자재로 행한다. 바보 또한 상대가 잘났거나 못났거나 판단하지 않고 어울리며, 심지어 잘해주거나 구박을 하는 사람도 가리지 않는다. 바보의 가장 좋은 놀이 상대는 모든 미물 짐승들이자 갖가지 초목과 꽃이다.
 성인은 늘 화안애어, 곧 따뜻한 얼굴과 사랑스런 말로 주위를 환하고 조화롭게 한다. 바보는 늘 해해거리며 나타남으로 사람들은 그 앞에서 모든 경계를 풀어놓는다. 프랑스 철학자 엠마누엘 레비나스(1905~1995)는 "타인의 얼굴은 일종의 계시이다. 타인의 얼굴은 나에게 명령하는 힘으로 다가온다. 이 힘은 강자의 힘이 아니라 상처받을 가능성, 무저항에서 오는 힘이다."라고 한다. 여기서 타인의 얼굴은 강자가 아니라 바보와 같이 하릴없는 약자의 얼굴이다. 무력하고 무저항하기에 그 얼굴이 바로 계시다. 세상에서 무력하고 무저항하는 얼굴로 사람들의 모든 경계심과 분별심을 풀어놓는 게 바보와 성인이 아니고 누구던가.

정현종의 시 중 거창 학동 마을에 사는 '바보 만복이'가 바로 성인이다. 그는 그 동네 시내나 웅덩이에 사는 물고기들을 꼼짝도 못하게 한다. 오늘날 BTS 등 연예인을 좋아하는 청소년들처럼 만복이가 물가에 나타나면 너무 좋아서 그 앞으로 모두 모여든다. 물고기들을 피켓 대신 자기들의 반짝이는 비늘로 으쌰으쌰 신호를 보내면서 만복이를 환호하겠지. 그렇게 환호하며 "모여들어서/잡아도 가만있고/또 잡아도 가만있고/만복이 하는 대로 그냥/가만히 있다"는 것이다. 신비로운 일이다. 계시와 같은 일이다. 어떻게 사람과 물고기가 서로 어울릴 수 있는가. 바로 그 사람이 물고기를 잡아서 회를 쳐 먹고 싶은 마음이 전혀 없이 같이 놀고 싶은 마음만 있는 바보이기 때문이다.

서두에서도 얘기했지만 장자는 혜시와 함께 호하 다리 위를 걷다가 발아래 물속을 바라보고는 "뱅어가 유유자적하니, 저놈은 정말 기분이 좋을 걸세!"하고 말한다. 장자도 신비로운 계시와 같은 시적 감수성으로 물속에서 유유자적하게 헤엄치는 뱅어를 보고 저 놈이 필시 기분이 좋을 것이네, 하고 뱅어의 기분까지도 헤아릴 수 있었던 것이다. 그것이 가능할 수 있었던 것은 이미 그 마음에 삿됨이라곤 일체 없이 헤엄치고 잘 노는 물고기와 한마음이 되었기 때문이다. 마치 바보 만복이나 성인처럼.

  그러니 올 가을에는 거창 학동에 가서 거기 만복이하고 "물가에서 하루 종일 놀아볼까 합니다/놀다가 나는 그냥 물고기가 되구요"라고 말하는 시인의 천진스런 마음이 또한 바보이자 성인의 마음이다. 이런 신비한 시는 합리적이고 계산적인 사람은 도대체 이해할 수 없는 시이다. 도가 취사선택만 일으키지 않으면 어렵지 않듯이 이성적인 분별만 하지 않는다면 이 시는 너무도 행복하고 따듯한 기운을 뿜어 주는 시다.

제27화

비가 오지 않아도 꽃은 진다

— 조지훈, 「낙화」

1

　무상(無上)의 영화를 누렸던 양귀비의 삶이 덧없음을 노래한 두보의 「옥화궁(玉華宮)」이란 시가 있다. "미인은 황토가 되었거니와, 하물며 연지곤지랴(美人爲黃土 況乃粉黛假), 황금수레로 모시던 것은 옛적, 남은 것은 돌덩이뿐이라네(當時侍金輿 故物獨石馬)." 인생을 한마디로 말한다면 시간에 실려 가는 삶의 순간들이다. 시간은 언제나 모든 것을 소멸시키는 장본인이다. 릴케는 어제 그 소년이 가져다준 노란 장미를 오늘은 그의 무덤에 조화로 가져간다. 어제 장미에 묻은 싱그러운 이슬이 오늘의 눈물이 되었음은 말해 무엇 하랴.
　『논어』「자한」편에 "공자께서 냇가에 계실 때 말씀하셨다. '흘러가는 것이 이와 같구나! 밤낮으로 쉬지 않고 흐르는구나(逝者如斯夫 不舍晝夜)!'" 공자가 냇가에서 흐르는 물을 보고 탄식하며 한 말이다. 천지의 조화가 오고 가는 것은 한순간의 멈춤도 없으니 곧 도의 본체도 그러하다고 해석하는데, 그냥 시간의 무상한 흐름을 안타까워하며 탄식한 것이라고 해도 어긋나지 않는다. 한번 흘러간 시간은 물처럼 영영 돌아오지 않는다. 흘러간 물에 두 번 다시 발을 담글 수 없다. 시간의 본질은 유일회성(唯一回性)에 있다.

모든 생명체는 한 번밖에 없는 개별자로서의 삶을 변화무쌍하게 산다. 변화의 극점은 죽음이다. 시간과 동행하는 삶의 지속이 중단되면 거기가 곧 죽음인데, 죽음은 시간 밖 영원의 세계에 속한다. 젊은이들은 열정에 취하면 곧잘 '당신을 영원히 사랑하겠습니다'라고 고백하지만, 이는 새빨간 거짓말이다. 시간 내 존재가 시간 밖의 영원까지 관여할 수는 없다. 그래서 보르헤스는 "당신을 영원히 그리고 하루 더 사랑하겠습니다"라는 재치 있는 시구로 영원을 시간 속으로 끌어들이고 있다. 죽음은 자연스러운 인생의 종말이다. 만일 개인적 시간의 종말인 죽음이라는 것이 없다면 과학도 예술도 철학도 종교도 생겨나지 않았을 것이다.

소광희의 『시간의 철학적 성찰』에 의하면 시간에는 세 가지 차원이 있다. 먼저 과학적 시간이다. 태양계에 속하는 생물들은 해와 달과 별들의 주기적 운행에 맞추어 산다. 여기서 근거한 과학적 차원의 시간은 우주적 시간 혹은 자연적 시간이라고 한다. 이 시간은 영원 회귀의 표상을 낳는다. 이 시간은 원환적이다. 농경 사회의 시간 표상이 대개 이런 것이다. 사실 문명이란 우주 곧 천체의 탐험에서 시작되었다. 이 천체의 관찰과 기록으로부터 시작된 캘린더의 제작을 통해 비로소 인간은 역사의 세계를 연 것이다. 사주(생년월일시)를 따지는 것도 과학적, 상식적 시간 차원이다.

다음은 종교적 차원의 시간이다. 사람은 필연적으로 닥치게 되는 죽음에 반하여 자기 동일성은 유지한 채 이승의 시간을 무한하게 지속시켜서 영생, 영원의 시간을 쟁취하고자 하는 욕망으로 들끓는다. 그러므로 이 시간은 구원의 시간이다. 시간은 고통과 죄로 가득 찬 영역인 데 반하여 영원은 불변의 지속이자 고통 없는 불생불멸의 낙원이다. 이런 낙원에 도달하기 위해 부활, 득도 등 여러 가지 초월화의 장치를 마련해놓는다. 이는 세속적 시간과 성스러운 시간을 구분하여 전자로부터 후자로 전환하는 대목에 설정해놓은 비약적 계기이다. 원시적인 각종 무속의 행사도 이런 종교적 시간의 현현이다. 이런 시간은 기독교 입장에선 직선적으로 표상되는데 이승에서 영생으로 이어지는 목적론적 시간인 것이다.

세 번째로 철학적 시간이 있다. 시간의 본질, 시간의 인식, 시간 양상의 문제, 시간과 영원과의 관계 등을 생각해 볼 수 있다. 아우구스티누스, 헤겔, 베르그송의 시간론 등 여러 가지가 있지만 하이데거의 '실존론적 시간' 사상이 재미있다. 실존론적 시간을 범박하게 말한다면 가령 빚쟁이에게 시달리는 5분은 5시간처럼 길게 느껴진다. 그러나 애인과의 만나는 하루의 시간은 순간과도 같다. 아니 아예 시간 의식이 없다. 그렇다면 바로 이런 존재의 황홀이 펼쳐지는 시간을 살자는 게 철학적 권유이다. 이런 시간을 선불교에선 선정의 시간이라고 한다. 선정 삼매의 시간은 해탈의 시간이다. 모든 고통과 무상성에서 놓여나는 시간인 것이다.

2

8월 어느 날 한 수행자가 스승인 조주 선사에게 물었다.

"나팔꽃은 아침 이슬을 머금었고, 오동나무 잎사귀는 가을바람에 흔들립니다. 그러하면 인생의 진실은 어떻게 깨달을 수 있겠습니까?"

조주 선사가 대답했다.

"비가 오지 않아도 꽃은 지고, 바람이 불지 않아도 풀솜은 절로 흩날린다(不雨花猶落 無風絮自飛)."

－『괴안국어』

음력 8월이면 이미 처서가 가고 추분이 가까운 가을이다. 슬쩍슬쩍 가을바람이 불어오는 시간이다. 여름꽃의 마지막일 듯싶은 나팔꽃은 아침 이슬을 머금었으나, 오동나무 잎사귀는 벌써 그 넓적한 잎이 수척해져 바람에 흔들린다. 미구에 툭툭 떨어져 뜰을 쓸쓸함으로 공명시키고 말 것이다. 풀은 더 이상 자라지 않고 개미들은 땅속에서 봉창을 바르고 우레는 뒷산 너머로 사라진다. 이럴 때 누군들 세월의 무상함을 느끼지 않으랴. 특히 벌써 손발이 까슬까슬해지는 노인들은 뼈가 저릴 것이다. "봄바람에 꽃이 날리는 꿈을 꾸면/깨어나도 가슴이 두근거린다"고 읊은 시인은 누구였던가. 바로 엊그제 그 시구를 들은 것 같은데 오늘 벌써 가을인 것이다. 아니 그냥 계절의 봄가을이 아니라 인생의 봄가을이다. 엊그제만 해도 꽃바람에 가슴 두근거렸는데 벌써 60갑자인 것이다. 순간 인생이란 무엇인가, 인생의 진실은 과연 무엇인가, 인생의 진실을 어떻게 체득하는가,

하는 생각이 빈 가슴에 가을 찬바람 밀려들 듯한다.

아마 위 공안의 수행자가 이와 같은 생각이었던 모양이다. 그래서 스승에게 묻는다. "나팔꽃은 아침 이슬을 머금었고, 오동나무 잎사귀는 가을바람에 흔들립니다. 그러하면 인생의 진실은 어떻게 깨달을 수 있겠습니까?" 그러자 스승인 조주 선사는 대답한다. "비가 오지 않아도 꽃은 지고, 바람이 불지 않아도 풀솜은 절로 흩날린다."라고. 한마디로 가을바람에 마음이 움직인 수행승에게 비나 바람이 꽃을 지게 하거나 풀솜을 날리게 하는 것이 아니라고 못 박아 말한 것이다. 피어나는 꽃 자체에 이미 지는 것이 내재되어 있다. 피기만 하고 지는 꽃은 없기 때문이다. 다만 비바람 특히 가을바람은 간접적인 원인에 불과할 뿐이다. 인생도 그렇다. 철학자 하이데거가 사람은 태어나자마자 죽음을 향해 달려가는 자유인이라고 규정한 것처럼 하나 둘 나이를 먹어가며 죽음을 향해 가장 정직하게 걸어갈 뿐인 것이 인생이다.

그렇게 감정적으로 혹은 논리적으로 인생의 무상을 느끼거나 알아챘다고 해서 그것이 인생의 진정한 체득인가. 아니 그렇다면 이건 정말 아무것도 아니지 않는가. 뭔가 이런 쓸쓸하고 무상한 인생을 달래기 위해 무엇이든 해야지 않는가. 인간이 그런 인생 무상감을 달래기 위해 가장 말초적으로 찾는 게 술, 섹스, 마약이다. 하지만 그것이 정신적인 안정감까지 가져다준다면 얼마나 좋을까. 육욕의 과잉이 초래하는 몸의 피폐와 함께 마음의 황폐화는 또 어떻게 하는가. 이럴 때 일반인이 아닌 선객이라면 어떤 경지에 있어야 되겠는가. 시불(詩佛)이라고 일컬어지는 왕유(699~759)는 「죽리관(竹裏館)」이라는 시를 통해 마음의 해탈을 이룬다.

깊고 그윽한 대숲에 홀로 앉아서 　　獨坐幽篁裏
거문고를 타고 길게 휘파람도 분다 　　彈琴復長嘯
깊은 숲이라 사람들은 알지 못하고 　　深林人不知
밝은 달이 찾아와 서로 비춘다 　　明月來相照

　깊고 그윽한 대숲에 홀로 앉아 있다는 것은 이치나 아취가 헤아리기 어려울 만큼 깊고 오묘한 선림 속에서 홀로 푸르고 성성한 선정(禪定)에 들어 있다는 것이다. 그런 삼매에 들어 기쁨에 취하다 보니 마음의 거문고도 타게 되고 휘파람도 절로 나온다. 이런 깊고 오묘한 선정과 선열이라는 경지를 깨치지 못한 사람들이 도대체 알 턱이 있는가. 오로지 밝은 달 곧 원만(圓滿)하고 구족(具足)하신 부처님이 찾아오셔서 그 환한 빛 속에 함께한다. 이 얼마나 격조 높은 시이며 인생무상을 극복하는 지혜인가.

3

꽃이 지기로소니
바람을 탓하랴.

주렴 밖에 성긴 별이
하나 둘 스러지고

귀촉도 울음 뒤에
　　머언 산이 다가서다.

　　촛불을 꺼야 하리.
　　꽃이 지는데

　　꽃 지는 그림자
　　뜰에 어리어

　　하이얀 미닫이가
　　우련 붉어라.

　　　　　　　　　　　　　　　― 조지훈, 「낙화」 부분

　조지훈(1920~1968)의 「낙화」란 시는 "꽃이 지기로소니/바람을 탓하랴"로 시작되는데, 물론 이 뜻은 꽃이 지는 것은 바람 때문이 아니란 말이다. 바람은 간접적인 원인일 뿐 꽃은 때가 되면 지기 마련이다. 앞에서 꽃이 피는 것은 이미 지는 것을 내포하고 있다고 했다. 피는 꽃이 지지 않는 법이란 없으니까. 그래서 시간의 풍상을 거론한들 큰 의미가 없다. 여기서 '꽃'을 삶으로 읽으면 더욱 이해가 갈 것이다. 인간은 태어나면 언젠가는 죽기 마련이다.
　어쩌면 그러기에 꽃이 지는 게 더욱 안타깝다. 인간만 아니라 모든 존재는 죽음이라는 실존적 한계 상황 속에서 잠시 잠깐 반짝이다 사라지는 꽃과 같다. 그럼에도 그 꽃의 피고 짐을 바라보는 시간만큼은 황홀하고 또한 울고 싶을 것이다. 지금 시인은 꽃이 지는 밤,

잠 못 이루고 방 안에 좌정해 있다. 더구나 생략한 시 부분에서 "묻혀서 사는 이"라고 했으니 세상과 좀 떨어진 외딴 마을에서 사계절의 순환에 민감하게 반응하며 사는 처사 같다. 그러니 꽃 지는 것이 너무 안타까워서 밤 내 잠 못 이루고 있는데 주렴 밖에 성긴 별이 하나둘 스러진다. 별이 하나둘 스러진다는 것은 이제 날이 점차 밝아지면서 희미했던 별들부터 하나둘 밝음 속에 묻힌다는 말이다. 그때 귀촉도 곧 소쩍새마저 울고 그 울음 뒤에 어둑어둑했던 시야가 조금은 걷히면서 머언 산이 조용히 다가서는 것이다.

그렇다면 이제 촛불을 꺼야 하리라. 날이 밝아오는데, 꽃이 지는 시간은 이미 당도했는데, 방 안의 촛불을 계속 켜놓은들 무슨 의미이랴. 어쩌면 촛불을 켜놓고 꽃이 지기 전까지 밤 내 잠을 이루지 못한 것은 피어 있는 꽃에 대한 애착, 꽃 지는 것이 괜히 바람 탓인 양 했던 시간에 대한 저항 등등 집착심 때문이었으리라. 촛불을 끄자 하이얀 미닫이가 우련 붉다. 벌써 꽃이 지는 그림자가 뜰에 어리고 그 빛이 하이얀 미닫이 창호에 반사되어서이다. 꽃 지는 것에 대한 애절함이 얼마나 강렬했으면 뜰에서 꽃 지는 그림자 때문에 미닫이의 하이얀 창호지가 우련 붉다고 했을까. 물론 '우련'이라는 단어가 '보일 듯 말 듯 희미하게, 엷고 곱게, 또렷하거나 분명하지 않게'라는 뜻을 담고 있으니 이해는 가지만, 이는 시인의 상상력이 만들어낸 간절한 마음이 창호지에 번진 것이라고 할 수 있다.

그런 꽃들을 사랑한 시인이 참 많았다. 국화는 도연명, 매화는 임포, 연꽃은 주돈이, 복사꽃은 진시황의 폭정을 피해 무릉의 도원으로 피신한 사람, 살구꽃은 동봉, 파초는 회소, 대나무는 왕휘지, 여지는 양귀비 등등 그들은 자기의 꽃과 친구를 삼는 인연을 맺은 뒤

평생 마음을 다른 데 두지 않았다. 조지훈의 '꽃'은 과연 어떤 꽃이었을까. 지는 꽃의 그림자가 하얀 미닫이에 비쳐 우련 붉을 정도이고 귀촉도가 울 때 지는 꽃이라면 복사꽃 정도는 될까. 그렇게 사랑하는 꽃이 지는 아침이면 '울고 싶다'고 하는 시인의 마음이 애틋하다.

17세기 영국의 시인 로버트 헤릭(1591~1674)의 「처녀들에게, 시간을 소중히 하기를(To The Virgins, to Make Much of Time)」이라는 시는 다음과 같이 시작한다. "할 수 있을 때 장미 봉오리를 모으라./시간은 계속 달아나고 있으니./그리고 오늘 미소 짓는 이 꽃이/내일은 지고 있으리니."라고. 달아나는 시간 속에 처해 있는 모든 존재의 유한성에 대한 인식을 아주 명쾌하게 보여주는 시다. 영화 〈죽은 시인의 사회〉(1989)에서도 키팅 선생이 학생들에게 이 시 구절을 인용하며 '카르페 디엠(Carpe diem)' 곧 '오늘을 잡아라'고 외친다.

오늘을 잡지 않는다면 내가 주재하는 자동사로서의 시간이 아니라 그 자체만으로는 움직일 수 없고 움직임의 대상인 목적어가 필요한 타동사의 시간에 끌려다니다 이윽고 사막의 모래바람으로 배회하는 시간을 만나게 되고 만다. 사람은 같은 시계를 보면서도 권태의 시간, 몰입의 시간, 근심의 시간, 종말의 시간, 유희의 시간, 명상의 시간 등등 서로 다른 시간 안에 살고 있다. 하지만 모래바람으로 흩어지는 시간의 갈기를 붙잡을 수 없을진대, 살아 있는 오늘의 시간을 꽃으로 여기고 그 꽃의 황홀을 살면 좋을 일이다.

제28화

차 마시게
— 이성미, 「네가 꿈꾸는 것은」

1

중국인들은 차의 시원을 전설상의 인물인 신농씨에 두고 있다. 신농씨는 인류 최초로 농경을 시작한 인물이다. 그는 산야에서 만날 수 있는 모든 식물의 잎이나 뿌리, 열매 등을 맛보았는데, 『신농식경(神農食經)』이란 기록엔 하루에 72가지 독을 만났으나, 그때마다 찻잎으로 씻어서 해독을 했다고 한다. 진(晉, 265~420)시대의 『화양국지』라는 책엔 지금으로부터 약 3,000년인 서주시대 옛 파촉국에서 이미 차를 만들었고, 왕실에 차를 공납했다는 기록이 있다고 전한다. 중국인들이 차를 음용하기 시작한 것이 상당히 오래되었음을 알 수 있다(김봉건, 『김봉건과 함께하는 차 문화 산책』).

차가 보편적인 음료가 된 것은 당나라 때 다신으로 불리는 육우라는 인물의 활약 때문이었다. 그가 지은 책 『다경(茶經)』은 차 문화 역사상 가장 획기적인 저서였다. 차 문화의 집대성이자 세계에서 가장 오래된 다학의 바이블로, 차를 통해 일종의 깨달음의 경지에 이른 마음과 각종 다사에 관한 정행겸덕(正行謙德)을 엿볼 수 있는 최고의 걸작이다. 육우와 함께 차의 보편화에 공이 큰 사람들은 선승들이었다. 선종의 승려들이 선수행을 할 때 수마를 이기기 위해 각성작용이 탁월한 차를 이용하면서 차를 마셨는데, 각 사찰에서 차를 재배하기 시작하면서부터 차 생산량이 급증했다. 마조 도일은 "하루 일하지 않으면 하루 먹지 않는다(一日不作 一日不食)."고 했고, 그의 제자 백장 회해는 『청규(淸規)』를 제정하여 선원 내에서의 울력 등 대중 생활을 규정했는데, 그 속에는 다례를 다룬 내용이 상당 부분 차지했다. '차 석 잔' '식후에 차 한 잔' '끽다거' 등과 같은 차를 소재로 한 공안들까지 유행할 정도였다.

노동은 당나라 중엽의 시인인데 차 품평을 한 「칠완다가」가 있다. "첫 잔에는 목구멍과 입술을 적시고, 둘째 잔에는 외로움과 답답함을 제거하고, 셋째 잔에는 향기가 창자를 수색하니 오직 문자 오천 권만 있네. 넷째 잔은 온몸에 땀을 내서 평생의 불평을 다 털구멍으로 발산하고, 다섯째 잔에는 살과 뼈가 맑아지고, 여섯째 잔에는 신령한 신선과 통하네. 일곱째 잔은 다 마시지도 않았는데. 양쪽 겨드랑이에 청풍이 이네. 봉래산이 어디에 있지? 옥천자, 바람 타고 봉래산 가자" 여기서 창자를 수색하니 오직 문자 5천 권만 있다는 말은 책 5천 권을 읽었으나 차 한 잔만 못하다는 말이다. 마치 불립문자를 선언한 선종처럼. 옥천자는 시인의 호다.

우리나라에서 차가 전래된 것은 신라 흥덕왕(?~836) 3년인 828년에 견당사로 당을 다녀온 대렴이 그곳에서 가져온 차씨를 지리산

자락에 심었다고 한다. 또 마조의 제자 서당 지장의 법제자인 홍척이 홍덕왕 원년인 826년에 귀국하여 남원에 실상산문을 개창했는데, 근년에 실상사지 주변에 야생 차나무가 발견된 걸로 보아 어쩌면 홍척이 뿌린 차씨를 조상으로 하고 있는지 모른다. 이는 동의대 교수이자 동양차문화연구회 회장인 김봉건 선생의 주장이다.

『동다송(東茶頌)』은 1837년 조선 후기 초의 선사가 우리나라 차에 대하여 송(頌) 형식으로 서술한 불교서이자 다도서인데 그의 다도 정신은 다선일미 사상이다.

솔잎 한 줌에 차 한 병 갖고서는　　一囊松葉一甁茶
모든 인연 끊고 이 집에 와 누워 있네　　不動諸緣瓦此家
옛사람들의 결사 얘기 우습지 아니한가　　堪笑昔人修結社
새소리 듣다가 꽃구경하면 되는 것을　　何妨聽鳥又看花

그중 자기 이름을 밝힌 「다송명(茶頌銘)」이라는 시이다. 명은 돌이나 청동비석에 새긴다는 말이다. 다송이라는 이름을 돌에 새겨 영원하길 바란다는 뜻이다. 수결사(修結社)는 보조 지눌에 의해 주도된 불교 개혁 정혜결사를 가리킨 것으로 보인다. 한마디로 솔잎 한 줌과 차 한 병이면 모든 인연 끊고 누운 절 생활도 족하다는 것이다. 그런데 무슨 개혁을 하니 어쩌니 모임을 결의한들 무엇 하랴. 새 울 때 새소리 듣고 꽃 필 때 꽃구경하면 되는 거지, 하는 평상심이다. 이 책은 차 만들고 마시기까지의 '구난사향(九難四香)'의 현묘한 작용을 『다경』에서 인용하여 설명하고 있다. 또 『만보전서』를 인용해 "차에는 진향(眞香)과 난향(蘭香)과 청향(淸香)과 순향(純香)이 있다.

겉과 속이 한결같은 것이 순향이다. 날것도 아니고 너무 익은 것도 아닌 것은 청향이다. 불기운이 고르게 스민 것은 난향이다. 곡우전에 다신이 온전한 것이 진향이다."라고 소개한다.

2

    조주 선사가 두 수행승이 찾아오니 물었다.
    "자네는 이전에 이곳에 온 적이 있었던가?
    "온 일이 없습니다."
    한 스님이 대답하자 선사는 말했다.
    "차 마시게(喫茶去)."
    또 다른 스님에게 물었다.
    "이전에 이곳에 온 적이 있었던가?
    "있습니다."
    "차 마시게."
    옆에서 지켜보던 원주가 물었다.
    "선사께서는 전에 이곳에 왔던 이나 오지 않았던 이나 똑같이 차를 마시라고 했는데 무슨 뜻입니까?"
    조주 선사는 그 말을 듣고 이렇게 말했다.
    "원주!"
    "네."
    "차 마시게."

-『선문염송』 제411칙

'끽다거(喫茶去).' '차 마시게.'라는 뜻이다. 상대의 질문이나 대답이 제대로 핵심을 찌르지 못했을 때 꾸짖는 말이다. 도대체 진리의 수행자라고 할 수 없는 사람들의 우문우답에 못마땅할 때 가장 격조 높고 신사적으로 질책하는 말인 것이다. 세속 말로는 '이 무식한 놈! 아직도 그 따위냐?'라는 뜻이겠지만 수행자들이 구업을 지을 수는 없지 않은가.

조주 선사에게 각기 두 수행승이 찾아온다. 선사는 그들에게 똑같은 말을 질문한다. "이전에 '이곳'에 온 적이 있었던가?" 한 스님은 '없다'하고 다른 스님은 '있다'고 대답한다. 하지만 선사는 두 스님에게 똑같은 말을 한다. "차 마시게."라고. 이것을 옆에 보고 있던 선원의 주지 스님이 의아해서 묻는다. "선사께서는 전에 이곳에 왔던 이나 오지 않았던 이나 똑같이 차를 마시라고 했는데 무슨 뜻입니까?" 그러자 선사는 원주를 불러 세우고 역시 똑같은 대답을 한다. "차 마시게." 참으로 한결같은 대답이다.

"이 물음을 이해하는 실마리는 바로 '이곳'이란 점에 있다. 여기서 말하는 '이곳'은 흔히 생각할 수 있는 어떤 장소, 위치를 가리키는 것이 아니라 위치의 부정, 즉 '무위(無爲)'임을 알아채야 한다고 한다. 어느 절집 기둥에 '불신원만무배상 시방래인좌대면(佛身圓滿無背相 十方來人坐對面)'이라는 글귀가 씌어 있는 것을 본 적이 있다. 부처님의 몸체가 원만하므로 사방에서 온 사람들이 앉아서 대면한다는 뜻이다. '이곳'에 무심히 앉아 있는 '마음'과 대면하는 것이야말로 중요한 일인 것이다."(미쓰바라 다이도, 『선의 향기』) 그런데 이전에 온 스님, 오늘 온 스님, 원주 스님 모두 '이곳'의 묘의를 깨닫지 못하고 장소나 위치로만 생각하는 대답을 하고 있기 때문에 한결같은 대답을 할 수밖에 없었다는 이야기다.

물론 이와 약간 다른 해석도 있는데, 세 사람 모두에게 '차 마시게'라고 한 것은 조주선원에 온 일이 있는 사람이나 온 일이 없는 사람 모두 조주선다(趙州禪茶)를 마시고 다선일미(茶禪一味)의 삼매를 맛보라는 뜻이 숨겨져 있다는 것이다. 장소, 위치가 중요한 것이 아니라 '다반사(茶飯事)'라는 말도 있듯이 항상 어느 곳에 있든지 간에 마음의 눈을 성성하게 뜨고 그 마음과 백척간두의 심정으로 대면을 하게 되면 깨달음의 지혜를 얻을 수 있을 것이라는 미묘한 가르침인 셈이다.

차를 마시는 마음과 선을 행하는 마음은 서로 통한다. 차와 선은 한 가지 맛이다. 차를 마시는 행위의 극치는 무심함이다. 선수행도 정녕코 완성되었을 때는 그 수행을 모두 잊어버린다. 선의 수행자들은 수행의 방편으로 차를 자유롭게 사용한다. 한 선사의 말처럼 "여름에는 서늘하게, 겨울에는 따뜻하게, 숯불은 물이 끓도록. 차는 마시기에 알맞게 하는 것"이 차를 마시는 비결이며 바로 선을 닦는 일이다.

3

아무 일도 일어나지 않는 삶
바람은 달려가고
연인들은 헤어지고

> 빌딩은 자라난다
> 송아지는 태어나고
> 늙은 개는 숨을 거두고
>
> 아무 일도 일어나지 않았다
> 찻잔에 물이 잔잔하고
> 네 앞에 시 한 편이 완성될 때
>
> — 이성미, 「네가 꿈꾸는 것은」

　이성미의 「네가 꿈꾸는 것은」이라는 시는 '네'를 '내'로 바꾸어도 무방하겠다. 아마도 나를 객관화시키기 위해 너로 바꾼 모양인데, 그럼에도 생각을 한 것은 나이기 때문이다. "아무 일도 일어나지 않는 삶"에 대한 생각 말이다. 아무 일도 일어나지 않는 삶! 이는 최승자가 "일찍이 나는 아무것도 아니었다."고 선언한 만큼이나 도발적인 발언일 수도 있다. 아무 일도 일어나지 않는 삶이라니?

　바람으로 비유되는 세상의 풍조는 시시각각 불어서 어디론가 부지런히 달려가고, 연인들은 오랫동안 만났다가 오늘 그만 웬수야 악수야 헤어지고, 빌딩은 아이들 자라듯 날마다 새롭게 세워져 도시엔 발 디딜 땅이 없고, 어디 시골마을 외양간에선 어미 소가 마침내 송아지를 낳았는데 어미 소와 오랜 세월을 같이했던 늙은 개는 숨을 거두는, 그런 생사가 한순간에 일어난다. 이렇게 눈이 핑핑 돌 정도로 세상의 변전(變轉)은 분초를 다투고 있는데, 이를 한 방에 "아무 일도 일어나지 않았다"고 해버린다.

　아무 일도 일어나지 않았다고 한 선언의 뒤엔 다만 "찻잔에 물이 잔잔하고/네 앞에 시 한 편이 완성될 때"라는 단서가 붙는다. 그렇다면 시 한 편을 쓰는 데 몰입하는 동안 만큼은 그 몰입 때문에 세상에 전쟁이 일어났는지 지구가 한쪽이 꺼졌는지도 몰랐다는 얘기인 셈인가. 아니다. 이렇게 쉽게 해석되는 시를 시인이 쓸 리 없다. 뒤집어서 생각해 봐도 그렇다. 제발 너에게 줄 시 한 편을 네 앞에서 온갖 정신을 집중하여 완성할 때까지만이라도 세상에 아무 일도 일어나지 않았으면 한다는 얘기인가. 하도 소란하고 어지러워서 시 한 편 완성할 틈을 주지 않는 세상은 늘 그러하기 때문에 달려가고, 헤어지고, 자라고, 태어나고, 죽고 하는 일들이 아무것도 아니라는 얘기인 셈인가.

그럼 시인이 발설한 '아무 일'은 그만두고 시인에게 진짜 의미가 있는 어떤 특별한 일은 무엇일까. 시 표면엔 그것이 "네 앞에 시 한 편을 완성"하는 것으로 나온다. 그렇다면 과연 시 한 편이 세상과도 맞바꿀 수 없는 어떤 숭고하고 위대한 것일 수 있다는 얘기인가. 아무리 생각해 봐도 요령부득인데 여기서 '시 한 편을 완성하는 일'을, 자기 자신의 '일생일대의 본분사에 관해 고투를 하는 선수행'이라고 바꿔 보면 어떨까. 그렇다. 선승에게는 자기의 본분사를 자각하고 매달린 절벽에서 손을 떼도 살 수 있는 어떤 깨달음을 얻기 위한 정진만큼 큰일이 세상에 아무것도 없다. 세상의 변천이 아무리 분초를 다투어도 깨달음을 얻기까지는 사실 "아무 일도 일어나지 않은 삶"에 불과한 것이다.

마찬가지로 시인에게는 시라는 것이 하나의 구원일 수도 있다. 제대로 완성된 시 한 편이 자신의 대표작이 되어 지구에서 시라는 것이 존재하는 한 인구에 회자되면 얼마나 좋을까. 가령 김소월이「진달래꽃」하나로 우리나라 시사의 태두로 장식되듯이, 김춘수가 「꽃」으로 수많은 연인들에게 불후의 명곡으로 애창되듯이, 백석이 「주막」으로 식민지 조국의 순결한 민중들의 술집을 만들어 후대인들에게 술맛을 돋우듯이, 세상 전부를 주어도 바꾸지 않을 시 한 편을 완성한다면 얼마나 좋을까. 영국이 셰익스피어를 세상 어느 나라에도 팔 수 없는 국보로 여겼듯이, 자기의 시 한 편이 나라의 품격을 승격시키는 시라면 얼마나 좋을까.

그런 시를 쓸 때까지는 세상의 변전이 아무리 분초를 다투어도 사실 "아무 일도 일어나지 않은 삶"에 불과한 것일 수도 있다. 더구나 그 시가 '네' 앞에 내놓을 시라면 말이다. 여기서 '네'는 시인에게 존재의 의미를 갖게 해준 세상에서 가장 소중한 사람일 것 아닌가. 그런데 세상에서 자기에게 가장 소중하고 귀한 사람은 바로 자신이 아닐까. 하지만 해석의 이런 호들갑은 호들갑일 뿐이다. 세상의 화려하고 눈부신 변전에 관심 없이, 아무 일도 일어나지 않는 삶처럼, 찻잔의 물은 잔잔하고 마음은 담백한 평상심의 시를 쓰겠다는 다짐의 시가 이 시일 수도 있다는 것에 방점을 찍는다.

제29화

만법은 하나로 돌아간다
— 최승호, 「공터」

1

젊은 날에 죽음 의식과 그 의지로 시달린 적이 많다. 선천적인 허약 체질과 지독한 가난의 환경이 은산철벽처럼이나 나를 둘러치고 있어서였다. 도대체 거기에서 헤어날 길이 없다 보니 다음과 같은 독설을 좋아했다. "삶이란 근본적인 오류를 논하기 이전에 죽음으로도, 그리고 시의 세계로도 교정할 수 없는 저질 취미에 속한다."(에밀 시오랑, 『독설의 팡세』) 당장 실존의 불안과 허무에 시달리다 보니 삶의 순간 하나하나가 어느 통속 잡지의 표지처럼 너절하게 생각되던 것이었다.

더구나 사르트르, 카뮈, 카프카 등의 실존주의 소설을 많이 읽다 보니 실존의 부조리와 무의미에 대한 의식은 의외로 깊어졌다. 누군 자신이 떠받치고 사는 지옥의 진실을 정면으로 응시하고 인간에게 유일하게 주어진 자유 의지를 발휘해 본다면 좀 나아질 거라고 했다. 그렇다고 해서 그 지옥의 고통은 면해지는 것이 아니다. 반 고흐는 붕대를 감싼 자화상을 그리기 전에 자기 귀를 잘랐고, 나중에는 결국 자기 배에 총을 쏘았다. 그럼에도 프랑스 철학자 프레데리크 시프테의 말대로 "죽음의 시간이 오기 전에 진리의 시간을 알리는 종소리를 듣는 것, 작가는 오직 그 하나의 행복만을 바랄 수 있다."는 말을 또한 좋아했다.

그런 지옥의 진실을 외면하고 다만 '조금 덜 외롭고, 조금 덜 무섭고, 조금 덜 미안하기 위하여' 조금씩 조금씩 살아온 것이 내 인생이 아닌가. 최승자의 시 「주변인의 초상」의 화자처럼 확신성을 외부로부터 보증 받아야만 하는, 곧 자기 확신의 결여로 목표 없이 부유해온 게 아닌가. 그러면서도 삶을 "무수히 갈망하고 무수히 증오하면서" 그러나 "표면에서 표면으로/주변에서 주변으로/가장자리에서 가장자리로" 그야말로 "정처 없이 지도를 어지럽히며" 굴러왔던 슬픈 존재가 아닌가, 하는 생각은 지금도 불쑥불쑥 든다.

그런 젊은 날 첫 시집을 낸 출판사 편집장으로부터 권유 받은 토마스 만(1875~1955)의 『마의 산』을 읽은 것은 놀라움이었다. 죽음에 대해 전혀 고민해 본 적이 없는 스물네 살의 주인공 한스 카스토르프가 사촌의 병문안을 하러 알프스 산속 결핵 요양소를 방문한다. 그리고 거기에서 많은 죽음을 대면하고, 급기야 자신도 결핵에 걸린 것을 확인하면서, 인간 존재의 의미를 철학적으로 사유해 나가는, 그 7년이라는 긴 여정이 가슴에 묵직한 진정성으로 다가와 나를 울렸다.

그가 요양원에서 만난 사람들은 각기 다른 개성을 지닌 상징적인 모습들이다. 그들 이름은 잊었지만 이탈리아 출신의 계몽주의자가 있었고, 기독교적 독재를 주장하는 중세적 인물이 있었고, 커피 사업자로 삶의 역동성을 중시하며 지적 유희를 즐기는 캐릭터가 있었다. 주인공 카스트로프는 당시 유럽 사회를 지배하던 이념을 상징적으로 대변하는 세 사람과 어울리면서 삶과 죽음, 종교와 철학, 사회와 역사, 신화 등등에 관하여 논쟁을 한다. 그 논쟁은 각기 하나의 성숙한 지적 담론이었고 그 논쟁의 유희에 최고의 즐거움을 느낄 수 있었다.

헤르만 헤세의 『데미안』, 제임스 조이스의 『젊은 예술가의 초상』, 요한 볼프강 괴테의 『빌헬름 마이스터의 수업시대』 등 교양소설의 계보 중 나는 『마의 산』을 최고로 친다. 죽음 앞에서 묻는 인간 존재의 의미라는 주제 때문이기도 하겠다. 그 죽음을 이기고 주인공은 하산하여 제1차 세계대전에 참여하는 사회적 의지를 강렬하게 드러낸다. 이 소설을 거쳐 김성동의 『만다라』, 이문열의 『사람의 아들』, 한승원의 『아제아제 바라아제』, 그리고 마침내 박상륭의 『죽음의 한 연구』까지 구도 소설의 늪에 깊이 모르게 빠져들었다. 그 뒤 구입하게 된 『아함경』, 『금강경』 등 불교 경전만 해도 한 수레는 될 것인즉, 결국은 『벽암록』, 『무문관』, 『경덕전등록』, 『조당집』, 『종용록』, 『육조단경』, 『마조어록』, 『조주록』, 『임제록』, 『선문염송』 등의 문자반야에까지 이르러 뭔가 생각을 한번 전복시키고 나니, 삶의 "한 티끌이 일어나니 온 대지가 그 속에 들어가고, 꽃 한 송이 피니 그 속에 세계가 열리기도 한다."는 것을 이제야 '쬐끔은' 알 것도 같다.

2

어떤 스님이 조주 화상에게 질문했다.
"만법이 하나로 돌아간다고 했는데, 그 하나는 어디로 돌아갑니까(萬法歸一 一歸何處)?"
조주 화상이 말했다.
"내가 청주에 살 때 승복 한 벌을 만들었는데, 그 무게가 일곱 근이었네."

— 『벽암록』 제45칙

"만법귀일 일귀하처"라는 공안은 선종에서 널리 쓰이는 화두이다. 어떤 스님이 조주 화상에게 질문했다. "만법이 하나로 돌아간다고 했는데, 그 하나는 어디로 돌아갑니까?" 여기서 만법이란 '모든 존재'를 가리킨다. 삼라만상, 만유일체, 제법 등과 같이 쓴다. 인식의 세계, 의식 속의 모든 현상과 사물이기에 유형 무형의 존재가 다 포함된다.

모든 존재는 결국 하나로 돌아간다는 것은 수행자가 아니더라도 철학적 사색의 주제로 아주 매력적인 것임에는 분명하다. 특히 젊어서 형이상학의 안개 속에서 헤맬 때 인간은 결국 어디로 돌아갈까, 언젠가는 죽게 되고 죽으면 결국 무(無)가 되는 걸까, 아니면 신이 만든 천국 같은 곳이 있어 그리로 안착하게 되는 걸까, 하는 의문으로 날밤 지새는 줄 몰랐다.

불법은 모든 존재와 사물 하나하나를 일정한 원인-조건-결과라는 관계성 속에서 파악하는 진리이다. 이것을 연기법이라고 하는

데 어떤 사물이 활동하고 일어나는 데 있어 여러 가지 존재나 상태나 운동은 그 하나하나가 서로 관계 지워져 있고, 그것의 근본이 마음이라는 것이다. 그래서 대승불교나 선종에 있어서 불법은 심법(心法)이라고 한다.

『화엄경』 등에서 삼계는 오직 마음(三界唯一心)이며, 마음 밖에 별다른 법이 없다(心外無別法)거나, 일체의 모든 것은 마음이 조작한 것이다(一體唯心造)고 하며, 만법은 일심(一心)이자 일심이 만법이라고 주장하고 있다. 『대승기신론』에서도 만법귀일의 그 일(一)은 '일심(一心)을 가리킨다고 한다. 그러므로 "만법은 일심의 인식과 지혜의 판단으로 성립되는 심법이기 때문에 근원적인 깨달음의 경지인 일심으로 되돌아간다."(정성본 역해, 『벽암록』)

부처님은 모든 존재의 현상과 본질을 마음으로 관찰한 끝에 모든 것은 무상하다(諸行無常)고 말씀하셨다. 형체를 가진 모든 것은 언젠가는 스러진다. 그리고 모든 존재는 인과 연의 관계성 속에서 일어나고 스러지기에 불변의 실체도 없다(諸法無我)고 말씀하셨다. 이러기에 모든 존재는 공(空)할 뿐이다. 그런데 이런 만법에 대한 진리가 마음의 깨달음으로 이루어지는 것이기 때문에 만법이 돌아가는 곳은 일심이라고 하는 것이다.

그럼 "일귀하처, 그 하나는 어디로 돌아가는가?" 연기의 법칙에 의하여 모든 것은 무너지게 되고 무너졌다가 다시 소생한다. 존재는 공으로 돌아가지만(色卽是空) 동시에 다시 소생한다(空卽是色). '일체유심조'에서 알 수 있듯이 일체는 마음으로 돌아가고 그 마음은 다시 만물을 만들어낸다. 만법은 진리로 돌아가고 진리는 다시 만법으로 돌아간다.

하지만 이런 말은 실천 없는 공염불이다. 『반야심경』에서 반야의 지혜를 체득하는 구체적인 수행법으로 제시한 가르침은, 무주(無住), 무박(無縛)과 무상(無相)이다. 머무르지 않고 속박되지 않고 어떤 모양과 색깔도 취하지 않는 마음을 어디로 향해야 하는가, 이미 깨달음의 경지(一)를 얻었으면 거기에 집착하지 말고 대사일번하여 중생구제의 위대한 보살도를 실천하는 '회향'을 해야만 한다. 여기서 대사일번은 깨달았다는 자만심과 중생 속으로 들어간다는 분별심을 텅 비워버린다는 의미이다. 이 사바세계로의 회향을 하화중생이라고 한다는 것은 누구나 아는 사실이다.

'만법귀일, 일귀하처?'라고 질문한 스님은 이러한 불법의 수행 구조 혹은 실천 체계를 토대로 조주 스님에게 질문하고 있다. 그러나 조주 화상은 "내가 청주에 살 때 승복 한 벌을 만들었는데, 그 무게가 일곱 근이었네."라고 담담히 대답한다. 동문서답이 아니라 일상 속 사물을 통한 진리의 직관적 통찰이다. 동쪽 기둥을 쳐서 서쪽 기둥이 울리게 하는 시적 유추이다.

이 말은 결국, 나는 만법귀일이니 일귀하처니 그런 이론적인 불법의 수행 체계나 객관적 논리에 상관없이 지금 무게가 일곱 근이나 되는 승복을 입고 나 자신의 일에 몰두하고 있다는 것이다. 무릇 대선사의 내공이 하늘을 찌르고도 남음이 있다. 그 대답을 듣고 보니 지금껏 만법귀일 일귀하처, 곧 규명할 것도 없고 규명 되지도 않는 문장 한 줄을 규명하느라 이렇게 많은 문자를 사용한 것이 또한 계면쩍기만 하다.

3

아마 무너뜨릴 수 없는 고요가
공터를 지배하는 왕일 것이다
빈 듯하면서도 공터는
늘 무엇인가로 가득 차 있다
공터에 자는 바람, 붐비는 바람,
때때로 바람은
솜털에 싸인 풀씨들을 던져
공터에 꽃을 피운다
그들의 늙고 시듦에
공터는 말이 없다
있는 흙을 베풀어주고
그들이 지나가는 것을 무심히 바라볼 뿐.
밝은 날
공터를 지나가는 도마뱀
스쳐가는 새가 발자국을 남긴다 해도
그렇게 오래가지 않을 것이다
하늘의 빗방울에 자리를 바꾸는 모래들,
공터는 흔적을 지우고 있다
아마 흔적을 남기지 않는 고요가
공터를 지배하는 왕일 것이다

— 최승호, 「공터」

시의 대상은 '공터'이다. 아무도 없는 한낮, 시인은 그 공터의 한쪽 귀퉁이에 앉아 있다. 거기 앉아서 표면적으로는 "무너뜨릴 수 없는 고요가/공터를 지배하는 왕일 것이다"라며 '고요'를 관조하고 있다. 하지만 사실은 공터에서 형용 모순 어법이자 역설인 '텅 빈 충만'을 지켜보고 있다. 고요의 지배 아래 있는 공터에는 우선 '자는 바람, 붐비는 바람, 풀씨들을 던져 꽃을 피우는 바람'으로 가득 차 있다. 또 거기에는 밝은 날 지나가는 도마뱀과 스쳐가는 새 발자국과 하늘의 빗방울에 자리를 바꾸는 모래들이 있다.
　그런데 이렇게 존재하는 것들의 "늙고 시듦에/공터는 말이 없다" 모든 존재들의 고통스러운 생로병사에 왈가왈부하지 않는다는 말이다. 그저 흙을 베풀고 "무심히 바라볼 뿐"이다. 그도 그럴 것이 공터로 구체화된 '공(空)' 자체가 만법인데 공이 공에게 무슨 말을 하겠는가. 그래서 이 공터에는 어떤 흔적조차 오래가지 않는다. 그 흔적은 "하늘의 빗방울에 자리를 바꾸는 모래들"이 말해주듯, 모든 존재가 항상함이 없고 불변의 실체가 없는 무상과 무아의 지배를 받기 때문이다. 무상과 무아에 굳이 이름을 붙인다면 '고요'일진대, 바로 그 고요만이 공터를 지배하는 왕일 것이다. 하지만 고요라는 실상은 사실 무상(無相)이다.
　이 시에 내재된 기본적인 상상력은 유추이다. 하나의 대상을 구축함으로써 넌지시 다른, 정작 말하고자 하는 또 다른 대상을 환기시키는 상상력 말이다. 그렇다면 이 공터를, 고요가 지배하는 공터를 통해 시인이 건네고자 하는 진짜 의미는 무엇인가. 여기서 '공터'는 공터라는 즉물적인 세계가 아니라 인간을 포함한 모든 존재 곧 만법의 세계임은 물론이다. 이것은 '늙고 시듦'에서 알 수 있듯 생로병사하는 인생과, 하늘의 빗방울에 자리를 바꾸는 모래들이 상징하는, 늘 변하고 실체도 없는 존재들의 색즉시공 공즉시색의 세계이다. 곧 인생과 모든 존재의 세계를 포함한 만법에 대한 공의 진리를 유추하고 있다는 말이다.

더욱이 이 시 전체 흐름이 존재하는 것과 존재하지 않는 것이라는 이분법을 넘어서 있다는 점에서 현저히 불교적인 사상에 그 뿌리를 두고 있다. '텅 빈 충만'이라는 역설적인 세계 인식에서 드러나듯 공터는 공터답지 않게 무언가로 가득 차 있다. 사실 공터엔 어떤 실용적인 목적의 존재들이 들어서 있지 않다는 것일 뿐이지 보이지 않는 바람과 스쳐가는 도마뱀이나 새의 발자국, 하늘의 빗방울에 자리를 바꾸는 모래알 등 무용의 존재까지 있지 않다는 것은 아니다. 시인은 이런 효용이나 무용의 분별을 넘어선 '공'의 입장에서 세계를 보고 있다.

그보다 소승적인 입장에서 보면 이 시에서 1차적으로 유추해낼 수 있는 인간적 세계는 우리들이 살아가는 세상살이다. 지독히 분주하게 효용으로만 움직이는 이 세상에서 삶의 진정한 주인이란 오히려 적요와 적멸뿐이라는 것이다. 그러하거늘 '흔적을 남긴다'는 것이 어떤 의미가 있겠는가. 그 삶의 흔적이란 잠깐 지나가는 도마뱀, 스쳐가는 새의 발자국이자 조만간 빗방울에 작은 모래알로 지워져 버릴 것에 불과하다. 궁극에는 공의 다른 이름인 거대한 고요가 세계를 지배하고 말 것이라는 이야기다.

그런데 이 시에서 유추적 상상력보다 더욱 선명한 이미지로 드러나는 것은 관찰로써의 상상력이다. 그 관찰은 보이지 않는 '고요'를 보게 할 뿐만 아니라 '자는 바람, 붐비는 바람, 공터에 풀씨들을 던져 꽃을 피우는 바람'도 보게 한다. 무엇보다도 "하늘의 빗방울에 자리를 바꾸는 모래들"이란 관찰은 얼마나 정교하고 놀라운가. 그 미세한 움직임조차 또렷이 형상화함으로써 시인은 이 세계의 놀라운 추이를 드러내고 있다. 이것은 세계를 분별을 넘어선 공의 입장에서 바라볼 때만 가능한 것이다.

제30화

임제 스님이 곧바로 고함쳤다

— 김지하, 「花開」

1

사성제(四聖諦)는 불교에서 가장 기본적이면서도 근원적이고 핵심적인 사상으로, 불교인들에게는 세상을 바라보는 눈이 되고 삶과 수행의 기준이 된다. 연기와 삼법인으로 세상의 본래 모습 곧 실상을 보여주고, 이런 현실의 고통에서 벗어나 진리를 찾는 수행자의 길을 가르친 것이 바로 사성제이다. 사성제란 '네 가지 성스러운 진리'라는 뜻으로, 석가모니 부처님이 깨달음을 성취한 뒤 바라나시 녹야원에서 그를 따르며 수행하던 다섯 비구에게 처음으로 행한 설법이다. 사성제는 사실 듣는 사람이 쉽게 이해하도록 하는 차원에서 연기법의 진리를 현실에 맞게 응용한 것이라고 할 수 있다.

"네 가지 진리가 있다. 무엇이 네 가지 진리인가? 이른바 괴로움의 진리, 괴로움이 일어나는 원인에 대한 진리, 괴로움의 소멸에 대한 진리, 괴로움을 소멸하는 길에 대한 진리를 말한다." 괴로움과 괴로움의 원인과 괴로움의 소멸과 괴로움의 소멸의 방법, 이 네 가지를 줄여서 고(苦), 집(集), 멸(滅), 도(道)라고 한다. 누구나 존재 자체가 괴로움인 것은 느끼고 이해할 수 있다. 생로병사(生老病死) 4고에다 원증회고(怨憎會苦), 애별리고(愛別離苦), 구부득고(求不得苦), 오온성고(五蘊盛苦) 4고를 합쳐 8고라고 하는 그 괴로움 말이다.

앞의 생로병사는 어쩔 수 없다지만, 현대인이 직장에 다니다 보면 원수와 같은 상사와 계속 만나야 되고, 믿고 사랑한 사람의 배신으로 인하여 피가 거꾸로 솟는 이별을 해야 되고, 자본의 철옹성 같은 세상에서 꿈꾸고 원하는 것을 도대체 이룰 수 없고, 경쟁 사회에서 일체 존재에 대한 자기중심적인 생각을 갖지 않을 수 없는, 뒤의 네 가지 괴로움은 사르트르의 말대로 타자가 지옥이라는 사실을 절감하게 한다.

일묵 스님의 『사성제』라는 탁월한 저서를 통해 사성제의 핵심을 추려내면 다음과 같다. 먼저 '고성제'는 존재 자체가 무상과 괴로움 그리고 무아라는 것인데, '집성제'에선 그 괴로움을 일으키는 원인을 갈애라고 한다. 색성향미촉의 다섯 가지 감각에서 생기는 욕망에 대한 갈애, 사랑이나 행복 등 자신이 경험하는 현상이 영원히 존재하기를 바라는 갈애, 병과 고통과 자살 충동 등 자신이 경험하는 현상이 다시 존재하지 않기를 바라는 갈애가 괴로움을 일으키는 원인이라는 진리다. 이 갈애를 충족시키기 위해 생명을 죽이고, 도둑질하고, 음행을 하고, 거짓말하고, 술 먹는 등 집착을 한다. 그것들을 통해 중생들은 하릴없이 탐진치 삼독은 물론 너무도 크고 많은 업을 짓게 된다.

'멸성제'는 갈애가 일으키는 괴로움과 탐진치 삼독 등이 일으키는 괴로움을 소멸시키는 진리다. 탐욕은 위의 집성제에서 말한 갈애가 감각적 욕망에 대한 탐욕, 존재에 대한 탐욕, 존재하지 않음에 대한 탐욕으로 바뀐 것이다. 성냄은 감각적 욕망의 정반대를 뜻한다. 감각적 욕망이 충족되지 못하니까 성냄이 생긴다. 성냄은 독사처럼 잔인하고 거칠어 자신을 현재보다 더 나쁜 상태로 만든다. 화냄, 적의, 악의, 분노, 짜증, 질투, 인색, 후회와 그로 인해 생긴 절망, 우울, 허무, 공포, 슬픔 등도 성냄의 또 다른 이름이다. 어리석음은 부처의 법을 모르는 무명(無明)이다. 특히나 사성제를 모르는 상태다. 거기에다가 양심 없음과 수치심 없음과 의심은 인간이 인간됨을 망치게 하니 만고에 소멸시켜야 할 진리이다.

 '도성제'는 괴로움의 소멸로 인도하는 도 닦음의 진리다. 흔히 팔정도(八正道)를 가리키는데 바른 견해, 바른 사유, 바른 말, 바른 행위, 바른 생계, 바른 정진, 바른 기억, 바른 삼매의 여덟 가지로 구성되어 있다. 팔정도의 시작과 중간과 끝은 바른 견해이다. 바른 견해야말로 나머지 일곱 가지의 도를 제대로 닦을 수 있게 한다. 팔정도는 계, 정, 혜의 삼학을 닦는 수행이다. 팔정도 중 바른 견해와 바른 사유는 '지혜'에 포함되고, 바른 말과 바른 행위와 바른 생계는 '계율'에 속하며, 바른 정진과 바른 기억과 바른 삼매는 '선정'에 해당한다.

 팔정도는 지관쌍수이다. 불교 수행은 크게 사마타(止)와 위빠사나(觀) 두 가지가 있다. 사마타는 정해진 대상만을 기억하여 알아차림으로써 해로운 법들을 가라앉히고 청정하고 고요하고 집중된 바른 삼매를 계발하는 수행이다. 위빠사나는 존재를 이루고 있는 물질과 정신 현상들을 있는 그대로 관찰함으로써 현상들의 실상을 통찰하는 지혜를 계발하는 수행이다.

그리고 팔정도는 중도이다. 부처님은 쾌락과 고행 두 극단에 대한 통찰을 통해 감각적 욕망의 행복을 탐닉하지 않고 자기 학대가 태반인 고행에 몰두하지도 않으면서 괴로움을 소멸할 수 있는 길을 모색했다. 그것이 바로 양극단을 버리는 중도의 선언이었던 것이다. 그 중도가 팔정도이고 팔정도가 없으면 어떤 수행이건 불교의 수행이 아니다. 불법의 대의는 연기법과 삼법인, 사성제와 팔정도이다.

2

> 어느 스님이 질문했다.
> "어떤 것이 불법의 큰 뜻입니까?"
> 임제 스님이 곧바로 고함(喝)쳤다.
> 그 스님이 예배하니 임제 스님이 말했다.
> "이 스님이야말로 함께 불법을 논의할 만한 사람이구나."
>
> — 『임제어록』

임제 선사(?~867)는 처음 수행자를 만나면 악!하고 고함을 질렀는데 이것을 임제 할(喝)이라고 한다. 또한 덕산 선사는 사람을 보면 먼저 방망이로 때리는 것으로 시작했다는데 이것을 덕산 방(棒)이라고 한다. 임제와 덕산은 깨닫고자 열심히 정진하는 수행자들을 보자마자 왜 이렇게 고함을 지르고, 몽둥이로 때리는 것으로 시작했을까?

『선가귀감』에는 "임제의 '할'과 덕산의 '방'이 모두 태어나는 것 없는 도리(無生法忍)를 철저하게 증득하여 꼭대기에서 바닥까지 꿰뚫었다. 큰 기틀(大機)과 큰 작용(大用)이 자유자재해서 어디에나 걸림이 없고, 온몸으로 출몰하며 온몸으로 짐을 져 문수와 보현의 성인 경계를 지키고 있다. 그럴지라도 사실대로 말한다면 이 두 분 또한 도깨비 됨을 면치 못할 것이다."라고 설명을 하고 있다. 여기서 문수 보살은 지혜의 화신이고 보현 보살은 자비행의 화신이다. 설령 임제의 할과 덕산의 방이 이 두 분의 경계에 이르렀다 할지라도 할과 방을 흉내나 내고 있다면 도깨비 짓거리에 지나지 않는다는 말이다.

성철은 『본지풍광』에서 "이 할과 방이 모가 난 나무로 둥근 구멍을 막으려는 것처럼 어리석은 짓이다."라고 했다. 네모진 나무 각목으로 물 한 방울 샐 틈 없이 둥근 구멍을 막을 수야 없다. 시절 인연이 딱 맞아 떨어져 직지인심으로 내리치는 임제의 고함 소리나, 또는 덕산의 한 방망이를 맞고 바로 머리가 깨지면 눈을 뜰 수 있겠지만, 그렇지 않으면 이 모든 것들이 한갓 정신 나간 노릇밖에 되지 않을 것이라는 말이다.

현응 스님은 "옛사람들은 기침 소리에 잠을 깨어 푸른 산을 보고, 갑작스런 몽둥이질에 막힌 하수구 구멍 뚫으러 청산에 이른다. 우리는 가끔은 할을 해야 임제의 선이고, 방을 써야 덕산의 선인 것처럼 마음 밖에 얽매여 있지만 이건 하나의 풍습에 불과하다. 모든 할과 방은 구속으로부터 벗어나게 하려는 행위이다. 머물러 있는 것이 흐르고 막힌 것이 뚫린다면 할과 방은 하나의 기침 소리이며 하수구 뚫는 망치 소리에 불과하다."고 말한다. 스스로 본래 비어 있는 성품에는 옛날이나 지금이 따로 없고 할이니 방이니 그 어떤 것도 세울 수가 없다. 할이나 방은 스승과 수행자가 시절 인연을 당하여 분별과 시비, 이 의심 저 의심 할 것 없이 수행자의 마음을 곧장 가리키는 직지인심의 교화법일 뿐이다.

위의 공안을 보아도 알 수 있듯 임제 스님의 상당 설법 중에 어느 스님이 "어떤 것이 이 불법의 큰 뜻입니까?"하고 질문하자 임제는 곧바로 고함(喝)을 친다. 이렇듯 선문답에서 할과 방은 그 자체로는 아무 의미가 없고, 언어 표현이나 개념화를 깸과 동시에 사량하고 분별하는 마음을 단박에 차단하는 교화법이다. 또한 그 자체로 시절인연에 의한 지혜 작용을 지금 여기에 그대로 드러내고 있는 너무도 통연명백한 진리인 것이다.

사실 위 공안에 계속 이어지는 임제의 상당 설법 중에도 드러나지만, 그는 황벽 스님의 문하에서 수행하고 있을 때 불법의 대의에 대해 질문했다가 황벽에게 세 차례나 방망이로 얻어맞고 깨달은 적이 있다. 이를 임제 스님이 스스로 밝히는 것은 그의 불법에 대한 사상적인 뿌리 곧 법통이나 종풍을 밝히려고 하는 의도성이 보인다. 그는 임제종의 창시자이다. 하여간 이 고함 소리에 스님이 예배를 한다. 그 고함 소리에 대오했다는 말이다. 그러니 임제가 "이 스님이야 말로 함께 불법을 논의할 만한 사람이구나."라고 칭찬을 한 것이다.

3

    부연이 알매 보고
    어서 오십시오 하거라
    천지가 건곤더러

너는 가라 말아라
아침에 해 돋고
저녁에 달 돋는다

내 몸 안에 캄캄한 허공
새파란 별 뜨듯
붉은 꽃봉오리 살풋 열리듯

아아
'花開!'

― 김지하, 「花開」

    김지하의 사상 편력을 따라잡기엔 전문 독자들도 늘 벅차다. 그가 좇은 사상의 개념어만 해도 '황토' '타는 목마름' '애린' '생명' '틈' '그물망' '율려' '흰 그늘' 등등 미처 헤아리지 못할 정도다. 그는 마치 유목주의자처럼 안주를 거부하고 늘 새롭게 길을 나선다. 우리 시의 사상성 부족을 질타하는 어떤 글을 본 적이 있는데, 그가 김지하를 제대로 읽어 보고 하는 소리인지 모른다는 생각을 했다.
    한데 이렇게 늘 새로운 고원을 찾아 떠나는 그의 총체적 문학 세계는 홍용희 말대로 사실 "죽임의 세력에 대한 부정과 대립에서 그 죽임의 세력까지 순치시켜 포괄하는 살림의 문화 재건으로 전개되는" 양상을 보여준다. 그러니까 부조리하고 부정의한 외부 현실 세계에 대한 치열한 투쟁과 반역의 시세계를 하나의 교조주의적 저항 이데올로기로 고착화하지 않고, 좀 더 심층적인 차원에서 생명의 신성성의 회복과 생명 소생의 문화 창조라는 도정으로 나아가는 기조를 항상 유지한다는 것이다.

김지하의 발성에는 항상 임제 선사의 할과 같은 개벽이 있다. 사실 한 송이 꽃이 벙그는 순간이 개벽의 순간이 아니던가. 『벽암록』에 '일화개세계기(一花開世界起)'라 말이 있는데, "한 송이 꽃이 피니 세계가 모두 일어선다."라는 뜻이다. 이를 한 송이 꽃이 피니 세계가 모두 열린다, 곧 개벽이라고 말할 수도 있겠다. 그러고 보면 「화개(花開)」도 하나의 개벽이다.

"부연이 알매 보고/어서 오십시오 하거라" 이 말이 무슨 말인가. 부연(附椽)은 집의 맨 끝 서까래인 장연 끝에 덧얹는 네모지고 짧은 서까래로 처마 끝이 보기 좋게 위로 들리게 하여 모양이 나게 한다. 그리고 알매는 기와를 일 때 나뭇개비 또는 수수깡을 가로 펴고 엮은 산자(橵子) 위에 받는 흙을 말한다. 그렇다면 부연이 알매 보고 어서 오십시오 하라는 것은 의당 그래야 하기 때문에 그러라는 것이 아니겠는가. 부연이나 장연이나 알매나 산자나 다 집을 구성하는 요소로, 혹여 부연이 없거나 알매가 없거나 하면 집 자체가 이루어질 수 없으므로 서로 공경하며 서로를 받아들이라는 것이다.

"천지가 건곤더러/너는 가라 말아라"는 뜻은 무엇인가. 천지(天地)는 하늘과 땅이고, 건곤(乾坤)은 하늘과 땅을 상징적으로 이르는 말이다. 그러니까 천지나 건곤이나 동의어인데 어찌 천지가 건곤더러 너는 가라고 말할 수 있단 말인가. 아니면 천지라는 실체와 건곤이라는 상징은 몸과 마음처럼 둘이자 하나일 수밖에 없으니 애초에 너는 가라, 말아라 할 수도 없는 것이다. 화해와 조화의 순리에 어긋나기 때문이다. 그런 순리대로 사실 아침엔 해 돋고 저녁엔 달이 돋는 것 아니겠는가.

 어쨌든 그런 상생과 동일화의 순리를 따르거나 꿈꿀 때 내 몸 안의 캄캄한 허공 속에도 새파란 별이 뜨거나 붉은 꽃봉오리가 살풋 열릴 수 있는 것이다. 아니 "새파란 별 뜨듯/붉은 꽃봉오리 살풋 열리듯" 아아 하며 감탄할 수밖에 없는 꽃 한 송이의 피어남으로 세계가 모두 열리는 것이다. 그게 곧 개벽이니 굳이 시 마지막에다 감탄부호까지 덧붙여놓은 것 아니겠는가. 김지하의 '화개'는 개벽의 외침이자, 임제의 할이다.

제31화

버들은 푸르고 꽃은 붉다
– 조은, 「모란을 보러 갔다」

1

중국에 불교가 들어온 후 당나라 때 형성된 선종은 중국 문인들에게 커다란 영향을 미쳤다. 당의 왕유, 이백, 한산과 습득, 송의 구양수, 왕안석, 그리고 소동파 등이 대표적이다. 인간의 내면을 중시하고, 지혜를 추구하며, 이해득실에 담백하고, 자유로운 정신과 실존의 깨달음을 추구하는 선의 특성은 고귀한 이상과 비루한 현실의 괴리로 인해 실의에 빠진 문인들의 상심한 마음을 깊이 끌어들였다. 선은 그들에게 직관과 통찰, 전복 등의 다른 시각으로 세상을 보는 방식을 제공함으로써 그들의 정신을 나비처럼 혹은 독수리처럼 자유로이 날게 하였다.

당송 팔대가의 한 사람인 소동파(1036~1101)는 선미(禪味)의 깊이를 시로 표현한 대표적인 사람이다. 그는 대문호이자 정치인일 뿐만 아니라 경학, 서예, 그림에도 조예가 깊어서 생전에 커다란 명성을 얻었다. 그는 역경과 정치적 불운이 심했지만 고승과의 교류와 선의 참구를 통해 자신의 현실을 초극해 나갔기에 오늘날까지 그 명성을 잃지 않고 있는 것이다. 스야후이의 저서『소동파, 선(禪)을 말하다』에 의하면, 소동파의 어머니는 그가 태어나기 전에 한 승려가 집 안으로 들어오는 꿈을 꾸고 나서 소동파를 잉태했다고 한다. 소동파 자신도 스스로 어느 사찰을 지날 때 확실히 익숙하고 아는 듯한 느낌이 든다고 말한 적이 있다.

위의 책에 의하면 "현대인의 눈에 소동파는 '커다란 강은 동쪽으로 흐르면서 천고의 풍류 인물을 파도로 다 쓸어버렸네'라고 하는 시원시원함이 있고, '예전의 쓸쓸하고 적막한 곳을 되돌아보니, 돌아가는 길엔 비바람도 없고 맑음도 없다'는 활달함이 있고, '가로로 보면 고개이고 옆에서 보면 산봉우리라서 멀고 가깝고 높고 낮음에 따라 각기 다르구나. 여산의 참다운 본래 모습을 보지 못하나니, 오직 내 몸이 이 산중에 있기 때문이다'라는 지혜가 있고. '십 년 동안 이승과 저승으로 아득히 떨어져 있었지만, 생각하지 않으려 해도 스스로 잊기 어렵다'는 깊은 정이 있다. 이처럼 소동파의 문학적 재능은 시대를 뛰어넘을 뿐 아니라 따뜻함도 겸비하고 있다." 소동파의 시가 사랑 받은 이유들이다.

소동파는 평생 차를 사랑해서 차에 관한 시를 많이 남겼다. 다선일미라는 말이 있는데 그는 바로 선의 맛을 차에 녹인 사람이다. 다음은 그의 시「조보의 '학원에게 햇차를 볶으며'에 차운하다」이다.

옥설 같은 미인의

마음씨가 좋은 것을 알아야지
기름으로 머리와 얼굴 새 단장한 것 보지 마라
장난삼아 지은 짧은 시를 그대여 웃지 마오
좋은 차는 본래 미인과 같으니

미인이 아름다운 것은 연지나 분을 바르고 머리에 진주 비취를 장식했기 때문이 아니라, 내면에 옥설(玉雪) 같은 마음의 운치가 있기 때문이다. 차도 자세히 음미해야 그 맛을 알 수 있다. 소동파가 차를 품평하는 것은 바로 마음을 품평하는 것이다. 차는 "하늘이 그 하나하나에 군자의 성품을 부여한 것이며, 맛이 순수하고 사랑스러워 함부로 대할 수 없나니, 탈속의 마음과 속세의 맛이 조화롭고 바른데, 설화차와 우각차야 말할 게 뭐 있겠나? 마셔 보아야 비로소 참된 맛이 영원함을 알게 되리라."고 말한다.

차에는 귀천이 없다. 평민들도 누구나 마실 수 있다. 중요한 것은 오로지 마음뿐이다. 선은 자기 마음의 탐구를 아주 중시한다. 다선(茶禪)은 바로 차를 우리고 따르는 과정에서 무엇이 담박하고, 무엇이 고요하고, 무엇이 온화하고, 무엇이 성성한지를 체득하므로 총애를 받든 치욕을 받든 놀라지 않는다. 소동파의 일생은 부침이 심했지만 그의 활달함과 평화로움은 차와 같고 탈속한 운치도 차와 같았다.

2

주광이 다도를 완성할 무렵, 일휴 대사가 물었다.

"무엇 때문에 차를 마시는가?"

주광이 대답했다.

"건강을 위해 마십니다."

그러자 대사는 이렇게 묻는 것이었다.

"조주 선사에게 어떤 수행승이 부처님의 가르침이 무엇이냐고 물었더니, 선사는 '차 드시게'라고 대답했네. 이 말을 자네는 어떻게 생각하는가?"

주광은 아무 대답도 못했다. 대사는 옆에 있는 수행승에게 차를 한 잔 따라오게 했다. 그가 찻잔을 손에 받아드는 순간, 갑자기 대사는 크게 소리를 질러 꾸짖었다. 이에 깜짝 놀란 주광은 황망히 찻잔을 떨어뜨리고는 이내 꼼짝도 않고 있다가 잠시 뒤에 대사에게 고개를 숙여 예를 표한 후에 자리에서 일어나 현관을 나섰다.

그때 대사가 불렀다.

"주광!"

그가 뒤돌아보자, 대사가 물었다.

"아까 자네에게 차를 마시는 마음가짐에 대해 물었는데, 만일 그런 마음조차 없이 무심히 차를 마시면 어떨까?"

그러자 주광이 조용히 대답했다.

"버들은 푸르고 꽃은 붉습니다(柳綠花紅)."

─『오등회원』

주광은 15세기에 다도를 제창한 사람이라고 한다. 일휴 대사의 제자로 입문했는데 늘 졸았다. 의사는 차를 마시기를 권했고, 그 덕택에 졸지 않게 되었다. 차의 효능에 반한 주광은 차를 퍼뜨리기 시작했고, 차의 보급과 함께 다도를 발전시키게 되었다. 주광이 다도를 완성할 무렵, 일휴 대사가 물었다. "무엇 때문에 차를 마시는가?"

일휴 대사의 이 물음은 차를 통해서 깨닫고자 하는 지혜는 무엇이냐는 뜻일 게다. 그런데 주광은 차를 마시며 육신의 졸음은 면했지만 마음의 졸음은 해결치 못한 모양이다. 항상 성성하게 깨어 있는 마음에서는 결코 나올 수 없는 말을 뱉고 만 것이다. "건강을 위해 마십니다."라고. 그 대답에 나 같으면 "차 드시게."하고 말았을 것인데, 일휴 대사는 아둔한 제자를 사랑하는 마음이 깊은 모양이다. 조주 대사가 세 스님에게 똑같이 말했던 '끽다거' 이야기까지 들려주며 또 묻는다. 역시 주광은 아무 대답을 못한다.

결국 일휴의 벼락 천둥소리 같은 '할'이 나오고, 깜짝 놀란 제자는 찻잔을 깨뜨리고는, 황망하게 현관을 빠져나오는 중이다. 그때 스승은 다시 "주광!"하고 부른다. 그러자 뒤돌아보는 제자에게 세 번째로 묻는다. "아까 자네에게 차를 마시는 마음가짐에 대해 물었는데, 만일 그런 마음조차 없이 무심히 차를 마시면 어떨까?" 우리가 차를 무심하게 마시듯 선을 행하는 마음도 무심함이다. 선 수행도 정녕코 완성되었을 때는 그 수행을 모두 잊어버린다. 그러니 그렇게 무심하게 선도 행하는 것이 어떻겠느냐는 것이다.

마침내 주광이 깨달았다. "버들은 푸르고 꽃은 붉습니다(柳綠花紅)." 소동파의 시구로 명쾌하게 답한 것이다. 그렇다. 선이란 있는 그대로 보는 것, 일체 만법을 여여하게 보는 것이다. "안횡비직(眼橫鼻直)"이란 말이 있다. '눈은 옆으로 코는 세로로' 달려 있다는 말이다. 13세기 때에 일본의 도원 선사가 중국에서 선을 배우고 귀국했을 때, 무엇을 배우고 왔느냐는 물음에 대답한 첫마디라고 한다. 이 것의 본뜻은 "있는 그대로"라는 의미다. 사람들은 이런 너무나 상식적인 진실을 깜빡 잊고 산다. 공기가 없으면 단 10분도 견디지 못하는 삶인데 우리는 공기가 온 누리에 편재해 있음을 모르는 것처럼.

"유록화홍!" '버들은 푸르고 꽃은 붉다'란 말이다. 소동파의 시구인데, 산천초목이 그대로 진리를 나타내는 모습에 놀라워한다. "유록화홍(柳綠花紅) 진면목(眞面目) 명력력(明歷歷) 노당당(露堂堂)" 아름다운 꽃이 그대로 진리이며 버들도 꽃도 숨기는 것 없이 환하고 당당하게 드러내고 있다는 것이다. 사실을 체득하는 것이 불망어계 (不妄語戒)의 진실이다. 불망어는 '진실한 말'이다. 모든 존재가 그대로 진실을 말해주고 있음을 여실히 알 때 불망어계가 실감 나는 것이다(미쓰바라 다이도, 『선의 향기』).

이 선 이야기를 보면 참으로 눈물겹다. 스승의 제자 사랑이 넘치고 넘친다. 아둔한 제자에게 조용히 묻고, 옛 고사를 들어 넌지시 묻고, 그러다가 안 되니 소리치고, 황망해서 돌아서는 제자를 불러 세워서 또다시 묻는 스승이 어디 있으랴.

3

오랜 친구들과 막 사귄 친구들과 어울려
늦은 밤 궁궐로 모란을 보러 갔다.

모란을 보러 갈 때는 설레고

돌아올 때는 쓸쓸하다.

모란 군락 앞에서
친구들은 노래를 부르고
재주를 넘고
꽃의 기쁨을 만끽했다.

다음 날에도 그 다음 날에도
혼자 모란을 보러 갔다.

─ 조은, 「모란을 보러 갔다」

 이 시는 "모란을 보러 갈 때는 설레고/돌아올 때는 쓸쓸하다."라는 한 구절로 그 표현을 다한 시이다. 평범한 중에 진실을 직관한 구절이다. 이 구절을 "모란을 보러 갈 때는 설레고/돌아올 때는 기쁘다."라고 바꿔 보자. 같이 간 오래 사귄 친구들과 막 사귄 친구들은 분명코 이와 같이 표현했을 것이다. 그 친구들은 모란 군락 앞에서 노래를 부르고 재주를 넘고 꽃의 기쁨을 만끽했기 때문이다. 하지만 '설렘'과 '기쁨'은 동일 계통의 감정 언어다. 그러기에 시의 대구로는 큰 효과를 발휘하기 어렵다.
 그러면 이제 '모란을 보러 갈 때는 설레고/돌아올 때는 황홀하다'고 표현해 보자. 친구들과 어울려 모란을 보러 갈 때는 설레고 돌아올 때는 설렘에 배가된 감정인 황홀까지를 가슴에 안고 있을 테니까. 하지만 역시 이런 표현도 어딘가 진실에 부합되지 않는 점이 있는 것 같다. 잔치 뒤에 설거지만 남는 것처럼, 설렘과 기쁨과 황홀을 만끽한 꽃구경 뒤에 따분하고 지루한 일상으로 다시 돌아오는 감정은 왠지 허탈하고 공허하고 쓸쓸한 감정 같은 게 들 수도 있으니까. 이 시를 쓰고 있는 시인처럼 말이다.

그럼에도 친구들은 모란 군락 앞에서 노래 부르고 재주를 넘고 꽃의 기쁨을 만끽했다. 오히려 꽃 보는 순간만큼은 그 기쁨을 만끽한 친구들이 더 멋진 것도 같다. 많은 선각자들이 '카르페 디엠!' 곧 '오늘을 잡아라' '이 순간을 즐겨라'고 하지 않던가. 꽃 보고 돌아오는 길이 혼자만 쓸쓸했던 것이 이상했기에 시인은 "다음 날에도 그 다음 날에도/혼자 모란을 보러 갔"던 게 아니던가. 혹여 꽃 보고 돌아오는 길이 기쁨으로 넘칠 때까지 말이다.

하지만 유록화홍이나 안횡비직처럼 사실 그대로의 보편적 진실까지는 못 되더라도 "모란을 보러 갈 때는 설레고/돌아올 때는 쓸쓸하다"는 잠언 투의 대구도 그렇게 발화한 시인에게는 너무도 명백한 진실이다. 만약 꽃 보러 간 시인의 심리 상태가 우울했거나 상처로 가득했거나 혼자 외롭게 살거나 심지어 꽃을 보러 가자기에 할 수 없이 따라갔거나 했다면 친구들이 기쁨을 만끽할 때 오히려 시인은 더욱 쓸쓸했을 수 있으니까. 오랜 사귄 친구나 새로 사귄 친구나 그런 시인의 심리 상태를 죄다 이해할 수는 없었을 테니까.

이런 심리 상태가 시인이 시를 쓰게 하는 저점이다. 처음엔 남들과 똑같이 설렜을지라도 그들과 한마음으로 기뻐 노래 부르고 춤출 수 있었다면 시는 설 자리가 없고, 또한 인생의 고뇌도 없을 것이다. 모든 사람은 서로의 인연으로 연기되어 있지만 그것도 자기의 업(業, 카르마)에 의한 관계성으로 참여하게 되니까. 선수행도 마찬가지이다. 스스로의 업에 의한 인생 고뇌가 없다면 그 누군들 피가 튀기는 고투의 정진 길에 나서겠는가.

　평생 시 한 줄 소설 한 편 읽지 않고도 많은 돈을 벌고 높은 권력을 누린 채 떠난 사람은 전생에 업이 없어서 그렇게 나름대로 행복하게 살았을까. 하지만 그는 그 많은 재물과 높은 권력을 얻는 데 있어서의 불의와 불공정, 그 많은 재물과 높은 권력으로도 이웃의 생존의 외침에도 돌아보지 않은 업은 분명코 그의 해탈을 막았을 것이다. 그는 선(善)의 관계성을 불선(不善)의 관계성으로 전락시킨 업을 후생만이 아니라 현생에서 이미 혹평으로 받는다.

　남들이 모두 기뻐할 때 혼자 골방에서 우는 사람이 시를 쓴다. 악업에 의한 처절한 인생 고뇌가 크나큰 선승을 만든다. 오랜 친구들이나 막 사귄 친구들이 모두 모란 앞에서 기뻐 춤출 때 그러지 못하고 돌아온 시인의 밑바닥에 시인만의 심리가 있었기에 "모란을 보러 갈 때는 설레고/돌아올 때는 쓸쓸하다."라는 명 구절을 건진 것이다. 평범하고 상식적이고 일반적이고 보편적인 진실 속에서 자기만의 독창적 진실을 새롭게 깨치고자 시인도 선승도 밤낮 없는 고투의 정진을 한다. 자본주의 세상에서 결코 경제 가치로 환산되지 않는 그 일을!

제32화

부처를 태워서 사리를 얻으려 하오
— 문정희, 「돌아가는 길」

1

　우리나라의 1960~1970년대까지만 해도 시골 마을 길목엔 으레 서낭당이 있었다. 성황당이라고도 하는데 자그마한 전각이나 원추형으로 쌓은 돌무더기 형태로 옆에 당산나무나 장승 등을 거느리고 서 있었다. 거기에는 울긋불긋 헝겊 조각이 걸려 있거나 금줄이 쳐져 있기 일쑤였다. 사람들은 거기를 지날 때면 돌멩이를 얹고 합장하거나 소원을 빌었다. 어린아이에겐 무섭기만 하던 서낭당은 새마을운동 등으로 죄다 허물어지고 심지어는 몇백 년 묵은 당산나무마저 베어져버렸다. 물론 서낭당만이 아니라 마을 어귀에 서 있는 크나큰 돌이나 나무만 보아도 절을 하던 것은 우리에겐 민간 신앙의 하나였지만, 그 돌무더기나 나무들은 신앙이 되는 순간 하나의 우상이 되어 버린다. 마을을 떠나 객지에 살아도 그 우상은 결코 범접해서는 안 되는, 우리 의식의 밑바닥에 내내 남아서 때론 그리움의 대상이 되기도 했던 것이다.

성경의 십계명 중 제1, 2계명은 하느님 이외에 다른 신들을 섬기지 말라는 것과 우상을 만들지 말라는 것이다. 이스라엘 백성들에게, 하느님을 본떠 만든 물체 등을 섬기거나 이교도들의 신을 믿는 행위는 모두 우상 숭배였다. 유일신 사상과 배치되기 때문이었다. 그럼에도 우상 숭배가 얼마나 만연하였으면 십계명의 맨 앞에 하느님 외에 우상을 섬기지 말라고 경고하고, 그 내용을 돌판에 새겼을까. 오늘날 개신교에선 가톨릭 성당에 흔히 걸려 있는 예수의 십자고상이나 천지 창조의 그림들마저 우상으로 여겨 예배당에 걸지 않는다. "하나님은 명사가 될 수 없다. 명사가 된다는 것은 그것이 하나의 존재물(Seinende)로 전락한다는 것을 의미하며 명사로서 실체적 속박 속에 갇힌다는 것을 의미한다."(김용옥, 『노자가 옳았다』) 그처럼 신은 실체적 존재물이 아니기 때문에 사실 어떤 그림이나 조각으로 제작할 수 없는 것이다. 그럼에도 신을 형상물로 제작하여 그 앞에서 두 손을 모으거나 마음을 여미는 것은 바로 그 자체로 하나님 아닌 우상을 섬기게 된다는 의미가 되고 만다.

그런가 하면 실상무상(實相無相)이라고 했던 불교의 법당은 더욱 볼만하다. 금칠한 불상들이 없는 데가 없고, 어떤 데는 500나한상이 촛불을 밝히고 앉아 있기도 한다. 법당 안팎의 벽면에는 탱화나 십우도 등이 거의 빠짐없이 그려져 있고, 석물과 석등도 수없이 많다. 문제는 그것들을 향해 합장을 하고 탑돌이를 하고 무릎 관절염에 시달리면서도 백팔 배 등을 해댄다는 것이다. 모든 존재가 연기법과 공의 세계 속에서 제행무상과 제법무아의 진리를 나투고 있는데, 그렇게 금불이나 목불 등에 대고 한사코 절을 해대면서 실상무상이라는 세계나 존재 인식은 왜 하는 것인가. 더구나 불교는 결코 타자에 대한 신앙의 종교가 아니라 스스로의 깨달음의 종교인데도, 기복 신앙이나 우상 숭배에 다름이 없는 업을 짓고 있는 게 아니던가.

"아는 것이 힘이다."라고 했던 영국의 철학자 프랜시스 베이컨(1561~1626)은 우리가 자연과 존재에 있는 그대로 접근하는 것을 방해하는 장애물을 우상(偶像, idola)이라고 불렀다. 우상은 편견이나 선입견에서 비롯되는데, 그 우상을 네 가지로 나눈다. 첫째, 종족의 우상은 인간이라는 종족의 본성에서 기인하는 편견으로 모든 것을 우리 자신 곧 인간 중심적인 입장에서 보고 판단하는 것이다. 인간의 감정이나 감각, 그릇된 견해로 사물을 분별하는 것을 선종에선 최우선적으로 말린다. 둘째, 동굴의 우상은 자기가 경험한 것만을 믿고 주장하는 편견이다. 장님이 코끼리 다리 하나를 만지고 그것이 코끼리 전체인 양 말한다. 이것은 그 사람의 교육, 취향, 읽은 책 등의 수준에 지배를 받는다. 셋째, 시장의 우상은 시장에서 떠도는 말을 액면 그대로 믿어버리는 편견이다. 시장이라면 누구나 보편적으로 드나드는 곳이므로, 그곳에서 생긴 말이라면 실제 대상이 있으리라고 단정해버린다. 오늘날 언론 시장은 광고 수익 때문에 사실보다는 편집을 통해 있지도 않은 실제 대상의 관념을 만들기에 바쁘다. 넷째, 극장의 우상은 극장에서 상영되는 영화 속의 멋진 주인공에게 쉽사리 감정 이입 되어버리듯이, 어떤 권위나 전통 등에 맹목적으로 기대버리는 주체성 없는 편견이다.

하지만 그들이 숭배하고 추종하는 권위는 한순간에 몰락하기도 한다. 가령 우상 중에 가장 어리석은 우상인 자기가 지지하는 정치인이 하루아침에 추락하는 것처럼 말이다. 그들은 자기가 믿는 정치인이 가장 도덕적이고 가장 정직하고 가장 능력이 있다고 믿는다. 거기에 더하여 자신들의 애로 사항을 가장 잘 들어주고 시혜를 베푸는 왕과 같은 사람이라고 생각한다. 그리고는 마치 연예인들을 좋아하는 팬덤처럼 열성 분자가 되어 그 정치인을 섬긴다. 그런데 어느 날 그 정치인에게 도덕적인 문제가 발생한다. 그 문제는 법적으로 처벌되는 범죄 행위이기도 하다. 하지만 그 사람은 결코 그럴 사람이 아니라고 강력히 부정한다. 필시 이건 상대편 정치인이 그를 모함에 빠뜨린 것이라고 음모론마저 펼친다. 끝내 옹호하고, 방어하고, 지키겠다는 데에 광신자가 되는 것도 불사한다. 한마디로 종족, 동굴, 시장, 극장의 우상을 총체적으로 현현시키는 요지경을 우리는 경악하며 보게 된다. 그 우상의 정치인이 배출하는 거짓과 위선의 추악함은 인류의 보다 나은 성장을 가로막는 제일의 악행이다.

2

어느 겨울날, 단하 화상은 낙양 향산사의 복우 화상을 만나고 오던 길에 혜림사에 머무르게 되었다. 주지가 불상이 모셔진 방으로 안내했는데, 혹독한 추위를 못 이긴 단하가 나무 불상을 태워 몸을 따뜻하게 했다.

이를 듣게 된 주지가 부리나케 뛰어와서 소리쳤다.

"왜 절에 있는 소중한 불상을 태웁니까?"

이에 단하가 지팡이로 재를 뒤적이며 대수롭지 않게 말했다.

"다비(茶毘)를 해서 사리를 얻으려 하오."

너무나 당당한 대답에 주지는 어이가 없어 말했다.

"어찌 나무로 만든 불상에 사리가 있겠습니까?"

그러자 단하가 되물었다.

"사리가 없다면 왜 나를 탓하시오?"

- 『조당집』 4권

    여기에 어떠한 차별 경계와 은산철벽도 단박에 날려 버릴 기개 높은 화상이 있다. 단하 천연(738~824) 화상이다. 그는 석두 희천의 선법을 이었고, 동주 단하산에서 선법을 펼쳤다. 단하는 수운 납자가 되어 행각하다가 어느 추운 겨울날 혜림사에서 목불을 쪼개 불을 지폈다. 혹독한 추위를 이기지 못하고 훼불을 하게 된 것이다. 주지가 부리나케 쫓아와 소리치는 것은 당연한 일! "왜 절에 있는 소중한 불상을 태웁니까?" 그러자 단하는 "다비(茶毘)를 해서 사리를 얻으려 하오."라고 말하며 지팡이로 태연하게 재를 뒤적이는 것이다. 너무 당당한 대답에 어이가 없기는 주지만이 아닐 것이다. 오늘날 절에서 그런 일이 벌어졌다면 아니면 아닐까 그 스님은 승적을 박탈당했을 것이고, 경찰에까지 불려갔을 가능성이 높다.

    그래서 답답한 되물음을 계속한다. "어찌 나무로 만든 불상에 사리가 있겠습니까?" 다비를 해서 사리를 얻으려 한다고 할 때 이미 깨쳐야 할 것인데, 그러지 못하고 스님은 세속인과 다름없는 말을 내뱉고 있는 것이다. 무릇 선승이라면 일상 속에서도 항상 성성하게 깨어 있어서 들뢰즈 말대로 사건과 진리가 계합(契合)하는 순간에 즈음하여 대오각성을 해야 한다. 그러지 않고서는 어느 천 년에 북치고 장구를 치랴. 결국 단하에게 되치기를 당한다. "사리가 없다면 왜 나를 탓하시오?" 박수가 절로 나오는 통쾌함이다. 이 말의 표면적 의미는 추워서 죽을 것 같은 실존에 처하여 사리도 없는 목불 정도 하나 태웠을 뿐인데 어찌 그리 난리냐는 것이다. 그리고 속뜻은 우상에 다름없는 목불에 대고 108배를 올리고, 목탁을 치며 염불을 하고, 그것을 신성시하여 숭배하는 동안 자기 마음을 바로 가리켜 언제나 견성성불 하겠느냐는 것이다. 불교는 대타자에 기도하는 타력 종교가 아니라 공부와 수행 끝에 스스로 부처가 되는 자력 종교인데도 많은 불자들의 기복적이고 우상 숭배적인 신앙은 스러질 줄 모른다. 눈멀고 귀 먹었으니 무슨 말 한마디인들 할 수 있으랴. 단하 화상의 말에 주지가 바로 깨달았다는 말이 없는 걸로 보아, 그는 다시 시장에 가서 죽은 목불을 사다가 법당에 앉혀놓았을 것이다.

단하는 스님이 되기 전에 과거를 보러 장안으로 가다가 한 스님을 만난 뒤 부처가 되려고 마조 선사를 찾아갔었다. 마조는 단하가 석두 선사에게 인연이 있음을 보고 그리 보냈다. 불법을 배운 지 3년, 하루는 선사가 불전 앞의 제초 작업을 하자고 하자 승려들이 모두 낫 등을 들고 모였는데, 오직 단하만 삭도를 들고 와서 선사에게 풀을 깎아 달라고 했다. 선사가 단하의 머리를 깎아 주었다. 정식으로 불가에 입문한 것이다. 그 뒤 단하는 다시 마조 선사를 방문했다. 이때 바로 선사를 예방하지 않고 승당에 모신 문수 보살상의 머리 위로 올라가 목마를 타듯 앉았다. 그의 행동에 놀란 승려들이 선사에게 알렸고, 마조가 그 광경을 보고 말했다. "내 자식이 천연스럽구나." 이에 단하가 불상에서 내려와서 "제 이름을 지어주셔서 감사합니다."하고 말했다 한다. 단하의 법호가 '천연'이 된 이야기이다. 애초부터 파격적인 행동으로 상식을 타파하고 진리와 마음속으로 단도직입하는 그의 호쾌한 수행의 모습이 눈에 선연하다.

3

다가서지 마라
눈과 코는 벌써 돌아가고
마지막 흔적만 남은 석불 한 분
지금 막 완성을 꾀하고 있다
부처를 버리고
다시 돌이 되고 있다
어느 인연의 시간이
눈과 코를 새긴 후
여기는 천년 인각사 뜨락
부처의 감옥은 깊고 성스러웠다
다시 한 송이 돌로 돌아가는
자연 앞에
시간은 아무 데도 없다
부질없이 두 손 모으지 마라
완성이라는 말도
다만 저 멀리 비켜서거라

— 문정희, 「돌아가는 길」

문정희 시인의「돌아가는 길」은 영겁 회귀의 길이다. 시적 배경이 되고 있는 인각사는 경상북도 군위군 고로면 화북리에 있는 절이다. 지금은 퇴락하여 겨우 명맥만 유지하고 있지만 단군의 기원을 처음으로 밝히고, 우리 시의 원류인 '사뇌가'를 기록한 일연의『삼국유사』가 씌어진 성스러운 가람이다. 어느 날 시인은 인각사에 가서 거기 반쯤 깨어져 달아난 보각 국사의 비석과 비바람에 눈과 코가 뭉개진 돌부처를 본다. 그런데 겨우 흔적만 남은 석불을 보며 시적 화자는 오히려 그 석불이 "지금 막 완성을 꾀하고 있다"고 역설을 구사한다. 이제야말로 "부처를 버리고/다시 돌이 되고 있"기 때문이다.

놀라운 시적 직관이다. 누구나 부처가 되기만을 소망할 터인데, 석불은 이제 눈과 코가 달려 있는 부처이기를 그만두고 원래의, 즉 자기의 본래성인 돌로 돌아가고 있는 것이다. 이것이야말로 시간도 개입하지 못하고 '완성이라는 말'로도 다하지 못할 그냥 '자연'으로 돌아간다는 것인데, 여기의 밑바탕엔 삼라만상의 무상관이 자리하고 있다. 다시 말해 "완성이라는 말도/다만 저 멀리 비켜서거라" 했으니, "다시 한 송이 돌로 돌아가는" 그냥 그 "자연"의 일은, 초시간의 세계 곧 영겁 회귀의 섭리라는 것이다.

애초엔 그 석불도 어떤 인연의 시간이 있어 하나의 석재 덩어리에 불과한 몸에 부처가 새겨진 후, 천년 인각사 뜨락에서 신앙의 대상이 되어왔을 터이다. 그리고 그 부처 노릇이 깊고 성스럽기도 했지만, 그러나 그것은 원래 돌이 자발적으로 바랐던 것이 아니다. 사람도 세상에 우발적으로 던져진 것처럼 그 돌부처도 어느 순간 자기도 몰래 신앙 세계에 던져진 것이다. 그러기에 그게 곧 감옥이기도 했을 부처를 버리고 자연으로 돌아가니, 여기에 이제 무슨 시간이 더 필요하겠는가. 하물며 부처도 결국 무상일 뿐인데 말이다.

　세상엔 불변의 실체가 있고 그것이 동일성을 유지한 채 사후의 세계까지 지속될 거라고 믿는 사람들이 대부분이다. 그러기에 영혼이니 신이니 하는 것들이 어느새 하나의 형상으로 존재하기라도 하는 듯 나약한 인간은 늘 엎드려 기도한다. 선수행을 하는 스님들도 어떤 깨달음을 얻으면 부처가 되어 영원불변의 실체로 살아갈 것이라는 망상을 하는, 기독교적 참선 수행자들이 많다. 하지만 '완성'이라는 말도 만법이 시절 인연의 연기성 속에서 일어나고 스러지는 관계 속에 놓여 있다면 결코 쓸 수 없는 말이다. 그러기에 "완성이라는 말도/다만 저 멀리 비켜서거라" 하고 외치는 시인의 호통이 꽤나 통렬하다.

　일상성의 배후에 도사리고 있는 삶의 위선과 엉큼함을 거침없이 고발하는 통렬함을 보여주던 문정희 시인이 이 시에선 한 걸음 더 나아가 어떤 통찰의 경지에 들어선 세계 인식을 보여주고 있다. 이런 류의 시가 흔히 범하기 쉬운 선시풍의 불가해한 아포리즘에 쉽사리 함몰되지 않고, 인각사 뜨락의 부처라는 구체적 대상을 통해서 부처까지를 포함한 삼라만상의 무상성과 영겁 회귀의 섭리를 아주 탄탄한 시적 문법 속에 구축한 그 솜씨가 깔끔하다. 궁극적으로 시가 종교를 지향한다는 말을 들은 적이 있는데, 종교성과 예술성과 삶의 고차원적 회통 과정을 보여주는 이 시는 이후 문정희의 대표작이 될 수도 있겠다.

제33화

산에 핀 꽃 비단결 같구나
— 김행숙, 「따뜻한 마음」

1

불교에서 선시는 마음이 밖으로 나타나는 형상 곧 의경을 통해 불교적 진리의 심미적 깨달음이나 정감의 해방을 추구한다. 선시에서 강력하게 드러나는 게 대상의 진실을 향한 주관의 날카로운 직관과 이를 통해 선적 묘체 혹은 시적 신운을 획득해내는 놀라운 통찰력이다.

천 길 물속에 낚싯줄을 드리우니	千尺絲綸直下水
한 물결 일렁이자 일만 물결 이네	一派纔動萬派隨
밤 깊고 물이 차가워 물고기는 물지 않고	夜靜水寒魚不食
달빛만 가득 싣고 빈 배로 돌아오네	滿船空載月明歸

당나라 때의 선승 화정 선자의 선시이다. 얼핏 보아도 담백하고 그윽하며 고요하고 한가한 선취가 물씬 풍겨나는 이 시는 고금의 선객들이 지향하는 깨달음의 경계가 잘 그려져 있다.

고요하고 차갑고 달 밝은 밤에 홀로 낚시를 한다. 깊은 밤의 정적 속에서 천 길 물속에 낚싯줄을 드리운 어부는, 고요 적정 속에서 깊은 진리를 깨치고자 하는 '위대한 고독인' 곧 선승이다. 한데 물속에 낚싯줄을 드리우자 일렁이는 물결 하나가 동심원을 이루며 계속 번져 나가 만파를 일게 한다. 이는 참선자의 고요한 마음자리에 한 생각이 일자 마치 낚싯줄을 따라 이는 물결처럼 일파만파의 번뇌 망상이 일어나는 것을 표현한 것이다. 그럼에도 어부는 낚싯줄의 입질에 온 생각을 집중시키는데 밤은 깊어가고 적막과 추위와 쓸쓸함은 무장무장 밀려들어도 고기는 물지 않는다. 이 역시 일파만파의 번뇌 망상을 관조를 통해 잠재우고 다시 정진에 몰입하지만 은산철벽 속에 갇힌 고독감과 한랭함의 끝 모를 고투 속에서도 반야지혜 혹은 '한 소식'은 좀체 찾아오지 않는 선승의 상황을 묘사한 것이다. 결국 어부는 낚싯줄을 철거하고 돌아오고야 마는데 그 빈 배에 밝은 달빛만 가득하다. 어쩌면 밤 깊도록 추위와 적막과 고독과 싸우며 소득 없이 돌아오는 모습이 너무도 안타깝게 여겨지는 순간이다. 헤밍웨이의 『노인과 바다』에서 몇 달 동안 고기를 잡지 못한 늙은 어부가 이틀 밤낮의 사투 끝에 잡아 올린 청새치를 몰려든 상어 떼에게 모두 뜯긴 뒤 앙상한 뼈만 끌고 귀환하는 모습을 연상시킨다.

한데 선승의 입장에서 보면 어부가 낚고자 하는 물고기는 사실 깨달음의 반야지혜이다. 불교에서의 반야지혜는 연기와 중도를 깨쳐 얻는 '공(空)'이라는 진실이다. 그러니까 시에서 보면 그 공은 이미

천지를 가득 비추고 있던 '달빛'이다. 그런데도 선승은 깨달음의 요체가 어디 딴 데 있기라도 하다는 듯 일파만파의 번뇌 망상 속에서 물고기가 잡히니 안 잡히니 하며 처절한 고독감과 쓸쓸함과 추위와 함께 치열한 고투 정진을 한 것이다. 결국 빈 배에 달빛만을 가득 싣고 돌아온다는 것은 한번 깨친 눈으로 보자 이미 있던 달빛이 곧 '공'이라는 직관이 임하고, 그것이 빈 배 가득 환하고 충만한 모습을 눈부시게 체험하게 된 것이다. 부연하면 빈 배 가득한 달빛은 관조의 대상이지 욕구의 대상이 아니다. 텅 비어 있으면서도 가득 채워진, 무와 유를 초월한 깨달음의 본래성이었던 것이다.

사실 평담하고 간출한 이 시에서 마지막 "달빛만 가득 싣고 빈 배로 돌아오네"라는 시적 주체의 마음이 투사된 직관적 발견의 지혜가 없다면 이것은 평범한 낚시 행위의 시로 머물고 말았을 것이다. 하지만 '텅 빈 충만'이라고 할 수 있는 '빈 배 가득한 달빛'을 직관해냄으로 말미암아 이 '활구' 하나가 전체 시를 선승들이 그토록 갈구하는 깨침의 미학을 대표하는 시로 자리매김하게 한다. 일체의 공리를 초월한 무용의 선적 경계이자 시적 경계를 추구한 심미 만점의 선계이며 시정이다.

2

어떤 스님이 대룡 화상에게 질문했다.
"색신(色身)은 부서지고 파괴되는데, 견고한 법신(法身)은 무엇입니까?"

대룡 화상이 대답했다.

"산에 핀 꽃은 비단결 같고, 골짝물은 쪽빛처럼 맑다(山花開似錦 澗水湛如藍)."

— 「벽암록」 제82칙

내가 가장 좋아하는 공안 중의 하나다. 참으로 시적인 격조가 넘쳐나는 화두여서다. 위 문장을 다음과 같이 고쳐본다. "한 수행승이 대룡선사에게 물었다. '형체가 있는 것은 부서져 버리기 마련인데, 영원히 변치 않는 진리는 없는 것일까요?' 대룡 선사가 대답했다. '저 산에 만발한 꽃을 보아라, 꼭 비단으로 산을 덮은 것 같지 않느냐. 하지만 저 꽃 붉은 것은 열흘을 가지 못한다. 골짜기에 가득 차 잔잔히 흐르는 물을 보아라. 쪽빛으로 물들어 있구나. 하지만 장강의 앞 물이 뒤 물에 밀리듯이 저 물도 단 한 방울조차 한 자리에 머물지 못하겠구나.'" 『금강경』에 위 화두와 같은 무상감을 표현한 멋진 구절이 있다. "일체 현상계의 모든 생멸법은, 꿈과 환상과 물거품과 그림자와 같고, 이슬과 번개와 같으니, 마땅히 이렇게 보아야 한다(一切有爲法, 如夢幻泡影, 如露亦如電, 應作如是觀)."

불교의 근본 교의에 삼법인(三法印)이 있다. 먼저 제행무상이다. 모든 존재, 모든 현상은 무상하다. 고정되어 있지 않고 시시각각으로 변모해 가기에 영원성을 갖고 있지 않다는 것이다. 다음으로 제법무아이다. 모든 존재는 연기법이라는 인과 연의 관계성 속에서 파악되기 때문에 고정불변의 영원한 실체가 없다. 이 두 가지 무상과 무아를 알게 되면 열반적정이다. 욕망과 번뇌 망상이 소멸된 정신세계는 평온하고 안온하다는 것이다. 모든 존재는 괴로움 속에 처해 있다는 일체개고를 추가하여 사법인이라고도 말한다. 이 세 가지만이 불변의 진리라서 인(印)이라는 도장을 쾅 찍은 것이다.

대룡 선사의 화두는 삼법인을 시적으로 펼쳐놓은 것인데, 여기서 "견고한 법신" 곧 영원히 변치 않는 진리라는 것은 없고, 다만 그 "변하는 것만이 진리"라는 것을 말해주는 것이다. 가령 어떤 연인이 뱃놀이를 즐기다가 영원히 변치 말자는 약속을 하자면서 배를 호수 가운데에 세우고 그 자리에다가 사랑의 하트 모양을 그려 표시했다고 하자. 실컷 물놀이를 즐기고는 영원한 사랑을 맹세한 자리에 돌아와 본다면 그 자리에 하트 표식이 남아 있을까. 세상과 삶이 그처럼 고정되어 있지 않다. 물 위에 새긴 문장이라는 말이 왜 나왔겠는가.

정처 없는 인생 무엇과 같을까	人生到處知何似
나는 기러기가 눈 밟듯 하리	應似飛鴻踏雪泥
눈 위에 우연히 발자국 남더라도	泥上偶然留指爪
기러기 날아가면 어찌 또 동서를 알까	鴻飛那復記東西

소동파의 시 「화자유면지회구(和子由渑池懷舊)」 중 일부분이다. 이 시에서 '설니홍조(雪泥鴻爪)'라는 유명한 말이 나왔다. '설니'는 질척질척한 눈을 말한다. 그러한 눈밭 위에 남긴 기러기 발자국이 기껏해야 우리네 인생이란 것이다. 그 발자국은 계속해서 내리는 눈발에 묻혀 금방 그 종적을 찾을 수가 없게 된다. 어쩔 수 없이 인생의 무상함을 느끼게 하는 시이다. 하지만 이것은 단순히 감상적인 무상함이 아니다. 인생의 진리를 제행무상, 제법무아의 입장으로 투명하고 투철하게 관찰하면서 설니홍조를 깨치고야 마는 무상감이다.

하지만 여기까지 어림짐작해 보니 뭔가 아쉬운 점이 있다. 설마 이 정도의 무상감을 표현한 뜻밖에 내포하지 않은 화두일까 하는 의심이다. 그렇다. 이 화두는 질문한 스님의 사량 분별을 먼저 살펴보아야 한다. 스님은 질문 속에 색신과 법신을 구분하고 있다. 색신은 시절 인연에 따라 지수화풍의 사대의 화합으로 이루어지기 때문에 부서지고 파괴된다. 연기법과 공의 사상을 따르는 것이다. 한데 『화엄경』 노사나품에 보면 "견고한 법신은 파괴되지도 않고 일체의 모든 법계에 두루 충만하다."는 말이 있다. 스님은 이 설법을 염두에 두고 질문하고 있다는 사실이다. 법신은 육신이 겪는 생멸법 곧 생사의 인연법을 초월한 지혜의 당체이기 때문에 영원히 파괴되지 않는다. 이는 『유마경』에 유마힐이 아난에게 "여래의 몸은 금강과 같이 파괴되지 않는 것을 본체(金剛之體)로 한다."라고 한 말도 질문의 받침돌이 되고 있다.

하지만 스님은 질문 가운데 이미 색신과 법신이라는 차별 경계에 떨어져 있다. 그 때문에 대룡 선사는 '산에 피어 있는 꽃은 비단에 수를 놓는 것같이 아름답고, 골짜기의 물은 쪽빛 색깔이 너무나 맑기만 하다.'고 삼라만상의 있는 그대로의 모습, 사량 분별을 여읜 있는 그대로의 모습이 바로 법신이라고 대답한 것이다. 소동파도 "개울물 소리가 부처님의 설법이고 산의 모양이 그대로 청정한 법신이다."라고 읊고 있다. 한마디로 허공과 같은 법신은 자유자재하여 조작과 작위성이 없는 자연의 모든 소리나 모습 곧 제법의 실상에 이른다. 이를 보고 사량 분별하거나 차별심을 일으키지 않는 그 마음이 견고한 법신이 아니고 무엇이겠는가.

3

얼어붙은 마음이 녹으면서
차츰 마음이 보이지 않습니다
더욱 외로워졌어요

삶이 보이지 않습니다.
우리는 헤아려지지 않습니다
너의 얼굴에 영원히 머무를 것 같은
미소는

미소가 사라지는 순간은
회오리처럼
마음이 세차게 몰아닥칠까요?

아무 일도 일어나지 않는
마음의 사막에
가득히
빛

수수께끼의 형상으로
우리의 포옹은
빛에 싸여
어둠을 끝까지 끌어당기며

서 있습니다

— 김행숙, 「따뜻한 마음」

　마음은 때론 요물이다. "얼어붙은 마음"일 때는 바짝 긴장해서 얼음처럼 성성하게 세상과 삶과 마음을 볼 수 있었다. 그러나 얼어붙은 마음이 "녹으면서" 차츰 마음이 보이지 않는다. 그럴 수 있다. 얼어붙은 마음일 때는 미처 마음이건 외로움이건 느낄 새가 없었는데, 바짝 긴장하고 얼음처럼 차고 성성하게 깨어 있던 마음이 녹으면서 모든 것이 해이해진다. 몸도 해이해지고 생각도 해이해져서 마음마저 들여다보는 일이 나태해지니 마음이 보일 리 없다. 그러니 외로움은 배가된다. 마치 선승이 무문관 수행을 하다가 결제가 해제되어 선방을 나오게 되면 한동안 되레 아무런 생각 없이 흐리멍덩한 무기(無記)와 외로움에 치를 떠는 이치와 같다. 고려 말에 나옹 선사는 "화두가 없는 것을 무기라고 한다."고 하였다.

　그렇게 화두 곧 '생각'을 놓치니 삶이 보이지 않고 우리는 헤아려지지 않는다. 여기서 "우리는 헤아려지지 않는다"는 것은 너와 나의 관계조차 점점 더 이해할 수 없는 지경에 놓여 있다는 말이다. 사람에게 고뇌 곧 스트레스는 그것과 적당한 관계를 유지할 때는 정신의 쇄신과 생명의 선도를 유지하는 데 도움이 된다고 한다. 양어장에서 서울 판매처로 미꾸라지를 실어 나를 때 수조에 메기를 몇 마리 넣어두면 장시간의 여로에도 미꾸라지는 싱싱함을 유지한다고 한다. 메기에게 먹히지 않으려고 미꾸라지가 활발하게 움직였기 때문이다.

　어쨌든 마음을 놓치니 삶은 보이지 않고, 너와 나의 관계는 헤아려지지 않는다. 그러다 보니 "너의 얼굴에 영원히 머무를 것 같은/미소는//미소가 사라지는 순간은/회오리처럼/마음이 세차게 몰아닥칠까요?"라는 불안과 우울의 심리 상태로 몰린다. 사실 미소는 순간이지 결코 영원할 수 없는 것인데도 그 미소가 사라지는 것에 대해 걱정하고 미소가 사라진 뒤 닥쳐올 걱정의 마음까지 질문한다. 하지만 사실은 아무 일도 일어나지 않는다. 괜히 생각을 놓친 마음의 사막 때문에 하게 된 기우이다. 아무 일도 일어나지 않은 마음의 사막을 확인하고 보니 되레 거기에 '빛'이 가득하다. 중생이 보살이고 고뇌가 곧 깨달음이듯 사막이 곧 빛이다.

고뇌가 깨달음이고 사막이 곧 빛인 것은 일반적인 생각으로는 '수수께끼'이다. 수수께끼는 수수께끼일 때 존재 가치가 있다. 그것이 풀려버리면 더 이상 수수께끼가 아니듯 선승의 깨달음은 문자로 표현할 수 없다. 문자를 세우는 순간 곧장 지옥으로 떨어진다. 문자를 세우는 순간 분별심을 세우는 것이기 때문이다. 연인 간의 사랑의 포옹도 수수께끼의 형상인 채로 다만 빛에 싸일 수밖에 없다. 그 포옹의 기분을 수수께끼 풀 듯 푼다는 것은 불가능하다. 포옹의 빛, 포옹의 황홀을 설명하는 것은 서해바다의 물을 한입에 다 털어넣은 뒤에나 가능할 것이다. 다만 그 빛에 싸인 포옹은 어떠한 어둠이라도 끝까지 끌어당겨 그 속에 녹여버린다. 그 빛에 싸인 포옹에 대한 설명 하나만을 거론한다면, 그것은 "따뜻한 마음"이다.

제34화

주인공! 깨어 있는가
― 문정희, 「꽃의 선언」

1

   김기택의 「사무원」이라는 시는 산업 사회라는 거대한 시스템에 갇혀 주체성을 상실하고 사물화 된 삶을 살아가는 현대인의 삶을 풍자한 시이다. 직장 생활 내내 자신의 삶을 성찰하지 못한 채 습관에 의해 수동적이고 기계적으로 움직이는 사무실 속 업무에 바친 삶! 그것의 궁극은 의자에 앉은 사무원의 다리와 의자의 다리가 구분되지 않는다는 극적인 결말이다.
   한데 이 시는 사무원의 하루 종일의 생활을 세세하게 관찰하면서 이를 불교 수행자의 모습에 빗대어 전개한다는 것이다. 가령 의자에 앉아 사무를 보는 것을 의자 고행으로, 도시락을 공양으로, 손익 관리와 자금수지 관리를 '손익관리대장'과 '자금수지심경'으로, 전화벨을 목탁 소리로, 의자 고행으로 인해 머리가 빠지고 배가 부풀어 오른 모습을 달마와 같은 수행자의 모습으로, 상사에게 굽신거리는 것을 108배로, 월급을 시주로 빗대며 궁극에는 의자 다리와 사람 다리가 구분되지 않는다는 풍자적 해석에 정점을 찍는다. 그리고 '장좌불립'! 이는 장좌불와(長坐不臥) 곧 눕지 않고 오롯이 꼿꼿하게 앉아서만 하는 불교 수행법의 하나를 의자에서 서지 않고 꼿꼿하게 앉아서만 사무를 보는 고행으로 바꾸어 풍자한 것이다.

시 속의 인물이 현대를 살아가는 사물화 된 일반적인 현대인을 나타낸다는 것을 명확하게 하기 위해 "그는 의자 고행을 했다고 한다"와 같이 시종일관 간접 화법을 동원한다. 이런 풍자적 관찰은 인간의 본성이나 사회에 대한 잔혹하거나 통렬한 풍자와 반어를 내용으로 하는 블랙코미디를 지향하고 있다고 볼 수 있다.

프란츠 카프카(1883~1924)의 짧은 소설 「변신」이란 소설 속에서 주인공 그레고리 잠자는 어느 날 아침 자기가 인간의 의식을 그대로 간직한 채 갑충으로 변신해 있음을 알게 된다. 보험 회사 외판원으로 한 집안의 장남이자 기둥이었던 그는 그 후 끔찍한 벌레로서의 삶을 살다가 썩은 사과에 등을 얻어맞은 채 죽어 간다.

그레고리가 신으로부터 품수 받았다고 생각한 몸이 비극적으로 변하자 일단 그는 회사에 갈 수가 없다. 그러지 않아도 늘 실직에 대한 불안, 지배인으로 대변되는 노동 감시와 통제, 근거 없는 비방과 우발적인 사건들에 시달려왔던 그이다. 일회적이고 표피적인 사회적 관계의 의미 없음에도 불구하고 직장을 잃을지도 모른다는 걱정 때문에 견뎌왔던 시간들이다.

사회로부터 소외되자 곧바로 가족으로부터도 소외 당한다. 그가 직장에 나가서 돈을 벌어오지 못하자 무한한 사랑으로 자신을 지켜줄 것 같았던 가족이 시간이 지나면서 점차 지쳐간다는 사실이다. 비록 갑충이 되고 말았지만 그래도 지금까지 가장 역할을 했던 집안의 장남 아니던가. 궁극적으로 썩은 사과를 던져 그가 죽자 쓰레기로 처리해버리는 것을 보라.

마침내 그는 자기로부터 소외 당한다. "그의 등에 박힌 썩은 사과, 온통 먼지로 쌓인 곪은 언저리도 그는 이제 느끼지 못했다. 없어져 버려야 한다는 그의 생각은 아마도 누이동생의 그것보다 더 단호했다." 결국 그는 죽음을 맞이한다. 그레고리는 짧은 평생을 스스로 주인이 되지 못하고 외부에 끌려다니는 타인적 삶의 주인공이었다. 사회라는 거대 조직의 인형에 불과했고, 가족이라는 경제 공동체의 돈 버는 기계에 불과했다.

이 소설은 20세기 초까지 인간들이 상상도 못 했던 몸을 해체시켰고, 가족을 해체시켰고, 집이라는 공간을 해체시켰다. 사건이 벌어지기까지 그의 집은 아늑하고 살아 있는 일반적인 집이었다. 그러나 그가 벌레로 변한 다음 그의 집은 생계를 위해 하숙집으로 변하고, 집이라는 공간은 낯선 이방인들이 차지하게 되고 만다. 갑충이 된 그레고리는 현대인의 실존적 상황을 함축적으로 보여준다. 많은 사람이 사회적 소외와 자기 소외 속에서 살아간다. 자기 망각 속에 살아간다. 그것은 사회적 시스템이 강요한 개인의 무력한 삶에 불과한 것이다.

2

서암 사언 화상은 매일 자기 자신을 불렀다.

"주인공(主人公)!"

다시 스스로 대답했다.

"예!"

"깨어 있는가!"

"예!"

"언제 어디서라도 남에게 속아서는 안 된다!"

"예! 예!"

— 『무문관』 제12칙

　서암 사언 화상은 스승 암두 선사(827~887)로부터 "내쉬는 숨, 들이마시는 숨과 대소변 하는 곳에 본래 자연스럽게 영원불변의 진리가 나타나고 있다. 각자 자기 발밑을 잘 살피고 잘 비추어 봐라."는 교시를 받았다. 이런 스승의 가르침에 따라 깨달음을 얻어 자기 자신을 살피며 늘 주인공으로 살려고 노력한 그의 생각이 잘 녹아 있는 것이 위의 공안이다. "주인공(主人公)!" "예!" 한 사람은 부르는 역할, 한 사람은 대답하는 역할을 하는데, 두 사람이 한 사람이다. 한데 여기서 스님은 매일 자기 자신을 부르며 단순히 주인(主人)이라고 부르지 않고 거기에 존경의 뜻을 표하는 '공(公)'을 붙여 부른다. 스스로가 자기 삶의 주인공이라면 이미 부처일진대 부처에게 존경심을 표현하는 것은 당연하지 않겠는가.

　한데 사람이 자기 자신의 주인으로 산다는 것은 말 대로 쉬운 일이 아니다. 마르틴 하이데거(1889~1976)는 현존재를 '세계 내 존재 (In-der-Welt-sein)'라고 불렀다. 세계 내 존재로서 현존재는 '던져진 존재'이다. 던져졌다는 것은 자발적이지 않다는 것을 의미한다. 우리는 부모를 자유롭게 선택하여 태어나지 않았다. 또 태어난 이상 사회적 우연성을 피할 수 없다. 베이붐 시대가 지나고 X세대를 거쳐 요새 아이들은 인공지능 시대에 태어난다. 이미 자본에 의해 계급이 공고화한 요즘 같은 사회에서 만약 가난한 부모 밑에서 태어난다면 자기의 주인으로 살기는 쉬운 일이 아닐 수도 있다. 그럼에도 부처의 말대로 우리는 '천상천하유아독존(天上天下唯我獨尊)'의 존재이다. 자기의 존귀함을 깨달을 때부터 주인공의 삶은 시작된다.

"깨어 있어야 한다!" "예!" 다시 자문자답한다. 하이데거는 자기 존재의 의미와 직면하지 않고 세속적 일상에 빠져 사는 실존의 망각자를 '다스만(Das Man)'이라고 부른다. 그가 말하는 다스만은 도구로서의 용도를 가진 사물의 세계에 빠져 사는 사람이다. 스마트폰에, 식도락에, TV에, 술과 섹스와 도박에 빠져 사는 다스만의 특성은 잡담(Gerede), 호기심(Neugier), 애매함(Zweideutigkeit)이다. 요새 TV는 온통 잡담의 세계다. 다스만은 늘 연예인의 연애사건, 매일 쏟아져 나오는 정치인들의 막말 사건에나 귀를 쫑긋거린다. 그리고 진실성이 결여된 채 합리성을 가장한 양비론의 현란한 말을 구사한다. 이런 잡담과 호기심과 애매함의 포로가 되어 소비되는 삶은 더 이상 깨어 있는 삶이 아니다. 그럼에도 선의 세계엔 직지인심이 있다. 자기 마음을 곧바로 가리켜 보는 데서부터 깨어 있는 삶은 시작된다.

"언제 어디서라도 남에게 속아서는 안 된다!" "예! 예!" 자크 라깡은 우리의 욕망을 '타자의 욕망'이라고 말한 바 있다. 쉽게 말하면 우리는 다른 사람의 눈에 자기를 맞춰 살아간다는 이야기이다. 친구가 큰 차 사니 빚을 내서라도 큰 차를 사고, 언니가 명품백 사니 야간에 특근을 해서라도 명품백을 장만하는 등, 인간은 늘 남에게 끄달려서 산다. 그래서 사르트르는 '타인은 지옥이다.'라고까지 말한다.

현대 사회에서 주인공으로, 깨어서, 남에게 속지 않고 살아간다는 것은 무척 지난한 일이다. 그럼에도 프리드리히 빌헬름 니체(1844~1900)는 『차라투스트라는 이렇게 말했다』에서 "나를 버리고 그대들 자신을 찾도록 하라. 그리하여 그대들 모두가 나를 부정하게 된다면, 그때 내가 다시 그대들에게 돌아오리라."고 했다. 이 말은 제발 외적인 권위에 기대거나 남을 모방하지 말라는 명령이다. 루트비히 비트겐슈타인(1889~1951)도 『논리-철학논고』에서 "사다리를 딛고 올라간 뒤에는 그 사다리를 차버려야 한다."고 했다. 선종에선 그보다 더한 말을 했다. 살불살조(殺不殺祖)! 부처를 만나면 부처를 죽이고 조사를 만나면 조사를 죽여야 남에게 기대거나 모방하지 않고 주인으로 살 수 있다는 이야기다.

3

내가 원하는 방식대로
나의 性을 사용할 것이며
국가에서 관리하거나
조상이 간섭하지 못하게 할 것이다
사상이 함부로 손을 넣지 못하게 할 것이며
누구를 계몽하거나 선전하거나
어떤 경우에도
돈으로 환산하지 못하게 할 것이다

정녕 아름답거나 착한 척도 하지 않을 것이며

도통하지 않을 것이며

그냥 내 육체를 내가 소유할 것이다

하늘 아래

시의 나라에

내가 피어 있다

― 문정희, 「꽃의 선언」

꽃! 누가 처음에 여성을 '꽃'에 비유했을까. 여성을 꽃에 비유한 것은 물론 남성일 터이다. 그리 오래되지 않은 시절까지만 해도 어떤 회사에서 중심적인 일은 못 하고 화병에 꽃이나 꽂고 손님 오면 차를 내오거나, 책상에 먼지나 닦고 서류 복사나 하는 사람으로 여겼다. 그 허드렛일을 통해 회사 분위기를 밝게 하는 정도의 역할로 여성의 일을 제한했다. 대중가요에서도 여성을 꺾이고 버림받는 꽃에 비유하는 노래들이 수도 없이 많다. "그 누가 꺾었나 한 송이 외로운 꽃/시들은 꽃송이가 황혼 빛에 애닯고나/마음대로 꺾었으면 버리지는 말아야지/시들어 흐느낄 줄 왜 몰랐을까 싸늘한 하늘 밑에서"(이미자, 「꽃 한 송이」)

이러한 꽃인 여성, 곧 '나'에게서 가족들마저 모든 것을 빼앗아간다. "시아버지는 내 손을 잘라가고/시어미는 내 눈을 도려가고/시누이는 내 말을 뺏어가고/남편은 내 날개를/그리고 또 누군가 내 머리를 가지고/달아(문정희, 「유령」)"난다. 이렇게 내 노동과, 내 시각과, 내 언어와, 내 꿈과, 내 생각을 착취하고 말살해서 주체성은커녕 실체조차 지워져버린 존재, 즉 유령으로 만들고 만다. 가부장 지배 사회에서 '꽃'으로 비하되거나 '유령'으로 지워져버린 여성으로 살면서 최승자는 "일찍이 나는 아무것도 아니었다"고 선언한다. 음과 양으로 서로 갈마드는 인간계에서 어떻게 양이 음을 지배해버리고 말았을까.

꽃! 누가 처음에 여성을 '꽃'에 비유했을까. 사실 여성을 꽃에 비유한 것이 잘했다는 생각이 들기도 한다. 꽃은 자기만의 고유한 빛깔과 향기로 세상에 나타난다. 사람 중 어느 누가 꽃처럼 자기만의 독창적인 빛깔과 향기를 드러낼 수 있을까. 꽃은 사실 식물의 생식기라고 한다. 이렇게 사랑의 생식기마저 당당하게 드러내어 주체 선언을 하는 꽃! 드디어 오늘의 시에서「꽃의 선언」을 한다. 나는 "내가 원하는 방식대로/나의 性을 사용할 것이며/국가에서 관리하거나/조상이 간섭하지 못하게 할 것이다." 지금까지 여성은 남성의 역사인 'history'에서 배제되어 왔다. 조선조에서는 스무 살에 청상이 되어도 열녀문을 세워주면서까지 수절을 당연한 것으로 강요했다. 그것은 국가와 가문의 논리였다. 여성이 원하는 방식이 아니라 타자의 착취와 수탈로 여성의 성이 사용되는 일은 오늘날 더욱 지능적으로 변형되어 있다.

"사상이 함부로 손을 넣지 못하게 할 것이며/누구를 계몽하거나 선전하거나/어떤 경우에도/돈으로 환산하지 못하게 할 것이다" 조선조에서는 무슨 성리학이니 뭐니 하며 나라가 남존여비 사상을 퍼뜨렸고, 여성은 저열한 존재이니 계몽시켜야 할 존재라고 했다. 그런 못된 계몽사상의 선전에 동원하고, 어떤 경우엔 되놈 나라에 돈 받고 팔아넘기기도 했다. 조선의 내명부는 여성들의 바깥출입을 막기 위해 교태전 뒤란에 열 평도 채 못 되는 자그마한 동산을 조성해서 그 안에서만 놀게 했다. 오늘날 사회의 유리 천장은 여성들에게만 씌워진 것이다.

"정녕 아름답거나 착한 척도 하지 않을 것이며/도통하지 않을 것이며/그냥 내 육체를 내가 소유할 것이다" 여성인 나 스스로도 멋진 남성에 대한 근거 없는 로망에 취해 그에게 잘 보이고자 하는 아름다움을 만들려고 기를 쓰고, 또 순종적인 여인이 되기 위해 착한 척을 한다. 그러한 자기를 스스로 합리화는 도통을 부리며 스스로 만든 남성상에 취해 그를 위해서라면 육체도 기꺼이 바치기를 그만두고, 이제 내가 내 육체를 소유할 것이다. 내 육체의 본능이 시키는 대로 당당할 것이다. 이게 '시의 나라'에서 진정한 꽃으로 피어 있을 '나'이다.

문정희의 이 꽃의 선언은 페미니즘의 선언으로만 볼 수 없다. 페미니즘 자체도 남성을 반대편에 전제한 운동이다. 문정희의 꽃의 선언은 여성으로서의 선언이 아니라 한 인간으로서의 선언이다. 이것이 당당한 한 인간으로 서기를 바라는 선언이라는 것은 그가 사나이 중의 사나이인 사마천을 사랑하는 시에서도 드러난다. 「사랑하는 사마천 당신에게」라는 시에서 붉은 눈을 번득이며 오로지 두 다리 가운데 또 하나의 '기둥'을 더 세우기 위해서만 사는 사내들 중에서, 되레 그 "꼿꼿한 기둥을 자르고/천년을 얻은 사내가 있다/기둥에서 해방되어 비로소/사내가 된 사내가 있다/기둥으로 끌 수 없는/제 속의 눈/천년의 역사에다 댕겨놓은 방화범이 있다."고 시인은 말한다. 그 사내 때문에 천년 후에도 시인은 잠이 들지 못 한다.

제35화

말없이 부채질만 할 뿐
— 이시영, 「라일락 향」·정현종, 「사물(事物)의 꿈 1—나무의 꿈」

1

유레카(Eureka)라는 말이 있다. 그리스의 철학자였던 아르키메데스가 써서 유명해진 말로 "나는 답을 찾아냈다!"라는 뜻이다. 그가 하루는 공중목욕탕에서 목욕을 하다가 물속으로 들어가면 목욕탕 물이 넘친다는 것을 발견한다. 그는 너무도 흥분한 나머지 옷도 입지 않은 채 거리로 뛰어나가면서 "유레카!"라고 외쳤다고 전해진다. 그는 당시 그리스 시칠리아 왕으로부터 금관이 순수한 금으로 만들었는지를 알아내라는 지시를 받고 있었다. 아르키메데스는 곧장 저울 한쪽에는 금관을 매달고 다른 한쪽에는 금관과 같은 무게의 금과 은을 준비한 다음 물속에 저울을 넣었다. 금속의 밀도가 다른데도 금을 매달았을 때나 은을 매달았을 때 모두 한쪽으로만 기우는 것을 발견하고 왕관은 금과 은의 합금으로 만들었다는 사실을 밝혀냈다.

히포크라테스가 '의학의 아버지'로 추앙받은 이유는 최초로 병의 원인을 과학적으로 규명했기 때문이다. 그 이전에 질병은 '신이 내린 형벌'이라 보고 신전에서 빌거나 주술사의 힘을 빌었다. 그러나 히포크라테스는 사람 몸 안팎의 조화와 접하는 환경이 질병의 유발자라는 사실을 밝혀내고, 몸과 환경의 균형을 바로잡으면 예방 치료를 할 수 있다고 보았다. 최초로 과학에 근거한 합리적 의술의 길을 열었던 것이다. 14세기 유럽에서 창궐한 페스트는 유럽 인구의 40%이상을 희생시켰다. 피부가 까맣게 썩어들어 간다고 해서 흑사병이라 불렸던 이 병으로 인해 줄어든 인구가 회복되기까지는 무려 3세기가 걸렸다고 한다.

윤경영 페루산마티대 석좌교수의 글「과학적 진리, 종교적 진리」에 의하면 "정체 모를 전염병에 대응할 방법이 없었던 당시 흑사병 확산을 가속화시켰던 장본인 중 하나는 바로 교회였다. '인간이 죄를 지어 하느님이 형벌을 내린 것'이라며 교회에 모여 열심히 기도해야 병이 낫는다고 했다. 그런데 교회에 모여 기도한 사람들이 전염되어 줄줄이 죽어 나갔다. 중국에서 발병한 코로나19는 14세기 흑사병보다 훨씬 더 빠른 속도로 확산되고 있다. 그런데 그 중심에도 교회가 있다."고 한다. 코로나를 '마귀의 짓'으로 규정하고 이를 '하나님의 징벌'이라고 하는 종교 리더들이 부지기수다. 심지어 설교를 들으면 병이 저절로 낫는다고 하는 사람도 있다. 14세기 유럽 대전염병 시대의 데자뷰를 보는 듯하다. 과학은 창조론을 믿는 종교와 충돌한다. 종교가 모든 것을 지배하던 중세 시대, 과학은 항상 종교에 의해 밀려났다.

인간에게는 역사상 '세 가지 최대 실망'이 있었다. 그 첫째는 코페르니쿠스의 지동설에 의해 지구가 태양계를 도는 둥근 혹성이라는 사실을 알았을 때의 실망, 둘째는 인간이 다른 모든 존재와 같이 진화한다는 다윈의 진화론이 발표되었을 때의 실망, 셋째는 인간이 리비도(성적본능)의 산물 그 이상도 이하도 아니라는 프로이트의 정신분석학이 출현했을 때의 실망이다. 지동설에 대한 실망은 지구는 네모진 중심이고 그 지하에는 지옥이 있고 하늘에는 천국이 있다고 생각한 플라톤적이고 기독교적인 믿음 체계가 무너진 탓이다. 한데 이제 다윈까지 인간은 신의 특별한 창조물이 아니고 원숭이 종으로부터 진화했다고 주장하자 사람들은 경악에 빠졌다. 인간이 신의 각별한 보살핌을 받지 못하는, 그저 무수한 삼라만상 중 하나에 지나지 않는다는 진화론이 발표된 후 이는 창조론과 격렬한 논쟁을 일으켰다. 이 역시 과학과 기독교적 믿음 체계의 대립이었다. 여기에다가 인간이라는 게 사랑이니 믿음이니 하는 것보다 성적 본능의 산물이라는 리비도설이 나왔을 때 인간의 실망은 극점에 달했다.

  과학은 자연이다. 자연을 읽어내고 체계적으로 정리한 것이 과학이다. 사람이 자연과 공존하며 잘 살아가려면 자연을 알아야 하고, 그러면서 과학이 발전한다. 종교의 최종 목표는 삶의 진정한 의미와 가치를 추구하여 어떻게 행복하게 사느냐는 것이다. 그럼에도 작금의 우리나라 일부 종교는 과학을 받아들이지 못한 채 온통 기복 신앙으로 점철되어 있고, 인간에 의해 인간을 위해 생겨난 종교가 인간 위에 군림하는 전근대적 사고에 머물러 있는 것이다.

  과학에서 말하는 진리란 "사실을 사실대로 보는 것"이다. 불교의 여실지견(如實知見)이라는 말과 상통한다. 여실은 '있는 그대로'를 의미하고 지견은 '깨달음의 지혜로서 알고 보는 것'을 의미한다. 불교에서는 '진실'을 표시할 때 '그 같이 있는 것'을 의미하는 tathātā를 쓰는데, '있는 그대로 보는 것'이란 대상에 대한 어떠한 선입견도 없이 진실만을 보려는 마음이다. 분별지나 감정의 호오에 의한 사실의 호도와 왜곡을 경계하며 마치 거울에 상이 맺히는 것처럼 세계를 보고자 하는 것이다.

2

> 마곡산의 보철 선사가 어느 날 부채질을 하는데 한 스님이 물었다.
> "바람의 성품은 항상 있어서 두루 하지 않은 곳이 없거늘(風性常住 無處不周) 화상은 어째서 부채질을 하십니까?
> "그대는 바람의 성품이 항상 있는 줄만 알고, 두루 하지 않은 곳이 없는 줄은 몰랐구나."
> 스님이 다시 물었다.
> "무엇이 두루 하지 않은 곳이 없는 도리입니까?"
> 보철 선사는 이에 말없이 부채질만 할 뿐이었다.
>
> ―『선문염송』 제198칙

"물을 뜨니 손 안에 달이 있고(掬水月在水), 꽃을 희롱하니 향기가 옷에 가득하네(弄花香衣滿)." 이 말은 남송 때 허당 지우 선사의 법어를 기록한 책 『허당록』에 인용되어 있다. 원래는 당나라 현종 때 우량사라는 시인의 「춘산야월」이라는 시에 나온다고 한다. 진리의 모습은 언제 어디에나 있다는 것을 읊은 아주 격조 높은 시이다.

어느 무더운 여름날 마곡산의 보철 선사가 부채질을 하고 있는데 한 스님이 물었다. "바람의 성품은 항상 있어서 두루 하지 않은 곳이 없거늘(風性常住 無處不周) 화상은 어째서 부채질을 하십니까?" 이 말은 곧 '바람의 성질은 변하지 않아 없는 데가 없거늘 화상께서는 굳이 부채를 부칠 필요가 있습니까?'라는 말이다. 서두의 시구처럼 진리는 온 누리에 편재해 있는데 굳이 부채질이라는 방편을 통해야만 진리를 인식할 수 있느냐는 말이다.

이에 보철 선사가 답한다. "그대는 바람의 성품이 항상 있는 줄만 알고, 두루 하지 않은 곳이 없는 줄은 몰랐구나."라고. 이 말은 곧 '그대는 바람의 성질이 변하지 않는 줄만 알았지, 어디에나 있는 줄은 아직 모르는구나.'라는 뜻이다. 한데 대답이 이상하다. 분명 스님은 바람의 성품은 항상 있어서 두루 하지 않은 곳이 없다고 했는데, 보철 선사는 가는귀가 먹었는지 그대는 바람의 성품이 항상 있는 줄만 알고, 두루 하지 않은 곳이 없는 줄은 몰랐구나 하고 맥을 끊어놓는 대답을 한 것이다.

하지만 보철 선사가 가는귀가 먹어 스님의 말을 못 알아들었다기보다 질문을 받고 그 질문으로 되받아친 경우이다. 너는 그저 진리의 편재를 입으로만 되뇌는 상식선에 머물러 있지, 실제 그걸 온몸으로 체험하고 온 마음으로 통찰한 것이 아니지 않느냐는 얘기이다. 어떤 학자는 이 대답을 '그대는 바람의 성품이 두루 있다는 사실은 알고 있지, 바람 그 자체를 모르는구나.'라고 해석하는 경우도 있다. 바람 자체 곧 진리 자체가 무엇인 줄 모른다는 말이다.

그래서 스님이 "무엇이 두루 하지 않은 곳이 없는 도리입니까?"라고 한 되물음은 곧바로 "바람이 무엇입니까?"라고 번역할 수도 있는 것이다. 바람이 무엇입니까, 진리가 무엇입니까, 부처가 무엇입니까, 라는 식으로 연동되는 질문에 보철 선사는 말없이 부채질만 할 뿐이었다. 바람은 모든 곳에 편재하지만 에어컨을 통해 바람을 더 느낄 수 있는 것처럼, 일체 중생이 불성을 갖추고 있지만 원력을 세우고 발심 수행해야 진리를 체득할 수 있다.

 이 공안과 맥락은 다르지만, 진리의 편재를 잘 알려주는 말로 "향 싼 종이에선 향내 나고, 생선 묶은 새끼줄에선 비린내 난다."는 것이 있다. 『법구 비유경』에 나온다. 어느 날 부처님께서 기사굴산에서 절로 돌아오다가 한 비구에게 길에 떨어져 있는 종잇조각을 주우라고 말씀하시고는 그것이 무엇에 사용했던 종이 같으냐고 물었다. 이에 비구는 "향을 쌌던 종이입니다. 아직 향내가 남아 있습니다."라고 답했다. 조금 더 길을 가다가 이번엔 새끼줄 토막을 보고 역시 비구에게 줍게 하고는 무엇에 썼던 것 같으냐고 물으셨다. 비구가 냄새를 맡고는 얼굴을 찌푸리며 "생선을 묶었던 것입니다. 아직 비린내가 납니다."라고 답했다. 그러자 부처님이 말씀하셨다. "사람은 원래 깨끗하지만 모두 인연을 따라 죄와 복을 누린다. 현명한 이를 만나면 도와 뜻이 높아지고, 어리석은 이를 가까이하면 재앙이 오는 법이다. 마치 향 싼 종이는 향내가 나고 생선 묶은 새끼줄에선 비린내가 나는 것과 같다. 사람도 모두 이렇게 조금씩 물든다는 것을 잊지 말아라." 이 말은 곧 길 가다가 주운 향내 묻은 종잇조각과 비린내 나는 새끼줄 도막 속에서도 진리가 엄연히 살아 있다는 걸 보여준 말로 해석할 수도 있다.

 높은 하늘의 달도, 옷에 묻은 꽃향기도, 달을 보고 꽃 속에서 놀았기에 느끼고 알 수 있었다. 말 없는 부채질도 마찬가지이다. 수고로운 부채질을 하고, 에어컨을 켜는 사람이 시원한 바람, 곧 진리의 상쾌함을 느낄 수 있는 것이다.

3

> 이 세상의 향기 중 라일락 향기가 그중 진하기로는
> 자정 지난 밤 깊은 골목 끝에서
> 애인을 오래오래 끌어안아 본 사람만이 느낄 수 있는 것
>
> — 이시영, 「라일락 향」

진리란 논리로 따져서 간파할 수 있는 것이 아니다. 논리란 이기적 입장에서 분석하고 분할하고 분별해야만 입론(立論)을 할 수 있기 때문이다. 이 세상의 향기 중 라일락 향기가 그중 진하다는 사실을 알 수 있는 것은 그 라일락 향기 속에서 "애인을 오래오래 끌어안아 본 사람만이 느낄 수 있는 것"이다. 그건 자정 지난 밤 깊은 골목 끝이건, 지리산 어디 라일락꽃 흐드러지게 핀 골짜기에서건 상관이 없다. 사랑하는 사람만이 더욱 진한 라일락 향기를 맡을 수 있다. 진실이란 그런 것이다.

사랑에는 연민이라는 것도 있다. "사랑의 대상이 사랑의 관계와는 무관한 이런저런 일들 때문에 불행하거나 위험에 처해 있다고 느끼거나 보거나 알 때, 사랑하는 사람은 그에 대해 격렬한 연민의 감정을 느낀다."(롤랑 바르트, 「사랑의 단상」) '나는 그 사람이 아프다'라

는 말이 성립할 수 있는 것은 나와 그 사람이 하나라는 생각이 온몸으로 저미기 때문이다. 그걸 동일시라고 하는데, 그래서 "그 사람의 고통이 내 밖에서 이루어지는 한, 그것은 나를 취소하는 것과 다름없다."고 바르트는 말한다.

철학에서 경험론은 귀납법을 근간으로 삼으며 인간의 외부 세계에 대한 모든 지식이 감각적인 경험에서 시작된다는 입장을 가진 철학이다. 그래서 오직 경험을 통해서만 지식을 얻는다고 주장하였다. 가령 선이나 예술에 있어서 익숙한 것, 마땅히 그래야 한다고 생각하는 것에 대한 회의는 새로운 진실에 가닿기 위한 필수적인 코스인데, 경험론의 감각적인 경험까지를 포월(包越)한 어떠한 무지개 같은 것을 보고자 하는 의단이다.

> 그 잎 위에 흘러내리는 햇빛과 입 맞추며
> 나무는 그의 힘을 꿈꾸고
> 그 위에 내리는 비와 뺨 비비며 나무는
> 소리 내어 그의 피를 꿈꾸고
> 가지에 부는 바람의 푸른 힘으로 나무는
> 자기의 생이 흔들리는 소리를 듣는다
>
> — 정현종, 「사물의 꿈 1—나무의 꿈」

사실 진리나 진실은 우리가 어떤 대상과 비교되거나 나누어지지 않고 합일을 이룰 때 만날 수 있다는 것을 알아야 한다. 정현종은 위의 시에서 나무가 자연의 여러 현상들과 하나 되기를 꿈꾼다고 한다. 그 잎 위에 흘러내리는 햇빛과 입 맞추거나, 그 위에 내리는 비와 뺨을 비비거나, 또 가지에 부는 바람의 푸른 힘으로, 자기의 생이 우주와 하나 되어 흔들리는 소리를 듣는다. 태양의 힘과 비의 피와 바람의 숨결로 존재하는 나무가 곧 우주 자체다.

인드라망은 『화엄경』에서 이야기하는 세상을 덮고 있는 한없이 넓은 그물을 말한다. 그물 마디마다 구슬이 달린 채 연결되어 있고, 이 구슬에서 빛이 나와 다른 구슬을 비추어준다. 모든 존재는 어느 것 하나 분리되어 있지 않다는 이야기이다. 이 이야기는 결국 존재하는 것은 오직 하나밖에 없다는 이야기와도 통한다. 가령 우리는 텔레파시가 서로 통했다는 말을 자주 쓰는데, 이는 내가 생각해서 말을 방금 꺼내놓으려는 찰나 상대도 나와 똑같은 생각을 금방 꺼내놓을 때를 생각하면 나와 상대가 하나이기에 가능하다는 말도 된다.

작은 티끌에 큰 세계가 들어가는 상즉상입(相卽相入)의 인드라망 경계가 있다. 이것은 실제로 그러한 것이지 큰 세계가 작게 변화해서 티끌에 들어가는 것이 아니라고 한다. 왜냐하면 이 경계가 법성의 참다운 덕이며 본래 법이 그렇기 때문이라는 것인데, 그야말로 혁명적인 생각이다. 작은 티끌에 큰 세계가 그대로 들어가듯이 밤 깊은 골목 끝에서 라일락 향기를 맡으며 애인을 오래오래 끌어안아 본 사람은 그 자체로 사랑의 황홀로 한 우주를 끌어안는 것이다. 또한 나무는 햇빛과 비와 바람을 자기 몸에 받아들이며 꿈이 아닌 한 우주 속으로 상즉상입 하는 아주 성성하고 여여한 진실인 것이다.

제36화

황금빛 털 사자로다
― 손택수, 「있는 그대로, 라는 말」

1

"달걀노른자처럼 샛노랗게 반짝이는 꽃들이 풀밭 위에서 혼자, 짝 지어 혹은 무리 지어 놀고 있는 모습을 바라보면 다른 어떤 것도 쳐다보고 싶지 않다는 생각이 든다. 꽃들을 바라볼 때 드는 즐거움을 그들이 금빛으로 물들인 지면에 차곡차곡 쌓다 보면 너무나 과한 아름다움까지 만들어낸다고 느껴질 정도로 그 느낌이 강렬해진다. 어쩌면 이 기쁨은 내가 아주 어렸을 때, 전래 동화 속 왕자님들의 멋진 이름을 제대로 읽지 못했던 그 시절, 아주 오래전 아시아에서 건너와 이곳 마을에서 조촐한 지평선에 만족하며 영원히 살아가게 된 이 꽃들에 손을 뻗었던 그 순간부터 시작되었는지 모른다."

이 문장은 마르셀 프루스트의 소설 『잃어버린 시간을 찾아서』의 「스완네 집 쪽으로」 장에 나오는 초원에 핀 꽃들을 향한 찬가다. 특히 노란 앵초, 개양귀비, 제비꽃, 미나리아재비 등 아주 작은 꽃들의 반짝임에 주목하고 있다. 이런 작은 꽃들이 반짝이는 초원은 마치 대승 불교에서 이상적인 세계로 꿈꾸는 '화엄 세계'가 아닐까 하는 생각이 들 정도로 아름답다. 모두들 자기만의 빛깔과 향기의 자태로 함께 어울리는 초원의 꽃밭이야말로 화엄의 비유로 맞춤한 것이다. 진리를 있는 그대로 드러낸 우주 그 자체, 모든 현상이 함께 의존하여 일어나 서로가 서로를 받아들이고 서로가 서로를 비추면서 끊임없이 흘러가는 장엄한 세계가 화엄 아니던가. 원래 화엄(華嚴)이란, 산스크리트어 '간다뷔하(Gandavyuha)'라는 단어를 의역한 말이다. 간다뷔하는 온갖 꽃들을 의미하는 '간다'와 화려한 수식을 의미하는 '뷔하'로 구성되어 있다. 그래서 간다는 꽃을 의미하는 '화(華)'로, 뷔하는 장관을 의미하는 '엄(嚴)'으로 번역되면서 '화엄'이라는 말이 탄생한다. 화엄은 프루스트의 문장처럼 들판에 잡다하게 피어 있는 수많은 꽃들의 장관을 가리키는 말이다.

시민들에게 제일 아름다운 꽃이 무엇이라고 생각하느냐는 설문 조사에 장미가 1위로 뽑혔다는 언론 기사를 본 적이 있다. 한데 이런 설문 조사만큼 우스운 것은 없다. 도대체 꽃에 아름다운 꽃과 아름답지 않은 꽃이 어디에 있는가. 꽃은 설사 들녘에 핀 개망초꽃조차 그 하얀 색깔과 무리 지어 피는 모습으로 아름답다. 저마다 좋아하는 꽃이 있을진대 장미를 좋아하는 사람이 제일 많다고 해서 농부들만이 아는 개망초꽃이 의미 없는 것은 아니다. 꽃은 서로 비교 대상이 되지 않는다. 제각각의 빛깔과 향기로 제 존재의 의미를 표현할 뿐이다. 어떻게 장미와 찔레꽃을 비교한다는 말인가. 비교하는 순간 우열이 생기지만 꽃은 모두가 아름다울 뿐이다. 아무리 사람들이 각자의 잘난 심미안을 들이댈지라도 꽃 중에 제 잘났다고 우쭐거리는 꽃은 없다. 그러기에 화엄 세계의 비유로 맞춤한 게 꽃밭인 것이다.

20세기 모더니즘의 기획은 거의 파탄지경에 있다. 파탄의 이유는 간단하다. 모든 사물을 분석하고 판단하여 인본주의적 관념으로 지적 조작을 했기 때문이다. 있는 그대로의 자연, 있는 그대로의 세계보다는 이성이라는 분별지로 우열과 호오를 갈라 차별하고, 인간주의 입장에서 세상을 개조하려고 했기 때문이다. 하나의 나무는 나무일뿐인데 거기에다가 인간의 관념을 씌워 나무가 아닌 다른 괴물로 만들어버린다. 그러다 보니 '산 절로 물 절로'라는 말이 있듯이 굽이굽이 저절로 흐르는 강을 직선으로 만들고 보를 만들어 인위적으로 조작을 한다. 산을 자르고 고개를 없애서 고속의 도로를 만들어 효율과 속도 전쟁을 치른다.

그런 속에서 살아남기 위해 직장인들은 15분 단위의 시간 달력을 만들어 자기 자신과의 경쟁을 한다. 누가 지시해서가 아니라 살아남기 위해선 스스로 최고가 되어야 한다. 할 수 있다는 자기 암시를 끝없이 해대며 '긍정의 과잉'이라는 신경증적 폭력을 자기에게 하고 있는 셈이다. 누구 한 사람 혹은 몇 사람이 그런 것이 아니라 모두가 그런 시스템에 놓여 있다. 장 보드리야르는 "같은 것에 의존하여 사는 자는 같은 것으로 인해 죽는다."고 말한다. 장 보드리야르는 "현존하는 모든 시스템의 비만 상태"를 지적하기도 했는데, 여기에서 하나가 오류가 생기면 다 망한다는 것이다.

스페인에 의해 자기네 도시에서 완전히 쫓겨난 페루의 잉카 후예들은 중산간의 메마르고 춥고 척박한 땅으로 도망친다. 거기에서 어떠한 작물보다도 생존력이 강한 감자를 재배하며 오늘도 그 명맥을

잇고 살아간다. 그런데 감자 씨를 놓을 때 한 밭에 10여 종이나 되는 각기 다른 종류의 감자를 함께 심는다. 노란 감자, 빨간 감자, 보라색 감자 등등. 왜냐하면 어떤 것은 가뭄에 강하고, 어떤 것은 병충해에 강하고, 어떤 것은 추위에 강하기 때문에, 어떠한 기후 조건이 되어도 그중 한 종류는 먹을 수 있기 때문이다. 다양성이 배제된 전제주의적 물질문명 시대에 어느 하나가 망하면 따라서 모든 것이 망하게 될 수 있는 핵폭탄 같은 위험을 안고 살아가는 21세기의 삶의 지혜로 받아들일 만하다.

2

> 어떤 스님이 운문 화상에게 질문했다.
> "어떤 것이 청정 법신입니까?"
> 운문 화상이 대답했다.
> "작약꽃밭이다."
> 그 스님이 또 질문했다.
> "바로 이러한 법신의 경지에 있을 때는 어떻습니까?"
> 운문 화상이 대답했다.
> "황금빛 털 사자(金毛獅子)로다."
>
> — 『벽암록』 제39칙

운문 화상(864~949)은 『벽암록』 제6칙에서 "날마다 좋은 날(日日是好日)"이란 법문을 했고, 수행승들이 "무엇이 부처입니까?"라고 질문하면 "마른 똥막대기"라고 대답을 하곤 한 선사이다. 그에게 어떤 스님이 질문을 한다. "어떤 것이 청정 법신입니까?" 대승 불교에서 부처는 법신, 보신, 화신의 삼신을 갖추고 있다고 주장한다. 자성신, 수용신, 변화신이라는 설도 채용되고 있다. 법신은 진리를 인격화한 진리불인데 계정혜 삼학을 말한다. 보신은 육바라밀의 수행과 원력과 서원을 세우는 부처다. 화신은 지금 여기 시절 인연과 교화의 대상에 따라 적절한 모습으로 변화하면서 지혜와 자비행을 실천하는 불신이다.

법신은 보신과 화신의 본체이기 때문에 법신을 인격적으로 본다. 『금강명경』에서는 "부처의 참된 법신은 마치 허공과 같아서 사물에 순응하여 형체를 나타내는 모습이 마치 물속에 비친 달과 같다."고 설하고 있다. 그런데 여기서 "청정 법신은 비로자나불이다. 대일여래(大日如來)라고도 한다. 일체 어느 곳이나 두루 부처님의 광명이 비치지 않은 데가 없어, 더럽고 깨끗함을 넘어선 청정한 법신, 진리를 당체로 하는 부처이다. 선적으로 말하면 영명한 '자정청정심'이며 '불성' '본래면목'이다."(혜원 역해, 『한 권으로 읽은 벽암록』)

이러한 청정 법신이 도대체 무엇이냐고 질문하는 스님은 이제 공부의 초보자이거나 부처에 대한 수많은 질문과 대답이 있는 걸 알아도 자기의 깨침이 없기에 또 물을 수밖에 없었던 모양이다. 마치 인생이란 무엇인가 물으면 누구나 그 답이 다른 것처럼. 운문 화상은 답한다. "작약꽃밭이다."라고. 법신과 작약꽃밭의 관계가 비유에 있어서의 유사성이 너무 적어 난해한 답일 수 있다. 하지만 단순화시켜 보자. 아마도 운문 화상 도량의 꽃밭에 지금 작약꽃이 한창인 모양이다. 애초에 선문답은 지금이라는 시간과 여기라는 공간 속의 일상적 사물들을 들어 직관적 통찰을 해내는 경우가 많기 때문이다. 그러니까 지금 여기라는 시공간에서 작약꽃이 만발한 것을 있는 그대로 바라보는 것, 작약꽃과 운문과 스님이 시절 인연으로 엮여 작약꽃이라는 현전의 지혜 작용 속에 있는 것, 그것이 곧 청정 법신이라는 것이다.

그러자 스님은 다시 묻는다, "바로 이러한 법신의 경지에 있을 때는 어떻습니까?" 이것은 곧 '선사님 말씀대로 일체의 모든 존재가 청정 법신의 경지가 아닌 것이 없지요. 바로 이러한 법신의 경지에 있을 때는 어떻습니까?'라는 말이다. 운문 화상은 그런 법신의 경지를 "황금빛 털 사자로다."라고 대답한다. 사자는 동물의 왕이다. 황금빛 사자는 사자 중에서도 가장 뛰어난 사자다. 선가에서는 불도의 수행이 무르익어서 선지가 뛰어난 선승을 지칭한다. 청정 법신의 경지에 있을 때는 마치 황금빛 사자처럼 당당하고 뛰어나고 금빛 광채를 뿌리고 있는 것과 같다는 것이다. 더구나 청정한 지혜 광명이 그대로 법신불 아니던가.

3

세상에서 제일 힘든 게 뭐냐면 있는 그대로더라
나이테를 보면서 연못의 파문을, 지문을,
턴테이블을, 높은음자리표와 자전거 바퀴를
연상하는 것도 좋으나
그도 결국은

나이테를 있는 그대로 보는 것만은 못 하더라
누구는 아는 만큼 보인다고 했지만
평화 없이는 비둘기를 보지 못한다면
그보다 슬픈 일도 없지
나무와 풀과 새의 있는 그대로로부터 나는
얼마나 멀어졌나
세상에서 제일 아픈 게 뭐냐면,
너의 눈망울을 있는 그대로 더는
바라볼 수 없게 된 것이더라
나의 공부는 모두 외면을 위한 것이었는지
있는 그대로, 참으로
아득하기만 한 말

— 손택수, 「있는 그대로, 라는 말」

있는 그대로, 라는 말! 있는 그대로 모든 존재를 바라보라는 말! 참으로 이 말만큼 선가에서 자주 쓰는 말도 없다. 하지만 있는 그대로, 라는 말만큼 아득하기만 한 말도 없다. 있는 그대로 모든 존재를 바라본다는 것은 범부에겐 거의 불가능에 가까운 말이다. 생각해 보라. 태어나서 지금까지 평생을 분별심을 통해 가치 판단을 하며 살아온 우리가 어떻게 하루아침에 있는 그대로 사물을 보는가. 크니 작니, 무겁니 가볍니, 잘 생겼니 못 생겼니, 아름답니 추하니. 옳니 그르니, 지혜롭니 무식하니, 착하니 나쁘니, 고결하니 저열하니, 진짜니 가짜니, 성스럽니 속되니 하며 평생을 비교하고 가르는 분별을 통해 차별하고 소외시키고, 옹호하고 존중하고 살아온 세월 아닌가.

제36화 349

하물며 음양까지를 나누면서 말이다.

있는 그대로 보라는 말은 일단 그런 가치 판단을 중지하라는 것을 전제한 말이다. 왜냐하면 지금까지의 가치 판단이 혹시 자본이나 인간의 욕망에 의해서 왜곡된 상태로 수행됐을지 모른다는 우려 때문이다. 멋지고 잘생기게 태어난 것은 축복이다. 하지만 작고 못나 보이게 태어난 것 역시 잘못은 아니다. 양자는 비교되어선 안 된다. 차별받아서도 안 된다. 양자의 태어남은 그들이 의지하고 선택한 것이 아니기 때문이다. 잘생기고 못생긴 것을 판단하는 것은 오늘날 TV 등 각종 대중 매체이다. 보다 잘생긴 사람을 프로그램에 세워야 시청률을 올릴 수 있다는 생각 때문이다. 그런 매체들의 의식에 암암리에 순치된 대중들도 마침내 못생긴 사람은 성형술을 써서라도 마늘씨 같은 얼굴을 만들어야 한다는 욕망에 사로잡힌다.

시인도 "세상에서 제일 힘든 게 뭐냐면 있는 그대로더라"라고 한다. 있는 그대로 모든 존재를 본다는 것이 제일 힘들다는 말이다. 그러면서도 나이테를 보면서 연못의 파문을, 지문을, 턴테이블을, 높은음자리표와 자전거 바퀴를 연상하지만 그도 결국은 "나이테를 있는 그대로 보는 것만은 못 하더라"고 말한다. 있는 그대로 보는 것이 가장 좋다는 말이다. 그럼에도 사람들은 "아는 만큼 보인다"느니, 비둘기가 도대체 평화와 무슨 상관이어서 "평화 없이는 비둘기를 보지 못한다"느니 하는 말들을 하는가. 이런 것들은 무단한 존재나 사물에다 인간이 자기의 분별과 왜곡된 생각의 이미지를 뒤집어씌운 것이다. 그보다 슬픈 일은 없다.

그 때문에 "나무와 풀과 새의 있는 그대로로부터 나는/얼마나 멀어졌나." 나무와 풀과 새를 있는 그대로 보려면 숲에 가서 거기 가만히 앉아 있으면 된다. 그러면 숲에서 상큼한 바람이 일고 푸른 잎새들이 일렁이게 된다. 그러면 내 마음도 저절로 상큼하고 푸르게 일렁인다. 그 일렁임 사이로 청량하기 그지없는 휘파람새 소리가 들려온다. 그것이 노래인지 우는 소리인지는 별로 중요하지 않다. 다만 그토록 싱그럽고 생생한 새소리가 들려오는 대로 들으면 된다. 위 공안에서 작약꽃밭이 바로 청정 법신인 것처럼 숲과 풀과 솔바람과 휘파람 새소리와 하늘을 나는 날다람쥐와 계곡 물소리가 청정 법신이자 그의 말씀이 아닌 것 없다.

사랑도 그렇다. 시작할 때는 열정에 취해 상대방을 있는 그대로 보지 못한다. 찰츠부르크 소금 광산을 탐험하러 들어가기 전 굴 입구에 빈 나뭇가지를 던져놓은 뒤 나와 보면 그 앙상했던 가지에 얼음소금 수정들이 눈부시게 매달려 있는 것을 보게 된다고 한다. 그러나 그 휘황한 것을 햇빛에 들고 나오면 얼마 못 가서 다시 빈 나뭇가지만 남게 될 것은 뻔하다. 사랑은 그렇게 스스로 상대를 이상화의 과정을 거쳐 바라보기 때문에 문제가 된다. 이 시에서 시인도 어떤 아픔을 겪었는지 모르지만 "세상에서 제일 아픈 게 뭐냐면,/너의 눈망울을 있는 그대로 더는/바라볼 수 없게 된 것"이라고 한다. 이것은 아마도 상대에 대한 자신의 비틀린 욕망의 파탄이 가져온 부끄러움 때문에 이제 더는 사랑의 눈망울을 바라볼 수 없게 됐다는 것을 고백하는 것 같다. 그래서 결국 나의 공부는 지금껏 "모두 외면을 위한 것이었는지" 자문한다.

제37화

날마다 좋은 날이지
― 심보선, 「좋은 일들」

1

　삶은 일상의 집합이고 그 실천이다. 우리가 살고, 생각하고, 어떤 일을 행하는 방식을 말한다. 그중 매일 반복되는 보통의 일들을 일상이라고 하는데 밥벌이와 섹스, 쇼핑과 TV 시청, 때론 운동과 차 마시기 등의 활동이 대부분이다. 날이면 날마다 그날이 그날 같은, 그 끝없는 반복 때문에 가끔은 너무 권태롭고 따분하기까지 하다. 우리는 이런 상투적이고 진부하기도 한 일상을 곧잘 지겨워하고 무시하며 참되고 아름답고 가치 있는 일들은 일상이 아닌 어디 다른 먼 데 있는 것처럼 꿈을 꾼다.
　하지만 요새는 일상생활의 중요성이 과잉이다시피 대두되고 있는 시대이다. 영국의 문화이론가 이안 뷰캐넌은 이것을 새로운 기술의 영향력 안에서 존재할 수밖에 없는 현대인들의 눈부신 생활 때문으로 보았다. 예컨대 전자우편을 도입했을 때 전자우편은 일이 이루어지는 방식을 거의 하룻밤 사이에 혁명적으로 바꾸어놓았을 뿐만 아니라, 이어진 각종 SNS는 사회적 삶에 막대한 연동 효과를 미쳤다. 프랑스 철학자 앙리 르페브르는 특히 새로운 상품의 도입으로 생기는 일상생활의 변화에 주목하였는데, 상품에 따른 일상의 변화는 우리에게 쇼핑충동이나 쇼핑중독 같은 무의식의 식민지화를 조장하였다. 또한 일상의 평범함과 단조로움을 깨는 충격과 혐오의 사건들, 쾌락과 기쁨의 축제나 여행은 곧잘 일상을 전복시켰다.

하지만 인공지능까지 일상 속으로 도입된 이런 혁명적 변화에 정작 인간 자신은 잃어버린 채 과학과 기술에 적응하지 못한 '과잉사회 증후군'이 나타난다. 날마다 눈 부릅뜨고 새로운 것에 적응하고 또 새로운 것을 강박적으로 추구해야 하는 고통을 생각해 보라. 날이면 날마다 새롭게 진화하는 새 휴대폰을 들여다보다 인생이 다 간다. 그러기에 질 들뢰즈(1925~1995)라는 철학자는 우리가 일상 속에서 습관적으로 지각하고 자동적, 수동적으로 살아가는 것을 지복(至福)이라고 한다. 일상의 매 순간 나타나는 사물이나 상황을 그때마다 새롭게 지각하는 것은 엄청난 에너지를 요구하는 일로, 이는 일상을 순간순간마다 단절시켜 삶을 불가능하게 하기 때문이라는 것이다. 그래서 '일상의 새로움'도 좋지만 '일상의 재발견'이 중요하다.

선가에서 평상심이 도라는 화두도 있듯이 진리가 현현하는 곳은 일상일 수밖에 없다. 그래서 많은 사람들이 일상 그 자체를 성화(聖化)시키고자 하는 노력을 한다. 일상을 탈주하거나 넘어서가 아니라 일상 안에서 그 일상을 도, 진리, 영원과 일치시키려고 하는 것이다. 그것은 일상생활을 과학 기술의 새로움보다는 우리가 먹고 사랑하고 기도하는 삶의 기본적이고 보편적이고 본질적인 생활의 중요도를 높이자는 이야기로, 종교인들이 요사이 무척 내세우는 성속일여(聖俗一如)에 기반을 둔 생각들이다. 목사 시인 고진하는 시에서 일상의 성화에 진력해왔다. 다음은 그의 「문주란」이라는 시인데, 성적 비유가 화끈한 것이 눈에 띈다.

> 뜨락에 핀 꽃들을 보며 훤한 대낮부터 곡차 한 사발씩 벌컥벌컥 들이켰다. 모두들 벌게진 눈길로 길쭉길쭉한 푸른 잎새들 사이에서 말자지 같은 긴 꽃대를 하늘로 쑥 뽑아 올린 문주란을 감상하고 있는데, 홀떡 벗겨진 중늙은이 거사(居士)가 문주란을 가리키며 이죽거렸다. 이년 저년 집적거리지 말고 문주란처럼 좆대를 하늘에 꽂아, 하늘에다 말이야!
>
> 대머리 거사의 일갈 때문일까. 문주란이 놓여 있는 뜨락 위의 하늘이 어느 때보다 더 깊고 쨍쨍해보였다.

어떤 평론가는 이 시를 두고 "홍진의 저잣거리에 진정한 의미의 색(色)은 없다. 색이란 모름지기 우주적 사업이 되어야 한다. 문주란처럼 '좆대를 하늘에 꽂아' 넣고 우주와 교접할 정도가 되어야 성자(聖者, 性者)라는 이름을 가질 수 있다."고 평가한다. 고진하는 기독교 사제이기에 문주란이라는 일상을 '하늘'과 연계시키지만, 사실 '말자지'같이 특이하고 싱그럽게 솟구친 문주란 꽃대에 이미 신성성이 깃들어 있고, 그 신성성은 다름 아닌 일상적인 것을 우주적인 것과 교섭시키는 꽃대의 내재적 속성이라는 것을 말하고 있다. "이년 저년 집적거리지 말"라는 것은 자기 안의 부처를 알지 못하고 마치 도나 진리나 영원이 어디 다른 데 있는 걸로만 알고 이리저리 찾아 헤매는 어리석은 짓을 하지 말라는 것이다.

2

> 운문 화상이 대중들에게 설법하였다.
> "15일 이전에 대해서는 그대들에게 묻지 않겠다. 15일 이후에 대해서 한마디 해 보아라."
> 자신이 스스로 말했다.
> "날마다 좋은 날이지(日日是好日)."
>
> — 『벽암록』 제6칙

운문 문언(864~949)은 조주 스님과 함께 뛰어난 지혜로 많은 명언을 남기고 있는 화상이다. 당송대의 선원에서는 주지가 법당에서 대중들에게 정기적으로 설법하는 것을 상당(上堂) 혹은 시중(示衆)이라고 했다. 1일부터 5일 간격으로 실행되는 상당 법문을 대참이라고 하고, 아침저녁으로 수시로 하는 설법을 소참이라고 한다.

여기 운문의 법문도 15일 실시하는 정기 설법 시간이었다고 할 수 있다. 그러기에 본문에 "15일 이전에 대해서는 그대들에게 묻지 않겠다. 15일 이후에 대해서 한마디(一句) 해 보아라."는 말은 15일 이전은 과거이기 때문에 지난 일을 생각하는 것은 무의미한 일임으로 뭐라고 묻지 않겠다, 대신 오늘 다시 설법하는 15일의 첫날이니 이후의 수행자는 어떤 삶을 살아야 할 것인지를 한마디로 말해 보라는 뜻이다.

물론 여기서 '한마디(一句)'는 불법의 대의를 분별심으로 물들어 있는 언어 문자에 의한 이론으로 설명하라는 것은 아닐 터. 근원적이고 본래적인 마음으로 깨달음을 체득한 그 지혜의 한마디를 해 보라는 것이다. 가령 혜능의 '본래무일물' 같은 일구 말이다. 우주와 세계와 인생과 중생 곧 만법을 통찰하여 그것의 핵심을 직관해낸 한마디 없이 중이 중노릇하기도 어렵거니와, 삼천 배를 하고 공덕을 쌓는 대중들도 마찬가지일 것이다.

그렇게 상당하여 대중들에게 한마디를 물어도 누구도 대답하는 자가 없다. 사실 좀 더 본질적으로는 '15일 이전'은 득오(得悟)의 전이고 '15일 이후'는 득오 이후의 대기대용(大機大用)을 뜻한다는 것을 익히 알 수 있다. 이것은 무작(無作)의 묘용을 질문한 것으로 '이전' '이후'라고 하는 분별을 넘어서 있는 것이다. 그러나 대중들은 '이전' '이후'라는 문자의 분별에 사로잡혀 아무 말도 하지 못했다. 쥐 죽은 듯이 조용할 뿐 하다못해 무식해서 만용을 부리는 자 하나도 없는 것이다. 그러기에 할 수 없이 운문이 스스로 대답한다. "날마다 좋은 날이지."

물론 이 말은 운문 스스로의 깨달음에 의한 일구다. 이것을 대중들에게 강요하거나 가르치려는 생각은 애초에 없었다. 그 대답을 상당 이전에 미리 준비하고 계획한 것도 아니다. 만약 대중들 누군가 한마디를 했더라면 운문 스스로의 대답은 없었을 것이다. 어쨌거나 선가에서 스승이 먼저 묻고 제자 대중이 답하는 걸로 전심, 전법게가 이루어지는데 대중의 대답이 없는 지경을 당하여 스승 스스로 토해져 나온 일구가 일일시호일(日日是好日)이다. "날마다 좋은 날"이라는 뜻이다. 이 한마디는 과거·현재·미래라고 하는 분별을 일거에 분쇄해버린다.

일일시호일, 이 말은 흔히 말하는 "날마다가 길일(吉日)"이라는 뜻이 아니다. 먼저 일진(日辰)이 좋다, 나쁘다 하는 생각을 버려야 한다. 비 오는 날은 우산 장수에겐 좋은 날이고 나막신 장수에겐 나쁜 날인데, 뒤집어서 햇빛이 쨍쨍한 날은 나막신 장수에겐 좋은 날이지만 우산 장수에겐 나쁜 날일 것이다. 이렇게 날씨나 계절에 대해서까지 자기중심적 사고방식에서 벗어나지 못하는 것이 인간이다.

하지만 나무에겐 햇빛이 쨍쨍한 날은 광합성을 하고 비가 내리는 날은 필요한 수분을 듬뿍 빨아들일 수 있어서 둘 다 좋은 날이다. 사람들도 햇빛이 쨍쨍한 날은 에두아르도 디 카푸아의 '오 나의 태양(O Sole Mio)'를 부르며 '나를 비추는 하나의 빛' 곧 사랑의 불꽃을 태우고, 비가 내리는 날엔 박미경의 '화요일에 비가 내리면'을 부르며 떠나간 님을 그리워하고 서러워하면 된다. 그리움도 서러움도 오는 대로 묵묵히 받아들이면 된다.

당나라 시인 천무릉의 「권주가」에 다음과 같은 구절이 있다. "화발다풍우(花發多風雨) 인생족별리(人生足別離)" 곧 꽃이 피니 비바람이 잦고, 인생에는 이별의 슬픔이 많다는 뜻이다. 봄날 꽃이 피면 비바람이 질투하고 사람이 출세하면 주변 사람들과 이별을 겪게 된다는 유추적 해석을 할 수가 있다. 세상사라는 게 얻은 게 있으면 잃는 것도 있으려니 하고 긍정적인 생각을 하게 되면 날마다 좋은 날이 될 수 있다는 것이다.

꽃이 피면 비바람에 질 것은 당연한 일. "그렇다! 그것이 진실이다."라는 깨달음을 얻게 되면 꽃이 피어 있는 만큼이라도 꽃의 아름다움에 취하고, 머지않아 스러지게 될 인생도 더욱 귀하게 여기며, 살아 있는 만큼이라도 뜨겁게 사랑할 수 있는 마음이 될 것 아닌가. 그것이 또한 선(禪)을 하는 마음이기도 할 것이다.

 우리의 삶은 무상하고 괴롭고 영원한 자아가 없는 존재이자 탐진치 삼독과 오탁악세에 물들어 있는 슬픈 존재다. 하지만 깨달음의 세계에 사는 법신의 삶은 상락아정(常樂我淨)의 삶이다. 항상 즐겁고 본질적으로 깨끗한 삶의 세계다. 이런 무상, 고, 무아라는 부정의 삶이 상락아정의 삶으로 바뀌는 것은 각자 깨달음을 얻은 자들만이 누릴 수 있는 신비한 세계인 바, 그것이 날마다 좋은 날의 세계이다.

3

오늘 내가 한 일 중 좋은 일 하나는
매미 한 마리가 땅바닥에 배를 뒤집은 채
느리게 죽어가는 것을 지켜봐준 일
죽은 매미를 손에 쥐고 나무에 기대 맴맴 울며
잠깐 그것의 후생이 되어준 일
눈물을 흘리고 싶었지만 눈물이 흐르진 않았다
그것 또한 좋은 일 중의 하나
태양으로부터 드리워진 부드러운 빛의 붓질이
내 눈동자를 어루만질 때
외곽에 펼쳐진 해안의 윤곽이 또렷해진다

> 그때 나는 좋았던 일들만을 짐짓 기억하며
> 두터운 밤공기와 단단한 대지의 틈새로
> 해진 구두코를 슬쩍 들이미는 것이다
> 오늘의 좋은 일들을 비추어볼 때
> 어쩌면 나는 생각보다 조금 위대한 사람
> 나의 심장이 구석구석의 실정맥 속으로
> 갸륵한 용기들을 알알이 흘려보내는 것 같은 착란
> 그러나 이 지상에 명료한 그림자는 없으니
> 나는 이제 나를 고백하는 일에 보다 절제하련다
> 발아래서 퀼트처럼 알록달록 조각조각
> 교차하며 이어지는 상념의 나날들
> 언제나 인생은 설명할 수 없는 일들 투성이
> 언젠가 운명이 흰수염고래처럼 흘러오겠지
>
> — 심보선, 「좋은 일들」

매미는 무려 17년여를 땅속에서 살다가 우화 이후 단 7일 정도를 지상에서 쨍쨍 울고는 죽는다. 마치 인간이 누천년을 윤회하면서 전생을 살다가 태어나 불과 70~80년을 이승에서 고생하다가 죽는 것처럼. 그 매미 한 마리가 배를 뒤집은 채 땅바닥에서 느리게 죽어간다. 단 7일 정도의 짧은 삶이 아쉬워서 '느리게' 죽어가는 걸까. 사람들이 죽음을 맞이해서 단 하루라도 더 연명을 하려고 심지어 온갖 비방(秘方)이며 단방약까지를 동원하는 것처럼. 시적 화자는 느리게 죽어가는 그 매미를 지켜봐준다. 그것이 "오늘 내가 한 일 중 좋은 일 하나"다. 누군가의 임종을 지켜봐주는 일은 자비로운 일이다. 상대의 슬픔을 내 슬픔으로 여기는 연민의 발로다. 그 누군가가 잘살았건 못살았건 자기의 공덕과 악덕, 그리고 모든 업을 지고 윤회와 해탈의 갈림길에 선 죽음 앞에서 어찌 경건한 마음이 들지 않으랴.

마침내 "죽은 매미를 손에 쥐고 나무에 기대 맴맴 울며/잠깐 그것의 후생이 되어준 일"까지 한다. 우리 인간도 누군가의 죽음을 슬퍼하며 장례까지 잘 치러준다. 장례를 치러주는 그 시간은 사실 망자에겐 이미 후생이다. 그런데 사람에게 해주는 경건한 예식을 시인은 미물 곤충인 매미에게 해주고 있는 것이다. 어쩌면 매미도 윤회를 거쳐 수많은 천화(遷化)를 통해 현세의 매미로 태어난 중생이 아니던가. 눈물을 흘리고 싶었지만 눈물이 흐르진 않았다. "그것 또한 좋은 일 중의 하나"다. 어차피 매미는 지상에서 일주일 동안 모든 일을 젖히고 쨍쨍 울며 치열한 수행만을 한 것이라면, 해탈을 성취했음이 분명하다. 아름다운 그 일에 굳이 눈물까지 흘릴 필요는 없었겠다.

오늘 할 수 있는 좋은 일을 내일로 미루어선 안 된다. 오늘 할 수 있는 좋은 일을 하지 않으면 그 좋은 일은 지나가버리기 때문이다. 시인은 바닷가에 놀러 갔다가 앉은 자리에서 죽어가는 매미를 발견하고 매미의 죽음과 잠깐의 후생을 경건하게 지켜준, 오늘 할 수 있는 좋은 일을 오늘 한 것이다. 그게 대수로운 일이 아닐 것 같지만 그 미물 곤충 하나에게 대하는 마음은 인간뿐만 아니라 우주를 대하는 마음이다. 만물은 생명의 직물로 인드라망처럼 연결되어 있기 때문이다. 그러기에 매미의 임종과 장례를 치러준 후에 태양도 부드러운 빛으로 내 눈동자를 쓸어주고, 운무에 갇혀 있던 해안의 윤곽도 또렷해진다.

오늘의 좋았던 일에 대한 감정과 생각은 밤까지 이어져 바닷가 숙소에서도 지금까지 "좋았던 일들만을 짐짓 기억"한다. 그런 좋았던 기억과 오늘의 좋은 일들에 대한 실천이 있었기에 두터운 밤공기를 헤치고 "단단한 대지의 틈새로/해진 구두코를 슬쩍 들이"밀 수 있는 것이다. 사실 대지는 얼마나 단단한가. 갑각류 껍질처럼 그 속살을 보여주길 완강히 거부한다. 하지만 오늘의 좋은 일들에 대한 실천이 있었기에 그 단단한 대지에 해진 구두코나마 슬쩍 들이밀 수 있는 것이다. 해진 구두코가 무엇인가. 그 단단한 대지를 딛으며 어떤 진리나 삶의 보람을 찾아 달려오느라 해진 구두가 되었을 것 아닌가. 그래서 "오늘의 좋은 일들을 비추어볼 때/어쩌면 나는 생각보다 조금 위대한 사람"이라는 자긍심이 드는 것이다. 그것이 사실 "갸륵한 용기"라는 착란이 들기도 하지만 이미 뜨거운 심장이 한 일을 '나'는 다만 되뇔 뿐이다.

"그러나 이 지상에 명료한 그림자는 없"다. 오늘의 좋은 일을 행했건 행하지 않았건 사람의 나날에 얹히는 업의 그림자는 명료하지 않다. 이 말은 곧 지금까지 매미의 임종을 지켜봐준 일에 대한 자부심으로 넘쳐 있는 것이, 사실 그렇게까지 장황하게 여길 일인가 하는 생각이 뒤늦게 든다는 말이다. 인간의 모든 공덕은 무공덕이다. 인간의 공덕은 인간이 판단할 수 없다. 지상에서 명료한 업과 공덕은 없는 것이다. 시인도 그것을 뒤늦게 깨달았기에 "나는 이제 나를 고백하는 일에 보다 절제하련다"하고 겸손해진 것이다. 발아래서 퀼트처럼 알록달록 조각조각 교차하며 이어지는 상념이 있고, 그 상념의 나날들은 계속되지만 "언제나 인생은 설명할 수 없는 일들 투성이"다.

아무렴, 인생이 설명하거나 해석할 수 있는 것이라면 얼마나 좋겠는가. 그럼에도 오늘의 좋은 일에 최선을 다하고, 삶이라는 시절 인연 속에서 "언젠가 운명이 흰수염고래처럼 흘러오겠지"하고 느긋해하면 된다.

제38화

무엇이 진진삼매(塵塵三昧)입니까?
― 김상용, 「남으로 창을 내겠소」

1

아주 오래전에 실학자들에 관한 책을 읽다가 '서중묘벽(書中妙闢)'이라는 말을 발견하고 너무 좋아서 가까운 서예가에게 부탁하여 지금도 그 사자성어를 서재에 걸어놓고 있다. 아마 홍길주(1786~1841)가 서재에서 책을 읽다가 벽이라는 경계가 묘하게 열려 다른 세상으로 넘나드는 경지를 그렇게 표현한 것일 게다. '독서삼매'라는 말과 비슷한 의미이다. 책 있는 것에 몰입하는 가운데 그 속에서 어떤 진리의 깨달음이나 큰 정서적 감동을 얻었을 때 불교에서 말하는 삼매경에 종종 빠지게 되는 것을 누구나 한번쯤은 경험했을 것이다. 오죽하면 나는 불교에 대해서도 지금껏 경전이나 선어록 등 각종 불교 서적을 읽어가는 데서 배웠으니 독서라면 일가견이 있을 정도라 해도 과언은 아닐 성싶다.

세계 최고의 독서가라면 아르헨티나 출신의 작가 호르헤 루이스 보르헤스이다. 그는 사후에 "20세기 중후반의 모든 인문 과학의 사조가 그에게서 출발했다."라는 극찬을 받는 사람이다. 그는 어릴 적 집안의 도서관에서부터 문학 교수와 도서관 사서 그리고 나중엔 국립도서관의 관장을 역임하기까지 평생을 도서관에서 살았다. 그는 영국의 브리태니커, 프랑스의 디드로, 독일의 브록하우스 등 그동안 출간된 모든 백과사전을 외우다시피 반복해서 읽었는데, 그는 어느 인터뷰에서 실제 세계와 백과사전 중에서 선택하라면 백과사전을 택하겠다고 말했다. 그는 나중에 장님이 되기까지 한 그 왕성한 독서력을 통해 '20세기의 창조자'라는 별명을 얻을 정도로 깊은 사유의 작품들을 발표하여 오늘날 수많은 추종자를 낳았다. 그는 '모든 곳은 도서관이다.'라고 한 바, 그렇다면 우주란 '신이 쓴 하나의 거대한 책'이겠다.

물·불·공기·흙의 4원소에 대한 '물질 상상력' 이론을 정립함으로써 금세기 최고의 시인 철학가로 불리는 가스통 바슐라르(1884~1962) 역시 독서광이었다. "새로운 책들은 우리들에게 얼마나 가득한 덕을 베풀어주는가! 젊은 이미지들을 말하는 책들이 하늘에서 내 바구니에 매일같이 가득히 쏟아져 내렸으면 싶다. 이 기원은 자연스러운 것, 이 기적은 손쉬운 것, 저 위의 하늘나라에서 낙원이란 다만 거대한 도서관이 아니겠는가?"라고 말한 그는 독서를 통해 상상력의 끝 간 데까지를 가 보았다.

터키의 소설가 오르한 파묵은 『하얀 성』에서 "편도 마차 승차권으로는 한번 여행이 끝나고 나면 다시는 삶이라는 마차에 오를 수 없다. 그렇지만 만약 당신이 책을 한 권 들고 있다면, 그 책이 아무리 이해하기 어렵고 복잡하더라도, 당신은 그 책을 다 읽은 뒤에 언제든지 처음으로 되돌아가 다시 읽음으로써 어려운 부분을 이해하고 그것을 무기로 인생을 이해하게 된다."라고 말했다. 그의 또 다른 소설의 첫 문장은 "어느 날 한 권의 책을 읽었다. 그리고 나의 모든 인생은 바뀌었다."로 시작된다. 그는 책을 통해 새로운 인생을 살기 시작한 것이다.

책을 통해 보르헤스처럼 깊고 드높은 사유의 힘으로 세계와 우주를 통찰할 수도 있고, 바슐라르처럼 상상력의 무한한 시공간을 넘나들 수도 있으며, 파묵처럼 새로운 인생 이해의 길로 나갈 수도 있다. 또 누군 소박하게 지식을 습득하고 다른 세계를 간접 체험하기도 할 것이다. 나는 말년에 장님이 된 보르헤스의 '책 읽어주는 사람'으로 고용되어 독서에 탐닉한 알베르토 망구엘이 그 독서 경험을 바탕으로 지은 『독서의 역사』란 명저를 통해 책과 독서에 관한 인류의 끝없는 갈망과 그 위대한 승리의 6000년 간의 역사를 본다. 이 책을 보면 "결국 세계는 한 권의 아름다운 책에 이르기 위해 만들어졌다."고 한 시인 말라르메의 말이 되새겨진다.

요새 영상의 시대를 운운하며 책의 종말을 얘기하지만 인간은 언어의 동물이다. 어쩌면 우주보다 더 오래 남을 그 언어의 기록, 곧 헤르만 헤세의 말대로 '인류가 자연으로부터 선물로 받지 않고 인간의 정신으로 창조한 수많은 세계 가운데서 가장 위대한 것인 책의 세계'가 인간 세상에서 어찌 사라지랴.

2

어떤 스님이 운문 화상에게 질문했다.
"무엇이 진진삼매(塵塵三昧)입니까?"
운문 화상이 대답했다.
"발우 속에 밥, 물통 속에 물."

— 『벽암록』 제50칙

삼매(三昧)는 하나의 대상에 대한 마음의 순수한 집중을 통해 마음이 성성 적적 고요해진 경지를 가리킨다. 산스크리트어 사마디(Samādhi)의 한역어로, 인도의 요가에서 출발하여 불교에서 창조적으로 수용한 말이다. 독서삼매에 빠졌다고 할 때처럼 고도의 정신집중으로 마음이 매우 고요한 상태에 이른 것을 의미한다. 대부분의 불교 경전에서는 삼매의 증득(證得)을 설파하고, 그와 같은 삼매를 이루는 방법을 다각적으로 설명하고 있다.

『능엄경』은 수능엄삼매(首楞嚴三昧)를, 『화엄경』은 화엄삼매와 해인삼매(海印三昧)를, 『반야경』은 108가지 삼매를, 『법화경』은 무량의처삼매(無量義處三昧)와 법화삼매(法華三昧)를, 『금강경』은 무쟁삼매(無諍三昧)를, 『열반경』은 25삼매를 각각 주장하고 있으며, 『대승기신론』은 일행삼매(一行三昧)와 진여삼매(眞如三昧)에 대하여 밝히고 있다.

수많은 삼매에 대한 정의를 가장 명확하게 정의하고 분류한 대표적인 고승은 신라의 원효이다. 원효의 『금강삼매경론』에 의하면 삼매는 팔정도 중 정사(正思)로서, 정(定)에 들었을 때 관계되는 경계인 소연경(所緣境)을 깊이 살피고 바르게 생각하고 통찰하는 것이라고 하였다. "진정한 삼매는 바르다든가 바르지 못하다든가 하는 상대적인 관념이 있는 것이 아니고, 생각이나 생각 아닌 것까지 넘어선 것임을 상기시키면서, 그릇된 분별과 삿된 생각에 빠진 상태 등과 구별하기 위하여 부득이 삼매를 정사라고 불렀다고 결론지었다."(『다음 백과사전』)

오늘의 공안에서 나오는 진진삼매는 『화엄경』「현수품」의 게송에 "이와 같이 일체가 모두 자유 자재한 것은 부처의 화엄삼매 힘이다. 한 티끌(微塵) 가운데 삼매에 들어가 일체 미세한 티끌의 선정을 성취한다. 그러나 그 미세한 티끌은 또한 늘어나지도 않고 하나로 널리 생각할 수 없는 많은 국토를 나툰다."라는 말에 의거한 질문이다. "한 티끌 가운데 일체가 있다(一微塵中十方)." "한 티끌 가운데 무량의 국토를 나툰다."는 말들도 같은 의미이다. 이것은 "화엄사상에서 주장하는 이치와 사물이 걸림이 없는 이사무애법계(理事無碍法界)와 모든 사물과 사물이 서로 걸림이 없이 무애 자재한 사사무애법계(事事無碍法界)의 사상을 토대로 나온 질문인 것이다."(정성본 역해, 『벽암록』)

위 책에 의하면, 여기서 진진(塵塵)은 미세한 티끌 하나하나를 지칭하는데 한 티끌 가운데 일체가 있는 것임과 동시에 모든 티끌 낱낱에도 일체 세계가 들어 있다는 말이다. 이슬 한 방울에 우주가 들어 있다느니, 한 꽃송이가 곧 세계(一花世界)라느니 하는 말들도 똑같은 의미로 쓰인다. 일체의 존재와 모든 사물이 서로서로 상의(相依) 상관(相關) 속에서 연기한다는 사실을 화엄철학에서 상즉상입(相卽相入)이라고 하는데, 파도와 물이 서로를 받아들이는 것처럼, 두 거울이 마주하여 서로를 비추는 것처럼, 서로가 서로의 존재 의미가 되는 세계 이해다. 동어 반복이지만 결국 진진삼매는 미세한 하나하나의 티끌 가운데 능히 무량 광대한 세계와 하나가 되고, 한 생각 한 생각 속에 무량 법계와 하나가 되는 깨달음의 경지를 말한다.

어떤 스님이 운문 화상에게 바로 "무엇이 진진삼매(塵塵三昧)입니까?"하고 질문하자 운문 화상은 "발우 속에 밥, 물통 속에 물."이라고 흔쾌하게 대답한다. 그렇다, 명쾌하다. 발우 속에는 밥이 있고 물통 안에 물이 있는 것처럼 상즉상입하는 경지가 어디에 있는가. 발우 속에 모래가 담기고 물통 속에 기름이 담길 수는 없는 법. 예전에 거지의 쪽박 속에 밥을 담아주기는커녕 그 쪽박마저 깨버리는 사람들이 있었고, 각종 병 속에 석유를 담고 솜으로 막아 화염병으로 사용하는 경우도 있었다. 모두가 진리에 어긋난 행동들이었다. 너무도 명명백백하게 일상 속에서 당연하게 사용되는 것들이 하나하나 진리를 나투는 세계! 우리는 그 당연한 진리와 하나 되어 세계를 이해하고 실천하는 삶을 살면 된다. 그것이 진진무애요 상즉상입이다.

3

　　남으로 창을 내겠소
　　밭이 한참갈이
　　괭이로 파고
　　호미론 김을 매지요

구름이 꼬인다 갈 리 있소
새노래는 공으로 들으랴오.

강냉이가 익걸랑
함께 와 자셔도 좋소

왜 사냐건
웃지요

— 김상용, 「남으로 창을 내겠소」

이원섭이 지은 『선시(禪詩) : 깨달음의 노래』라는 책에서, 우두미라는 송대의 선사가 그를 찾아온 한 승려와 나눈 선문답 시를 보고 큰 충격을 받았다. 많은 시들이 있지만 이처럼 수식과 비유 등 레토릭 한 점 없이 말끔한 문장의 발화는 처음이었다.

화전에서 거둬들인 밥은 좁쌀밥
야채에 소금 절인 누우런 김치!
먹겠거든 먹는 대로 둬두려니와
싫거든 어디든지 뜻대로 가 보게나

이 말에는 가난을 슬퍼한다든가 불평하는 따위의 기색은 전혀 안 보인다. 시적 화자에게는 가난이라는 의식도 없다. 조밥에 소금 절인 김치를 당연한 것으로 받아들이는 생활이 있을 뿐이다. 그리고 이 조밥이야말로 선열식(禪悅食)이라는 따위의 자부가 있는 것도 아니다. 그는 그 같은 관념들을 모두 떨쳐버린다. 그에게는 부처님이나 깨달음조차 없고, 있는 것은 오로지 조밥에 소금 절인 김치로 살아가는 나날이 있을 뿐이다. 마치 발우 속에는 밥이 있고, 물통 안에 물이 있는, 그 당연한 일처럼.

지금까지 이 책의 선문답 대부분이 이처럼 소박, 단순, 집중, 직관 등을 통해 삶과 수행의 깊은 통찰을 드러내는 것을 보아 왔다. 이를 『신심명』의 구절을 빌려 '통연명백(洞然明白)'이라고 할 수 있는데, 막힘이 없이 뚫려 밝고 환하게 진리가 드러나는 경우 가운데 이 시도 상위에 놓으라면 당연히 놓일 수 있는 시이다. 이와 비슷한 의미를 갖고 있는 우리나라 시 중 김상용(1902~1951)의 「남으로 창을 내겠소」라는 시도 있다.

이 시는 노장의 무위자연 사상을 밑바탕에 깔고 있는데, 사상의 높이와 깊이로 가난을 스스로 선택한 자의 여유가 너무도 아름다워 오늘날 물질이 주인 되어 있는 세상에 대한 멋진 일갈로 보이기까지 한다. 따뜻한 햇볕이 드는 남창(南窓)을 낸 집을 짓고 집 앞에는 한 참갈이의 밭을 일군다. 한참갈이는 소를 이용하면 참을 한 번 먹을 정도의 잠깐 동안에 갈 수 있는 작은 규모의 밭을 말한다.

그렇게 한참갈이의 밭으로 근근이 먹고 살지만 어지러이 흐르는 구름이 꼬일지라도 그 삶을 떠나지 않겠다고 한다. 마음속에 천변만화하는 구름 같은 욕망이 어찌 들끓지 않겠는가만 그 욕망을 씻는 것은 새소리다. 새소리로 상징되는 자연의 모든 소리와 향기를 공짜로 누리며 자연과 하나 되어 살겠다는 것이다. 자연과 하나 되니 '나'의 사대육신과 정신세계가 그야말로 모든 존재와 사물 속으로 상즉상입하여 우주와 같이 커지는 것이다.

그래서 누군들 나를 찾아오는 손님이 있걸랑 강냉이가 익을 때쯤 한번 오셔서 함께 드셔도 좋겠다고 말한다. 그중에 누군가 왜 이렇게 사느냐고 묻는다면 그냥 웃겠다고 한다. 이 구절은 이백의 「산중문답(山中問答)」에서 "청산에 사는 뜻을 내게 묻기에(問余何事棲碧山)/웃음으로 대답하니 마음 절로 한가해라(笑而不答心自閑)"는 구절에서 차용한 구절인데, 그만큼 탈속의 경지에 대한 꿈의 강렬한 표현인 것이다.

경제 위기가 심각한 상황 속에서 우리는 새삼스럽게 가난의 미덕을 생각할 때가 되었다. 얼마 전 무소유의 삶을 일관하다 자연으로 돌아간 법정 스님에 의하면 주어진 가난은 극복해야 할 과제이지만 스스로 자제하면서 선택한 맑은 가난, 즉 청빈의 삶은 미덕이라 한다. 청빈이란 단순한 가난이 아니라 자연과 생명을 같이하고 이 세상의 모든 것과 조화를 이루며 함께 살아가는 삶을 뜻한다는 것이다. 그러니 자신의 생각과 의지로 선택한 간소한 삶의 형태가 곧 청빈인 것이다. 이 시에선 괭이로 파고 호미로 김을 매는 한참갈이의 일이 진진무애의 일체 속에 하나 되는 일이다.

제39화

좋은 일도 없었던 것만 못하다
― 고재종, 「맑은 눈」

1

　태국의 고대 수도 수코타이 사원에 500년 전에 만든 진흙 불상이 있었는데 신도들이 해마다 그 불상을 보수하며 성스럽게 지키고 예배해왔다. 어느 해 가뭄이 심해 불상이 많이 갈라졌는데 주지 스님이 갈라진 틈으로 안을 들여다보았더니 놀랍게도 그 속에 황금으로 된 불상이 하나 들어 있었다. 진흙 불상 속의 황금 불상! 아마도 이것은 옛날부터 그 황금 불상을 도둑이나 독재자들로부터 지키기 위해 겉에 진흙으로 옷을 입혀 보호해 왔던 것으로 추측됐다. 지금은 그 황금 불상을 보기 위해 세계에서 수많은 관광객이 몰려온다고 한다. 이 진흙 옷을 입은 황금 불상은 중생들의 허접한 자기 자신 속에 존재하는 고귀함에 대한 상징 같은 것이다. 『금강경』을 '허접한 꽃들의 축제'라고 하지 않던가.

질 들뢰즈와 펠리스 가타리가 함께 쓴 『천개의 고원』에 등장하는 은유적 용어 혹은 철학적 용어에 리좀(Rhizome)이란 게 있다. 이는 땅속줄기를 말한다. 비슷한 예로 감자를 생각해 보면 좋겠다. 줄기가 땅속에서 서로 연결해 자라며 그 마디마디에 감자라는 열매를 맺는다. 덩이줄기다. 그런데 그 감자알은 어느 것 하나 똑같지도 않고 서로 연결되어 있어 따로 떨어져 있지도 않다. 그 감자알을 음식으로 사용할 때 굵은 것은 쪄 먹고, 자잘한 것은 조림을 해 먹고, 중간 것은 쪼개서 된장국에 넣어 먹으면 된다. 그래서 쓸모없는 감자알은 없다. 리좀도 그런 의미인데, 이제 사회가 발달할 만큼 발달했으니 생각을 '리좀적 사유'로 바꾸자는 이야기다.

인류는 지금껏 '수목적 사유'를 해왔다. 인간은 세계를 나무와 같은 삼각형의 위계적인 체계로 세워 놓고 하나의 개체는 상위 이웃만을 갖는 구조로 이해해왔다. 삼각형 밑변은 항상 약하고 못나고 저열한 존재들이 대거 운집하고, 삼각형 꼭대기에는 강하고 잘나고 우등한 존재가 독야청청한다는 구조 이해다. 가령 백성-사대부-대신-왕이라는 조선시대 신분 구조처럼 우리는 여전히 그런 수목형 사유에 빠져 있다. 그래서 재산이나 권력이나 학벌 등이 없어 밑바닥에 헤매는 사람들은 늘 상위 이웃을 원망하고, 또 독재자건 선출로 된 리더건 정상에 오르면 거기서 군림하며 바로 하위 이웃에 지시하고 명령하게 된다. 물론 그 하위 이웃은 자기 밑의 이웃에게 자기가 겪은 것과 똑같은 행위를 하게 된다.

하지만 진흙 속의 황금 불상처럼 사람들은 누구나 자기 속에 고귀함을, 광명을 갖고 태어난다. 『열반경』에 일체중생 실유불성이라고 하지 않았던가. 허접한 자기 안에 이미 부처가 될 수 있는 성질을 갖고 있다는 것이다. 아예 자기 마음이 부처라고 하는 즉심시불도 있다. 성경도 인간을 '하느님의 형상(Imago Dei)'대로 지음을 받았다고 했다. 하느님의 창조성, 상상력, 지혜력 등을 가지고 태어났다는 말이다. 이런 자기 안의 고귀함을 스스로 발견해서 각자가 개성과 능력대로 빛을 내고 살며 연대할 이웃이 있다는 것을 잊지 않으면 된다. 어려운 철학 언어로 말하면 욕망과 권력의 재배치라고나 할까. 그 욕망과 권력은 차이로 재배치되는 것이지 차별로 재배치되는 것이 아니다. 거리의 청소부는 청소부대로, 회사의 사장은 사장대로 자기 일의 소중함과 고귀함을 존중과 배려로 인정하면 되는 것이다.

위계 구조가 아니라 수평 구조, 수목형 사유가 아니라 리좀형 사유로 전환하지 않으면 안 되는 이유가 있다. 사회가 발달하고 문명이 발달해온 만큼 인간들의 인식 능력도 최고조로 성장해왔다. 그러니 누가 수목형 위계 구조 속에서 늘 굽신거리며 살려고 할 것인가. 서로의 욕망들이 충돌할 때 그 사회의 성숙은 그만큼 늦어진다. 요새 우리나라에서 새롭게 사용되고 있는 용어 중에 '갑질'이라는 게 있다. 이 말은 이미 세계 언론들이 주목하여 사회의 경직된 수목형 구조에서 발생하는 상위 사람들의 오만방자하고 무법 무례한 폭력을 질타할 때 쓰는 용어로 정착되어버렸다. 좋은 말로 세계에 자랑거리가 되어야 하는데 이렇게 부정적이고 천박한 말이 주목을 받으면서 이제 한국에서도 그 갑질을 부리는 주체들이 더 이상 사회에서 살아남기 힘들다는 인식이 어느 정도 커지게 된 것만은 사실이다.

이런 일들도 어떻게 보면 인터넷이란 세계적 연결망이 있어 가능했는데 그 인터넷의 연결망이 리좀과 같은 것이 아닐까. 그 인터넷 연결망에 개체들은 누구나 접속할 수 있고 누구나 자기 의견을 활발히 개진할 수 있으며 자기의 고귀함에 대한 이야기로 세계를 감동시킬 수도 있다. 예전에 대중가요에 "빙글빙글 도는 의자 회전의자에 임자가 따로 있나 앉으면 주인이지"라는 가사가 담긴 최희준의 노래가 있다. 그리고 『임제록』에 '수처작주 입처개진' 곧 자기가 처한 자리에서 주인이 되면 그곳이 바로 진리가 펼쳐지는 곳이라는 말도 있다. 모두 리좀적 사유의 예들이다. 그러고 보면 들뢰즈는 불교에 이미 있던 사유를 객관적 상관물을 동원하여 구체화시킨 것일 뿐인가. 지혜는 많은데 실천은 없다. 사회가 점점 더 삭막해지는 이유다.

2

운문 화상이 대중에게 법문을 하였다.
"사람마다 모두가 광명을 가지고 있다. 이를 보려고 하면 보이지 않고 어둡고 캄캄하기만 하다. 그대들의 광명은 어떤 것인가?"
스스로 대중들을 대신하여 말했다.
"부엌의 삼문(三門)이다."
또 거듭 말했다.
"좋은 일도 없었던 것만 못하다(好事不如無)."

— 『벽암록』 제86칙

『전등록』 10권 장사장에 "모든 시방세계는 바로 사문의 눈이며, 모든 시방세계는 바로 사문의 온몸이며, 온 시방세계는 바로 자기 광명이며, 온 시방세계는 한 사람도 자기 아닌 것이 없다."고 말하고 있다. 모든 시방세계와 한 몸이자 온 시방세계가 자기 아닌 것이 없으니 사람들은 각자 가치를 논할 수 없이 큰 광명이라는 보물을 갖고 있는 셈이다. 갖고 있는 게 아니라 광명이 바로 자기 자체인 것이다. 이 광명은 불성, 본래면목, 여래장, 즉심시불 등 여러 말로 변주되고 있지만 그것이 광명이라는 것은 추호의 의심도 있을 수 없다.

그런데 운문 화상은 사람마다 모두 광명이라는 보물을 갖고 있으면서도 왠지 이것을 보려고 하면 보이지 않고 되레 어둡고 캄캄하다고 한다. 이유는 간단하다. 어느 날 공원에서 운동하다 벤치에 앉아 잠깐 졸았는데 눈 떠 보니 세상이 너무 어두웠다. 무슨 일인가 싶어 둘러봐도 알 수가 없었다. 한참만에야 내가 검은색 선글라스를 끼고 있는 것을 알았다. 이처럼 자기 안의 광명이라는 보물을 보려고 해도 보지 못하고 되레 더 어둡고 캄캄한 것은 자기 눈과 마음에 이미 중생심의 사량 분별이라는 선글라스가 씌어져 있기 때문이다.

옛이야기가 하나 있다. 어떤 아버지가 길 떠나는 아이를 위하여 금붙이 몇 개를 수건에 꼭꼭 싸서 아이의 윗옷 안쪽 주머니에 넣고 바느질로 박아버렸다. 그리고 아버지는 아들에게 "이것은 금붙이이니 어려움에 처하게 되면 꺼내서 써라."는 말은 속으로만 하고, 겉으로는 다음과 같이 말한다. "이것은 네 몸을 지켜줄 부적과 같은 것이니 함부로 꺼내보지 말아라." 이는 아들이 세상에 나가 아무것도 해보지 않고 그 금을 금방 써버릴 것만 같은 노파심에서 한 말이다. 그런데 세상 살기가 어디 그리 쉬운가. 더구나 세상은 오탁악세(五濁惡世)이다. 이런 세상에서 아들은 난리에 휩쓸리고 괴질에 걸려 구사일생으로 살아난다. 또 한때는 많은 돈을 벌겠다는 욕심 때문에 사기꾼에게 속아 그 집에 들어가 온갖 노동을 바치고도 임금 한 푼 못 받고 쫓겨났다. 그 때문에 그만 허무와 죽음에 대한 욕망으로 잘못된 종교 사상에 경도되는 등 헤매다가 고단과 남루로 형편없이 찌들어야 했다. 결국 오늘날 지하도 바닥에서 잠자고 먹는 홈리스들처럼 부랑자 신세가 돼버렸다. 그럼에도 아들은 예전 아버지가 윗옷 속에 바늘로 박음질해 넣어 놓은 금붙이를 자기 몸에 지니고 있는 것을 까마득하게 몰랐다. 그것만 알았더라도 굶어 죽어가는 일은 없었을 텐데 꿈에라도 그걸 생각지 못했던 것이다.

정성본 역해 『벽암록』에 의하면 운문 화상은 20여 년 동안 어떤 것이 사람들의 광명인가, 하고 물었지만 대답을 한 사람이 없었다고 한다. 대답을 했겠지만 운문의 요구에 계합하지 않았을 것이다. 향림 스님이 이 법문에 대하여 대중들을 대신하여 말씀해줄 것을 간청하자, 운문 화상은 "부엌의 삼문(三門)이다."라고 했다. 삼문(三門)이란 공(空), 무상(無相), 무원(無願=無作)의 삼해탈문으로 사찰에 들어가는 산문(山門)을 가리킨다. 이 산문에다가 부엌이라고 통칭한 법당, 불전, 창고, 승당, 욕실, 변소를 합쳐서 칠당가람이라고 한다. 한마디로 이곳에서 생활하는 일거수일투족이 모두 자기의 광명이 작용하는 곳이라고 말한 것이다.

이렇게 친절한 가르침에도 스스로 깨달아야지 그렇지 못하면 "좋은 일도 없었던 것만 못하다."고 말할 수밖에 없다. 그것은 자기 몸에 금을 지니고도 알아차리지 못하고 거리에서 구걸을 하는 아들처럼 광명을 지니고 있으면서도 스스로가 광명을 보려고 하지 않는 중생심 때문에 인생은 생로병사를 면치 못하고 있는 것이다.

3

> 새들은 늘 탱자울을 드나든다
> 으르렁거리는 가시에 찔리기는커녕
> 드나들 때마다 똘망똘망한 눈은 더 맑아진다
>
> 그 눈을 찬찬히 들여다볼까나
> 노란 탱자가 주렁주렁 향기를 뿜는다
>
> 울 주인은 길에서 떨어지지 말라며 웃는다
>
> — 고재종, 「맑은 눈」

　세상은 가시가 으르렁거리는 탱자울 같다. 그런 살벌한 세상을 만든 것은 그 무엇도 아닌 사람이다. 사람의 욕심이 오탁악세(五濁惡世)를 만들었다. 불교에서 오탁이란 첫째 전쟁, 기아, 전염병 등의 재난이 끊이지 않는 겁탁, 둘째 욕심, 성냄, 어리석음 때문에 번뇌하는 번뇌탁, 셋째 서로 믿지 못하고 그 인과응보로 인해 끊임없이 윤회하는 중생탁, 넷째 중생이 잘못된 사상을 믿고 옳은 것을 듣지 못하는 견탁, 다섯째 중생이 악업을 지어 수명이 점점 줄어드는 명탁이다.
　21세기 들어서도 전쟁과 기아, 그리고 요즘 대유행을 멈추지 않는 코로나19바이러스 같은 전염병은 끊일 줄 모르고 일어난다. 더 많이 갖고 더 많이 누리고 싶은 인간의 욕망이 수그러들지 않는 한 이런 겁탁은 끝나지 않으리라. 코로나19바이러스가 세계화와 인구의 도시

밀집화 현상 이면에 이미 놓인 덫이라는 건 누구나 알고 있다. 세계화란 곧 전 지구적 자본화라는 말과 다름 아닌데, 그런 자본의 화염 속에 참여한 사람들의 욕심과 거기에 참여할 수 없는 사람들의 분노가 합쳐져, 마침내 인간 세계에서 인간은 사라져버린 어리석음만이 어둠처럼 드리운다. 사람들은 결코 서로 믿지 못하고 절망에 빠진 채로 지구의 종말이 임박했다는 의식 때문에 혹세무민하는 잘못된 사상이나 사이비 종교를 쫓아간다. 그런 사이비 종교가, 과학 기술과 합리적 이성이 가져온 것이 유토피아가 아니라 디스토피아라는 사실을 잘 알고 있는 포스트모더니즘 시대에 오히려 더 창궐한다.

이런 세상에서 제일 살기 힘든 것은 서민들이다. 중생의 가장 많은 비율을 차지하고 있는 서민들은 역시 세상을 기세등등한 가시로 짜인 탱자울 같다고 여기리라. 그런 탱자울을 마음대로 드나드는 새들이 있다. 참새나 뱁새들로 아주 작은 새들이다. 그런 새들에게 사실 탱자울이라는 경계는 아무 의미가 없다. 의미가 없을 뿐더러 그곳을 자주 놀이터로 삼는다. 한데 그렇게 드나들어도 "으르렁거리는 가시에 찔리기는커녕/드나들 때마다 똘망똘망한 눈은 더 맑아진다" 어떻게 그 수많은 탱자 가시들을 피하여 드나들까. 그것도 신기하지만 한 번의 실수로도 사방팔방 제 마음대로 난 탱자 가시에 찔릴 법도 하련만 결코 찔리지 않는다. 탱자 가시는 드세기가 이루 말할 수 없다. 오죽하면 집의 안과 밖의 경계를 탱자나무 울타리로 쳤을까.

새들은 그런 으르렁거리는 가시에 찔리기는커녕 드나들 때마다 눈이 더 똘망똘망해진다. 그러고 보니 시인은 아마도 그런 새에게서 선승의 이미지를 발견한 것 같다. 가시울타리라는 어쩌면 드나들며 큰 상처를 입을 수 있는 경계, 곧 안팎과 유무와 범성과 진속과 시비와 선악과 미추의 경계를 자유롭게 넘나들며 자유자재와 무애의 정신을 구가하고 있는 선승 말이다. 한마디로 경계부터 가시울타리가 쳐진 세상에서도 자기의 혜안 법안 불안 혹은 자기 안의 광명을 잃지 않고 푸르고 성성하게 수행 정진을 잃지 않는, 그래서 아주 천연스럽게 가시울타리 쳐진 경계의 세상을 허물며 안팎에 나툰다.

그렇다는 것은 바로 다음에 이어지는 시 구절들이 증명해준다. 가시울타리를 드나들면서 더욱 맑아진 새들의 똘망똘망한 눈을 들여다보자 하니 "노란 탱자가 주렁주렁 향기를 뿜는다" 한마디로 새들의 눈에서 그 눈망울보다 수십 배는 더 큰 노란 탱자가 주렁주렁 쏟아질 듯 향기를 뿜는 것이다. 물로 그 노란 탱자는 탱자울에 열렸겠지만 그 삼엄한 경계를 노란 탱자 열매로 바꾼 것, 그것이 새들의 자유로운 드나듦의 결과라고 생각한 것은 시인의 상상력이다. 새는 이미 시인에게는 선승이기 때문에 선승의 경계 허물기는 그 마음의 경계인 눈에 탱자 열매를 열게 함으로 성취했다는 연상적 상상력이 아주 자연스럽다.

하지만 "울 주인은 길에서 떨어지지 말라며 웃는다" 울 주인은 물론 조사일 것이고, 길에서 떨어지지 말라는 것은 그 노란 탱자 열매로 상징되는 깨달음에 집착하지 말라는 이야기겠다. 깨달았다는 생각에 집착하는 순간 다시 길 밖으로 떨어진다는 것은 불문가지이다.

제40화

체로금풍(體露金風)이지
— 박용래, 「濁盃器」

1

『조주록』에 보면 한 스님이 조주에게 묻는다. "12시진 중 어떻게 마음을 써야 합니까?" 이는 하루 24시간 동안 어떻게 마음을 쓰고 살아야 하는가, 하는 질문이다. 그러자 조주는 말한다. "자네는 12시진에 부림을 받고 있으나 나는 12시진을 부리고 있다. 자네는 어느 시간에 대해 묻는 것인가?" 이는 여기에 24시간 동안 시간에 부림을 당하는 자네와 24시간 동안 시간을 부리고 사는 내가 있다, 이 둘 중 자네는 어느 시간에 대해 묻는 것인가, 하는 반문이다. 어떤 사람이 말하길, 조주가 한 이 말은 마치 황금처럼 번쩍인다고 했다.

황금처럼 번쩍 눈뜨게 하는 이 말은 현대인에게 그대로 적용해 보아도 큰 의미를 지닌다. 조주가 볼 때 중생심에 젖어 있는 일반인들은 24시간 동안 내내 시간에 휘둘리고 살지만, 깨달음으로 진여심을 얻은 보살은 24시간 내내 시간을 휘두르고 산다. 어떤 회사에서 한 회사원은 월급날을 기다리며 시간 때우기 식 근무 행태로 하루하루 시간에 부림을 당하고 있는 경우가 있는가 하면, 또 다른 회사원은 회사의 성공이 나의 성공이라는 신념 하에 어떻게 회사를 발전시킬 것인가 하는 창조적 상상력으로 시간 가는 줄 모르고 일하는 경우도 있을 것이다. 이 둘 중 시간을 휘두르고 사는 사람은 당연히 후자이다.

그럼 어떻게 시간을 휘두를까? 우선 시간을 잊거나 통제하는 것이 아니라 구체적인 시간을 뛰어넘어 생명의 시간 곧 생명의 근본으로 되돌아가는 것이다. 그리스 로마신화에 의하면 시간에는 두 가지가 있다. 크로노스는 절대적인 시간의 신이다. 그는 우리와 무관한 시간, 시계의 초침과 함께 흘러가는 시간을 지배한다. 우리를 늙게 하고 죽게 하는 자연의 시간이다.

반면에 카이로스는 상대적인 시간의 신이다. 이 시간은 목적을 가진 사람에게 기회로 포착되는 의식적이고 주관적인 시간이다. 빚쟁이 앞에서는 단 오 분도 천 날처럼 길게 느껴지지만, 애인하고 데이트할 때는 하루도 단 몇 분처럼 훌쩍 지나가는 것처럼 느껴진다. 시간을 휘두르고 사는 것은 바로 이 카이로스의 시간을 깨달음이나 황홀의 시간으로 창조해가며 사는 것이다. 하이데거가 존재의 시간을 말한 것도 절대적인 시간을 거슬러 시간을 임의로 해체 구성하면서 자신만의 고유한 시간 상상력을 펼치는, 그야말로 자연의 슬픈 시간에서 해방되어 자유와 생명의 근본적 시간을 황홀하게 누리길 꿈꾸어서였을 것이다.

당나라 때 시인 유우석(772~842)의 시 「청금(聽琴)」이다. "선이 어찌 아름다운 거문고 소리에 방해받으랴. 진정한 승려는 시간에 마음이 흔들리지 않는 법. 밤 깊은 가을 방의 경계가 고요하니, 구름 걷힌 창오에 상수가 깊네(禪思何妨在玉琴 眞僧不見聽時心 秋堂境寂 夜方半 雲去蒼悟湘水深)." 이를 『중국미학15강』에서 주량즈는 "거문고 소리는 거문고에서 나오며, 거문고 소리를 듣는 것은 거문고에 있지 않다. 이 공간의 거문고를 초월하고, 거문고 소리에 집착한 자아를 초월해 끝없이 아득한 세계로 녹아들어 간다. 이렇게 거문고 소리가 야반의 하늘피리 속으로 들어가게 하니, 거문고를 듣는 것이 거문고 소리에 있지 않다. 밤이 깊어 이슬이 차갑고 마음이 거문고 소리를 따라 사라지니, 오묘한 의식이 오랫동안 지속된다. 시간이 사라지는 것이 마치 적막한 밤이 스며드는 것 같아 '시간에 휘둘리는 마음'이 사라진다. 이때 담담히 구름이 흘러가고 오동나무가 울창하여 상수가 깊기만 하다. 시 속에서 '진정한 승려는 시간에 마음이 흔들리지 않는 법'이란 말은 바로 시간을 초월하여 이 당해의 순간에 고요함을 얻는 것을 말한다."고 해석한다.

시인은 세계의 진술자가 아니다. 진술하게 되면 시간의 추이에 휘둘린다. 시인은 세계를 드러내는 표현자이다. 그러기 위해서 시인은 시간을 뛰어넘어 진실을 직관하는 존재자가 되어야 한다. "이전에 내가 길 떠날 때는 버드나무 가지가 바람에 휘날렸건만, 다시 돌아와 보니 온통 진눈깨비 흩날린다."고 표현함으로 궁극적으로 드러나는 세계의 진실을 직관해내야 한다. 가령 '적막'으로 표현한다면 "빈 산에 사람 없어 물 흐르고 꽃 피는" 적막이자, "한 덩이 차가운 달이 창공에 높이 걸려 있는" 적막이며, "새하얀 백설이 이어져 다함이 없는" 것이 적막이라고 표현해야 한다. 표현의 시는 이처럼 진실하고 여여하다. 선승도 그렇다. 반면 진술의 서사는 변화무쌍하고 가혹하다. 깨달음이 없는 자는 시간적 존재일 뿐이다.

2

> 어떤 스님이 운문 화상에게 질문했다.
> "나무가 시들고 잎이 떨어질 때(樹凋葉落), 어떠합니까?"
> 운문 화상이 대답했다.
> "가을바람에 나무의 본체가 완전히 드러나지(體露金風)."
>
> — 『벽암록』 제27칙

운문 화상에게 어떤 스님이 찾아와서 "나무가 시들고 잎이 떨어질 때, 어떠합니까?"라고 질문하고 있다. 그런데 이 공안은 질문이나 대답이 너무 뻔한 것 같다. 일단 이 질문엔 이미 대답이 선명하게 드러나 있는 것이다. 나무가 시들고 잎이 떨어질 때의 상태를 누군들 모르겠는가. 나무가 시들었다면 이제 죽음만 남았을 것이고 그 주검에 잎이며 나뭇가지는 더 이상 의미가 없을 것이다. 사람이 죽게 되면 곧바로 부패가 진행되지만 나무는 그래도 꽤 오랫동안 둥치가 남아 있게 되고 그것도 풍상의 시간을 거치게 되면 고갱이만 남게 된다. 이렇게 대답이 선명하게 드러나 있는 질문을 하게 되면 그 질문의 의도에 주목해야 한다. 즉 자기의 뻔한 질문에 촌철살인의 한마디를 바라는 욕심이거나, 스승이 어떻게 핵심의 진실을 직관해내는가 하는 기대가 다분히 내포되어 있는 것이다.

그런데 운문 화상 역시 너무도 뻔한 대답을 하고야 만다. "가을바람에 나무의 본체가 완전히 드러나지."라고. 어떻게 보면 대답이라고 할 수도 없는 대답을 한 것이다. 이런 대답을 할 수밖에 없었던 이유는 당연히 질문이 너무 안이했기 때문일 것이다. 질문자가 스스로 답을 알면서도 그걸 선적 체험 혹은 깨달음이 아니라 언어 문자적인 질문의 피상성에 매몰되어 있고, 또 뻔한 질문으로 스승의 안목을 염탐해 보려는 의지를 숨기고 있음을 눈치챘기 때문이다. 물론 이게 너무 속된 해석이라고 할 수 있다. 하지만 하나 마나 한 질문에 너무도 상식적이고 의당한 대답으로 질문자의 허위를 깨부수고 있는 것만은 분명하다.

한데 여기에서 너무도 뻔한 대답으로 또한 고갱이 같은 진실을 구현하고 있다는 사실에도 우리는 놀라야 한다. 여기 체로금풍(體露金風)에서 체로(體露)는 본래의 모습인 근본이고, 금풍(金風)이란 오행에서 가을은 금(金)이기에 추풍을 말한다. 곧 깨달음의 본래 모습이 가을바람에 드러난다고 이야기하고 있는 것이다. 사실 이 질문은 『대반열반경』 제35권에 나오는 부루나의 고사를 근거로 한 문제 제기이다. 부루나가 부처님에게 한 가지 비유를 들어 질문한다. "세존이시여! 마치 큰 마을 앞에 사라나무 숲이 있고, 그 숲 가운데 한 그루의 나무가 숲보다 먼저 생겨서 백 년이 넘었습니다. 그 숲의 주인은 물을 주면서 철에 따라 가꾸었는데, 그 나무가 오래되어 껍질과 나뭇가지와 잎은 모두 탈락하고, 굳은 고갱이만 남아 있습니다. 여래도 그와 같아서 낡은 것은 모두 없어지고 오직 진실한 법만 남아 있습니다."

나무가 오래되면 껍질과 나뭇가지와 잎은 다 떨어지고 굳은 둥치만 남듯이 여래도 그와 같이 나이 들어 오래되면 굳고 굳은 고갱이 같은 어떤 진실한 법만을 남길 것이 아니냐고 묻는 것이다. 그렇다면 우리 같은 중생이 살다가 황혼을 맞거나 죽음 앞에 서게 된다면 마음에 마지막으로 남게 될 고갱이는 무엇일까. 『노자』16장에서는 "대개 사물은 번창하지만 각기 그 근본으로 되돌아간다. 근본으로 되돌아간 것을 정(靜)이라고 한다."고 말하고 있는데, 우리가 이생의 끝에 섰을 때 되돌아갈 삶의 근본이 있긴 있는 것일까. 우리가 지금껏 단단히 굳혀 온 삶의 고갱이나 근본이 탐진치를 다 탕진한 고요 적멸이라면 다행이리라.

일체의 번뇌 망념이 완전히 탈락된 본래무일물, 그 법신의 진실을 비유하고 있는 수조엽락 후 마지막 남은 고갱이를 얻어서 우리가 되돌아가야 할 근본은 동산양개 화상이 말한 대로라면 "멀고 먼 곳에 풀이 하나도 없는 곳(萬里無寸草)"이다. 풀이 하나도 없는 곳이란 지상엔 있을 수가 없으니 그곳은 해탈의 정토일 것이다. 또한 "만법은 하나로 돌아간다(萬法歸一)."고 했으니 그 하나(一)가 상징하는 그 처음의 순수, 절대 순수의 마음으로 해탈을 얻어서 위도 아래도 없는 부처를 이룬다면, 그게 바로 체로금풍 아닌가.

3

   무슨 꽃으로 두드리면 솟아나리.
   무슨 꽃으로 두드리면 솟아나리.

굴렁쇠 아이들의 달.
자치기 아이들의 달.
땅뺏기 아이들의 달.
공깃돌 아이들의 달.
개똥벌레 아이들의 달.
갈래머리 아이들의 달.
달아, 달아
어느덧
반백(半白)이 된 달아.
수염이 까슬한 달아.
濁杯器 속 달아.

— 박용래,「濁盃器」

  시인은 저물녘 주막집 야외 탁자에 앉아 대접에 탁배기를 부어 놓고 있다. 탁배기는 막걸리의 전라도 방언이다. 그때 마침 어두워지면서 하늘에 보름달이 환하게 떠오른다. 그 달이 탁배기 속에 비쳐 들어 느닷없이 추억 속의 달이 생각난다. 그 달은 꽃으로 두드려야만 솟아나는 달이다. 꽃처럼 순수하고 아름다운 마음으로 빌어야만 솟아나는 달이다. 그 달은 다름 아닌 어린 시절 갈래머리 하고, 개똥벌레 쫓던 시절의 달이다. 굴렁쇠를 굴리고, 자치기를 하고, 땅뺏기 놀이와 공깃돌 놀이를 할 때의 달이다.
  학교 다녀오면 어김없이 들에 나가 소꼴을 베거나 산에 가서 솔가지를 한 둥치씩 해와야만 밥을 얻어먹던 시절, 그럼에도 틈만 나면 늦도록 각종 놀이 삼매경에 빠졌었는데, 그때쯤이면 어느새 하늘에 휘영청 달이 떠올라 온 세상을 비추던 것이었다. 그 달이 중천에 오를 때까지도 숨바꼭질과 불깡통 놀이, 도깨비춤과 전쟁놀이까지 가리지 않고 신명나게 즐기던 시절을 생각하면 지금도 가슴이 벅차오른다.

하지만 오늘 "달아, 달아" 그 달을 불러보아도 어느덧 머리는 반백(半白)으로 희어져 있고, 턱에는 수염이 까슬해진 나이다. 회한에 젖어 술잔으로 고개를 기울이니 그 탁한 막걸리 속에 달이 빠져 있다. 맑은 호수나 냇물에 비쳐야만 순수와 순정, 그 떨림과 일렁임의 달로 시인 묵객들의 호사를 받을 것인데 탁배기 속 달이라니! 이 시를 보면 이백의 「정야사(靜夜思)」라는 시가 떠오른다.

침상 머리에 비쳐든 달빛	狀前看月光
땅에 서리 내렸나 했네	疑是地上霜
고개 들어 산 위의 달 바라보고	擧頭望山月
머리 숙여 고향을 생각하네	低頭思故鄕

이 시는 이백이 25세에 고향집 농서원을 떠나 천지를 주유하며 61세로 세상을 뜰 때까지 그토록 그리워하면서도 한 번도 돌아가지 못한 집을 생각하며 쓴 시다. 간결하면서도 자연스러운 언어로 고향에 대한 그리움을 절절하게 표현한 이 짧은 시는 지금까지도 중국인들이 가장 즐겨 읊는 시다. 객지의 여관방 침상머리에 비쳐든 달빛을 보고 땅에 서리가 내렸나 하고 마당에 나서니 달빛이 환하다. 고개 들어 보니 앞산 위에 달이 두둥실, 한참이나 떠올라 있다. 그 달을 바라보자 고향에도 항상 휘영청 떠오르던 달이 생각난다. 그러니 머

리 숙여 고향을 생각할밖에! 어쩐지 탁배기 속의 달을 보고 어릴 적 뛰어놀던 때의 고향의 달을 생각하는 박용래의 시하고 그 정신면에서 일맥상통하는 바가 있다.

박용래(1925~1980)는 눈물과 순정의 시인이었다. 그의 눈물을 부른 것은 이 세상의 모든 아름답고 경이로운 것들이었다. 그의 시 전집 『먼 바다』에 부친 소설가 이문구의 발문에 의하면 박용래에게 아름답고 경이로운 것은 갸륵한 것, 어여쁜 것, 소박한 것, 조촐한 것, 조용한 것, 알뜰한 것, 인간의 손을 안 탄 것, 문명의 때가 아니 묻은 것, 임자가 없는 것, 아무렇게나 버려진 것, 갓 태어난 것, 저절로 묵은 것 등등이었다.

그러기에 그는 한 떨기의 풀꽃, 한 그루의 다복솔, 고목의 까치둥지, 시래기 삶는 냄새, 오지굴뚝의 청솔 타는 연기, 보리누름철의 밭종다리 울음, 뻘기배동 오르는 논두렁의 미루나무 호드기 소리, 뒷간 지붕 위의 호박넝쿨, 심지어는 찔레덤풀에 낀 진딧물까지 누리의 온갖 생령(生靈)에서 천체의 흔적에 이르도록 사랑하지 않은 것이 없었고, 사랑스러운 것을 만날 때마다 눈시울을 붉히지 않은 적이 없었다. 그뿐인가. 우리 겨레가 아니면 아무런 의미도 없을 다음의 시어(詩語)들을 보라. 대싸리, 모과, 능금, 이끼, 달개비, 민들레, 엉겅퀴, 괭이풀, 목화다래, 상수리, 수수이삭, 미루나무, 원두막, 바자울, 쇠죽가마, 잉앗대, 횟대, 멍석, 모깃불, 성황당, 옹배기, 목침, 베잠방이, 얼레빗, 실타래, 옥양목, 까마귀, 동박새, 반딧불, 베짱이, 소금쟁이, 물방개, 버들붕어, 메기, 쏘가리, 조랑말, 먹감, 기적 소리 등등은 그의 경이와 슬픔의 눈물 속에서 우리의 영원한 시적 자산으로 남게 된 것들이다.

사람이 늙게 되면 어린 시절의 아름다운 추억만이 고갱이처럼 남는 경우가 많다. 아름다웠건 고통스러웠건 자연과 몸과 친구들이 살붙이처럼 하나였던 그 고향이 진실의 고갱이로 남는 것이다. 세상에 나가 온몸과 마음에 덕지덕지 붙였던 돈, 권력, 지위, 명예 등은 어느덧 낙엽처럼 스러지고, 고향을 떠나올 때 내내 흔들던 어머니의 광목 손수건만이 생각난다. 그 손수건으로 어머니는 얼마나 많은 눈물을 훔쳤을까. 아마 시인 박용래도 그가 잘 다녔다는 대전 오류동의 허름한 욕쟁이 할머니 술집에서 늘그막에 그 고향 달이라는 진실의 고갱이를 만나고 온 영혼으로 울었을 것이다.

제41화

음악을 바치다
― 서정주, 「上里果園」 부분

1

중국 전통 음악에서 쓰는 오음계는 세상에 그에 상응하는 존재가 있다. 궁(宮)-임금, 상(商)-신하, 각(角)-백성, 치(徵)-추상명사, 우(羽)-물질명사로 서로 짝 지워진다. 여기서 추상명사란 사랑, 그리움, 고독, 슬픔 등 형체가 없는 것이고 물질명사는 새, 나무, 꽃, 집 등 형체가 있는 것이다. 가령 서양의 신이나 운명은 추상명사에 속하고 해, 달, 별, 지구, 은하수는 물질명사에 해당하니까 오음계는 우주의 모든 현상과 본질에 감응을 주는 셈이다.

불교에선 사실 자연과 우주의 모든 소리를 법음으로 생각한다. 음악은 이 법음을 음계 속에 정형화시켜 혼돈에서 질서를 지향하는 것일 뿐이다. 서양 음악의 7음계도 하나하나가 우주 공간의 달, 태양, 지구, 별, 은하수 그리고 운명과 신에 상응한다는 영지주의자들의 지적이고 신비주의적인 상상력이 있다. 『베르나르 베르베르의 상상력 사전』에 나오는 「음들에 대한 설명」 항목이다. 매우 재치 있고 흥미롭고 기발하다.

레 : 레지나 아스티리스. 별들의 왕. 달.
미 : 믹스투스 오르비스. 선과 악이 섞여 있는 장소. 지구.
파 : 파툼. 운명.
솔 : 솔라리스. 태양.
라 : 락테우스 오르비스. 은하수.
시 : 시데루에스 오르비스. 별이 총총한 하늘.
도 : 도미누스. 신.

음악의 위대함이란 이런 것이다. 음악은 인간과 세계만이 아니라 우주 전체를 감동시킨다. 그래서 아르투어 쇼펜하우어(1788~1860)가 "모든 예술은 음악을 지향한다."고 했던 말이 새롭게 실감된다. 말로는 인간의 갖가지 감정과 영혼의 소리를 표현하는 데 한계가 분명 있다. 미술의 선과 색채와 조형은 모든 말과 소리의 청각과의 조응을 아예 고려할 수 없다.

"귀는 소리를 듣는다. 그러나 음악의 귀는 들리는 것 너머를 듣는다. 그것은 우주의 질서고, 진리의 아름다움이며, 동시에, 제 마음이기도 하다. 따지고 보면 귀는 소리를 들을 뿐만이 아니다. 귀는 모든 것을 소리로 이해한다. 음악은 음표와 음표를 모두며, 스스로 더 우월한 존재를 향해 흐른다. 때론 흐느낌으로, 때론 기쁨의 급류로, 그러나 동시에, 음악은 인간이 볼 수 있는, 아니 들을 수 있는, 아니 소리로 이해할 수 있는 죽음의 아름다운 육체다. 때론 웃음으로, 때론 비명소리로, 그리고 진혼곡으로, 그러므로 음악은 흐른다. 음악이 흐른다."(김정환,『음악의 세계사』) 음악은 우주, 진리, 아름다움으로부터 마음, 존재, 죽음에 이르기까지 들리는 것 너머를 지향하며, 우월한 존재를 향해 흐르며, 죽음의 아름다운 육체를 듣는다.

불교에서는 초기에는 음악을 사용하지 않았으나 고대로부터 내려온 힌두교의 의식을 받아들이면서 음악적 요소도 받아들이게 되었다. 인도의 최고 계급인 바라문들이 학습해야 할 다섯 가지 학문인 오명(五明) 가운데 성명(聲明)이라고 하는 부문이 포함되어 있다. 성명은 곧 음악과 음악학인데 이것이 발전하여 오늘날 불교음악이 됐고, '인도의 노래'라는 뜻의 '범패(梵唄, brahman bhan)'라고도 한다. 법회를 시작할 때에 처음으로 여래묘색신(如來妙色身)의 게송을 읊으면서 부처님의 높고 큰 덕을 찬탄한다. 이 범패에 의하여 시방 세존의 상호가 빠짐없이 두루 갖추어지고, 안이비설신 곧 육근이 마음으로 복종하고 기뻐하며 따르므로 큰 공덕을 성취했다고 한다.

2

건달바(乾達婆)왕이 부처님께 음악 공양을 올리자 온 세상이 모두 거문고 소리를 냈다. 가섭도 일어나 춤을 추었다.

건달바왕이 부처에게 물었다.

"가섭은 아라한이니 번뇌를 모두 끊었다면서요. 그런데 어째서 아직 저런 습성이 남아 있습니까?"

부처가 말했다.

"습성이 남아 있는 게 아니다. 비방하지 마라."

이에 왕이 다시 거문고를 세 곡 타자, 가섭이 또 세 번 춤을 췄다.

왕이 물었다.

"가섭이 분명 틀림없이 춤을 추었지 않습니까?"

부처가 대답했다.

"춤춘 적이 없다지 않았는가."

이에 왕이 다시 물었다.

"세존께서 어찌 거짓말을 하십니까?"

부처가 대답했다.

"나는 거짓말을 하지 않았다. 그대가 거문고를 타자 온 세상이 목석까지도 모두 거문고 소리를 내지 않았더냐(不妄語 汝撫琴 山河大地木石 盡作琴聲 豈不是)?"

"그랬습니다."

"가섭도 역시 그러니라. 그러기에 춤추지 않았다고 한 것이다."

이에 건달바왕이 믿어 받들었다.

— 『선문염송』 제22칙

이 공안을 '가섭가무(迦葉歌舞)'라고도 부른다. 나는 사실 이 공안이 별로 마음에 들지 않는다. 우선 간명직절하지 않다. 직관을 통한 촌철살인, 넌센스와 같은 반전도 없다. 대신 짜증날 정도로 우기며 질문을 계속해대는 건달바와, 그런 그에게 지루할 것도 같은데 계속 상대를 해주는 부처의 인내만 있다. 그럼에도 음악과 춤에 관한 공안이어서 다시 눈여겨보게 됐다. 건달바는 하늘나라의 음악을 담당하며 부처가 설법하는 자리에 나타나 노래하고 춤추며 불법을 수호한다고 알려진 상징적인 존재로서, 신이다. 신이기에 그가 거문고를 타면 온 세상이 거문고 소리를 냈다고 할 정도로 연주를 잘 했으리라.

그런 건달바가 어느 날 부처님께 음악 공양을 하자 온 세상이 거문고 소리를 내고, 수행에 있어선 두타제일로 불리던 가섭도 일어나 춤을 춘다. 건달바가 부처에게 묻는다. "가섭은 아라한이니 번뇌를 모두 끊었다면서요. 그런데 어째서 아직 저런 습성이 남아 있습니까?" 설화에 의하면 가섭은 전생에 음악가였다고 한다. 그러기에 건달바는 이미 아라한의 경지까지를 성취한 가섭이 아직도 자신의 거문고 소리에 맞춰 춤추는 전생의 습성, 곧 중생심을 버리지 못했나 보다, 그러고도 아라한 행세를 하는가, 싶어 가소롭다는 생각이 들었던 것이다. 만약 그렇다면 여기서 건달바는 스스로 자기의 선입견과 편견을 드러내고 있다. 아직도 남의 전생 이야기를 들먹이고 있고, 그걸 바탕으로 남의 약점을 판단하고 비방하고자 하는 못된 습성을 드러낸 것이다. 더구나 음악을 연주하는 신의 주제에 말이다.

부처는 이미 그걸 꿰뚫는다. 그러기에 "습성이 남아 있는 게 아니다. 비방하지 마라."고 한다. 그러자 건달바는 마치 가섭의 습성을 증명해 보이기라도 하겠다는 듯 다시 거문고를 세 곡이나 타고, 가섭도 세 번 춤을 춘다. 그러니 이래도 춤을 추지 않았다고 할 것이냐, 분명 틀림없이 추었지 않느냐고 의기가 양양해서 부처에게 묻는다. 부처님은 변함이 없다. "춤춘 적이 없다지 않았는가." 집착의 오기를 버리지 못하는 건달바에 대한 약간은 질책이 섞인 대답을 한다. 마침내 음악의 왕이 아니라 우김질의 '끝판왕' 같은 건달바는 아니 할 말까지 하며 부처에게 대든다. "세존께서 어찌 거짓말을 하십니까?"

어처구니가 없다. 이쯤해서 막 보자는 것 같다. 부처는 그러나 화도 내지 않고 친절히 설명한다. "나는 거짓말을 하지 않았다. 그대가 거문고를 타자 온 세상이 목석까지도 모두 거문고 소리를 내지 않았더냐. 가섭도 역시 그러니라(不妄語 汝撫琴 山河大地木石 盡作琴聲 豈不是)." 이 말은 '네가 그렇게 거문고를 잘 타니까 온 세상의 산천초목과 돌멩이까지도 감응한다. 가섭도 저절로 그렇게 감응한 것이다. 그러기에 춤추지 않았다고 한 것이다.'라고 이해하면 될 것 같다. 부처는 아라한까지도 감응할 정도의 실력을 갖춘 건달바 본인을 되레 인정해주며 그의 편견을 해소한 것이다.

박재현의 『화두, 나를 부르는 소리』에선 다음과 같이 설명한다. "연기(緣起)의 세상에서 하나의 떨림은 전체의 떨림이 되고, 작은 몸짓은 큰 몸짓이 된다. 산하대지 산천초목이 건달바의 거문고에 응하듯 가섭의 몸짓 역시 그와 다르지 않다. 건달바는 가섭을 온 세상에서 갈라 세우는 잘못을 저질렀다. 자기가 거문고를 켜면 산천초목까지도 다 거문고 소리를 낸다며 자랑했으면서도, 어느새 가섭은 온 세상에서 따로 존재하는 것처럼 말하고 있다. 가섭은 세상과 따로 존재할 수 없다."

3

　꽃밭은 그 향기만으로 볼진대 한강수나 낙동강 상류와도 같은 융융한 흐름이다. 그러나 그 낱낱의 얼골들로 볼진대 우리 조카 딸년들이나 그 조카딸년들의 친구들의 웃음판과도 같은 굉장히 질거운 웃음판이다

　세상에 이렇게도 타고난 기쁨을 찬란히 터트리는 몸뚱아리들이 또 어디 있는가. 더구나 서양에서 건네온 배나무의 어떤 것들은 머리나 가슴팩이뿐만이 아니라 배와 허리와 다리 발ㅅ굼치에까지도 이쁜 꽃숭어리들을 달았다. 맵새, 참새, 때까치, 꾀꼬리, 꾀꼬리새끼들이 朝夕으로 이 많은 기쁨을 대신 읊조리고, 수십만 마리의 꿀벌들이 왼종일 북치고 소구치고 마짓굿 올리는 소리를 허고, 그래도 모자라는 놈은 더러 그 속에 묻혀 자기도 하는 것은 참으로 당연한 일이다

　우리가 이것들을 사랑할려면 어떻게 했으면 좋겠는가. 무쳐서 누어 있는 못물과 같이 저 아래 저것들을 비취고 누어서, 때로 가냘푸게도 떨어져 내리는 저 어린것들의 꽃닢사귀들을 우리 몸 우에 받어라도 볼 것인가. 아니면 머언 산들과 나란히 마조서서, 이것들의 아침의 油頭粉面과, 한낮의 춤과, 황혼의 어둠 속에 이것들이 자자들어 돌아오는—아스라한 침잠이나 지킬 것인가

— 서정주, 「上里果園」 부분

서정주(1915~2000)의「上里果園」은 상리라는 마을에 있는 과수원이라는 뜻이다. 이 과수원에 봄이 와서 꽃이 피자 꿀벌과 새들에게는 축제의 난장이 펼쳐진다. 아예 꽃밭이 되어버린 과수원엔 한강수나 낙동강 상류의 맑은 물과도 같은 향기가 융융하게 흐른다. 그리고 그 꽃 낱낱의 빛깔은 들뜨고 설레서 우유빛에 홍조를 가득 머금은 듯한 것일진대, 그 순결하면서도 화사한 꽃을 웃음판에 비유한다면 "우리 조카딸년들이나 그 조카딸년들의 친구들의 웃음판과도 같은 굉장히 질거운 웃음판이다."
　"세상에 이렇게도 타고난 기쁨을 찬란히 터트리는 몸뚱아리들이 또 어디 있는가." 세상에는 다양한 기쁨이 있겠지만 기쁨이란 기쁨을 모두 모아 이처럼 찬란하게 터뜨리는 듯하는 것이 과수원의 꽃밭 말고 어디 있겠는가. 이것이 실감이 되지 않을 때는 광양 매실마을이나 나주의 배꽃마을에 가 보면 그 꽃밭이 얼마나 장관인지 알게 되리라. 그래서 이 꽃밭엔 서양에서 온 배꽃이나 세상 아닌 어디 무릉도원에서 온 복사꽃이거나를 상관 않고 "이쁜 꽃숭어리들"을 흐드러지게 단다. 꽃은 위 공안의 건달바처럼 분별이나 차별의 경계를 짓지 않고 핀다.
　이러다 보니 "맵새, 참새, 때까치, 꾀꼬리, 꾀꼬리새끼들이 조석으로 이 많은 기쁨을 대신 읊조리고, 수십만 마리의 꿀벌들이 왼종일 북치고 소구치고 마짓굿 올리는 소리를 허고, 그래도 모자라는 놈은 더러 그 속에 묻혀 자기도 하는 것은 참으로 당연한 일이다." 건달바가 신묘하게 거문고를 타자 그 소리에 산천초목까지도 감응하여 거문고 소리를 내듯, 꽃들 피어난 세상에서 '화조(花鳥)'라는 말도 있는데 새들이 노래하지 않을 수 없고, 꽃의 꿀에 취할 벌 나비 떼가 날아들어 춤을 추거나 잉잉거리는 합창을 하지 않을 수 없다.

　우리가 이것들을 사랑하려면 어떻게 했으면 좋겠는가. 시의 문장이 하도 좋아서 그대로 옮겨 적는다. 우리가 이것들을 사랑하려면 "무쳐서 누어 있는 못물과 같이 저 아래 저것들을 비취고 누어서, 때로 가냘푸게도 떨어져 내리는 저 어린것들의 꽃닢사귀들을 우리 몸우에 받어라도 볼 것인가. 아니면 머언 산들과 나란히 마조서서, 이것들의 아침의 油頭粉面과, 한낮의 춤과, 황혼의 어둠 속에 이것들이 자자들어 돌아오는—아스라한 침잠이나 지킬 것인가." 정말 그러할 일이다.

　우리가 이것들을 사랑하려면 우리 스스로 못물이 되어서 떨어져 내리는 어린 꽃잎들을 받아라도 보거나, 먼 산들과 마주하고 서서 기름 바른 머리와 분 바른 얼굴을 한 아가씨와 같은 꽃들의 부끄러워할 것도 없는 한낮의 천연스런 춤을 그대로 바라보면 될 것이다. 그리고는 황혼이 되면 어스름 속으로 잦아드는 꽃과 새와 벌나비 떼를 조용히 관조하면 될 것 아닌가. 질문이 곧 대답이니 그대로 행하면 될 일이다.

　위 시의 후반부는 다음과 같다. "하여간 이 하나도 서러울 것이 없는 것들 옆에서, 또 이것들을 서러워하는 미물 하나도 없는 곳에서 우리는 섣불리 우리 어린것들에게 설움 같은 걸 가르치지 말 일이다. 저것들을 축복하는 때까치의 어느 것, 비비새의 어느 것, 벌 나비의 어느 것, 또는 저것들의 꽃봉오리와 꽃숭어리의 어느 것에 대체 우리가 항용 나직이 서로 주고받는 슬픔이란 것이 깃들이어 있단 말인가.//이것들의 초밤에의 완전귀소가 끝난 뒤, 어둠이 우리와 우리 어린것들과 산과 냇물을 까마득히 덮을 때가 되거든, 우리는 차라리 우리 어린것들에게 제일 가까운 곳의 별을 가르쳐 보일 일이요, 제일 오래인 종소리를 들릴 일이다."

제42화

좋은 술을 석 잔이나 마시고도
— 고진하, 「시래기밥」

1

철학자 세네카(BC 4경~AD 65)는 말했다. "고귀한 정신은 자발적 가난이 더 가치 있기 때문에 그것을 받아들이는 것이 아니라, 견디기 수월하다고 여기기 때문에 그것을 실행에 옮긴다. 오랜 수행 끝에 그것을 받아들인다면 자발적 가난은 오히려 즐겁기조차 할 것이다. 왜냐하면 자발적 가난을 통해 사람들은 근심 걱정에서 자유롭게 되므로 실제로 그것 없이는 아무것도 즐거울 수 없기 때문이다. 따라서 위대한 인물들이 종종 이룩한 자발적 가난을 행하는 것이 삶의 본질적인 것임을 고한다."

이런 자발적 가난을 실행으로 옮긴 위대한 인물 중의 한 사람이 헨리 데이빗 소로이다. 그는 하버드대를 나오고 법조인으로 영화를 누리며 살 수 있었지만, 단돈 2달러 정도를 들고 월든 호수가 있는 숲속으로 들어가서 스스로 삶을 개척했다. 그 속에서의 생활을 담은 『월든』이라는 책은 인류의 위대한 고전이 되었다. 그중에 마을의 전설과, 새의 둥우리와, 다람쥐의 열매와, 우듬지의 별들과, 비바람과, 태양의 노래가 주저리주저리 매달린 큰 느티나무가 개발업자들의 전기톱 날에 쓰러져 가자 마을에선 "왜 조종(弔鐘)을 울리지 않는가?"하며 탄식하는 내용이 있다. 이것은 내 가슴도 전기톱에 베이는 것 같은 아픔을 주었다. 톱날은 나무 한 그루가 아니라 숲과 마을의 모든 문화와 풍물을 베어버린 것이다.

어떤 민속학자는 마을의 큰 나무와 연세가 많은 노인을 하나의 박물관이라고 했다. 그 나무와 노인은 마을의 형성 유래부터 신앙과 풍습과 풍물, 민담과 전설과 신화, 방언과 속어 등 각종 문화와 얽혀 있다. 가령 큰 나무는 정자나무나 당산나무라는 이름으로 당산제와 당산굿을 받고, 그 그늘 아래서는 어른들이 휴식을 취하며 마을의 대소사를 논하는가 하면, 아이들은 하루 종일 놀이터로 삼는 곳이다. 노인들은 일단 마을의 방언과 속어를 삶의 몸에 그대로 간직하고 있다. 평생을 그 마을에서 살았기 때문에 마을에 대해선 모르는 것이 없다. 남의 집 찬장에 수저 젓가락이 몇 개 있는 줄도 알고 누구네 집 간장이 다니 쓰니 하는 것들도 다 알고 있다. 그래서 큰 나무 한 그루, 노인 한 분이 돌아가시면 박물관 하나가 사라진다고 하는 것이다. 그런 큰 나무가 사라지는 데도 마을에서 조종을 울리지 않는다고 슬퍼하는 소로의 마음이 노자에서 말하는 어떤 지극함에 닿아 있다.

역시 '산방한담(山房閑談)'이라는 부제를 달고 나온 에세이집 『무소유』로 수많은 사람의 심금을 울린 법정(1932~2010) 스님은 무소유를 실천한 대표적인 사상가이다. 그는 어느 날 주석하는 암자에서 나와 행각을 떠나는데 꽤 먼 길을 와서야 난 화분 생각이 난다. 대중들이 심심파적하라고 가져다준 난을 몇 분 애지중지 키우고 있었는데 햇빛 쐬라고 잠시 툇마루에 내놓은 것을 잊고 와버린 것이다. 언제 돌아올지도 모르는 행각인데 바깥 날씨에 방치하면 죽을 것 같아서 왔던 길을 다시 되돌아가 몇몇에게 난을 나눠주어 버린다. 바로 그 경험에서 소유하게 되면 욕심이 생기고 욕심이 생기면 수행에 큰 장애가 생긴다는 것을 간파하게 됐기 때문이다. 스님은 시인 백석의 정인 자야여사의 시주를 받아 서울 종로에 길상사라는 큰 절을 짓고도 거기에 머물지 않고, 강원도 심심산골로 오두막을 치고 들어가 평생을 살다가 입적한다.

　전 지구가 자본화한 물질 만능의 세상에서 자본이 없으면 사람 취급도 받지 못하는 현실에서, 그것을 넘어선 자발적 가난과 무소유의 삶을 추구하는 것은 마음 깊은 곳의 율법을 따르지 않으면 가능하지 않다. 마음이 곧 부처라는 깨달음과 양심의 율법을 따르는 이들은 마음을 살펴 걸리는 게 없는 사람들이다. 바랑 속에 쌀 석 되, 화롯가엔 땔나무 한 단과 함께 길을 떠나던 옛 선사들과 작정한 바 없는 거문고를 뜯고 한 점 때 묻지 않은 서화의 향에 취하는 예술인들이 그들이다. 중천에 뜬 달, 가난한 마음 하나로 시를 읊는 시인들과 죽음이 싫다면 삶을 사랑하라면서도 뼛속까지 맑아지는 고독을 견딜 줄도 아는 고행승들이 그들이다. 이들은 모두 맑고 가난하고 사는 것에 자족하며 궁극에는 모든 연기법과 공사상을 따르는 삶의 예찬자들이다. 가난을 개인이 도달할 수 있는 가장 지고한 단계로 이상화하고 있는 이들의 정신적 진경을 궁구해 보면 어쩌면 물질 만능의 세상을 넘는 삶의 대안을 찾을지도 모른다.

2

조산 본적 화상에게 어느 스님이 질문했다
"저 청세는 너무도 고독하고 가난(孤貧)합니다. 선사께서는 저에게 좀 베풀어 주십시오(賑濟)."
조산 화상이 불렀다.
"세사리여!"
그러자 청세 스님이 대답했다.
"예!"
조산 화상이 말했다.
"청원의 백가주(白家酒)를 이미 석 잔이나 마시고도 아직 입술도 적시지 않았다고 말할 셈이냐?"

— 『무문관』 제10칙

조산 본적(840~901) 화상은 동산 양개의 법을 이었다. 뒤에 동산과 조산의 이름을 따서 조동종(曹洞宗)이 성립될 정도로 유명한 선승이다. 그런 그에게 어느 스님이 질문한다. "저 청세는 너무도 고독하고 가난(孤貧)합니다. 선사께서는 저에게 좀 베풀어 주십시오(賑濟)." 이 질문은 뭔가 당돌하거나 허영에 가득 찬 질문 같다. 왜냐하면 여기서 '고빈'이란 말은 청빈이나 무소유와 같은 의미인데, 이런 고결한 삶을 사는 사람이 스스로 외롭고 가난하니까 뭔가를 좀 구제해 달라고 말할 수는 없어서다. 구제와 같은 뜻의 말 진제는 재물로 흉년과 자연 재난 등에 사람들을 구휼하는 것을 말한다.

『증도가』에선 "가난한 불제자로서 입으로는 가난하다고 하네. 진실로 몸은 가난하지만 도는 가난하지 않다네. 가난한즉 몸은 항상 남루를 걸치고 있지만 도는 마음속 깊이 무상(無上)의 보배를 간직하고 있네."라고 말한다. 또 아침에 절 마당에서 비질을 하다가 거기에서 튄 돌멩이가 날아가 대나무에 탁! 하고 부딪는 소리를 듣는 순간 깨달았다는 향엄 지한은 깨닫고 난 뒤 동문 양산 혜적에게 "지난해의 가난은 가난도 아니네. 지난해의 가난은 송곳 찌를 자리도 없었지만 올해의 가난은 그 송곳마저 없네."라고 했다. 이렇게 번뇌 망념을 텅 비워버린 가난을 젊은 스님 청세가 스스로 자랑하고 있는 셈이다.

그래서 대개 이 말은 스승에게 도전하는 질문으로 본다. 여기서 고빈은 청세가 현실적으로 겪고 있는 물질적 정신적 빈곤을 말하는 게 아니다. 자기는 이렇게 무소유의 경지에 도달할 정도로 마음을 텅 비워 공의 상태에 있다는 것이다. 이만큼 수행과 깨달음에 있어 청빈한 상태를 얻고 있는 나에게 아무리 뛰어나다고 하는 선사 당신인들 무슨 가르침인 한마디인들 베풀 수 있겠는가, 하는 말이다.

이때 조산은 갑자기 그를 부른다. "세사리(稅闍梨)여!" 여기서 사리(闍梨)라는 말은 아사리(阿闍梨)의 줄임 말로 고승(高僧)에 대한 존칭어다. 그러자 청세 스님은 순간적으로 "예!"하고 대답을 해버렸다. 대답을 해버렸다는 것은 "여보게, 고승이여!"하고 선사가 부른 셈인데 순식간에 "네!"하고 대답해버렸으니까 자기가 스스로 고승임을 인정해버린 꼴이 됐다는 것이다. 조산에게 딱 걸려든 셈이다.

그러자 조산이 말한다. "청원의 백가주(白家酒)를 이미 석 잔이나 마시고도 아직 입술도 적시지 않았다고 말할 셈이냐?"고. 이 말은 '그래. 아직 새파란 청세 네가 고승이라고? 술의 명산지인 청원의 백씨네 양조장에서 만든 명주(名酒)를 세 잔이나 마셨으면서 아직도 입술을 적시지도 못했다고 말하는 사람처럼, 여태 입문에도 못 미친 그 정도의 수행으로 청빈이니 무소유니 하고 떠들고 다닐 셈인가?'라는 꾸짖음이다. 좋은 술을 석 잔이나 마시고도 명상(名相)에 떨어져서 여전히 정신을 못 차리고 있는 청세가 꼴이 아니게 됐다.

3

>뒤란의 가마솥에 불을 지피고
>잘 무르지 않는 시래기를 종일 삶은 아내는
>저녁식탁에 시래기 밥을 올렸네
>
>지금 딴 세상에 사시는
>어머니의 밥도 그랬지만
>아내가 지어주는 밥엔, 푸른 들판이 출렁이네
>
>무서운 돌림병으로 실종된 봄
>그래도 올해는 푸른 들판으로
>밥을 지어 먹지만
>내년의 식탁에도 올릴 수 있을까

시래기 밥 달게 먹고 나와
마당에 서서 하늘의 별들을 보는데
으밀아밀 별들이 속삭이네

재난이 일상이 된 시절엔
딱 하루치 근심만 저녁밥에 비비라고

―고진하, 「시래기밥」

"별로 오래 지탱해주지 않을 것 같은 고가 한 채를 마침내 마련해서 '불편당(不便堂)'이라는 당호를 내걸고, 그 비좁은 방을 '축복받은 나의 큰 육체' 쯤으로 생각한다. 철마다 들풀들을 채취 해다 '잡초밥상'의 사치(!)를 부리고, 방랑의 유전자를 섬겨 곧잘 '붉은 모란의 고요한 순례'를 떠난다. 주일이면 시골할머니들 교회에 가서 당신들이 곧 하느님이라고 말해드리고, 그중 시는 '생음악을 연주하는 소리의 집' 곧 나무와 새가 되어서 '푸른 혁명의 뇌관을 갖춘 씨앗' 팡팡 터트릴 생태미학적 상상력을 따른다. 불편하기 짝이 없어 불편당인 그 옛집에서 지렁이, 제비집, 질경이, 왕고들빼기 등과 함께 '소농(小農)'을 하며 새와 구름과 달과 별을 벗 삼아 우주의 경이를 연주하는 데에는 시골살이의 불편을 즐기고 불행도 즐기자고 마음먹고 난 자발적 가난 뒤의 여유다. 생일날 식구들 '흔들리지 않게 하는 지축'인 아내의 발을 씻겨주며, 우리 '그냥 사랑해요, 콩켸팥켸 이유 없어요'라고 무심히 말하는 사람, 그는 '우주인(宇宙人)' 고진하다. 그는 자본주의와는 반대쪽으로 홀로 걷는 고행승이다."

위 글은 고진하의 시집 『야생의 위로』라는 시집에 붙인 나의 글이다. 고진하 시인은 목사이기도 한데 사는 동안 지구를 축내지 않고 살려고 무척 애쓰는 분이다. 그 대표적인 것이 들판의 잡초를 요리로 개발해 잡초 음식 책을 두 권이나 낸 점이다. 위의 시 「시래기밥」도 요즘은 배추나 무를 수확하고 대부분 버리는 시래기를 주워다가 삶아서 밥을 지어 먹는 이야기이다. 옛날, 아주 오랜 옛날 시인의 어머니가 그랬던 것처럼 아내도 '푸른 들판'을 채취해다가 밥을 하는 것인데, 그런 시래기 밥도 달게 먹고 마당에 나와서 하늘의 별들을 보는 여유는 한 소식 얻은 선승과도 같다. 그런 선승은 요사이 코로나19바이러스로 인해 온 세계가 지옥을 체험하고 있는 즈음에 "딱 하루치 근심만 저녁밥에 비비라고" 하는 별들이 있다고 말한다.

1991년 헬레나 노르베르 호지가 쓴 『오래된 미래 : 세계화에 대한 라다크의 교훈』이 출간돼서 장안의 지가를 올렸다. 한 생태학자가 번역해서 재생지로 찍은 초판은 거의 팜플릿 형태였는데도 '오래된 미래'라는 유행어를 탄생시키며 인기를 끌었다. 책은 히말라야 서쪽의 고도가 가장 높은 지역인 라다크 마을에 서구적인 상품들의 유입 이전과 개발이 시작된 다음의 사회를 비교했다. 가족과 여성과 지역 사회의 유대가 굉장히 강했던 곳이 욕심, 불관용, 실업, 인플레이션, 환경오염 등으로 지난 몇 세기 동안 유지되었던 생태학적 균형과 사회의 조화가 심각하게 위협받는다. 세계화의 덫이라고 할 수 있는 그런 위협을 받으면서도 라다크인들은 근대화의 안락함과 편안함을 즐기기 시작한다.

이 책은 또 한 가지, 소위 '진보'의 개념에 대한 새로운 문제의식을 끌어냈다. 진보가 평등과 균형을 이야기하지만 결국은 진보도 성장 발전이라는 경제주의의 틀을 벗어나지 못한다. 좀 더 잘 살고 좀 더 많이 갖자는 생각은 보수나 진보나 똑같이 성장 발전 논리를 추동시킨다. 문학평론가 백낙청 선생은 이런 모순을 일찍이 간파하고 진보를 뛰어넘는 '지혜'를 주장한다. "우리가 지향하는 자유롭게 평등한 사회라는 것 (…) 결국 그것은 지혜가 다스리는 세상이 되어야 한다는 것이다." 지혜란 다른 것이 아니라 삶과 세계를 전체로서 통찰하는 것, 그리하여 삶과 세계가 나아갈 방향을 바르게 제시하는 것이다.

불교에서는 일찌감치 지혜란 말을 써왔다. 반야라고 하는 이 지혜가 깨달음이자 해탈이자 곧 부처다. 존재와 세계의 온전한 실상을 있는 그대로 깨치는 지혜가 오랫동안 진보주의적 입장에서 세계를 파악한 문학평론가이자 학자인 분의 공부에서 나왔다는 것은 의미심장하다. 고진하 시인은 시래기밥을 삶던 오래전 어머니의 '오래된 것'을 우리의 미래로 선취하는 삶을 살고 있다. 오래된 것은 어머니의 지혜이기도 한데, 시래기에는 섬유질과 비타민이 풍부해 대장암과 비만 예방에 탁월한 효과를 발휘해 요즘은 웰빙식품으로 각광 받고 있기도 하다.

제43화

백척간두에서 한 걸음 더 나아갈 수 있는가
― 남진우, 「카프카」

1

불교에 「안수정등(岸樹井藤)」 이야기가 있다. 처음 불교를 대할 때 욕망의 인간에 대한 비유가 너무도 생생하여서 지금도 잊히지 않는다. 물론 이야기의 작위성이 없지 않지만 설화가 어디 과학적이고 합리적인 게 있던가. 과학적이라 함은 세계를 객관적으로 인식할 수 있다는 것을 전제로 한 말인데, 그 생각 자체가 근본적으로 불가능하다. 자기 자신이 우선 주관적으로 세상을 바라보면서 세계가 객관적이길 바라니까 말이다. 그래서 여러 가지 비유를 동원하는 문학적 상상력이 세계를 이해하는 데 훨씬 도움이 될 수도 있다. 설화란 사실 일정한 구조 아래 민중이 소망하는 바를 꾸며낸 이야기다. 오늘날 같은 소설이 정착하기 전의 신화, 전설, 민담 등을 포괄하는 구비문학이다. 입으로 전해져 내려온 이야기라 다양하게 변형되어 있는 안수정등 이야기는 대개 『불설비유경』에서 유래했다고 생각한다.

어떤 사람이 끝이 없는 넓은 벌판을 가로질러 가고 있었다. 그때 사방에서 갑자기 거센 불길이 일어났다. 어디로 피해야 할지 난감한데 저만큼 성난 코끼리 한 마리가 그에게 달려오고 있는 것이 보였다. 그는 황급히 도망치다가 언덕 아래에서 우물을 발견하고는 우물 속으로 뻗어 자라난 칡넝쿨을 붙잡고 매달렸다. 한숨 돌리고 우물 밑을 내려다보니 이무기 세 마리가 입을 벌린 채 버티고 있었고, 벽에는 독사 네 마리가 붙어서 혀를 날름거리고 있었다. 올라가지도 내려가지도 못하고 칡넝쿨을 붙잡고 있어야만 했다. 시간이 흐를수록 팔에 힘이 빠지는데 설상가상으로 칡넝쿨 뿌리를 흰 쥐와 검은 쥐가 번갈아가며 갉아먹고 있는 것이 아닌가. 이제 죽었구나 하는 순간 어디선가 달콤한 향기가 났다. 언덕의 나무둥치에 지어진 벌집에서 꿀이 칡넝쿨을 따라 흘러내리고 있었던 것이다. 뛰어다니느라 갈증과 허기에 시달리던 이 사람은 꿀을 먹기 위해 온 힘을 쏟았다. 그러다 이내 꿀맛에 취해 자신에게 닥친 지독한 괴로움과 죽음이 코앞이라는 사실을 망각하고 말았다.

이야기 제목인 「안수정등」 중 안수는 낭떠러지 언덕에 서 있는 나무이고 정등은 우물 속으로 벋은 등나무를 말한다. 인간의 위태로운 몸과 생명줄을 뜻한다. 이야기 속의 불길은 욕망의 불길, 코끼리는 그 욕망으로 인해 겪는 어려움, 우물은 우리가 안식처로 여기는 세상 권력과 재물, 세 마리 이무기는 탐진치라는 삼독, 네 마리 독사는 지수화풍 사대로 이루어진 우리의 몸, 칡넝쿨은 목숨, 흰 쥐와 검은 쥐는 밤낮, 꿀은 감각적인 쾌락 등을 비유하고 있다고 일일이 설명하지 않아도 인간은 이처럼 온갖 욕망으로 고통을 받고 있으면서도 자신이 괴로움을 겪고 있다는 사실조차도 망각하고 산다.

공자는 나이 칠십을 '종심소욕불유구(從心所慾不踰矩)'라고 했다. 일흔 살쯤 되면 평생 닦은 도가 완성 단계에 이르러서 마음 내키는 대로 말하고 행동을 해도 예의에 어긋나지도 않고 흠될 것이 없는 상태에 든다고 한다. 하지만 예전에 면장 일을 했던 나이 구십 줄에 가까운 노인이 오십 살 갓 넘은 젊은 군수가 선거에서 당선되자 이튿날 새벽같이 전화해서 "영감, 축하하오."하고 인사했다는 이야기를 보라. 이는 실제 어느 고을에서 있었던 일이고 심지어 그 젊은 군수는 노인과 별로 친하지도 않았다고 한다. 결국 자기를 원로 대접해달라는 이야기였던 셈이고, 아울러 권력의 줄이란 실오라기라도 우선 잡고 보는 것이 이익이 된다는 것을 그는 면장을 하면서 뼈저리게 겪었던 사람이기에 가능한 이야기이다.

선에서 '백척간두'라 하는 것은 수행의 최고 단계에서 깨달음의 정점 곧 해탈을 이룬 것을 말한다. 백 척이나 되는 그 미끄러운 대나무를 붙들고 올라가 그 꼭대기 위에 앉았으니 보통 중생들은 평생 엄두도 못 낼 것이다. 우리나라 종단의 많은 어른들, 총무원장과 수많은 주지 스님들도 이처럼 한세상 떵떵거릴 깨달음을 얻었을 것이다. 여기서 '한세상 떵떵거릴 깨달음'이란 이제 모든 것에서 자유자재하여서 세상에 걸림이 없고 대중 속으로 회향의 모범을 보일 깨달음이라는 뜻이다. 대표적으로 원효대사 같은 경지 말이다.

한데 한세상 떵떵거리기를, 종단 운영권을 틀어쥐려고 없는 상투가 다 뜯기도록 감투 싸움을 하는 우리나라 몇몇 '중'들의 행태를 보아라. 또 그것을 혁신하겠다고 나서서 자기의 옳음을 말로 증명하지 않고 각목으로 주장하는 일천제들을 보아라. 남전이 살아 있는 고양이를 참살해버린 심정이 이해가 되지 않는가. 고양이라는 생명을 동당 서당이 서로 자기들의 전유물로 생각했기에 남전은 그 전유물을 없애버린 것이다. 백척간두의 깨달음을 이룬 자의 전유물이 총무원장 자리라니? 사람의 욕망은 악귀와도 같다. 돈오 후에도 점수가 필요한 이유이다.

2

석상 화상이 말했다.
"백 척의 높은 장대 끝에서 어떻게 한 걸음 더 나아갈 수 있는 것인가?"
또 옛 어른들이 말했다.
"백 척의 높은 장대 끝에 앉아 있는 사람이라도 아직 올바른 불법을 체득한 것이라고 할 수 없다. 백 척의 장대 끝에서 반드시 한 걸음 더 걸어가서 시방세계에 자기의 전신을 드러내야 한다 (百尺竿頭 進一步 十方世界 現全身)."

-『무문관』 제46칙

석상 초원(996~1039) 화상은 도력이 엄청 높은 사람 같다. 남들이 함부로 발설하지 못할 말을 스치듯 무심하게 "백 척의 높은 장대 끝에서 어떻게 한 걸음 더 나아갈 수 있는 것인가?"하고 묻는다. 백척의 높은 장대 끝에서 한 걸음 더 나아가야 한다는 사실은 이미 불문가지이고, "어떻게" 나아갈 것인가를 묻고 있는 것이다. 여기에 대한 대답은 없는 걸로 보아 누군가 이 공안에 대한 깨침을 얻었는지는 모르겠다. 결국 대답은 이 공안집의 편자가 옛 도사들의 말을 예로 드는 것으로 가름했다. "백 척의 높은 장대 끝에 앉아 있는 사람이라도 아직 올바른 불법을 체득한 것이라고 할 수 없다. 백 척의 장대 끝에서 반드시 한 걸음 더 걸어가서 시방세계에 자기의 전신을 드러내야 한다(百尺竿頭 進一步 十方世界 現全身)."라고.

백 척의 장대 끝에서 움직이지 않고 앉아 있을 수 있는 사람은 큰 깨달음을 이룩한 사람이다. 감히 누가 그처럼 대범하고 꿋꿋할 수 있다는 말인가. 다만 거기에 고고하게 앉아서 깨달음을 얻었다는 아상, 인상에 빠져 있으면 그걸로 집착이다. 그러니 과감하게 허공으로 몸을 날리는 대사일번을 통해 중생 속으로 회향을 해야 한다는 이야기이다. 상구보리, 하화중생이라는 것이 말로만 있는 게 아닌 것이다. 남들 쉽게 오르지도 못할 백 척이나 되는 대나무 끝에까지 올라갔으니 자랑스럽기도 하겠다. 그 도력으로 한세상 잘 먹고 살 수도 있겠다. 하지만 그 꼭대기에 외롭고 고독하게 앉아서 이제 별이나 따 먹고 있을 심산인가.

한세상 잘 먹고 살려면 너무도 당연하게 그 꼭대기에서 내려와야 한다. 내려오되 제대로 내려와야 한다. 독수리처럼 날래고 기세 좋게 몸을 날려서 어디든 꽂혀야 한다. 시방세계에 자기의 전신을 드러내야 한다고 했으니 그것이 동, 서, 남, 북, 동북, 동남, 서남, 서북, 그리고 상, 하까지라면 장삼이사의 저잣거리만이 아니라 온 우주로 몸을 날려야겠다. 흔히 누군가를 사랑하게 될 때 그 마음이 간절해지게 되면 쇠렌 키에르케고르(1813~1855)가 말한 대로 "목숨을 건 비약"까지도 감행할 수 있다. 내 후배 하나는 집시법 위반으로 인한 수배자였는데 하필이면 애인이 경찰서장 딸이었다. 애인 부모의 극렬한 반대에 부딪힌 교제로 고민하던 차 어느 날은 술을 몇 잔 마시고 경찰서장 집의 대문을 박차고 안으로 진격했다. 경찰서장이 저 놈을 총으로 쏘아 죽이겠다고 고함을 쳤지만 소용이 없었다. 담판을 벌인 결과 결혼까지를 허락받았지만, 수배자였기에 수갑을 차고 경찰서엔 끌려가야만 했다.

동물의 왕국 프로그램에서 들소와 사자의 싸움을 종종 보게 된다. 아무리 덩치가 큰 들소라도 도망을 가게 되면 사자가 등 위로 뛰어올라 어디 한 곳이라도 물게 되는 순간 곧장 쓰러지고 만다. 하지만 간혹 어떤 들소는 그 커다란 덩치로 사자에게 대항해서 뿔을 들이대면 순간 당황하고 놀란 사자가 오히려 그 자리를 피하는 경우를 보게 된다. 절체절명의 위기에서 오히려 한 발을 내딛으니 살길이 보인 것이다. 그런 들소를 보며 아주 간절하게 응원을 보낸 경험이 많다. 오늘날 종교 지도자들이 큰 성공을 거두고도 회향을 제대로 못해 일평생 닦은 것을 순식간에 잃는 경우가 많다. 그들의 세습과 축재, 성폭력과 권력 유착 등이 이제 다반사여서 일일이 거론하기도 싫다. 백척간두에서의 추락은 순식간이다. 추락하기 전에 스스로 먼저 몸을 날려야 한다. 몸을 날려 안착할 자리는 지상에 너무 많다.

3

城은 멀다
짙은 안개 속
날개 잘린 새들이 더듬거리며 벽을 기어내려온다
단식광대가 쇠창살에 매달려
멍한 눈으로 해 지는 지평선을 보고 있다
이불을 둘둘 감고
고치 속에서 이제 막 빠져나오는
사내의 여윈 손
시골 의사가 조심스레 죽은 자의 눈꺼풀을 쓸어내린다
어느 길모퉁이에선 또 한 사람이 돌멩이에 맞아 개처럼 죽어가고
영원히 열리지 않는 문 앞에서 서성이던 이는
마침내 몸을 돌려 비좁은 골목길을 빠져나간다

어둠 속에서 누군가 소리친다
다시, 처음부터 다시 써!

― 남진우, 「카프카」

카프카의 소설들은 여러 얼굴을 하고 있다. 관료주의 사회처럼 구조적으로 도저히 도달할 수 없는 성이 마치 구원의 장소라도 되는 양 그곳에 들어가려고 갖은 애를 쓰는 이름도 없는 측량기사 K 이야기(「성」), 장인 정신 때문이 아니라 단순히 입맛에 맞는 음식이

없어서 굶어 죽는 서커스 창살 속의 단식광대 이야기(「단식광대」), 어느 날 이불 속에서 커다란 벌레로 변신하여 나오지만 결국은 사회와 집으로부터 소외되어 가족이 던진 사과에 맞아 죽어가는 샐러리맨의 이야기(「변신」), 아버지의 '익사형 선고'에 바로 생을 포기할 정도로 가부장 권력체계를 벗어날 수 없는 아들 이야기(「선고」) 등등 때론 종교적이고, 때론 구조주의적이고, 때론 마르크스주의와 정신분석적 성격을 띤 소설들은 매우 답답하고, 무미건조하고, 기괴하다.

하지만 어떤 렌즈를 통해 들여다보든지 그의 소설을 읽는 사람은 '실존'이라는 문제의식에서 벗어날 수 없다. 사회의 부조리, 삶의 무의미가 개인에게 던져주는 그 근원과 미래 없음에 대한 실존적 자각은 그렇잖아도 생로병사 등 일체개고에 시달리는 처지로서는 사느냐 죽느냐의 문제로 천착하기 쉽다. 지금까지 인간이 의지해왔던 어떤 절대자 같은 토대가 세계 대전 등으로 인해 근본적으로 무너져버렸기 때문에 그들이 부초와 같은 존재 의식에 시달릴 것은 불문가지이다. 하지만 답답하고 무미건조하면서도 그의 소설은 매우 극적이며 해괴하기까지 한 주제들이 하나같이 현대성과 긴밀히 맞물려 있다. 100여 년 전에 이미 현대에서 일어나고 있는 각종 문제들을 선취하고 있었다는 사실이, 작가의 사후 오랜 세월이 지난 오늘날에야 오히려 그 빛을 한껏 뿜고 있는 역주행을 하고 있는 이유이기도 하다.

위의 시는 「카프카」라는 제목에서부터 카프카 소설들에 대한 메타시 성격을 띠고 있는 시이다. 우선 독해를 해 보면, 카프카의 소설 「성」처럼 현대 사회에서도 성은 멀다. 그 성이 자본의 화염이 절정에 다다른 '강남'이건, 자본주의적 구원의 메타포인 '대형 교회'이건 모두 짙은 안개 속에 갇혀 있다. 그 성의 벽을 다만 날개가 잘려 이제 비상의 꿈을 잃어버린 새들이 겨우 더듬거리다 그만 기어 내려온다. 또한 사람들은 단식광대처럼 과잉사회증후군에 빠져 자기 일에 최고가 되고 완벽을 기하려고 애쓰다가 어느 날 삶의 무의미라는 허방을 만나 멍한 눈으로 해 지는 지평선을 바라보는 경우도 있다. 게다가 누군 회사에서 쫓겨나 이제 방에 처박혀 소외의 이불을 뒤집어 쓰고는 몰래 수음이나 하다가 여위어버린 손을 막 빼낸다. 그는 회사로부터 가족으로부터 자기로부터 소외되어 유폐 속을 전전하다가 큰 병원 한번 못 가 보고 눈 뜨고 죽어서 「시골 의사」의 손에 의해 이승의 문을 닫는다. 어느 길모퉁이에선 또 빚쟁이를 피해 다니다가 걸린 한 사람이 돌멩이에 맞아 개처럼 죽어가고, 아무리 성문을 두드려도 열리지 않는 자본의 성 때문에 온갖 희망을 뺏긴 채 몸을 돌려 골목길을 빠져나가는 사람도 있다.

 그런데 우리에게 닥친 이런 현실이 소설 속이라면 얼마나 좋겠는가. 소설 쓰기의 난관이라면 얼마나 좋을까. 그러면 어둠 속에서 누군가 이렇게 소리칠 수도 있겠지. "다시, 처음부터 다시 써!"라고. 카프카는 "한 권의 책, 그것은 우리 내면의 얼어붙은 바다를 깨는 도끼와 같아야 한다."고 말한 적이 있다. 그런 충격적인 일격을 당하면, 이 삶을 처음부터 다시 써 내려갈 수 있을까. 누군가는 다시 쓸 수 없어서 인생이란 소설이 아니라고 말할지도 모르겠다. 오르한 파묵이 인생은 편도열차여서 한 번 떠나면 다시 돌아올 수 없지만, 책은 끝까지 읽고 이해가 되지 않은 부분이 있다면 다시 처음부터 읽을 수 있다고 했다. 그런데 남진우는 삶도 소설도 다시 쓸 수 있다고 믿는 것일까. 이건 죽은 새의 몸에서 느껴지는 마지막 온기 같은 희망

의 슬픔이 아닐까. 여기 백척의 간두라는 삶의 절체절명에 다만 위
태롭게 몰려 더는 올라가지도 내려가지도 못하고 온몸으로 떨고 있
는 중생들이 있다.

제44화

어떤 것이 반야의 본체입니까?
— 오규원, 「발자국의 깊이」

1

반야(般若)라는 말은 범어로는 프리즈냐(prajna), 팔리어로는 판냐(panna)라고 한다. 반야는 바로 팔리어 '판냐'의 음역어이다. 흔히 반야를 '지혜'라고 한다. "깨달음에 이르신 부처님의 밝은 지혜"가 본래 의미이다. 우리들이 계산하고, 암기하고, 생각하고, 분별하는 능력이 극대화된 것이 '지식'이라면 이러한 중생의 사량 분별을 초월하는 것이 '지혜'이다. 세속인의 생활에서는 지식이 더 필요할지 몰라도 깨달음의 세계에서는 세속의 지식들을 모두 비우고 놓아버려야 할 때가 있다. 세상에서 권력을 쟁취하는 법, 재산을 축적하는 법 등이 있다면 그것은 내려놓아야만 지혜로 나가는 데 도움이 될 것이다. 권력이나 재물은 그 속성상 대개 자신의 성찰 기능은 없고 갖가지 권모술수로 쟁취하고 축적하는 데에 있기 때문이다.

불교에서 말하는 지혜의 세 가지 중 실상반야(實相般若)는 제법 곧 모든 존재의 실상 그 자체를 말한다. 우리가 살고 있는 현실 세계의 모습을 말하는 것이다. 여기에는 보는 자와 보여지는 세계가 따로 존재하지 않는다. 보는 자가 보여지는 현실 세계 및 우주와 하나가 된다. 흔히 일체의 모든 존재에 불성이 있다는 '일체만유 실유불성'론이나 보살과 중생이 따로 있지 않고 하나라는 '불이법문' 등이 실상반야이다. 모든 현상의 실상(實相)은 무상(無相)하고 공적(空寂)한데, 이것이 반야는 아니지만 반야의 지혜를 내는 것이므로 실상반야라고 한다. 성경의 솔로몬의 지혜에서 아이 하나를 두 엄마가 서로 자기 아이라고 주장하지만, 칼로 두 개로 나눌 수 없는 것은 아이는 하나의 생명체이기 때문이다. 이런 것도 실상반야의 하나이겠다.

다음으로 관조반야(觀照般若)는 일체의 현상계를 있는 그대로 정견(正見)하는 지혜를 말한다. 물질적 정신적 모든 현상은 시시각각 변화하고 영원한 것은 없다. 이것이 '제행무상'인데, 연기법 속에서 생성된 모든 존재는 변화를 겪을 수밖에 없기 때문이다. 또 현상계의 모든 존재와 사물은 고정적인 실체가 없다. 이것은 '제법무아'인데, 역시 연기법 속에서 생긴 존재와 사물은 실재성을 갖지 못하므로 그것 자체가 공(空)하기 때문이다. 무상과 무아에 대한 깨달음 뒤에 얻게 되는 것은 열반적정이다. 이런 것들에 대한 깨침을 관조반야라고 하는데, 고타마 싯다르타가 오랜 수행 끝에 성취한 수승한 지혜가 지금도 생생하게 빛난다.

세 번째, 문자반야(文字般若)는 방편반야라고도 하는데 실상반야와 관조반야를 담고 있는 모든 경전을 의미한다. 이것은 직접적인 반야는 아니지만 반야를 이끌어내는 데 없어서는 안 될 방편이 된다. 경전이 없다면 우리는 부처님의 가르침에 대해 많은 혼란을 겪을 것이다. 경전만이 아니라 각종 선어록 등도 문자반야라고 할 수 있다. 불법을 공부하는 모든 이에게 나침반과 같고 뗏목 같은 수단으로 쓰여 궁극적으로 깨달음에 이르게 하기 때문이다. 이를 방편반야라고 하는 이유도 달을 가리키는 손가락이어서다.

칸트의 『순수이성비판』에 "직관 없는 개념은 공허하고, 개념 없는 직관은 맹목적이다."라는 말이 있다. 이 말을 "실천 없는 지혜는 공허하고, 지혜 없는 실천은 맹목적이다."로 바꿔 보자. 부처의 말씀이 고스란히 담겨 있는 경전을 읽고 공부한다. 이렇게 공부할 때 얻는 것이 문자반야, 곧 방편반야다. 방편반야로 공부한 뒤에는 반드시 실천이 따라야 한다. 그 실천이 바로 관조반야다. 이는 있는 그대로의 실상을 편견이나 고정 관념 없이 여여하게 보는 실천 수행법이다. 이렇게 방편반야로 부처님의 법을 이해하고, 그 후 관조반야를 실천했을 때 나타나는 실상이 바로 실상반야인 것이다. 관조반야와 방편반야는 진리의 당체인 실상반야에 이르게 하는 쌍두마차와 같은 것이다.

이런 반야를 그 뜻인 지혜와 합쳐서 반야지혜라고 한다. 범부에다 중생을 합쳐서 범부중생이라고 하는 것처럼 말이다. 우리의 불교용어가 왜 이렇게 어려워지는지 모르겠다. 반야나 지혜나 같은 말이고 범부나 중생 역시 같은 말인데, 그것을 마치 첩어로 써서 말의 의미를 더욱 강화시키기 위한 것 같기는 하다. 물론 반야지혜는 일반의 지혜와 다르게 부처의 지혜라는 것을 구분하기 위해 쓴 것이겠다. 하지만 모든 언어나 말은 거기에다 악센트를 주면 줄수록 듣는 사람은 피곤해지고 말하는 사람 자체도 나중에는 스스로 지친다. 부처님은 꽃 한 송이를 들어 보임으로 만법을 말하고 가섭은 웃음으로 그것을 간파하지 않았던가.

2

어떤 스님이 지문 화상에게 질문했다.
"어떤 것이 반야의 본체입니까(如何是般若體)?"
지문 화상이 대답했다.
"대합조개가 명월을 머금었다."
스님은 질문했다.
"무엇이 반야의 작용입니까?"
지문 화상이 대답했다.
"토끼가 새끼를 잉태했다."

— 『벽암록』 제90칙

지문 광조 화상은 운문 문언 선사의 제자다. 그에게 어떤 스님이 질문했다. "어떤 것이 반야의 본체입니까?" 어떤 것이 일대사의 본원을 깨칠 수 있는 지혜냐는 것이다. 대승 불교에서는 공과 연기법 그리고 중도를 깨치는 게 지혜이다. 존재와 세계가 모두 공하다는 사실은 범부도 쉽게 알 수 있다. 모든 존재가 늘 무상의 변화 속에 있기에 세계는 공하다. 그 무상의 존재들은 또한 시간과 공간의 여러 조건 속에 얽혀 연기되어 있다. 그러니 불변의 실체가 독립적으로 존재할 수 없다. 그런데도 우리는 영혼이 있느니 없느니 하고 유와 무, 범부와 보살을 나누고 차별하는 등 늘 양극단의 사유에 길들어 있다. 이런 분별과 이견을 떨치고 중도를 얻는 게 지혜이다. 물론 이 중도는 유무와 범속을 넘어선 공과 연기를 보는 것이다. 이 세상은 절대적으로 고정된 어떤 가치나 정답이 없는 무유정법의 세계이다. 이 공과 연기법과 중도를 깨달았을 때 세상의 모든 것이 일체로 보이기 시작한다.

이런 지혜를 스님이 귀 아프게 들어 알고 있을 텐데도 그런 질문을 한 것은 스님이 선수행의 초보자이거나 머리로 이해는 하고 있어도 오감으로 체험하지 못했기 때문일 것이다. 그걸 잘 간파한 지문 화상은 대답한다. "대합조개가 명월을 머금었다." 질문을 하는 것도 힘들었는데 대답이 이런 고차원의 비유로 나오면 어쩌란 말인가. 대합조개가 명월을 머금었다는 것은 일상생활에서 얻어낸 반야지혜이다. 이 말을 원오 극근은 "한강에서 생산되는 조개 속에 맑은 진주가 있는데, 중추절이 되면 수면으로 떠올라 입을 벌리고 달빛을 받아들여 그 교감으로 진주가 생긴다고 한다. 합포주(合包珠)가 바로 그것이다. 그러므로 중추절에 달이 뜨면 진주가 많이 나오고 달이 뜨지 않으면 진주가 적게 나온다고 한다."라고 설명한다. 이 합포주 전설은 『본초강목』 등에 전하고 있는데, 이러한 전설을 토대로 지문 화상은 대합조개가 명월을 머금었다고 있다고 대답한 것이다. 반야의 체에 대한 질문에 명월과 조개는 딱히 의미를 갖고 있는 것은 아니지만, '명월을 머금은 진주'라는 대답은 꽤 시적이다. 지혜는 바로 그런 것을 여여하게 바라보는 것이라는 뜻 같다.

스님은 다시 "무엇이 반야의 작용입니까?" 본체에 대한 답을 들었으니 이제 작용에 대한 물음이다. 지문 화상은 역시 난센스 같은 대답을 한다. "토끼가 새끼를 잉태했다." 역시 원오 극근은 "토끼는 음(陰)에 속하는 동물이다. 중추절에 달이 뜨면 입을 벌려 달빛을 삼키고 바로 새끼를 잉태하여 입으로 낳는다 하니 이 또한 달이 뜨면 새끼가 많고 달이 없으면 새끼를 적게 낳는 것이다."라고 설명하고 있다. 역시 전설을 이용한 대답이다. 질문하는 사람은 반야를 체와 용으로 나누고 있지만 지문 화상은 체와 용이 하나인 일체의 입장에서 대답을 한다.

선불교에서는 중국불교의 핵심사상인 "반야사상의 체(體)와 용(用), 화엄사상의 이(理)와 사(事), 유식사상의 성(性)과 상(相)의 논리를 불심이라는 하나의 지혜로 소화시켜 구체적인 일상생활의 대화나 지혜로 이용하고 있다."(정성본 역해,『벽암록』) 대합조개나 토끼에게 공통적으로 임하듯 보름달의 광명이 만물을 비추고 있는 것이 바로 하나로 된 지혜이다. 굳이 보름달을 체로 달빛을 용으로 나누어 볼 것이 아니다.

『조당집』15권에 반산 보적 선사는 "마음의 달 홀로 둥그니 그 빛이 삼라만상을 삼키는구나. 빛과 경계 모두 사라지니 도대체 이것은 어떤 물건인가."하고 읊었다. 이렇게 둥글고 밝고 투명한 보름달에 대고 어떤 시인이 언어의 취모검으로 그 광명을 묘파하고 진리를 규정하려 해도 모두 빗나간다. 보름달 그 자체를 안고 가만히 느끼고 취하면 된다.

3

어제는 펑펑 흰 눈이 내려 눈부셨고
오늘은 여전히 하얗게 쌓여 있어 눈부셨다
뜰에서는 박새 한 마리가
자기가 찍은 발자국의 깊이를
보고 있다
깊이를 보고 있는 박새가
깊이보다 먼저 눈부시다
기다렸다는 듯이 저만치 앞서 가던
박새 한 마리 눈 위에 붙어 있는
자기의 그림자를 뜯어내어 몸에 붙이고
불쑥 날아오른다 그리고
허공 속으로 들어가 자신을 지워버린다
발자국 하나 찍히지 않은
허공이 눈부시다

― 오규원, 「발자국의 깊이」

우리나라 시인 중에 모든 존재의 실상을 있는 그대로 보려고 하는 시인의 으뜸은 오규원이다. 그는 처음엔 한국 모더니즘의 선두에서 언어 실험에 일가견을 이룬 시인이었다. 그가 모든 사물에 인간의 관념이나 사상을 대입시킬 때 그건 일방적이었지만 고개가 끄덕여지는 상상력, 사물과 관념 간의 획기적인 비유들로 한국의 시를 한 단계 비약시키는 데 일조하였다. 그러던 것이 후반기에 와서는 '날것의 시학'이란 타이틀이 붙을 정도로 존재의 순수성을 결코 왜곡하지 않으려는 시들에 많은 노력을 기울였다. 세상 모든 존재들의 이름을 조용히 불러주는 것만으로도 시가 얼마나 아름다울 수 있는가를 충분히 보여주고도 남음이 있었다. 그가 불교의 선을 시에 적극적으로 차용했는지는 모른다. 몸이 아팠기에 종교성이 스며들었을 것은 분명하거니와, 최소한 모든 존재가 각자 의미 구현을 하며 반짝이고 있는 독자성에다 자신의 가쁜 호흡과 번뇌 망상을 덧씌우지는 말자는 생각은 분명했던 걸로 보인다.

여기 「발자국의 깊이」이란 시도 그중 하나이다. "어제는 펑펑 흰 눈이 내려 눈부셨고/오늘은 여전히 하얗게 쌓여 있어 눈부셨다" 큰 눈 내리고 눈 많이 쌓인 풍경을 아무런 수식도 없이 서술하는데도 그 눈부심은 말로 다할 수 없다. 하기야 새하얗게 눈 내리고 눈 쌓인 풍경 앞에서 무슨 수식과 생각이 필요하겠는가. 그저 묵묵히, 그저 먹먹하게 바라보면 그뿐인 것을. 다만 그런 속에서도 어제의 시간은 오늘의 시간으로 바뀐다는 사실만큼은 슬쩍 보여준다.

그런데 여전히 하얗게 눈 쌓인 "뜰에서는 박새 한 마리가/자기가 찍은 발자국의 깊이를/보고 있다" 큰 눈이 쌓여 아무것도 찍히지 않은 눈밭에 오직 박새 한 마리가 콕콕 발자국을 찍는다. 그리고 자기가 찍은 발자국의 깊이를 보고 있다. 이 표현은 눈이 많이 쌓였기에 새 발자국 깊이가 뚜렷이 드러난다는 말임과 동시에, 새가 눈밭을 종종거리다 가끔씩 서서 자기 발자국 속에서 뭔가 먹을 것을 찾는 모습을 그렇게 표현했을 것이다. 거기에다가 또 시인은 풍경이 미세하게라도 이지러지지 않게 슬쩍 자기 생각을 끼워 넣어 새라는 존재가 남기는 새 발자국의 깊이를 들여다본다. 모든 존재가 이처럼 색의 세계에선 자기의 흔적을 남기지만 공의 세계에선 곧 눈 녹으면 사라져버릴 그 흔적의 실상무상을 보고 있는 것이다. 그러기에 자기 발자국의 "깊이를 보고 있는 박새가/깊이보다 먼저 눈부시다." 자기 발자국과 그것의 깊이를 있는 그대로 들여다보고 있는 혹은 성찰하고 있는 시인이 눈부시게 아름답다.

그때 "기다렸다는 듯이 저만치 앞서 가던/박새 한 마리 눈 위에 붙어 있는/자기의 그림자를 뜯어내어 몸에 붙이고/불쑥 날아오른다" 다시 말해 앞서가던 박새가 불쑥 날아오르니 그것이 눈밭에서 성성거릴 때 따라다니던 그림자 곧 흔적도 깨끗이 사라져버린다는 것이다. 이는 『채근담』의 다음 구절이 해석에 도움이 된다. "바람이 성긴 대숲을 스쳐도 그 소리를 남기지 않고(風來疎竹 風過而竹不留聲)/기러기가 차가운 늪을 건너도 그 그림자를 남기지 않는다(雁度寒潭雁 去而潭不留影)." 궁극적으로는 먼 허공 속으로 들어가 자신까지 지워버린다. 눈밭에 자기 발자국과 그림자를 들여다보던 새처럼 시인의 생애에도 시집이나 교수로서의 강의 등 많은 업적이나 흔적을 남겼지만, 공의 세계에선 어쩌면 그런 집착의 산물들도 깨끗이 사라져버릴 것이다. 이러한 사실을 절실하고도 담담하게 깨닫는다. 그러기에 "발자국 하나 찍히지 않은/허공이 눈부시다"는 표현이 뒤따를 수밖에 없다.

대설이 내려 무척 쌓인 어제와 오늘이라는 시간의 눈밭에서 발자국을 찍고 날아오르는 박새를 통해 색즉시공이 벌어지는 눈부신 풍경을 응시하는 시인의 모습이 되레 아름답다. 그 관조는 절절하면서도 담담하고, 쓸쓸하면서도 눈부시고, 아득하면서도 생생한 현실이다. 한데 겉으로는 그렇게 눈부신 풍경 속으로 차가운 겨울바람이 잠깐잠깐 스치는 소리가 들린다. 그건 내 느낌이다. 아름다운 풍경 밑으로 어쩔 수 없는 비애가 흐른다는 것이다. 하지만 시에서 눈을 떼는 순간 그 비애도 곧장 사라지고 말 것이다.

제45화

일체의 모든 소리가 부처의 소리다
― 기형도, 「소리의 뼈」

1

윌리엄 포크너(1897~1962)의 소설 『소리와 분노』는 등장하는 캐릭터들이 각자의 관점으로 삶과 세상을 해석해나가는 아주 복잡하고 난해한 소설이다. 그 때문에 각자의 서술들이 교감보다는 자기의 말만 중언부언하고 있는 듯해서 궁극적으로 소통이 가능한 언어의 세계에 대한 기대를 난망하게 한다. 그 난망함은 결국 가족 구성원들이 알코올 중독과 자살, 자기애와 신경증, 편애와 냉대, 성적 문란과 이혼, 인종차별과 성 불능, 편취와 횡령 등의 고통을 드러내며 도저히 소통과 화해가 불가능할 지경으로 나아간다. 오로지 각 캐릭터 당사자에게만 의미가 과잉된 언어 아닌 언어로 얼룩진다.
  마치 그것은 세 살배기 지능을 가진 백치 벤지의 '소리와 분노' 같은 것이다. 세 살 지능을 가진 백치 벤지의 '소리'는 언어가 없는 무의미한 소리고, '분노'는 목표가 없는 자극에 의한 분노이다. 백치의 소리와 분노는 이 가족 구성원 전부의 말과 생각을 대변하고 상징한다. 그런데 이 소설의 제명이기도 한 소리와 분노는 윌리엄 셰익스피어(1564~1616)의 『맥베스』에서 아내가 자살했다는 소식을 듣고 맥베스가 남긴 유명한 독백에 나오는 구절이다.

> 인생은 엑스트라의 그림자,
> 무대에서 잠시 거들먹거리고 종종거리며 돌아다니지만
> 얼마 안 가 잊히고 말 서투른 배우일 뿐,
> 그것은 백치가 떠드는 이야기와 같아
> 소리와 분노로 가득 차 있지만 결국엔 아무런 의미가 없도다.

　이야기의 배경은 미국의 남북전쟁 후 몰락한 명문 콤슨 가에 관한 것이다. 시종일관 지리멸렬한 이야기가 의식의 흐름 기법으로 전개되는데 시간의 해체, 내면의 독백, 시점의 이동, 몽타주 등 가능한 모든 전위적 수법을 복합적으로 구사하여 쓴 모더니즘의 아찔한 걸작이다. 이 소설에 특별히 공감이 가는 것은 그 현대성 때문이다. 오늘날 우리가 어쩌면 '소리와 분노'뿐인 세상을 살고 있는 것 같기도 하다. 특히 이런 세상은 정치인들의 말의 타락에서 기인하는데, 정치인들은 자기들에게만 의미 과잉인 말을 끝없이 내뱉고 있다. 그들의 말은 백치 벤지의 소리처럼 언어가 없는 무의미한 소리이고, 그들의 분노는 목표가 없는 자극에 의한 분노이다. 그들은 도대체 부끄러움을 아예 깡그리 뭉개버리고 뻔뻔한 얼굴을 들이민다.
　소통해야 할 언어가 지옥의 소리로 변하는 한 더 이상 세상의 구원을 바랄 수는 없다. 성경에 인간들이 하느님에게 닿고자 바벨탑을 쌓을 때 그 교만이 하늘을 찌르는 것을 보신 하느님은 그들의 언어를 흩어버렸다. 그래서 서로가 소통을 할 수 없었다. 소통할 수 없는 언어는 의미 없는 소리에 불과했다. 결국 그들의 바벨탑 건축은 무산되고 말았다. 악쓰는 소리, 비명 지르는 소리, 욕 뱉는 소리 등등 이것들은 말이나 언어가 아니고 그냥 소리이다. 공감하고 소통할 수 없는 판도라의 상자에서 튀어나온 죄악의 소리일 뿐이다.

2

어떤 스님이 투자 화상에게 질문했다.
"일체의 모든 소리가 부처의 소리라고 하는데, 정말 그렇습니까(一體聲 是佛聲是否)?"
투자 화상이 말했다.
"그렇지."
그 스님이 말했다.
"화상, 물 끓는 소리 같은 말은 하지 마십시오."
투자 화상이 곧장 후려쳤다.
그 스님은 또다시 질문했다.
"거친 말이든 부드러운 말이든 모두 불법의 근본 진리로 귀결된다고 하는데, 정말 그렇습니까?"
투자 화상이 말했다.
"그렇지."

스님이 말했다.

"화상을 한 마리 당나귀라고 불러도 괜찮겠습니까?"

투자 화상이 곧장 후려쳤다.

— 『벽암록』 제79칙

여기 '투자 화상과 부처의 소리'라는 공안에서 투자 화상에게 질문을 하고 있는 스님은 과연 스님이 맞긴 맞는 것일까. 아무리 방과 할까지도 난무하는 선가라고 하지만 스승에게 예의라곤 눈곱만치도 없이 말꼬리나 잡고 늘어지는 데만 헛된 품을 팔고 있는 것 같다. 물론 그 스님도 "일체의 모든 소리가 부처의 소리라고 하는데, 정말 그렇습니까?"하고 묻는 걸로 보아 우주 만유의 모든 소리가 부처의 설법이라고 하는 여러 경전의 주장을 잘 알고 있다. 『아미타경』에서는 아미타불의 국토는 새들이 지저귀는 소리나, 산들바람이 나무를 흔들어대는 소리가 부처님의 법음으로 장엄된 곳이라고 한다. 이렇듯 두두물물이 설법을 하고 있다고 하는 말에는 모든 존재가 진리인 법을 설한다는 뜻과, 모든 존재가 각자 자기만의 언어로 우주의 대화의 장에 참여하고 있다는 뜻이다. 그래서 스님의 질문에 투자 화상이 그렇다고 대답하자 "화상, 물 끓는 소리 같은 말은 하지 마십시오."하고 대꾸한다.

이 질문에는 물 끓는 소리는 물 끓는 소리대로 혹은 바람 부는 소리는 바람 부는 소리대로 각기 부처의 법음을 설하고 있느냐는 것과, 모든 것에는 불성이 있다는 평등주의에 빠져 아무것에나 부처를 갖다 붙이면 되겠느냐는 뜻이 함께 들어 있다. 이미 마음속에는 어찌 물 끓는 소리 따위가 부처님의 소리이겠는가, 하는 차별심이 들어 있는 것이다. 이를 간파한 투자 화상은 스님을 곧장 주장자로 후려쳤다. '네 이놈, 지금 네가 혼자 북 치고 장구 치고 다하는구나. 마음이 그렇게 차별과 계교에 물들어 있어서야 쓰겠느냐? 저기 개 짖는 소리인들 부처님의 말씀이 아니고 무엇이겠느냐?' 아마 이 정도의 훈계쯤으로 주장자를 내리쳤을 것이다.

하지만 스님은 수그러들지 않는다. "거친 말이나 부드러운 말이 모두 불법의 근본 진리로 귀결된다고 하는데, 정말 그렇습니까?" 한 대 얻어맞고 꾸지람을 들은 것에 대한 오기와 소리에 대한 집착이 마치 불법의 근본 진리에 대한 질문인 듯 계속 이어가고 있다. 물론 이 말은 『열반경』 범행품에 "모든 부처님은 항상 부드러운 말씀이지만 중생을 위하여 거친 말씀도 하신다. 거친 말씀과 부드러운 말씀이 모두 불법의 근본으로 귀결된다."라고 하는 게송을 들어 말하고 있는 것이다. 스님은 이미 그런 공부에 도달해 있으면서도 도대체 무슨 심사 때문에 투자 화상을 계속 시험하는가? 그러나 투자화상은 역시 눈 하나 깜짝하지 않고 "그렇지." 하고 대답한다. 그러자 이제 아예 "화상을 한 마리 당나귀라고 불러도 괜찮겠습니까?"라고 하며 한번 해 보자는 듯, 조롱하며 도발한다.

다시 주장자로 후려친다. 사실 자연의 모든 소리가 부처의 소리라는 것을 알고 있다면 사람이나 짐승이나 무생물의 소리가 모두 부처의 법음이라는 것을 유추할 수 있을 것이다. 그래서 그것들이 불법의 근본 진리라는 자명한 진실에 대해 새삼스레 질문을 할 필요가 없는 것이다. 대중들이 피땀으로 농사지어 시주한 비싼 밥을 먹고 스승에게 물 끓는 소리니 뭐니 당나귀니 뭐니 하며 헛된 소리를 하려면 왜 스님이 되었는가. 원오 극근이 "피를 입에 머금어 남에게 뿌리려다 자기 입이 먼저 더럽혀졌다."고 착어한다.

3

김 교수님이 새로운 학설을 발표했다.
소리에도 뼈가 있다는 것이다.
모두 그 말을 웃어넘겼다. 몇몇 학자들은
잠시 즐거운 시간을 제공한 김 교수의 유머에 감사했다.
학장의 강력한 경고에도 불구하고
교수님은 일 학기 강의를 개설했다.
호기심 많은 학생들이 장난삼아 신청했다.
한 학기 내내 그는
모든 수업 시간마다 침묵하는
무서운 고집을 보여 주었다.
참지 못한 학생들이, 소리의 뼈란 무엇일까
각자 일가견을 피력했다.
이군은 그것이 침묵일 거라고 말했다.
박군은 그것을 숨은 의미라 보았다.
또 누군가는 그것의 개념은 중요하지 않다고 했다.
모든 고정 관념에 대한 비판에 접근하기 위하여 채택된
방법론적 비유라는 것이었다.
그의 견해는 너무 난해하여 곧 묵살되었다.
그러나 어쨌든

그 다음 학기부터 우리들의 귀는

모든 소리들을 훨씬 더 잘 듣게 되었다.

—기형도, 「소리의 뼈」

"소리에도 뼈가 있다"는 새로운 학설을 발표한 김 교수님, 학장의 경고에도 강의를 개설하고 나서는 한 학기 내내 "모든 수업 시간마다 침묵하는/무서운 고집을 보여"준 그 교수님은 철학 교수일까, 아니면 음성학 교수일까? 호기심이 많은 학생들이 장난삼아 강의를 신청했는데, 다음 학기부터는 그들의 귀로 "모든 소리들을 훨씬 더 잘 듣게 되었다."고 한다. 그러니 교수의 학설은 어느 정도 옳다는 것이 증명이 된 것 같다.

그렇다면 모두 그 말을 웃어넘기고, 몇몇 학자들조차 유머로 받아넘겼던 김 교수의 "소리에도 뼈가 있다"는 학설은 도대체 무엇인가. 침묵으로 일관한 교수의 강의에 결국 참지 못한 학생들이 "소리의 뼈란 무엇일까"에 대한 일가견을 피력했다. "이군은 그것이 침묵일 거라고 했다." 모든 소리의 바탕은 침묵이다. 침묵은 뼈와 같고 소리는 살과 같다면 살은 뼈에 의해 지탱이 된다. 그러니 소리의 뼈인 침묵은 소리를 생성하게도 하지만 소리가 그치는 순식간에 그 소리를 장악해버린다. 그래서 소리의 뼈인 침묵이 존재하지 않는 한 소리 또한 존재할 수 없다. 물론 그 역으로 침묵도 소리로서 자기존재를 드러낸다.

"박군은 그것을 숨은 의미라고 보았다." 모든 소리 그중에서도 말 혹은 언어가 기표(記表)와 기의(記意)로 구성된다고 말한 것은 페르디낭 드 소쉬르(1857~1913)였다. 기표(시니피앙)는 음성, 기의(시니피에)는 의미라고 범박하게 말한다면, 소리의 뼈란 소리라는 음성의 의미 내용이라고 할 수 있다. 그런데 사람들은 말을 하거나 언어를 사용할 때 시니피앙이 가리키는 것이 시니피에와 다를 때가 있다. 가령 시니피앙으로 드러난 말은 국화라는 꽃을 가리키는데 그것이 환유로 사용되었을 때는 그 시니피에가 가을일 수 있다. 그러니 박군의 말 대로 소리의 뼈가 소리의 온전한 숨은 의미라고는 할 수 없다.

"또 누군가는 그것의 개념은 중요하지 않다고 했다./모든 고정관념에 대한 비판에 접근하기 위하여 채택된/방법론적 비유라는 것이었다." 소리는 그것이 발설되어지는 순간 화살처럼 누구에겐가 꽂히기 위해 날아간다. 그냥 사랑스럽게 날아가 누구에겐 기쁨을 주든지, 뼈 있는 농담이란 말도 있듯이 누구에겐가 날아가 상처를 주든지 그건 중요치 않다. 소리에 뼈가 있든 없든 소리는 소리일 뿐인데, 소리의 뼈에 무슨 큰 철학적 의미라도 있는 양 개념 지우려고 하는 것은 문제이다. 다만 소리의 뼈라는 말이 존재하는 순간 그것에 무슨 깊은 의미가 있을 것이라는 고정관념을 깨기 위해 채택된 방편에 불과하다는 것이다.

위에서 마지막 학생의 말을 근거로 가령 이런 화두를 한번 소환해보자. "부처란 무엇입니까?"하고 어떤 스님이 묻자 임제 스님이 "똥친 막대기다."라고 했을 때, 부처가 진짜 똥친 막대기라고 생각하는 사람은 아무도 없을 것이다. 그건 부처에 대한 고정 관념을 깨기 위한 것이었다. 마찬가지로 여기 '소리에 뼈가 있다'라는 문장은 학설이라기보다는 교수의 그 말 한마디에 학생들은 그 다음 학기부터 "모든 소리들을 훨씬 더 잘 듣게 되었다."는 것이 중요하다. 그 새로운 학설이 의미하는 것이 무엇인지를 알아보려고 침묵이니 숨은 의미니 비유니 하며 논전을 펴는 바람에 학생들 스스로의 인식 능력이 향상되었으니 소리를 더 잘 들을 수밖에 없잖은가.

    비트겐슈타인은 『논리철학논고』에서 언어의 의미는 '지시'에 놓여 있다고 생각했다. 하지만 말년의 주저 『철학적 탐구』에서는 언어의 의미가 그 '사용'에 있다고 강조했다. 가령 같은 의미의 말이 재래시장에서는 '물건'인데 백화점에서는 '상품'이 된다. 재래시장에서 생선을 들고 "이 물건 참 좋습니다."고 대개 말하지 "이 상품 참 좋습니다."고 말하지 않는다. 반면에 백화점에서 이 상품 귀하다고 말하지 이 물건 귀하다고 말했다간 품위니 어쩌니 하는 시비에 걸릴 것이다. 언어는 지시가 아니라 그 사용에 있다는 것은 사용하는 장소나 현장에 있다는 얘기이고, 그 현장마다 말의 뜻은 달라진다는 것이다. '소리에 뼈가 있다'는 말을 해놓고 침묵으로 일관한 그 교수의 셈법은 이렇게 언어의 의미가 다양하게 해석될 수 있고, 또한 그 언어는 지시보다는 현장에서 사용되는 예에 따라서 의미가 완전히 달라질 수 있다는 것을 학생들에게 가르치고자 한 것이 아닌가 생각된다. 물론 침묵까지 포함해서 말이다.

제46화

어떤 것이 취모검입니까?
― 장석남, 「무지개의 집」

1

삼십 년 동안 검을 찾아 헤맨 나그네여	三十年來尋劍客
몇 번이나 잎 지고 싹트는 걸 보았던가	幾迴落葉又抽枝
복사꽃 핀 것 한 차례 보고 난 후	自從一見桃花後
지금까지 더 이상 의심할 게 없구나	直至如今更不疑

영운 지근(?~866) 선사가 위산 영우 선사의 밑에 있다가 복사꽃을 보고 도를 깨달은 뒤 남긴 게송이다. 30년 동안 무명(無明)을 끊는 반야지혜의 검을 찾아다녔다. 그러다가 절에 복사꽃이 핀 것을 한 차례 보고는 크게 깨닫는다. 그동안 수많은 세월 동안 잎 지고 싹트는 것 보아왔다. 하지만 그동안은 그저 계절이 가고 오는 것에 대해 대수롭지 않은 생각으로 살아왔지 거기에 무슨 큰 의미를 두진

않았었다. 사실 젊은 날엔 꽃이 피고 잎이 지는 것에 감탄을 할지는 몰라도 거기에 어떤 영묘한 지혜가 숨겨져 있는 줄은 잘 모른다.

이 영운 선사의 지혜의 검을 찾아다닌 이야기가 문학적으로 구체화 된 듯한 소설이 있다. 벨기에의 노벨문학상 수상 작가 모리스 메테를링크(1862~1949)의 『파랑새』이다. 이 소설은 내 젊은 날 많은 청소년들에게 읽힌 베스트셀러였다. 성탄절 날 꿈속에 나타난 할머니의 부탁으로 가난한 나무꾼의 두 자녀인 남매는 행복을 상징하는 파랑새를 찾아 모험을 떠나게 된다. 파랑새를 찾으러 가는 도중에 지금까지 살면서 보지 못했던 신비한 세상과 다양한 사람들을 만나게 된다. 하지만 안타깝게도 그들은 파랑새를 찾는 데 실패한다. 그런데 여기서 놀라운 반전은 이 모든 것은 꿈이었고, 행복의 파랑새는 남매가 살고 있는 집 새장 속에 항상 있었다는 사실의 발견이다.

영운 선사도 파랑새의 주인공들처럼 지혜의 검을 찾아 수행과 공부의 만행을 30년 동안이나 했다. 그러나 칼을 찾는 데 실패했는데, 어느 날 아침 절 화단에 복사꽃이 핀 것을 보는 순간 전광석화 같은 깨달음이 임했던 것이다. 지금껏 무심히 보아 왔던 꽃이었지만 사실 복사꽃이 피고 지는 것만큼 자연의 순리와 우주의 섭리를 잘 드러내는 게 어디에 있던가. 그리고 무상한 시간의 흐름 속에서 생성과 소멸을 반복하며 모든 존재의 공함을 환히 비추는 빛이 어디 복사꽃에만 있겠는가. 어쩌면 수많은 세월 동안 지혜의 검을 찾느라 지칠 대로 지친 선사의 마음에 시절 인연이 닥쳐 그동안의 만행은 꿈이었고, 깨달음이란 결국 일상의 모든 경계에 대한 성성한 관조 속에서 복사꽃처럼 오롯이 빛나고 있다는 사실을 알아챈 것이었다.

흔히 선방에서 '심검당(尋劍堂)'이란 현판을 볼 수 있는데 바로 영운 지근 선사로 인해 생겨난 명칭이다. 어느 날 장경 혜릉 선사가 물었다. "무엇이 불법의 대의입니까?" 영운 선사가 대답하기를 "아직 당나귀 일도 채 끝나지 않았는데 말의 일이 다가왔다(驢事未去 馬事到來)."고 했다. 여기서 당나귀는 12간지에 나오지 않으므로 무(無)를 의미하고, 말은 반대로 유(有)를 의미한다고 한다. 번뇌가 사라지기도 전에 다른 번뇌가 찾아온다는 뜻 정도로 해석할까.

고봉 선사의 『선요(禪要)』는 부처의 설산 고행 중의 샛별부터 달마 대사의 면벽 9년, 신광의 입설단비, 임제 스님이 만난 60방, 향엄 스님의 돌멩이 모두가 일대사의 본원을 깨달은 지혜의 검이라는 것을 밝히고 있다. 거기에 장좌불와, 무문관, 은산철벽, 백척간두 등등 하나같이 고통스런 운수납자의 길에서, 영운이 만난 복사꽃은 얼마나 아름답고 영묘했을 것인가. 기실 많은 시인들은 자연의 섭리를 통해 일대사의 본원을 깨치는 경우가 많다. 다음은 『괴안국어』에 나오는 시다.

> 대 그림자 섬돌을 쓸어도 티끌은 일지 않고　竹影掃階塵不動
> 둥근 달 연못에 굴러도 물에는 흔적이 없네　月輪穿沼水無痕

바람에 일렁이는 대나무의 그림자가 섬돌 위를 휩쓸지만 먼지 한 톨 일지 않고 달빛은 연못 깊숙이 비춰도 물에 그 흔적을 남기지 않는다. 여기서 '달의 수레바퀴(月輪)가 연못에 굴러 떨어진다(穿沼)'는 은유법을 통해 육화된 달빛 이미지를 볼 수 있다. 이 시는 결국 공사상에 입각하여 모든 것에 집착하지 않고 자유자재하게 행하는 깨달음의 경지를 자연 사물을 빌어 너무도 무심하고, 너무도 아름답게 펼치고 있다. 무심의 미학이라고나 할까. 이런 경지를 터득한 사람은 원효 정도가 될까. 요석공주와 짝을 맺어 설총을 낳은 원효는 뭇사람의 비난에 "한 여자를 사랑할 수 없는데 어찌 만인을 사랑하리오?"라고 했다고 한다. 그의 백척간두 뒤의 무애행은 장터, 거지촌, 문둥이 소굴 등 거칠 것이 없었다. 『금강경』의 말대로 이렇게 머무는 바 없이 그 마음을 낼 수 있는 중생이 얼마나 될까.

2

어떤 스님이 파릉 화상에게 질문했다.
"어떤 것이 취모검(吹毛劍)입니까?"
파릉 화상이 말했다.
"산호의 가지가지마다 달이 달려 있구나."

― 『벽암록』 제100칙

어떤 스님이 파릉 화상에게 질문했다. "어떤 것이 취모검(吹毛劍)입니까?" 취모검이란 그 칼날 위에 머리카락을 올려놓고 입으로 훅 불면 잘릴 정도로 예리한 칼이다. 명검 중의 명검이다. 흔히 금강보검이라는 말도 많이 쓰는데 반야 지혜의 영묘한 작용을 보검에다 비유한 것이다. 위에서 말한 영운 지근 선사도 지혜의 검을 찾으러 30년 동안 찾아 헤맸다고 한다. 이 취모검의 제1차적인 역할은 번뇌 망상을 잘라내는 일이다. 『유마경』에 지혜의 검으로 번뇌의 적을 타파한다고 한 것처럼 일체의 사량 분별을 끊어버려야 한다. 번뇌 망상은 끈질겨서 미묘한 진리에 이르기 어렵다. 전생과 후생까지라도 끊지 못할 악업들도 취모검이나 금강보검이 번쩍 하는 순간 해탈을 이룰 수 있다. 영운 지근의 복사꽃, 향엄 지한의 돌멩이 등이 모두 금강보검에 해당한다. 지혜의 검은 직관적 통찰로 번뜩이기 쉽다.

"군자는 경으로써 안을 곧게 하고 의로써 바깥을 밝게 한다(君子敬以直內 義以方外)." 유가의 남명 조식 선생의 화두이다. 『주역』 곤괘에 나오는 말이다. 여기서 '경'과 '의'를 딴 조식은 자신이 차고 다니는 칼에다 "안에서 밝히는 것은 경이요, 밖에서 결단하는 것은 의다(內明者敬 外斷者義)."고 하는 글귀를 새겼고, 옛 성현의 말씀 가운데 경과 의에 관한 글을 뽑아서 항상 외우면서 사색했다. 그리고 경의 상징으로 성성자(惺惺子)라는 방울을, 의의 상징으로 칼을 차고 다녔다. 숨을 거두기 전 제자들에게 남긴 말도 '경의'였다. "경과 의, 이 두 글자가 있는 것은 마치 하늘에 해와 달이 있는 것과 같다. 이 두 글자의 의미는 아무리 오랜 세월이 흘러도 변치 않는 것이다. 성현이 남긴 말씀의 귀결처는 모두 이 두 글자를 벗어나지 않는다."(정옥자, 『우리가 정말 알아야 할 우리 선비』) 남명에겐 한마디로 경과 의가 그의 지혜의 보검이었다.

어떤 것이 취모검이냐는 제자의 질문에 파릉 화상은 "산호의 가지가지마다 달이 달려 있구나."라고 대답했다. 이 구절은 선월 관휴 선사의 시에서 인용한 구절이다. "파릉 화상의 취모검에 대한 대답은 바다 속에 있는 산호의 가지가지마다 달빛이 밝게 비추어 빛나고 있는 아름다운 풍경이다. 달빛의 광명이 산호 가지마다 서로서로 비추어 걸림이 없고, 서로서로 빛을 비추고 받아들이며, 사물과 사물이 상즉상입(相卽相入)하여 사사무애한 경지이다. 즉 취모검은 법신의 지혜광명으로 바다 속의 산호가지는 물론 시방삼세의 일체 만물에 밝고 둥글게 비추고 있는 광명반조의 세계를 말한 것이다."(정성본 역해, 『벽암록』)

　도한이라는 선사는 "영묘하고 예리한 보검이 항상 눈앞에 나타나 사람을 살리기도 하고 죽이기도 한다."고 했다. 선승들이 반드시 갖추어야 할 지혜 작용을 살인도와 활인검으로 비유하고 있다. 살인도는 번뇌 망상의 중생심을 차단하고, 활인검은 일체의 번뇌 만상을 비우고 반야의 지혜를 작용하게 한다. 다시 말해 선에서 말한 살인도는 중생심의 부정적인 사고를 파괴하는 지혜이며 활인검은 불심으로 창조적이고 긍정적인 삶을 만드는 지혜이다. 한데 취모검을 썼으면 그 흔적이 남지 않도록 급히 다시 갈아야 한다. 그렇지 않으면 깨달았다는 생각에 다시 속게 되기 때문이다. 임제 선사 열반송의 마지막 문장에 나오는 "취모검을 쓰고 나선 급히 다시 갈아야 한다(吹毛用了急還磨)."는 말이 바로 그 뜻이다.

3

　　　용도를 확정할 수 없는 칼이
　　　새파란 칼이 하나 있습니다
　　　서늘합니다 순간순간 무섭습니다
　　　고요히 다룹니다
　　　날 끝에는 무지개가 삽니다
　　　매일 보이지는 않습니다

한번은 날 위에 장미꽃 송이를 떨어뜨려 본 적이 있습니다
새가 날아갔습니다
붉은 새

그 후로 그 무지개의 집에
떨어뜨려 볼 것의 목록이 가슴 저 밑바닥에서부터
올라오곤 합니다
앞이 침침한 날이면
느리게 조심하며
숫돌에 갈아 놓곤 합니다
무지개의 집

— 장석남, 「무지개의 집」

    시인에게 용도를 확정할 수 없는 새파란 칼이 하나 있다. 식칼인지 대검인지 검도인지 모를 칼은 다만 서늘하고 순간순간 무섭다. 그래서 고요히 다룬다. 어떤 용도를 확정할 수 없기에 여러 용도로 쓰일 수 있는 칼은 침묵 속에 놓여 있다. 침묵 속에 고요히 놓여 있는 것만으로도 칼은 이미 자기 존재의 본질을 선연하게 드러낸다. 어느 날 칼에 빛이 비쳐들었는지 예리하고 서늘한 칼끝에 무지개가 서린다. 그 찬연한 무지개는 물론 매일 보이지는 않는다. 한데 그 용도를 알 수 없는 칼은 어쨌거나 유용한 목적으로 사용되어야 할진대 시인은 그 무지개가 서린 칼날을 되레 무용의, 무목적의 용도로 사용한다.
    즉, 한번은 무지개가 서린 칼날 위에 "장미꽃 한 송이"를 떨어뜨려

본 것이다. 그런데 놀라워라! 그때 붉은 새 한 마리가 날아올라 사라진다. 마치 마술사가 비둘기를 손안에 넣고 흔들어 펴면 장미 한 송이가 짠! 하고 생생하게 피어 나오듯이 말이다. 그 후로 시인은 칼을 '무지개의 집'으로 명명했는데 이는 칼날 위에 무지개가 서린 탓에 작명된 것이겠다. 한데 장미꽃 한 송이를 떨어뜨려 본 후에 그 칼만 보면 칼날 위에 "떨어뜨려 볼 것의 목록이 가슴 저 밑바닥에서부터" 올라오곤 한다. 마치 마술을 보는 어린아이같이 마음이 설렌다.

　칼날이 무지개의 집이 됐으니, 이제 그 집에 주황의 밀감을 하나 떨어뜨리면 서쪽 하늘에 노을이 쫙 깔릴 것인가. 또 노란 풍선을 떨어뜨리면 노란 병아리가 종종거리고, 파란 하늘조각을 떨어뜨리면 파랑새가 파란 장미를 물고 날아오를 것 아닌가. 그리고 초록 사과와 남빛의 구슬과 보랏빛 도라지꽃을 떨어뜨려 보면 또 어떨까. 떨어뜨려 볼 것의 수많은 목록이 가슴 저 밑바닥에서부터 올라오곤 하는 시인은 앞이 침침한 날이면 아주 느리게 조심하며 칼을 숫돌에 갈아 놓곤 한다. 무지개가 사는 집이 된 칼은 그래서 늘 서늘하게 날이 서 있을 것이다.

　여기까지 읽고 보니 "용도를 확정할 수 없는 칼"은 사실 시인의 "시심(詩心)"일 것 같다는 생각이 든다. 그 시심은 모든 존재와 사물 앞에서 늘 서늘하게 날이 서 있는데, 그 칼날에는 빨주노초파남보의 무지개로 상징되는 희노애락애오욕의 감정이 서려 있겠다. 혹은 저마다의 빛깔과 향기를 내뿜는 온 누리의 두두물물이 살다가 무뎌진 시심의 칼날을 숫돌에 가는 날이면 찬란한 시편이 되어 날아오를 것도 같다. 칼날 위에 무지개가 매일 보이는 것은 아니지만 시를 쓰는 데 있어 앞이 침침하고 흐려진 날이면 느리게, 조심하며 시심의 칼날을 숫돌에 잘 벼려 두는 것이다. 식칼도 대검도 검도도 아닌 굳이 용도를 확정 지을 필요가 없는 시심의 칼을 무지개가 사는 집으로 간직하고 싶은 것이다.

정녕코 이런 시들은 자발적으로 온다. 과연 일상인 중 누가 칼날을 무지개의 집으로 환치시킬 수 있는가. 더구나 이 시는 예의 어떤 목적과 큰 의미를 지향한다기보다 새파랗게 날 서 있는 칼날 같은 시심을 고요히 다루어 무지개와 같은 시를 낳고 싶은 오직 그것 하나, 무목적성과 무용성으로 되레 존재를 서늘하고 환하게 밝히는 시 하나에 대한 시이다. 그리고 곧장 고요와 침묵 속으로 잦아드는 이 시는 무목적성과 무용성의 시만이 존재의 환한 무지갯빛을 밝힐 수 있다는 시인의 시론으로도 충분히 읽힐 수 있는 시인 것이다.

제47화

죽비는 죽비이고 죽비가 아니다
— 김명수,「선창 술집」

1

"명색이 주인인데", "명색이 사장인데" 등의 말로 쓰이는 이 '명색'이라는 단어는 불교에서 온 말이다. 본래 산스크리트어 '나마루파(na-marupa)'에서 온 말로서 불가의 12연기 중의 하나를 가리킨다. 명(名)은 형체는 없고 단지 이름만 있는 것이요, 색(色)은 형체는 있으나 아직 육근이 갖추어지지 않아서 단지 몸과 뜻만 있는 것을 말한다. 그러므로 명색이라 함은 아직 완성되지 않은 상태를 말하는 것이다.

김승동 편저『불교사전』등을 참조하여 여기서 명색이란 말이 위치한 인과의 사슬을 살펴본다. 불교는 존재를 물질적, 정신적인 현상적 사건들의 상호 관련된 흐름으로서 결코 그 자체가 실재한다거나 영원하다거나 독립적으로 존재하는 것이 아니라고 본다. 이것을 인연에 따른 생성의 사슬 곧 연기라고 하는데, 이 연기는 불교에서 괴로움의 원인과 태어나고 늙고 죽음을 겪으면서 윤회를 계속하게 하는 사건들의 흐름을 기술하는 근본 개념이다. 여기에서 사건들은 연속해서 일어나 한 무리의 사건은 또 다른 무리의 사건을 낳는다. 이러한 사건의 연속은 보통 12개의 고리로 이루어진 사슬로 표현한다.

그 각각의 고리들은 순서대로 "무명-행-식-명색-육입-촉-수-애-취-유-생-노사"를 말한다. ①무명(無明) : 불교의 근본 개념인 연기, 사성제 등의 진리를 모르는 무지다. ②행(行) : 무명으로부터 다음의 의식 작용을 일으키는 상(相)이며, 우리가 짓는 신(身) 구(口) 의(意)의 모든 업이다. ③식(識) : 인식 주관으로서의 6식(六識)이다. 안이비설신의라는 6근에 의존하여 색성향미촉법이라는 6경을 지각하는 안식·이식·비식·설식·신식·의식을 말한다. ④명색(名色) : 인식의 대상으로 명과 색을 합친 말이다. 이름만 있고 형상이 없는 마음 곧 정신을 명이라 하고, 형체가 있는 물질 또는 육체를 색이라고 한다. 즉 자아 정체성이 이루어지는 근본원리다. ⑤육입(六入) : 대상에 대한 감각적 지각을 가능하게 하는 안의비설신의 5가지 감각 기관 및 그 대상들과 감각적 인상들을 통합하는 기관으로서의 의, 곧 마음이다. ⑥촉(觸) : 인식 주체와 객관 대상이 만나는 것이 촉이다. 즉 감각과 지각 등의 성립 조건인 6근, 6경, 6식 등이 만나서 생겨나는 것이다. ⑦수(受) : 6근, 6경, 6식이 만나서 촉을 이루고 그 후에 생기는 고통과 쾌락 등의 느낌을 말한다. ⑧애(愛) : 대상과 만나면서 욕망의 만족을 바라는 욕구와 열망, 갈애 등을 말한다. ⑨취(取) : 대상과 만나면서 성적 대상 등에 대한 애의 심화에 의해 나타나는 집착이다. ⑩유(有) : 앞의 행위들은 사라지지만 그로 인한 에너지가 업보로 남아 윤회하는 중생의 생존계로서 3계(三界) 25유(二十五有)를 말한다. ⑪ 생(生) : 유의 결과로서 다시 개인의 태어남으로 나타난다. ⑫노사(老死) : 태어난 뒤에 차츰 늙어서 죽는 것으로서 슬픔이나 걱정 등 인간이 느끼는 모든 고통을 대변한다.

이 12연기는 번뇌와 괴로움이 발생하는 과정을 설명하는 것으로 해석하는 경우도 있지만 대체로 과거·현재·미래로 이어지는 삼세윤회설에 바탕하고 있다. 과거의 인(因)인 무명과 행에 의하여 현세의 몸을 받는데 맨 처음 모태에서 식이 활동하고, 다음엔 명색 곧 정신과 육체가 형성되며, 그 다음에는 구체적으로 눈 귀 코 혀 육체 의식 등 감각 기관인 육입이 형성된다. 그 후 드디어 모태로부터 나와서 외계와 접촉(촉)을 하고, 그로부터 쾌락과 고통을 느낀다(수). 이상 식으로부터 수까지는 현재의 결과다. 애, 취, 유는 현재의 행위로서 미래세의 생, 노사를 발생케 하는 원인이 된다. 그다음 미래세에서 생, 노사를 발생시키고 다시 무명과 행의 원인이 된다. 이는 윤회의 입장에서 인과관계를 설명한 것이다.

그런데 연기는 12연기와 같이 인간의 경험 세계에 국한된 것이 아니라 우주 만물이 상호 의존적인 연기적 관계를 이루고 있는 것이며, 불법은 연기법을 근본으로 하는 진리 체계라고 한다. 『잡아함경』에 따르면 석가모니 부처님이 "이것이 있으므로 저것이 있게 되고, 이것이 일어나므로 저것이 일어난다(流轉門). 이것이 없으므로 저것이 없게 되고, 이것이 소멸하므로 저것이 없게 된다(還滅門)."라고 하며, "연기법은 내가 만든 것이 아니다. 그렇다고 다른 어떤 절대자가 있어서 만든 것도 아니다. 연기법은 붓다인 내가 이 세상에 출현하거나 출현하지 않거나 법계에 항상 있는 것이다. 나는 다만 이 법을 스스로 깨달았고, 보편 타당한 깨달음을 이루어서 모든 중생들을 위하여 분별해 연설하고 드러내 보이는 것뿐이다."라고 했다. 이처럼 부처님은 연기법은 무시이래로 존재하는 우주 만물의 생멸과 존재에 관한 근본 이법임을 깨달은 것이다.

2

> 수산 화상이 죽비를 들고 대중에게 보이며 말했다.
> "너희들이 만일 이것을 죽비라고 부른다면 이름에 속박되는 것이고, 그렇다고 죽비라고 부르지 않는다면 사실에 위배되는 것이다(若喚作竹篦則觸 不喚作竹篦則背). 이제 바로 너희들이 말해 보라! 이것을 무엇이라고 부르겠는가?"
>
> — 『무문관』 43칙

수산 화상(926~993)은 임제 의현의 법손인 풍혈 연소의 제자다. 그가 어느 날은 죽비를 들고 대중에게 보이면서 묻는다. "너희들이 만일 이것을 죽비라고 부른다면 이름에 속박되는 것이고, 그렇다고 죽비라고 부르지 않는다면 사실에 위배되는 것이다. 이제 바로 너희들이 말해 보라! 이것을 무엇이라고 부르겠는가?"

여기서 죽비는 조실이 학인들을 지도하기 위해 사용하는 주장자나 불자(拂子)와 같은 법구이다. 수산 화상이 죽비를 들고 하는 말의 뜻은, 말을 해도 말을 하지 않아도 허물에 떨어지는 것처럼 죽비를 죽비라고 하거나 죽비를 죽비가 아니라고 하거나 간에 양쪽 모두 속박이나 위배 어느 한쪽을 선택하는 꼴이 된다. 결국 조실이 원하는 답은 되지 못하니 그렇다면 이 두 경계를 초월하여 어떻게 답을 구하겠느냐는 것이다.

『오등회원』엔 이때 귀성 선사가 죽비를 빼앗아 땅에 내던지며 "이게 무슨 물건입니까?"라고 말했다고 전한다. 그러자 수산 화상은 "눈 먼 녀석!"이라고 나무라고, 귀성 선사는 그 말에 대오하였다. 이것은 『무문관』 40칙에 백장이 정병을 놓고 시험한 문제와 똑같은 형식이다. 거기에선 위산 선사가 제시된 딜레마에 봉착하여 정병을 발로 차버리고 나간다. 위산은 일체를 한꺼번에 초월하는 정법의 안목으로 선기를 펼쳤지만, 본 공안에서 귀성은 '눈먼 녀석'이라는 핀잔을 들은 걸로 보아 아직 완전한 안목을 갖추지 못한 채 남의 흉내를 냈던 모양이다. 하지만 핀잔 끝에 대오하였다는 걸로 보아 귀성 선사도 평소에 깨달음의 근기가 무르익어 있었던 것만큼은 분명하다. 그러기에 핀잔 뒤 단박에 깨달음을 성취한 것이 아닌가.

노자에 "이름을 이름이라고 이름지우면 더 이상 이름이 아니다."라는 유명한 말이 있다. 문학평론가들은 어떤 시인이나 작가를 놓고 평하는 데 있어 이름 짓기를 좋아한다. 가령 생태주의 시인, 실존주의 작가 등등 말이다. 물론 그 시인이나 작가의 한때의 문학적 성향이 생태주의적 세계관을 드러내거나 삶의 부조리와 무의미 등 실존주의적 문제를 천착한 데서 붙인 이름이겠지만, 그 이름이 평생을 따라다니는 것이 문제다. 생태주의적 생각을 드러낸 시인이 사회적 상상력을 추구할 수도 있고, 실존주의적 생각을 추구했던 작가가 페미니즘적 시각을 보일 수도 있는데 처음에 붙인 이름으로 늘 뭉뚱그려서 말하고 마는 것이다. 그래야만 자기의 논리를 세우는 데 용이하고, 또한 그런 자기의 판단이 지속되기를 바라기 때문이다. 평론가는 그런 이름 짓기로 스스로가 속박되어 벗어나길 싫어하고, 그 속박은 애먼 시인이나 작가들이 평생 동안 쓰고 다닐 가시면류관이 되고 만다.

반면에 검사 앞에 불려 나간 범죄 용의자는 사실을 사실이라고 말하지 않음으로 사실에 위배된다. 이것도 그 개인에겐 딜레마라면 딜레마일 수 있다. 그가 사실을 사실이라고 말하면 죄를 인정하여 벌을 받게 될 것이고, 사실을 사실이라고 말하지 않으면 피해자가 겪는 고통을 두 번씩이나 외면하는 결과를 낳기 때문이다. 하지만 그가 죄지은 사실을 사실이라고 말하지 않더라도 죄지은 사실이 분명하면 스스로의 양심에 가책을 느낄 것이기에, 죄를 고백하고 벌을 받는 것보다 더 고통스러울 것이라고 하는 종교인들의 견해도 있다. 하지만 요새는 사이코패스니 소시오패스 등이 하루가 멀다 하고 나타나 사실을 사실이라고 뻔뻔스럽게 말하며 의기양양해 하는 모습을 접하면 기기 막히는 것이 아니라 소름이 끼친다. 그들은 신구의 의 악업을 총체적으로 짓고 있는 것이다.

3

앵미리 굽는 연기가 술집 안에 자욱하다
오징어배를 탔던 사내 장화를 신은 채
목로에 들어와 소주를 마신다
주모는 술손님과 너나들이로 스스럼이 없다

남편도 옛날에 오징어배를 탔다 한다
사내들이 주모에게 소주잔을 건네고
주모가 서슴없이 술잔을 받는다
진눈깨비 몰아치고 날씨가 사납다
술청 안에 욕설이 뒤섞이고
멱살잡이가 벌어진다
자정이 넘어서야 술집 불이 꺼지고
비틀대며 사내들이 선술집을 나선다
동이 트자 환한 해가 술청으로 쏟아진다
어느새 주모가 선창으로 나선다
안주감을 흥정하는 그녀의 얼굴에
싱싱한 아침 해가 환하게 빛난다

— 김명수, 「선창 술집」

　죽비를 죽비라고 부르면 죽비라는 이름에 속박되고, 죽비를 죽비라고 부르지 않으면 사실에 위배된다는 이 '관념놀이'를 일거에 깨트리는 시는 없을까? 김명수 시인의 「선창 술집」이라는 시는 유쾌하고 상쾌하고 통쾌하다. 이 시에는 애초에 관념놀이라곤 발도 붙이지 못하고 치열한 삶이 있을 뿐이다. 시에 등장하는 주모의 싱싱한 삶은 무한 감동을 준다. 우선 이 시는 김명수의 시적 특장이 잘 드러나 있는데 그야말로 철저하게 묘사적 문장만으로 이루어져 있다. 또한 어느 구절에서도 단 한 점의 비유나 수사를 찾아볼 수 없다. 그럼에도 이 시가 활기에 넘치는 것은 무엇 때문일까. 사실 '선창 술집'은 뱃사내들이 들어와 술을 마시고, 주모와 스스럼없이 농지거리를 하고,

때론 육두문자와 멱살잡이로 난장이 나는 철저한 현실 공간이다. 이런 공간을 무슨 알량한 비유나 수사로 색칠해댈 것인가. 차라리 앵미리 굽는 연기와 거쿨진 사내들과 이들의 술잔을 서슴없이 받아내는 통 큰 주모와 사납게 쳐대는 진눈깨비와 욕설과 멱살잡이의 현장에 시적 카메라를 들이대기만 해도 이미 활력과 생동감이 넘치게 되어 있다. 여기에서 모든 레토릭은 감상일 수밖에 없다.

특히 이 시에선 주모가 너무도 활력이 있고 생동감 있게 표현된다. 오징어배를 탄 남편을 잃고 선술집을 차린 뒤 사내들이 건네는 술잔을 서슴없이 받고, 자정 넘도록 온갖 난장을 겪고도 동이 트자마자 선창에 나가 안주감을 흥정하는, 그런 그녀의 얼굴이 구김살 하나 없이 싱싱한 아침 해로 빛나는 모습! 이는 김명수가 삶과 현실에 밀착해 있으면서도 거기에 매몰되지 않고 그 너머나 그 깊이 속에 있는 꿈과 존재의 아름다움에 대한 남다른 천착을 하고 있기에 가능한 인물 창조다.

주문진이나 묵호 어달리나 아니면 울진 바닷가의 술집에서 굽는 앵미리 연기가 여기 도회까지 자욱하다. 나는 거기 가서 주모의 기둥서방이나 되었으면 좋겠다. 하지만 바다 하면 무슨 항구니 그리움이니 동경이니 하는 것만 생각하는 터에 자칫 귀싸대기나 얻어맞을 것 같아 꿈을 접는다. 이 시는 결국 죽비를 무슨 속박이니 위배니 하는 것도 삶의 치열성 앞에선 무의미하다는 것을 통렬히 보여준다. 여기에서 죽비를 동강내버려야 한다.

김명수 시인의 다른 시 「검차원(檢車員)」에선 칠흑같이 어두운 밤 늙은 검차원이 날카로운 망치로 기차 바퀴를 검사한다. 그러면서 "탱— 하고 차륜을 울려/대륙을 횡단하는 긴 철로로 멀어져"가는 차

가운 금속성의 망치 소리를 "천길 땅속 잠자던 쇠붙이의 원음"으로 번역하여 이를 낡아 빠진 수차보(修車譜)에 적는다. 이는 곧 일상에서 존재의 원음을 인식해내는 놀라운 시이다. 위의 「선창 술집」의 주모가 밤중 내내 그 힘든 일상 현실을 겪어내면서도 여명이면 얼굴에 싱싱한 아침 해를 환하게 빛내는 것처럼.

   거듭 말하지만 김명수 시인의 시는 일체 군더더기가 없고 현란한 수사도 없다. 온갖 어지러운 언어들이 새로움이란 탈을 쓰고 난무하는 시대에 그의 긴장과 절제는 참으로 희귀하기까지 하다. 마치 선가의 어록처럼 간명하고 직절하다. 그럼에도 그의 시가 감동을 주는 것은 사물과 대상에 대한 뛰어난 감수성과 직관력을 바탕으로 꿈과 현실을 한꺼번에 보아 내고 있기 때문이다. 삶과 현실에 가까이 있으면서도 거기에 매몰되지 않고 그 너머의 희망을 보거나 그 깊이에서 존재의 원음을 포착해 내는 혜안이 남다르다.

제48화

그대는 혜초다
― 김형영, 「나」

1

"하늘이 알고 땅이 알고 그대가 알고 내가 안다(天知地知子知我知)." 이 말은 중국 후한 시기의 청백리 양진이란 사람이 한 말이다. 그가 태위로 있을 때 유모인 왕성 및 중상시 번풍 등의 세력이 강해져 조정의 부패가 만연하자 여러 차례 상소를 올려 간언하였다. 그러나 결국 번풍의 모함으로 파면 당하자 울분을 참지 못하고 자결했다고 전해진다.

우리나라에서도 너무나 억울한 일을 당했는데 아무도 자기 말을 믿어주지 않고 사면초가에 몰려 있는 사람이 외마디 비명처럼 지르는 말이 있다. 박완서의 소설 제목으로도 유명한 '지 알고 내 알고 하늘이 알건만'이라는 말이다. 여기서도 '지'가 '내'게 모든 짓을 해놓고도 양심을 버리고, 증언을 해주지도 않고, 되레 모함을 하여 나를 고통에 빠뜨리니 얼마나 억울했으면 그렇게 자포자기 심정으로 내뱉 겠는가.

그런데 여기서 하늘과 땅은 대답이 없으니 결국 '나는 나만이 안 다.'는 이야기가 되는 셈이다. 사람이 나이를 먹다 보면 젊어서 술집 으로 어디로 그토록 어울려 다녔던 친구도 멀어지고, 죽자 사자 뜨 거웠던 연인들도 영혼을 긋는 면도날처럼 배신을 하며 떠나간다. 심 지어 가족들마저 뿔뿔이 흩어져 살며 일 년에 한 번 볼까 말까 한 처 지에 놓인 사람들이 많다. 그토록 늙어서의 곤궁과 남들로부터 당하 는 외면으로 생기는 상실과 소외는 뼈가 시리고 저미도록 고통스러 울 것이다. 세상 참 무정하다는 말이 절로 나온다.

물론 죽을 때까지 화안애어의 실천과 훌륭한 인격으로 아내와 친 구와 제자들과 자식들로부터 존경을 한 몸에 받고 천수를 누리는 사 람들도 많을 것이다. 하지만 육체의 쇠락에서 오는 상실감과 예전 과 같은 영향력을 행사하지 못하는 데서 오는 정신적 소외감, 그리 고 이제 내가 할 수 있는 일이 더는 없다는 생각에서 오는 깜깜한 절 망감은 노년이면 누구나 겪게 된다. 이때 문득 자기 정체성에 관한 질문을 갖게 된다. 나는 누구인가, 나는 무엇인가, 이 정도의 존재가 나였다는 말인가? 그때부터는 문득 "나만은 나를 잘 안다."는 사실 조차 진실이 아닐 가능성이 커지기 시작한다.

한때 베스트셀러였던 올리버 색스(1933~2015)의 『아내를 모자로 착각한 남자』를 보면 '정체성의 문제'로 혼란을 겪는 '코르샤코프증후 군'에 대한 이야기가 있다. 톰슨 씨는 화려한 언변과 끊임없는 농담 과 유머로 자신과 주변의 이야기를 만들어낸다. 그의 이야기는 항상 새로운 인물들과 주인공들이 등장하는 『아라비안나이트』와 같고, 목숨을 부지해야 하는 이유 때문에 밤마다 새로운 이야기를 만들어 왕에게 들려주는 셰헤라자데의 『천일야화』와 같다.

그는 왜 끊임없이 이야기를 만들어낼까? "우리는 각자의 역사와 과거를 가지고 있으며 연속하는 역사와 과거가 개인의 인생을 이룬다. 그것이 자기 정체성이다."라고 하는 생각 때문이다. 하지만 사실 그는 현재 기억, 존재, 의미가 단절된 상태에 처해 있고, 잊히고 사라져가는 것들을 메우기 위해 이야기를 만들어내고, 그것을 통해 자신을 구원하겠다는 생각으로 몸부림한다. 그는 사회적 요구나 인간적 요구에 의해 정체성이 혼미한 상태에서 계속적으로 자기의 이야기를 만들어내야만 하는 것이다. 자기 정체성의 지속을 위해 새로운 이야기를 만들어내지만 그렇게 만들어진 이야기가 자기 정체성일 수는 결코 없는 일. 오히려 그는 지금 자기 정체성을 망각한 채 바깥 경계에 온전히 휘둘려 있는 것이다.

불교에서는 인간을 연기법 속에서 항상 변하고 절대적 자아가 없는 존재로 보기 때문에 사람들은 '개인의 정체성'이라는 것을 안일하게 생각하는 듯하다. 무상, 무아와 정체성이 충돌하지 않느냐는 이야기다. 하지만 서암 화상이 아침마다 일어나서 자기를 '주인공!'이라고 부르며 항상 깨어 있고 남에게 속아선 안 된다고 하는 공안 역시 엄연히 존재한다. 서암 화상의 주인공은 자기가 항상 연기적 존재이므로 만법과 관계되어진 존재라는 사실을 망각하지 말라는 것이고, 남에게 속지 말라는 것도 자기나 남의 이기적 욕망에 휘둘리지 말아야 한다는 이야기이다.

다산 정약용은 수필 「수오재기」에서 '나'라는 것은 천하에 가장 잃어버리기 쉬운 것이라고 표현한다. 이 잃어버리기 쉬운 나를 실과 끈으로 매고 빗장과 자물쇠를 잠가서 굳게 지켜야 한다고 말한다. 여기서 '나는 '본질적인 나' 곧 자기 정체성을 말한다고 할 수 있다. 이 자기 정체성과 존재의 관계성은 서로 모순되지 않는다.

2

혜초 스님이 법안 화상에게 질문했다.
"제가 화상께 질문하겠습니다. 무엇이 부처입니까?"
법안 화상이 말했다.
"그대는 혜초다(汝是慧超)."

— 『벽암록』 제7칙

법안 화상은 당말 선종 오가 종풍으로 선풍을 떨친 법안종의 개창자인 문익(885~958) 선사이다. 법안은 화엄 사상과 유식 사상에 조예가 깊었다고 한다. 삼계유심 만법유식(三界唯心 萬法唯識)이라는 사상은 굉장히 지적 수준도가 높은 사상이다. 유식론은 인간의 현실 존재를 구성하고 있는 여러 가지 법은 실유(實有)가 아니고 실상은 공(空)으로 본다. 모든 종류의 법이 현재 존재하는 것과 같이 성립하기 위해선 각각 공에 근거된 원인이 있다는 것이다. 그리고 그 원인은 이미 가능성의 상태에서 존재한다고 보며, 그것을 종자라고 부른다. 물론 이 가능성의 종자가 식(識)이라고 하는 것은 금방이라도 미루어 짐작할 수 있다.

물론 이 식에는 첫째 색석향미촉법을 각각 인식하는 안식·이식·

비식·설식·신식·의식의 6식이 있고, 둘째는 사량의 작용을 하는 말나식이 있는데, 이것은 아뢰야식에 의존하여 일어나고 아뢰야식을 대상으로 인해 아집을 일으킨다. 셋째 아뢰야식이 있는데 근본식이라고 하며 이는 제법의 종자가 된다.『반야심경』을 비롯하여 제법이 연기법에 의해 놓여 있기에 실상은 무상이며 공(空)이라고 누누이 주장해 온 대승 불교 입장에서는 제법에 종자가 있다고 하는 것이 자체 모순을 드러낸 것 같아 좀 당혹스럽겠다.

하지만 유식학파는 사람들이 불변하는 것에 대한 맹신이나 변화하는 것에 대한 절망 때문에 깨달음에 이르지 못하는 경우를 연구하다가 이를 인간의 심층에 아뢰야식이 있기 때문이라고 가정을 한 것이다. 과거 자신이 경험했던 모든 것이 일종의 무의식적인 기억으로 심층부에 저장되어 이 심층 의식이 집착과 아집을 만들어 낸다는 것이다. 마치 사고로 손목이 잘렸는데도 한동안 환상통에 시달리는 것처럼 말이다. 결국 아뢰야식은 과거에 연연하여 시절 인연을 받아들이지 못하고 지금 여기에 주어진 삶의 주인이 되지 못하게 한다. 정신분석학에서 의식에 여러 문제를 일으키는 무의식과 비슷한 개념이다. 하지만 이 아뢰야식이라는 근본식은 불변하는 것이 아니다. 마치 향수를 뿌리면 일정 정도 옷에 밴 향이 남아 있다가 결국엔 사라지는 것 정도로 생각하면 될 것이다.

이런 유식 사상에 투철한 법안 화상에게 혜초라는 스님이 단도직입처럼 질문한다. "제가 화상께 질문하겠습니다. 무엇이 부처입니까?" 한마디로 다짜고짜다. 사실 선문답은 지식을 얻기 위한 것이 아니다. 지금까지의 자신의 공부를 스승으로부터 점검받기 위한 것이자, 스승의 대답을 자신의 지혜로 만드는 확신을 체득하기 위한 절박한 질문이다. 그러기에 혜초 스님은 모든 잎과 가지를 털어버리고 고갱이만을 들이민 것이다.

부처란 무엇인가? 부처를 똥 막대기라고도 하고, 마 삼 근이라고도 하는가 하면, 이 마음이 곧 부처라고도 한다. 부처에 대한 아무리 자세하고 진지하게 설명을 해주어도 자기 마음으로 음미하고 반조하며 자각하지 않으면 부처가 무엇인지 도대체 알 턱이 없다. 심지어 자기 자신이 곧 부처인 줄을 어찌 알겠는가. 그러기에 화엄 사상과 유식 사상에 능통한 법안도 그런 구구절절이나 사족 없이 혜초의 질문에 단박에 대답한다. "그대는 혜초다."라고! 이 말은 병아리의 '톡톡'에 스승의 '탁탁' 같은 대답이다. 줄탁동시다.

원오 극근은 수시에서 이 선문답에 대해 "소리가 나기 전의 일구(一句)는 천명의 성인도 전할 수 없다(聲前一句 千聖不傳)."라고 한다. 즉 법안 화상과 혜초가 한마디의 선문답으로 부처가 무엇인지 곧바로 깨닫게 된 경지를 칭찬한 것이다. 부처란 무엇이냐고 단 한마디로 질문할 때 "그대는 혜초다."라고 한 단박의 대답은 '그대 혜초가 곧 부처다.'라는 말 아니고 무엇이겠는가. 이보다 더 온전하고 생생한 답은 세상 어디에도 없을 것이다.

3

나 같은 것
나 같은 것
밤새 원망을 해도

나를 아는 사람은 나밖에 없다

— 김형영, 「나」

먼저 문학평론가 정효구의 『시 읽는 기쁨』이라는 책에서 옮긴다. "위 시는 아주 짧다. 우리가 사는 세상이 워낙 경망스럽고 번잡하며 수다스럽기 때문에 사람들은 신중하고 절제된, 그러면서 압축된 시인의 언어를 아끼는 것이라고 생각한다. 이와 같은 시인의 언어는 촌철살인의 정신적 집중과 광물성의 침묵에 가까운 묵직한 진중함이 살아 있을 때 그 가치를 발휘한다. 따라서 이러한 언어의 시를 두고, 말의 공해 속에서 말의 생명을 찾아주는 존재, 정신의 진부함과 경박함 속에서 언어의 핵심을 되살려내는 존재라고 말하는 것이다."

시는 긴장과 절제의 문학이다. 시는 '소란—능변'의 언어에 끔찍하리만치 거부감을 보인다. 모든 장식과 수사, 허풍과 애상, 주장과 변명을 여읜 침묵을 지향한다. '큰 기교는 오히려 졸렬하다.'는 대교약졸의 평담함에 닿고자 한다. 이러한 시는, 무엇이 부처냐는 질문에 "그대는 혜초다."라고 답하는 것만큼이나 생생한 생명력을 갖는다. 요사이 우리 시들은 유행하는 철학으로 서툴게 옷 입은 자기 변설의 길고 긴 시들이 너무 많다. 화려 찬란한 이미지들로 온몸을 감싸서 도대체 그 패션이 무엇을 말하고 있는지 모를 시들 또한 많다. 온통 겉치장뿐인 그런 시들은 단지 며칠 몇 시간을 유행하다가 어느새 사라지고야 만다.

하지만 김형영 시인은 위의 시 「나」에서 4행 14글자로, 그것도 아무런 수사나 비유도 없이, "나 같은 것/나 같은 것"하고 밤새 원망할 수밖에 없는 못마땅한 자기 자신을 탄식해댄다. 그렇지만 그래도

"나를 아는 사람은 나밖에 없다"는 사실에 대해서 통렬한 성찰을 하기도 한다. 그 짧은 시속에 자아 검열, 자아 평가, 자기 한탄, 자기 풍자, 자기 긍정이 잇달아 이어지며 궁극적으로는 자기 주체에 대한 확인을 단단히 해댄다. 마치 선승이 의단에 의단을 거듭하며 마침내 궁극의 깨달음에 도달하는 것처럼.

니코스 카잔차키스(1883~1957)의 소설 『그리스인 조르바』에 다음과 같은 구절이 나온다. "인간의 영혼은 육체라는 뻘 속에 갇혀 있어서 무디고 둔한 것이다, 영혼의 지각 능력이란 조잡하고 불확실한 법이다. 그래서 영혼은 아무것도 분명하고 확실하게는 예견할 수가 없다." 하지만 육체! 이것은 60억 개의 세포로 이루어져 있다. 육체는 세포 숫자보다 더 많은 미생물을 품고 있다. 그러기에 하나의 육체는 무수한 생명체가 공존하는 우주다.

또한 영혼! 현대의 과학자들이 토성의 고리가 여러 겹으로 이루어져 있다는 것을 발견했듯이, 우주에도 현재의 우주만 한 우주들이 수도 없이 존재한다는 어마어마한 사실을 알아냈듯이, 또한 소우주인 아트만이 대우주인 브라흐만과 영원히 하나가 된다는 종교도 있듯이, 우리의 영혼도 수많은 정신들과 마음으로 들끓는다. 알록달록 오색칠색으로 반짝이고 빛난다.

그런데 이러한 육체와 영혼을 가진 무한 긍정의 존재인 '나'가 어찌 "나 같은 놈/나 같은 놈"이라고 자책하고 원망해야만 하는 존재가 된 것인가. 아마도 사회적 성공에 대한 좌절, 개인적인 여러 욕심 때문에 저지른 견딜 수 없는 죄들. 심지어는 어렸을 때 남의 집 대추 몇 알 몰래 따 먹은 일들까지 어느 날 문득, 모두 드러나 그 양심의 가책으로 밤새 자기를 원망하고 자학을 하게 된 것은 아닐까. 더구나 나를 인정해주지 않는 남까지 비난해가며.

하지만 그런 외로운 나를 누가 알아주는가? 아무리 절친한 사람이 나를 위로해준다 해도 누구에게나 손이 닿지 않는 곳이 있다고 한다. 그곳이 각자의 궁극적 고독의 자리이자 동시에 궁극적 깨달음이 전광석화처럼 이루어질 자리다. 그 자리를 아는 사람은 오직 나뿐이다. 누가 인정해주건 인정해주지 않건 나는 나의 고독을 누구보다도 잘 안다.

오세영이 「구룡사시편·겨울노래」에서 "산자락 덮고 잔들/산이겠느냐,/산그늘 지고 산들/산이겠느냐/산이 산인들 또 어쩌겠느냐"고 읊는 것도 그 뜻이다. 비록 절에 와서 무언가 깨달음을 얻고자 경전의 말씀으로 덮고 선의 화두를 들어보지만 "아침마다 우짖던 산까치도/간 데 없고/저녁마다 문살 긁던 다람쥐도/온 데 없다." 다만 진눈깨비 치고 폭설이 내리는 날 방 안에 앉아서 "어제는 온종일 난(蘭)을 치고/오늘은 하루 종일 물소리를 들었다."는 바로 그 '나'뿐인 것이다. 그러한 나는 사실 무한 긍정의 주체라고 할 수밖에 없다.

제49화

향기로운 풀을 따라 갔다가
— 최하림, 「강이 흐르는 것만으로도」

1

시간 속엔 "변화와 움직임, 사건이나 충동, 이전이나 이후, 결과와 불가피성, 기간이나 일시적 혹은 지속적인 변화와 같은 표현들이 이미 내포되어 있다."(알렉산더 데만트, 『시간의 탄생』) 시간은 단 하루도 호수처럼 고요한 평정의 순간을 갖지 못한다. 더구나 오늘날의 가속화한 경제와 격변하는 사회, 글로벌 미디어와 실시간 소통 속에서의 시간 체험은 애초부터 속도에다 가속도를 전제해야만 가능하다. 시간을 뚫어져라 쳐다보며 시간에 대고 '멈추어라!' 하고 소리를 질러대면 시간이 기겁하여 멈추어 설까. 시간은 대명천지에도 밤도둑처럼 소리 없이 간다고 하지 않는가.

그런데 이런 속도와 조급성의 시간, 시대를 당하여 소설 곧 서사적 시간 전략으로 예술조차 소위 "짧은 줄에 바짝 묶여 있던" 시대에 저항한 사람이 있다. 그 유명한 소설 『잃어버린 시간을 찾아서』를 쓴 마르셀 프루스트이다. 당시 "예술은 서사적 호흡을 잃어버렸고, 세계는 가쁜 호흡 속에 빠져들었다. 프루스트에게 조급성의 시대는 곧 모든 '사색'을 불가능하게 만드는 철도의 시대였다. 프루스트의 시대 비판은 또한 현실을 '빠르게 교체되는 이미지'들로 해체시키는 영화의 시대에 대한 비판이기도 했다."(한병철, 『시간의 향기』) 이는 '철도'를 '스마트폰'으로, '영화'를 '영상'으로만 바꾸면 속도와 이미지와 정보 전쟁으로 날밤을 세우는 오늘날의 현실과 똑같다.

이런 시대의 어느 날 프루스트는 익히 알려진 대로 보리수 꽃잎 차에 담근 마들렌 조각 한 숟갈을 입에 가져갔을 때 느낀 향기와 맛을 통해 "그 무엇에도 의존하지 않은 완전히 독자적인 전대미문의 행복감"이 들었고, 그리하여 "내 안에서 무언가가, 보통은 사랑만이 이룰 수 있는 무언가가 일어났다."고 고백한다. 프루스트는 이를 "고요한, 맑은 울림과 향기를 지닌, 투명한 시간들의 수정(水晶)"이라고 말하며, 그걸 계기로 그 향기로운 시간의 대한 추억과 기억의 긴 긴 여행을 떠나 잃어버린 시간을 되찾고자 한다.

그러기에 이 소설에서 가장 중요한 테마는 시간성이다. 시간성을 중심으로 너른 호수에 한량없이 반짝이는 물비늘 같은 이야기가 전개되고, 그 이야기들이 수정 알알처럼 모이는 곳은 '스완네 집' 같은 하나의 공간이다. 시간과 공간이 몽환적으로 배치되는 속에서 온몸에 퍼지는 실핏줄 같은 사랑의 설렘과 환희와 배신의 예민한 감각이 있고, 철학적이고 무한한 의미를 지닌 주제를 찾으려고만 하면 금세 머리가 작동하기를 멈출 정도라고 재능 부재를 탓하지만 실제로는 소설 속에서 500여 명이 넘는 인물들을 등장시키며 대서사시를 창조했다고 할 수 있는 주인공의 진정한 예술 감각이 있다.

그러다 보니 소설은 줄거리를 말하기조차 모호하다. 무슨 기하학 퍼즐을 보는 것 같다. 그리고 여기에서 시간은 전지전능하다. '나'와 주변 모두의 인간들은 시간 앞에서 그저 덧없이 흘러가는 존재이다. 물론 시간은 영원을 향해 무한대로 열려 있는 한편, 촘촘한 사물과 현상의 묘사 사이에서 완전히 정지하기도 한다. 시간 그리고 글쓰기와 이미지에 관한 이야기, 시간 곧 진리를 찾아가는 철학적 감각과 사유, 욕망을 포함한 여러 사물과 대상이 기억 속에 변형되어가는 과정 등등 그야말로 장관이다. 결국 이 소설의 독특한 시간 사용법은 환시와 환각이 드리워진 낯선 시간 속을 헤매며 이미 환(幻)이 되어버린 '잃어버린' 과거에 생명을 불어넣고, 그런 식으로 '되찾은' 현재-영원을 선보인다. 그러기에 후반부에 마르셀이 사라진 알베르틴을 회상하는 장면은 너무 잔인하다. "망각, 이것이야말로 현실과 끊임없이 대립하며 아직 살아남아 있는 과거를 조금씩 파괴해가기 때문에 참으로 강력한 연장이다." 망각이야말로 시간의 존재인 인간을 가장 시간적으로 느끼게 해주는 공포인 것이다.

현대의 파편화되고 아무런 연관성이 없고 반대로 전제주의적이고 트렌드화 한 시간의 지배에 반해 소위 인드라망처럼 어떤 사소한 사물도 세계 전체와 얽혀 서로 교통하고 있다는 '시간의 직물'을 만들어 세계를 생생한 향기로 가득 채우는 프루스트의 소설은 하나의 대성당과 같아서 숭고미를 느끼게 할 정도로 그 가치가 어마어마하다.

2

장사 화상이 하루는 산을 유람하고 돌아와 대문 앞에 이르자, 수좌가 질문했다.

"화상은 어디를 다녀오십니까?"

장사 화상이 말했다.

"산을 유람하고 오는 길이다."

수좌가 말했다.

"어디까지 다녀오셨습니까?"

장사 화상이 말했다.

"처음에는 향기로운 풀을 따라 갔다가, 그리고는 지는 꽃을 따라서 돌아왔네(始隨芳草去 又逐落花回)."

수좌가 말했다.

"아주 봄날 같군요."

장사 화상이 말했다.

"역시 가을날 이슬방울이 연꽃에 맺힌 때보다야 낫지."

— 「벽암록」 제36칙

이 공안은 장사의 녹원사 주지로 활약한 경잠 화상이 하루 산놀이 한 것을 화두로 제시하고 있다. 산놀이를 유산(遊山)이라고 하는데 세간에서 말하는 산천 유람 행각이 아니라 불법의 대의를 체득하여 일대사를 마친 선승이 일체의 차별 경계를 초월하고 인연에 따른 본래심 그대로 유유자적하는 풍류를 말한다. 장사 화상이 하루는 산을 유람하고 돌아와 대문 앞에 이르자, 수좌가 질문했다. "화상은 어디를 다녀오십니까?" 여기서 수좌의 질문은 대문 앞에 마중을 나와 귀가하는 스승에게 오늘 어디를 다녀오셨느냐는 지극히 의례적인 인사말 같다. 그러기에 장사 화상의 대답도 깔끔하다. "산을 유람하고 오는 길이다." 여기에는 무슨 의미를 짐짓 에두르거나 돌려서 말하는 기색이 없이 본심 그대로 정직한 대답이다.

그러자 수좌는 다시 흔연스레 묻는다. "어디까지 다녀오셨습니까?" 산을 유람하고 왔다고 하니 어디까지 다녀왔느냐는 것은 당연히 물어봄직한 질문이다. 하지만 선문답은 이렇게 일상적인 문답 속에서도 그 불꽃이 전광석화처럼 튄다. 만약 여기서 장사 화상이 수좌의 질문에 어떤 목적 때문에 어디 어디를 다녀오고 그 결과는 어떠어떠했다는 식으로 시시콜콜 대답했다면 이미 그것은 세상 사람들의 유람 경계와 아무 다를 바가 없었을 것이다. 명색이 선사 소리를 듣는 화상이 그렇게 세속적인 욕심을 따라 산천 구경이나 하고 왔겠는가.

아니나 다를까. 장사 화상은 수좌의 질문에 편승하지 않고, "처음에는 향기로운 풀을 따라 갔다가, 그리고는 지는 꽃을 따라서 돌아왔네."라고 답한다. 이 대답을 보면 장사 화상은 뛰어난 표현력을 구사하는 시인 같다. 흔히 선문답에서 행해지는 동문서답과 전복, 격외와 낯섦, 난센스와 촌철살인 같은 의외성을 일체 지우고 아주 유려한 직관과 통찰력으로 시적 표현이 허락하는 최대치의 적절성을 구사한 대답을 한다. "처음에는 향기로운 풀을 따라 갔다가, 그리고는 지는 꽃을 따라서 돌아왔네."라고! 이러한 대답은 웬만한 시인들은 흉내 내기조차 힘들 만큼 멋지다. 일품의 시인이 따로 없다.

물론 이에 대한 뜻으로 '갈 때는 향기 좋고 싱그러운 풀을 따라서 설레고 흥에 겨워 갔기 때문에 산을 올라갔는지 계곡을 지나갔는지 모른다. 올 때도 마찬가지로 나비가 꽃을 찾아 날아다니는 것처럼 바람에 날리는 꽃을 따라 왔더니 그 빛깔과 향기가 기막힐세라 어느새 절에까지 오게 되었네. 산천의 풀과 꽃과 완전히 하나가 되었으니 이게 무아지경이 아니고 무엇이겠는가. 그러니 꽃이 지도록 시간 가는 줄도 몰랐던 걸세.'하고 설명할 수는 있겠지만 이는 화상의 직관적 시적 표현에서 온 감동을 모두 까먹고 마는 해석일 뿐이다.

서두에서 말한 프루스트가 '보리수 꽃잎 차에 담근 마들렌 조각을 입에 가져갔을 때 느낀 향기와 맛'을 통해 잃어버린 시간을 찾아 나서지만, 되레 그 잃어버린 시간 속에 인드라망처럼 직조되어 있는 사랑과 꿈과 예술적 감각의 여러 골짜기를 탐험하고, 그것과 하나 되어서 수많은 시와 철학적 사유를 톺아낸 것처럼 선사도 그랬을 것이다. "시방세계가 온통 사문의 몸이며 온통 사문의 눈"이니 풀 향기 따라갔다가 꽃이 지도록 유희 삼매의 선열에 빠지지 않고서야 어디 선사라 할 수 있겠는가.

수좌는 화상의 명 대답에 감동하고 또 감동한 만큼 심통이 나서 "아주 봄날 같군요."라고 은근히 이죽거린다. 이는 '화상은 봄날의 산놀이에 너무 치우친 것 아닙니까?'라는 일침이 담긴 말인 것이다. 이에 화상은 수좌의 심중을 헤아리고 아무렴 "역시 가을날 이슬방울이 연꽃에 맺힌 때보다야 낫지."하고 응대한다. "가을날 차디찬 이슬이 연잎에 떨어지는 모습은 정말 처량한 것으로 조금도 따뜻한 기운이 없다. 이러한 심경을 선에서는 일체의 차별 경계를 초월한 향상사(向上事)의 일로서 선승의 본분을 의미한다고 한다. 하지만 장사 화상은 나는 향하문(向下門)의 입장에서 중생과 함께하는 만화방

초의 봄날이 훨씬 좋다는 의미를 시로 읊고 있는 것이다."(정성본 역해, 『벽암록』)

3

　　강이 흐르는 것만으로도 시간들은 눈부시다 강의 속살까지 번쩍이는 시간들이 들이닫는 느낌은 서늘하다 못해 비명 같다 가끔 바람이 회오리쳐 가고 옥수수 이파리들이 하루가 다르게 자라 올라 들판 가득 소리의 물결을 풀어 놓는다 소리의 물결 속으로 방울새들이 날아오르고 색색의 종달이도 오른다 소리와 시간들이 용수철처럼 튀어오른다 엘란트라를 몰고 온 남녀가 팔짱을 끼고 강둑을 걷는다 그들은 그들의 가슴께에서 느끼는 감각으로 눈이 감긴다 한여름 강변에서는 고요가 나른하게 빛살처럼 일렁인다

― 최하림, 「강이 흐르는 것만으로도」

　　시간과 존재에 대해서 심오한 사유를 전개한 사람들이 있다. 아우구스티누스의 시간론은 과거·현재·미래로 진행되는 선형적 시간관으로 외적인 사물 세계의 객관적 시간 이해에 머물렀다. 에드문트 후설은 시간의 본질이 드러나는 근원적인 영역은 오직 순수하게 주관적으로 체험되는 내재적 차원일 뿐이라며 주관적 시간을 파악했다. 그의 본래적인 시간 이해는 '생생한 지금'을 기점으로 삼아 '더이상-아닌-지금'으로서의 과거와 '아직은-아닌-지금'의 미래로 파악하는 데 성공했지만, 그것 역시 통속적인 시간 이해의 차원을 못 벗

어났다.

하이데거는 후설의 인식론적 의식 지평의 한계를 넘어서서 시간의 본질을 탐구하였다. 그는 물체의 운동과 더불어 경험되는 자연적인 시간의 본질을 '지각하고 기대하며 회상하는' 정신의 내면 활동 영역 속에서 파악했다. 그에 의하면 시간의 본질이 드러나는 근원적인 터전은 인간의 존재론적인 이해의 지평 속에서 시원성이 경험되는 곳이다. 주객 분열의 이분적인 도식을 넘어서서 존재 자체가 시원적으로 열어 밝히는 진리의 터전과 깨달음의 차원에서만 비로소 본래적인 시간의 참다운 현상이 드러난다는 것이다.

그의 시간 이해는 존재의 시원성을 존재의 황홀로 바꾸는 데 있었다. 가령 어떤 섬의 원주민들이 1월을 장막 안으로 큰 눈이 쳐들어오는 달, 4월을 느릅나무 순이 한 치나 올라오는 달, 8월을 영양의 뿔이 나뭇가지에 걸리는 달 등과 같이 어떠한 자연 현상과 삶의 황홀이 하나로 합쳐지는 순간을 존재의 시간으로 명명하는 것이 그 예이다. 우리도 기계적 시간 이해를 뛰어넘어 4월을 은어 떼가 강으로 올라오는 달, 5월을 반짝이는 백양나무 밑에서 첫 키스를 나눈 달, 8월을 지루한 장마 끝에 포도알이 검게 영그는 달 등으로 명명하며 그때의 황홀과 축제로 객관적 시간 이해를 뛰어넘자는 것이다. 똑같은 길이의 시간이라도 빚쟁이와 만나는 시간은 길고 애인과 만나는 시간은 짧다는 것은 누구나 경험하는 일이 아니던가.

최하림(1939~2010)의 시를 보면 이런 시간과 존재는 하이데거조차도 넘어선 듯 기쁨과 탄식, 황홀과 비참, 몰입과 반성이 공존하는 존재들의 소리, 빛살, 색색들이 끊임없이 연쇄 파동을 일으킨다. 그런 시간의 자유자재가 마치 작은 꽃들이 만발한 초원처럼 화엄적으로 펼쳐진다. 그것은 위의 시에서처럼 눈부심이고 번쩍임이고 서늘함이고 회오리침이고 자라 오름이고 풀어놓음이고 튀어오름이고 일렁임이며, 반면에 어둠이고 황혼이고 적멸이고 죽음이고 텅 빔이고 적막이고 함몰이고 빠져나감이고 울음이고 그림자이며 블랙홀이기도 하다. 한마디로 무량(無量)과 무극(無極)의 시간들인데, 그것은 시간의 황홀과 비참이 구별되지 않는 세계이다.

제50화

줄탁동시(啐啄同時)
– 김종상, 「선생님과 1학년」

1

정민의 『삶을 바꾼 만남』이라는 책은 스승 정약용과 제자 황상의 운명적인 만남을 파노라마처럼 그려놓은 아름다운 책이다. 이름 없는 시골 아전의 아들로 태어난 더벅머리 소년이 유배를 와 있는 스승의 짧은 글 한 편을 받고 고무되어 삶을 송두리째 바꾸어가는 과정은 한 편의 대하드라마이다. 단 한 번의 만남으로 평생의 삶이 업그레이드되는 경우는 과연 어떤 만남이었기에 가능했을까. 아래 글은 위 책 서두 글의 핵심을 요약한 것이다.

다산이 유배온 지 근 1년 만에 무엇보다 고독과 적막을 견딜 수가 없어서 주막집 봉놋방에 작은 서당을 열었다. 그때 아전의 아들 몇이 배움을 청했는데, 그중 한 아이가 황상이었다. 만나자마자 공부를 열심히 해서 큰사람이 되라는 스승의 말에 "저에겐 세 가지 문제가 있습니다. 첫째는 너무 둔하고, 둘째는 앞뒤가 꽉 막혔으며, 셋째는 답답합니다. 저 같은 아이도 정말 공부할 수 있나요?"라고 황상이 물은 것이다.

그러자 스승은 "배우는 사람에게 보통 세 가지 큰 문제가 있는데 첫째 민첩하게 금세 외우는 것이다. 제 머리를 믿고 대충 소홀히 넘어가는 데 있다. 둘째는 예리하게 글을 잘 짓는 것이다. 이는 재주를 못 이겨 들떠 날리는 게 문제다. 셋째는 깨달음이 재빠른 것이다. 대번에 깨닫지만 대충하고 마니까 오래가지 못한다."며 너 같은 경우에는 이 세 가지 중 하나도 없으니까 공부를 꼭 해야 한다고 격려를 한 것이다.

황상은 둔할 둔(鈍), 막힐 체(滯), 어근버근한 알(憂), 이 세 가지를 자신의 문제라고 했고, 스승은 민첩할 민(敏), 날카로울 예(銳), 빠를 첩(倢)의 세 글자로 대구를 맞춰 재빠른 천재보다 미욱한 둔재의 노력이 훨씬 더 낫다고 일깨워준 것이니 얼마나 대단한가. 이후 황상은 "비록 크게 이룬 것은 없지만 스승의 말씀만큼은 조금의 부끄러움 없이 실천에 옮겼다."고 고백한 걸로 보아 이런 제자를 만난 것은 오히려 스승의 행운이 된다.

그런 실천의 예 하나가 황상이 나이 열흔여섯 살 되도록 손에서 공부를 좀체 놓지 않았다는 것이다. 다리 부러진 돋보기를 코끝에 비스듬히 걸치고 끊임없이 베껴 쓰고, 메모하고, 정리했다. 평생 그렇게 베낀 책이 키를 넘겼다고 한다. 주위에서 "그 연세에 무슨 영화를 보시려고 그렇게 열심히 공부만 하십니까?"하고 힐난 겸 걱정을 해주면 "자네들 날 위하는 말은 고맙네만 내 스승이신 다산 선생께서는 이곳 강진에 귀양 오셔서 스무 해를 계셨네. 그 긴 세월에 날마다 저술에 몰두하시느라, 바닥에 닿은 복사뼈에 세 번이나 구멍이 났지. 열다섯 살 난 내게 '부지런하고 부지런하고 부지런하라'는 삼근(三勤)의 가르침을 내리면서 늘 이렇게 말씀하시곤 했네. '나도 부지런히 노력해서 이를 얻었느니라. 너도 이렇게 하거라.' 이렇게 몸으로 가르치신 지 벌써 60년. 관 뚜껑을 덮기 전에야 이 지성스럽고 뼈에 사무치는 가르침을 어찌 져버릴 수 있겠는가?"하고 대답을 했다고 한다.

과골삼천(踝骨三穿)! 두 무릎을 방바닥에 딱 붙이고 공부에만 몰두하다 보니 바닥에 닿은 복사뼈에 세 번이나 구멍이 났다는 것. 추사가 먹을 갈아 벼루 여러 개를 밑창 냈다는 말은 들어봤어도 복사뼈에 세 번이나 구멍이 뚫렸다는 말은 여기서 처음 들었다는 정민 교수의 말 역시 뼈에 저리다. 과골삼천의 예는 동서고금을 막론하고 전무후무할 것이다.

일기일회(一期一回)라고 했던가. 그렇게 단 한 번의 만남으로 평생의 삶을 창조적으로 일군 것은 또 다른 형태의 줄탁동시라고 할 수 있다. 제자의 재능과 성실함을 단번에 간파하고 공부로 이끄는 것, 그 스승의 통찰력과 부름에 직지인심과 같은 마음으로 따르는 것, 이렇게 둘이 동시에 이심전심이 될 수 있는 것은 서로 간의 신뢰와 애정과 성실에 값하는 노력이 있어서 가능했을 터이다.

2

어떤 스님이 경청 화상에게 질문했다.

"학인이 알속에서 나오려고 신호하면(啐) 화상께서는 병아리
가 태어나도록 껍질을 쪼아(啄) 주십시오."

경청 화상이 말했다.

"과연 살아날 수 있겠는가?"

그 스님이 말했다.

"만약 살아나지 못한다면 사람들의 비웃음을 살 것입니다."

경청 화상이 말했다.

"역시 형편없는 놈이군!"

― 『벽암록』 제16칙

경청(868~937) 화상은 온주 영가에서 출생하여 어려서 출가했다. 그는 처음에 민천에 이르러 설봉 의존을 참예하고 그의 심법을 얻은 뒤에 항상 줄탁(啐啄)의 기연으로 후학을 지도하고, 학인의 근기에 맞추어 설법하였다. 어느 날 그에게 어떤 스님이 질문을 했다. "학인이 알 속에서 나오려고 신호하면(啐) 화상께서는 병아리가 태어나도록 껍질을 쪼아(啄) 주십시오." 이 말은 한마디로 학인인 자기는 불법의 대의를 깨닫는 데 목말라 있으니 스승인 화상께선 어떤 방편을 동원해서든 하루빨리 깨달음을 체득하도록 지도해 달라는 뜻이다.

바로 여기에서 그 유명한 줄탁동시(啐啄同時)라는 말이 나왔다. 이것은 알 속에서 자란 병아리가 껍질 안쪽을 쪼아 세상으로 나오려고 할 때(啐) 어미 닭은 알 속 병아리가 쪼는 소리를 듣고 밖에서 동시에 껍질을 쪼아 새끼가 알을 깨게끔 한다(啄)는 뜻이다. 알 껍질을 깨려는 병아리는 깨달음을 향해 나아가는 수행자이고, 어미 닭은 수

행자에게 깨우침의 방법을 일러주는 스승임은 두말할 나위가 없다. 하지만 병아리와 어미 닭이 동시에 알을 쪼기는 해도 어미 닭이 병아리를 세상 밖으로 나오게 하진 못한다. 다만 깨고 나오는 데 작은 도움과 용기만 줄 뿐, 결국 알을 깨고 나오는 건 병아리 자신이다. 이는 스승은 깨우침의 계기만 제시할 뿐이고, 나머지는 제자가 스스로 노력하여 깨달음에 이르러야 함을 의미한다.

공부란 이렇게 안과 바깥이 조응해야 한다. 학생이 공부를 하고자 하는 마음이 없으면 스승은 학생을 계발할 수 없다. 만약 스승이 학생을 계발하지 못했다면 자격이 없다고 비웃음을 살지도 모른다. 그러나 책임은 역시 병아리 쪽이 더 크다. 병아리 자신은 스스로 깨어나지 않으면서 스승을 탓하는 것은 '형편없는 놈'이나 하는 짓이다. 공부를 도대체 누구 때문에 하는가? 부모나 스승 때문이 아니라 결국 자기 좋으라고 하는 것이다. 자식의 감당할 능력은 생각하지 않고 과외다 뭐다 해서 무조건 학원으로만 내모는 부모도 한 가지 꼭 알아야 할 것이 있다. 아이에게 공부하려는 동기를 부여해 주는 것이 더 중요하다는 것이다.

줄탁동시란 말은 또 깨달음에도 때가 있어서 깨달아야 할 때 깨달아야지 수행자의 도력이 미처 미치지 못했는데 스승이 다그치거나, 수행자의 도력이 넘쳐도 이를 알아채지 못하면 모두 헛일이라는 뜻도 담겨 있다. 닭을 키우다 보면 다른 병아리들보다 늦게 부화하는 알들이 있기 십상이다. 알속 병아리가 알을 깨고 나오려 몹시 애쓰는 광경에 측은지심이 생겨 알을 깨고 병아리를 꺼내주고 싶은 마음이 굴뚝같아진다. 그런데 만약 그걸 꺼내주면 병아리는 숨을 할딱이다 곧바로 죽어버린다. 병아리는 알을 깨고 나오기 위해 발버둥을 치며 고통을 감내하는 과정에서 필요한 호르몬이 분비되어 이후 살아가는 데 문제가 없게 되는데, 그 과정이 생략되니 각종 면역체계의 교란이 일어나 죽어버리는 것이다.

줄탁동시는 수행자와 조사가 서로 무르익어 조작심이 없는 상태에서 자연스럽게 도래한 시절 인연으로 이루어지는 것이다. 그러기에 자기가 '톡톡'할 테니 화상은 '탁탁'해달라는 스님의 질문에 경청 화상은 "과연 살아날 수 있겠는가?"하고 묻고 있다. 경청은 이미 스님의 수행의 일천함을 간파하고 있는 것이다. 왜냐하면 어떤 학인이 스승에게 자기의 깨달음을 점검해달라고 먼저 부탁을 하는가? 학인의 설익은 오만에 스승은 경고하고 있다. 아직 부화 시기도 되지 않았는데 밖에서 껍질을 쪼면 병아리가 죽을 수도 있다는 경고인 셈이다.

아니나 다를까 스님은 곧바로 '형편없는 놈'의 짓거리를 저지르고 만다. "만약 살아나지 못한다면 사람들의 비웃음을 살 것입니다."라고. 이 말은 만약 내가 불법을 깨닫지 못한다면 나를 가르친 화상께서 세상 사람들로부터 비웃음을 당하게 될 것이라는 뜻이다. 다시 말해 당신이 잘못 가르쳐서 이 모양 이 꼴이 됐으니 책임을 지라는 간계이자 협박이다. 줄탁동시의 인연과 기회를 만들기엔 너무나도 먼 거리에 있었던 자이다. 그러고 보면 "학인이 알 속에서 나오려고 신호하면(啐) 화상께서는 병아리가 태어나도록 껍질을 쪼아(啄) 주십시오."라고 했던 것은 줄탁동시의 작용을 의식적으로 조작해주기를 요구한 것이었음이 드러난다. 줄탁동시는 전광석화와 같고 의식적인 분별의 여지가 없는 선기(禪機)의 세계이다.

3

운동장에서 넘어졌다
무릎이 조금 벗겨졌다

아프지는 않지만
피가 약간 비친다

울까말까 망설이는데
선생님이 달려왔다

그제야 눈물이 났다
앙! 울음을 터뜨렸다.

— 김종상, 「선생님과 1학년」

선이란 아이와 같은 순수한 마음의 열정이 있어야만 가능한 수행이다. 니체는 『차라투스트라는 이렇게 말했다』에서 정신의 세 단계 변화에 대해 이야기했다. 정신이 어떻게 낙타가 되고, 낙타가 사자가 되며, 사자가 마침내 어린아이가 되는가를. 낙타는 무거운 짐을 지고 꿋꿋하게 걷는 당위의 정신을 상징한다. 낙타는 자기에게 부과된 '너는 마땅히 해야 한다(you should).'고 외치는 가정과 사회의 책무를 묵묵히 수행한다. 하지만 사자는 당위성의 책무에 맞서 '나는 하고자 한다(I will).'는 의지와 욕망을 내세운다. 사자는 자유를 쟁취하고 의무에 대해서조차 '아니오'라고 말하는 자유의 투사이다. 그렇다고 해서 사자가 곧 '가치 창조자'인 것은 아니다. 새로운 가치의 창조를 위해선 어린아이가 되어야 한다. 아이에게 내면화된 도덕법칙은 'I am'이다. 그냥 있는 그대로의 자신을 긍정할 수 있는 존재가 아이다. 니체가 어린아이가 되어야만 창조하는 자가 될 수 있다고 말하는 이유를 더 알아 보자.

"어린아이는 순진무구요 망각이며, 새로운 시작, 놀이, 스스로의 힘에 의해 돌아가는 바퀴이며, 최초의 운동이자 거룩한 긍정"이기 때문이다. 니체는 놀이에 몰두하는 어린아이의 모습에서 진정한 창조자의 이미지를 발견한다. 창조자가 되려면, 언제든 과거를 망각 속으로 던져버리고 새로운 것을 향해 유쾌한 기분으로, 마치 가장 즐거운 놀이를 처음 하는 기분으로 그렇게 매번 시작해야 한다. 어린아이는 언제든 삶을 긍정한다. 울고 떼쓰고 나서도 언제 그랬느냐는 듯 해맑게 웃으며 놀이에 뛰어드는 것이 어린아이다. "그렇다. 형제들이여, 창조의 놀이를 위해서는 거룩한 긍정이 필요하다."

아동문학가 김종상 선생은 그런 가치 창조자인 어린아이와 스승의 줄탁동시의 순간을 동시로 빼어나게 표현한다. 물론 겉으로는 아이가 넘어져 울고 싶은 순간, 선생님이 달려와 일으키자 앙! 울음이 터져 나왔다는 아주 단순하고 간결하며 평명한 시다. 하지만 원래 선이 단순 소박하고 간명직절한 문답으로 이루어지던 게 아닌가. 세상의 모든 현학과 갖가지 수행을 들이민들 언어도단의 직지인심에 이를 수 있던가.

초등학교 1학년 아이가 운동장에서 놀다가 넘어졌다. 무릎이 벗겨졌지만 별로 아프지는 않았다. 하지만 피가 난다. 아이들에게 피는 얼마나 무서운가. 실컷 잘 싸우다가도 코피가 터지면 그 아이는 순식간에 무너진다. 피는 생명이라는 것을 아이들은 본능적으로 아는 걸까. 피와 생명을 동일시하는 것은 인간의 DNA에 세습되는 걸까. 피가 터지면 생명의 위협에 놓여 있다는 걸 알아채기라도 한 듯 아이들은 잘 싸우다가도 울고 마는 것이다.

시에서도 1학년 아이가 넘어져서 무릎이 까졌지만 아프지는 않았는데, 피가 보이니 더럭 겁이 나고 온통 울고 싶은 것이다. 울고는 싶은데 울까 말까 망설이는 심사는 무엇인가. 선수행자가 뭔가 깨달음의 근처에 다다른 것 같은데 아직도 일말의 긴가민가한 의혹이 해소되지 않아 망설이는 것과 같지 않은가. 그때 마침 선생님이 부리나케 달려온다. 물론 다녀와서 훌쩍 일으켜 주었을 것이다. 순간 울까 말까 글썽거리던 눈물이 난다. 앙! 하고 울음을 터뜨린다. 울까 말까 망설이는 마음을 순식간에 해소해버리며 깨끗이 울어버린다. 이 역시 선수행자가 마지막에 겪는 일말의 의혹을 스승의 전광석화 같은 일갈로 명쾌하게 해소하며 통쾌한 깨달음의 니르바나를 성취하는 것과 다르지 않다.

청출어람(靑出於藍)이라는 말이 있다. 좋은 스승은 자기보다 월등한 제자를 점검할 때 마음이 흐뭇할 것이다. 그런데 위 공안처럼 스승을 농락하는 '형편없는 놈'들을 보면 어떻겠는가. 스승은 아무리 못나도 제자는 알 수 없는 뭔가 하나의 핵심적 키(key)를 쥐고 있는 사람이다. 그 열쇠를 전수 받는 것은 순전히 수행 제자의 몫이다.

제51화

추위와 더위가 없는 곳이 어디입니까?
― 이홍섭, 「서귀포」

1

유토피아(utopia)는 이상향(理想鄕)을 의미하는 말이다. '없다'는 뜻의 그리스어 'ou'와 '장소'를 뜻하는 'topos'를 합성해 만들어낸 말로 '어디에도 없는 곳'이라는 의미이다. 지금은 어디에도 없지만 언젠가는 도달해야 할 곳임을 가리킨다. 16세기 인문주의자 토마스 모어(1477~1535)가 당대 영국의 현실을 비판하고 자신이 꿈꾸는 이상적인 나라에 대한 꿈을 담은 책을 집필하면서 제목을 『유토피아』라고 지은 데서 비롯한다. 원래의 책 제목 『사회의 가장 좋은 정치체제에 관해, 그리고 유토피아, 새로운 섬에 관한 즐거움 못지않게 유익한 황금의 저서』라는 데서 보듯 사회 문제 원인의 비판적 탐색과 이의 해결 방안을 제시하면서 영국의 헌법과 통치에 직접적인 영향을 미치고자 집필한 것임을 알 수 있다. 이 소설은 르네상스 문학의 새로운 지평을 열었고, 유토피아 문학이라는 장르를 창시하기도 했다.

플라톤의 『국가』에서 힌트를 얻었다고 저자가 밝힌 소설은, 유토피아에서 5년 동안 살다가 돌아왔다는 라파엘이라는 사람이 화자로 등장하여 1부는 영국의 현실 사회를 비판하고, 2부는 유토피아에 대해 회상하는 내용으로 구성되어 있다. 토마스 모어가 꿈꾼 나라는 정말 이상적이다. 농업을 기반으로 자급자족 경제로 운영되는 이 이상향에는 사적 소유가 없고 굶주림이 없다. 전쟁이나 불로소득, 빈부격차도 없다. 여성이나 귀족, 성직자들도 똑같이 일을 하기 때문에 각자 노동에 시달리는 시간은 줄어든다. 어렸을 때부터 의무교육을 받으며 여가를 즐긴다. 위계질서보다 공공의 약속을 중시하고, 모든 종교를 허용한다. 이런 이상향에 대한 꿈은 당시 사회에서뿐만 아니라 현재에도 여전히 유효한 것임엔 분명하다.

우리나라의 1980년대는 소위 '민중시대'라고 명명할 수 있다. 당시에는 18년여를 장기 집권해 온 군부 파쇼 정권과 그 뒤에 들어선 신군부에 대항하여 민주주의, 민족 통일, 민중 생존권 쟁취라는 거대 담론의 구축과 이에 대한 실천적 행동으로 아침부터 밤까지 온 나라가 들끓었던 시대이다. 그때는 운동권, 지식인, 민중 누구 하나 가릴 것 없이 새로운 사회에 대한 열망으로 자기 한 몸을 던지는 데 주저함이 없었다. 그때 운동권 학생들이 '직업으로서의 정치'를 택하여 이룩한 것이 현재의 문제인 정부다. 한데 오늘날 과연 그들이 꿈꾸었던 이상 사회는 현실 속에서 제대로 작동하고 있는가 하고 묻는다면 대답은 대체적으로 '아니오'일 것이다. 한 사회가 정치적 근대를 이루는 데 있어서는 물질적 근대뿐만 아니라 정신적 근대도 병행해야 되는데, '부동산' 문제 하나로 온 나라가 들끓는 사회가 과연 이상적인 사회라고 할 수 있는가.

　더구나 데이비드 리스먼(1909~2002)이 명저 『고독한 군중』에서 밝힌 대로 현대는 '타인 지향형' 사회이다. "타인 지향형 사회에서 인간은 일정한 가치관을 갖지 않고 타인이나 세상 흐름에 자기를 맞춰서 살아간다." 특히 타인 지향형 사회는 인터넷 등 미디어가 폭발적으로 발달하는 것과 궤를 같이하는데, 이는 자기가 속한 사회 전체의 흐름을 시시각각으로 관찰하게 되고, 자신 또한 노출되면서 거대한 커뮤니케이션 구조가 형성되는데, 사람들은 그 구조 안에서 안정을 찾고자 한다. 이런 현대인은 자아보다 중요한 것이 타인의 시각이다. 타인과 세상의 흐름 속에 자기를 맞추지 못하면 거기에서 파생하는 소외가 너무도 두렵다. 자기 내부에서 행복을 찾는 능력을 상실한 개인은 늘 불안하고 고독한 것이다. 타인은 지옥이자 천국이기 때문에 자아는 사라지고 오로지 고독한 군중만 남는다.

　정치적으로 이상 사회를 건설하는 것은 21세기 들어와서도 난망한 문제이다. 아니 지상에서 그러한 사회는 도래하지 않을 것이다. 모두가 자유롭고 잘 살게 하겠다는 신념으로 만든 정치와 경제 성장의 과실이 땅과 아파트 투기꾼에나 몰리는 이런 타인 지향 사회를 구축한 사람들이 1980년대 이상주의자들이었다. "아름다움이 세상을 구원하리라."는 말은 러시아의 대문호 도스토옙스키가 한 걸로 기억한다. 하지만 '아름다운 신념'이 세상을 구원하리라는 말은 언제나 정치꾼들의 야욕을 감춘 무서운 구호일 뿐이다.

2

어떤 스님이 동산 화상에게 질문했다.
"추위와 더위가 닥치면 어떻게 피해야 합니까?"
동산 화상이 말했다.
"왜 추위와 더위가 없는 곳으로 가지 않는가?"
스님이 질문했다.
"추위와 더위가 없는 곳이 어디입니까(如何是無寒暑處)?"
동산 화상이 말했다.
"추울 때는 그대가 추위와 혼연일체가 되고 더울 때는 그대가 더위와 하나가 되도록 하라!"

― 『벽암록』 제43칙

동산 양개(807~869) 화상은 조동종(曹洞宗)의 개창자다. 그에게 어느 날 어떤 스님이 "추위와 더위가 닥치면 어디로 피해야 합니까?"라고 질문을 한다. 사실 이런 질문은 난방이 잘 되고 냉방기구가 잘 발달된 현대 사회에서 생성될 수 있는 질문은 아니다. 선문답은 자기가 서 있는 일상적 현실 속에서 촉발된 의문들이 대개 깨달음의 촉매제로 작용하기 때문에, 더위가 없는 북극이나 추위가 없는 아마존 열대 같은 곳에서도 이 질문은 질문으로서의 가치가 없다.

그러기에 이것은 이미 '더위와 추위'가 단지 기상 날씨의 현상이 아니라는 점만은 분명하다. 곧 따뜻할 땐 만물이 생장하고 추울 때는 만물이 시들기 때문에 이것을 인간 생사 문제에 대한 비유로 끌어들인 것뿐이라는 걸 알 수 있다. 더위와 추위가 분명한 날씨 사회

속에서는 더위나 추위는 피할 수 없는 시절 인연이다. 이에 비유한 인간의 생사 문제에서도 도망하거나 회피할 수 있는 경우란 일체 없다. 스님은 이러한 사실을 염두에 두고 생사라는 일대사에 대한 본질적이고 궁극적인 질문을 하고 있는 것이다.

이에 동산은 "왜 추위와 더위가 없는 곳으로 가지 않는가?"라고 반문하고 있다. 추위와 더위가 없는 곳이라니? 생사 문제이기 때문에 질문도 힘들었는데 대답이 이렇게 나오면 눈앞이 깜깜할 것이다. 혹을 떼려다 혹을 하나 더 붙인 꼴이 되었다. 사실 추위와 더위는 눈앞에 도래하는 시절 인연일 뿐인데 추위와 더위가 없는 곳이 있다고 생각하고 있는 것 자체가 문제이다. 생사와 열반을 나누고 번뇌와 보리를 구분하는 중생의 차별심에서 나온 말이기 때문이다. 그러니까 동산 화상이 말한 추위와 더위가 없는 곳(無寒暑處)이란 생사를 초월한 경지, 깨달음의 경지인 안심입명처(安心立命處), 세속적으로 말하면 만사가 자유롭고 평등하고 화엄으로 하나 되는 유토피아를 말하고 있는 것이다. 그런데 그런 경지에 아직도 나아가지 못하고 생사 망념의 중생심에서 허덕이고 있느냐는 말이다.

하나를 가르쳐주면 열을 아는 사람이 있는가 하면 열을 가르쳐줘도 하나를 모르는 사람이 있다. 여기 질문하고 있는 스님이 바로 후자이다. 동산의 말에 그런 "추위와 더위가 없는 곳이 어디입니까?"라고 도대체 생각이라곤 한 점도 하지 않는 질문을 계속하고 있기 때문이다. 대승 불교 경전들에서 그토록 '생사 즉 열반(生死卽涅槃)'과 '번뇌 즉 보리(煩惱卽菩提)'을 외치고 있는데도 이런 기본적인 불법조차 체득하지 못하고 있는 것이다. 이러한 안목으로 어느 세월에 깨닫고 중생을 구제하겠는가.

결국 동산은 "추울 때는 그대가 추위와 혼연일체가 되고 더울 때는 그대가 더위와 하나가 되도록 하라!"고 친절히 가르친다. 바로 그것이다. 더위에 에어컨을 켜고 선풍기를 틀어도 근본적으로 더위는 피할 수 없다. 생이 고통스럽고 힘들어서 술과 섹스와 마약에 취해 봐도 잠시일 뿐 그 근본적인 괴로움은 피할 수 없다. 그래서 일체개고라고 하지 않던가. 마찬가지로 추위 때문에 따뜻한 남쪽으로 피한다 해도 마음의 추위까진 어쩔 수 없다. 우리는 죽음이 두렵고 공포스러워서 불로장생을 노리는 갖가지 신약과 도술과 인간복제까지 꿈꾸어보지만 그렇다고 닥쳐오는 죽음을 막을 수는 없다. 오죽하면 하이데거는 인간을 죽음을 향해 꾸벅꾸벅 걸어가고 있는 자유인이라고 했을까.

생과 사를 극복하는 방법은 하나뿐이다. 생과 사가 둘이 아니고 하나이니까 더울 때건 추울 때건 그것과 하나가 되어버리는 수밖에 없다. 니체는 이것을 '운명애'라고 했는데 생과 사는 운명적인 일이므로 다만 사랑할 수밖에 없다는 것을 지적한 말이다. 백낙천의 시에 "사람들이 더위를 피하려고 미친 듯이 뛰어다니지만, 홀로 항선사는 방에서 나오지도 않네. 선방엔들 무더위가 없으랴만, 단지 마음이 차분하면 몸도 시원한 것"이라고 읊고 있다. 추위와 더위는 추위와 더위가 없는 곳으로 피하는 것이 아니라 추울 때는 추위와, 더울 때는 더위와 하나가 되는 것이다. 그리하여 궁극적인 해탈이란 것도 추위와 더위가 없는 곳으로 가는 것이 아니라, 추위와 더위가 없는 곳까지 초월해야 하는 일이다.

3

울지 마세요
돌아갈 곳이 있겠지요
당신이라고
돌아갈 곳이 없겠어요

구멍 숭숭 뚫린
담벼락을 더듬으며
몰래 울고 있는 당신, 머리채 잡힌 야자수처럼
엉엉 울고 있는 당신

섬 속에 숨은 당신
섬 밖으로 떠도는 당신

울지 마세요
가도 가도 서쪽인 당신
당신이라고
돌아갈 곳이 없겠어요

— 이홍섭, 「서귀포」

신석정(1907~1974) 시에 "어머니/당신은 그 먼 나라를 알으십니까?"로 시작되는 시가 있다. "깊은 삼림대를 끼고 돌면/고요한 호수에 흰 물새 날고/좁은 들길에 야장미 열매 붉어//멀리 노루새끼 마음 놓고 뛰어다니는/아무도 살지 않는 그 먼 나라를 알으십니까?// 그 나라에 가실 때에는 부디 잊지 마셔요/나와 같이 그 나라에 가서 비둘기를 키웁시다"라는 등의 시구가 계속 이어진다. 여기에서 유토피아적 공간인 '먼 나라'는 평화와 안식의 표상인 '어머니'라는 시어와 결합되면서 그 상징적 의미를 더한다. 시인은 어머니와 함께 현실에는 없는 그 '먼 나라'에 살고 싶은 소망을 드러내고 있는데, 그 이상적 공간은 얼마나 평화롭고 아름다울까. 그곳에 가자고 하는 열망과 꿈이 간절할수록 현실 공간이 얼마나 참혹하고 암담한지 추측할 수 있다.

이흥섭의 시 「서귀포」는 한자로 '西歸浦'라고 쓸 때 그 지명이 지니고 있는 시적 의미가 극대화 한다. '서쪽으로 돌아가는 포구', 이것이 서귀포가 지닌 뜻인데 '서쪽' '돌아가는' '포구'라는 단어 하나하나가 의미 깊게 해석될 수 있다. 서쪽은 중국에서는 '서역', 한국에서는 '서산' 등으로 상징되는 곳으로 둔황과 비단길 등이 있어 부와 행복을 쟁취할 수 있거나 죽음 이후에 안식을 누릴 수 있는 이상적인 곳, 곧 유토피아로 여겨왔다. '돌아가다'는 일차적으로 귀향이라고 할 때 고향으로 돌아간다는 의미로 쓸 수 있고, 또한 누군가 죽었을 때 '돌아가셨다'는 의미로 쓸 때는 서양에서는 잃어버렸던 낙원을 찾아 다시 돌아갔다는 의미로, 불교에서는 부모미생전의 본래면목으로 돌아갔다는 의미로 쓰인다. 이것도 물론 유토피아 의식과 관계가 깊다. 그리고 포구는 정주할 수 있는 곳이 아니다. 고기잡이를 마친 어선이나 여행을 마친 유람선 등이 늘 들어오고 떠나는 유목의 의미가 가장 강렬한 공간이다. 사실 인간이 지상에서 정주하는 그리 길지 않은 시간이 끝나면 다시 윤회의 유목에 나서거나 항해에 나서야 할 곳이 포구다. 이 포구는 꼭 바다와 연관된 포구만 포구일 필요는 없다. 우리가 죽음과 윤회의 유목에 나서는 그 초입의 시간이 포구일 수도 있다.

이홍섭의 시 「서귀포」에서 제목을 한자어로 풀면 나머지 본문은 쉽게 해석이 될 수 있다. "울지 마세요/돌아갈 곳이 있겠지요/당신이라고/돌아갈 곳이 없겠어요" 우선 '당신'이라고 지칭되는 지금 울고 있는 사람은 누구인가. 상식적인 차원에서 봐도 실직과 실연 때문에, 병고와 죽음 때문에, 가난과 못 배움 때문에, 외로움과 고독 때문에 우는 사람이 지상에 어디 한둘일까. 아니 그렇게 지상에서 남루와 고단으로 헤매는 사람이 아닐지라도 인간은 궁극적으로 죽음이라는 한계 상황 때문에 울지 않을 수 없는 존재라는 게 실존주의자들의 생각이다. 그래서 이면우 시인의 말대로 '아무도 울지 않는 밤은 없다'고 말할 수밖에 없다.

그런 사람이 돌아갈 곳이 어디엔가 있겠지. 평안과 행복과 사랑을 누릴 수 있는 곳이 어디엔가 있겠지. 하지만 자본이 전 지구를 장악해버린 현실 속에서 재산과 권력이 없고, 사회적 지위와 높은 연봉을 받을 수 있는 직장이 없다면 그 '어디엔가'에 안착하는 것이 과연 가능할까. "구멍 숭숭 뚫린/담벼락을 더듬으며/몰래 울고 있는 당신, 머리채 잡힌 야자수처럼/엉엉 울고 있는 당신"이 어떻게 그게 가능할까. 서귀포의 구멍 숭숭 뚫린 화산석 같은 살림, 서귀포의 센 바람에 머리채 잡힌 야자수 같은 일상 때문에 엉엉 울고 있는 주제에 말이다. 결국 '섬 속' 곧 고독과 외로움 속으로 숨고, '섬 밖' 곧 불안의 유목과 토대 없는 항해로 떠돌 수밖에 없는 신세로 전락해 있는 것이다.

그러기에 유토피아라고 여기는 서쪽은 '가도 가도' 계속 서쪽이다. '가도 가도 서쪽'이 바로 당신이라는 현실, 당신이라는 실존이다. 결국 지상에서는 유토피아에 도달할 수 없다. 더구나 '당신'이라는 존재 자체가 불안한 유목으로 서쪽의 안착을 지향하는 존재이기에 지상에서는 도달할 수 없는, 다만 종교적인 믿음과 사유 정도로만 꿈꿀 수 있는 것이 유토피아다. 그게 천국 혹은 서방정토 정도나 된다면 어디 "당신이라고/돌아갈 곳이 없겠어요"라는 위로로 그 사람을 가만가만 달랠 수는 있을 것이다. 그것이 종교의 목적이니까.

제52화

사구(四句)를 여의고 백비(百非)를 떠나서
— 박용래, 「저녁 눈」

1

 언어는 인간을 인간으로 규정짓는 거의 절대적인 도구이다. 우리는 언어를 통해서 세상을 이해하고 사람과의 소통과 협력을 한다. 구체적으로 만물을 이름 짓고 이들의 기능과 관계를 문장으로 나타낸다. 의사전달을 가능케 하고 세상 만물에 대한 이해의 결집으로서 지식을 창출하는 역할을 수행한다. 심지어는 보이지 않는 개념을 정의하고 상호 간의 역학을 서술하기도 한다. 하느님조차 말씀으로 세상을 창조하셨다는 것은 의미심장한 일이다.
 하지만 소통으로써의 언어는 한계가 있다. 언어를 통해 무엇인가를 설명하고 이해하는 것은 많은 에너지가 필요하다. 하나의 언어가 제대로 소통되어지기 위해선 미국의 언어학자 로만 야콥슨(1896~1982)이 말한 언어의 여섯 가지 기능, 곧 말하는 사람(화자, addresser), 듣는 사람(청자, addressee), 쓰인 말 자체(전언, message), 말이 관계를 맺고 있는 상황과 현실(대상, context), 말이 쓰인 분위기나 경로(contact), 사용되는 언어의 종류, 약호 체계(code)가 유기적으로 작동해야 한다. 여기서 하나의 기능만 어긋나도 문제가 생기기 쉽다.

그런데 타자와 소통하는 언어는 단일하고 일방적인 언어가 아니다. 동일한 사건을 두고도 말하는 사람과 듣는 사람의 관점과 해석이 있기 때문에 사실의 왜곡이 일어날 수밖에 없을뿐더러 서술되는 언어도 다를 수밖에 없다. 더구나 현대 철학의 가장 중요한 인물 중 한 명인 비트겐슈타인은 "언어의 한계는 세계의 한계다."고 했다. 가령 시로 예를 들면 시인은 자기 생각과 언어의 한계 상황에 이르기까지 최적의 표현을 통해 한 편의 시를 세상에 내놓지만, 독자의 지식과 사유의 수준이 시인보다 모자라거나 반대로 더 높을지라도 이미 시의 전모는 총체적으로 해석되거나 판단되어질 수 없다. 그 시 앞에서 시인은 표현 곧 언어의 한계를 드러냈고 독자는 생각, 혹은 세계의 한계를 극복할 수 없기 때문이다.

비트겐슈타인은 언어가 세계를 묘사하는 그림이라고 생각했다. 이것을 요새 와서 그림이론(picture theory)이라고 하는데, 언어는 세계의 사실들과 그 관계를 보여준다는 것이다. 그에게 언어라는 것은 결국 자신 혹은 타자 모두 지각이 가능한 방식으로 표현된 것이어야만 했다. 그래서 그는 말할 수 있는 것과 말할 수 없는 것을 구분했는데, 그 기준은 감각적 경험이 가능한지의 여부였다. 그에게 말할 수 있는 것은 일종의 자연과학의 명제들이었다. 세계의 사실들과 관계들을 그림이나 모형처럼 묘사하는 언어만이 말할 수 있는 유일한 언어였기 때문이다. 언어를 하나의 그림으로 파악할 때 말해질 수 없는 것은 그 명제에 대응하는 그림이 전혀 그려지지 않는다.

"가령 '다섯 마리의 분홍 코끼리와 다섯 마리의 초록 코끼리가 축구를 하고 한 마리의 티라노사우르스가 심판을 보고 있다.'는 명제를 생각해 보자. 우리는 이것이 무엇을 그린 것인가를 쉽사리 파악할 수 있다. 하지만 이 명제가 거짓 명제라는 것도 금방 알 수 있다. 어떻게 이런 것이 가능하겠는가? 분홍 코끼리는 관념 연합이다. 분홍색과 코끼리는 모두 우리의 경험적 세계에 속해 있다. 그러므로 우리는 재빨리 분홍 코끼리라는 그림에 대응하는 동물을 생각한다. 그러나 이 관념 연합은 어딘가 수상하다. 그것은 우리가 현재 알고 있는 다른 그림들과 모순된다. 분홍색 코끼리는 없다. 초록색 코끼리도 없다. 동물은 축구를 할 수 있는 지능이 없다. 티라노사우르스도 마찬가지다. 이것은 기존 명제들과 모순되는 거짓 명제들이다."(조중걸, 『아포리즘 철학』)

관념적이고 경험할 수 없는 추상적인 가치에 대해서는 말할 수 없고 말해서도 안 된다. 종교적 가치나 윤리적 가치, 미적 가치도 보여줄 수 있을 뿐 말할 수는 없다는 것이다. 예를 들어 '사과'에 대해서는 보여줄 수 있지만 '아름다움'에 대해선 말할 수 없다. 아름다움은 말할 수 있는 대상이 아니라 개인의 심적 세계에서 느껴야 하는 대상이다. 그래서 그는 『논리철학 논고』에서 "말할 수 없는 것에 대해서는 침묵해야 한다."고 선언했던 것일까.

2

어떤 스님이 마조 대사에게 물었다.

"사구를 여의고 백비를 떠나서(離四句絶百非) 스승께서는 저에게 조사가 서쪽에서 오신 뜻을 곧바로 가르쳐주십시오."

마조 대사가 말했다.

"나는 오늘 피곤해서 그대에게 말해줄 수 없으니, 지장에게 가서 물어보게나."

그 스님이 지장에게 물으니, 지장은 말했다.

"왜 마조 화상께 여쭙지 않는가?"

"화상께서 스님에게 물어보라고 했습니다."

"나는 오늘 머리가 아파서 그대에게 말할 수 없으니, 회해 사형에게 가서 묻도록 하게."

스님은 회해에게 묻자, 회해가 대답했다.

"나도 여기에 이르러 역시 알지 못한다(不會)."

스님이 이 일을 마조 대사에게 거론하자, 마조 대사가 말했다.

"지장의 머리는 희고, 회해의 머리는 검다."

— 『벽암록』 제73칙

비트겐슈타인이 "말할 수 없는 것에 대해서는 침묵해야 한다."고 하는 것 중 가령 기독교의 신 같은 존재는 개인의 성령 체험이 없으면 그 증명을 할 수 없다. 공자는 제자 계로가 귀신을 섬기는 일에 대해 묻자 "사람을 잘 섬기지 못한다면 어떻게 귀신을 섬기겠는가?"라고 대답하고, 다시 자로가 "감히 죽음을 묻겠습니다."고 하자 "삶도 모르면서 어떻게 죽음을 알겠는가?"라고 하며 말할 수 없는 것에 대해 말을 삼가는 모습을 보였다.

이 책의 마지막이 된 위 공안은 어떤 스님이 마조 대사에게 일체의 언어 문자로 펼치는 논의를 벗어나 달마 조사가 중국으로 온 뜻, 곧 불법의 대의가 무엇인가를 질문하고 있다. 한데 이 스님은 질문을 하면서 일체의 언어 문자 곧 "사구를 여의고 백비를 떠나서" 답을 달라고 하여 이미 자기모순을 범하고 있다. 질문에 답을 하면 사구백비 곧 언어 문자를 사용했으니 그건 대답이 되지 못하는 것인데 왜 그렇게 스승에게 묻는가?

불법의 깨달음은 절대적으로 자기 스스로의 원력과 수행을 통해서 독창적으로 깨쳐야만 하는, 개인에겐 생사가 걸린 일대 본분사이다. 그것은 이미 스승의 사구백비로 성취될 문제가 아니다. 제자 스님은 이 사실을 잘 알기에 스승에게 그렇게 질문했을 것인데, 이는 질문 자체가 성립될 수 없는 것이다. 이럴 때는 다만 임제의 할이나 덕산의 방망이가 필요한데, 마조는 말도 안 되는 스님의 질문에 "나는 오늘 피곤해서 그대에게 말해줄 수 없으니, 지장에게 가서 물어보게나."하고 대답을 회피하고 있다.

여기에서 "사구(四句) 백비(百非)란 불법의 진실을 밝히기 위한 일체의 논의와 언어 문자를 총칭하는 말이다. 4구란 일(一), 이(異), 유(有), 무(無)라는 근본 4구로 일체의 모든 사물과 존재의 이론을 세워서 논리적으로 분별하는 것이다. 이 근본 사구를 세밀하게 구분하고 분별하면 100비가 된다. 먼저 동일한 것(一)처럼 보이지만 자세히 보면 다른 것(異)이 있고, 존재하고 있는(有) 것이지만 존재하지 않는(無) 것으로도 볼 수 있는 견해가 있다. 이 네 가지의 입장에 또

각각 4구가 있기 때문에 16이라는 숫자가 된다. 다시 그 16에다 과거, 현재, 미래의 삼세(三世)에 배치하면 48비가 되고, 거기에 이전에 이미 일어난 일(已起)과 일어나지 않은 일(未起)은 합치면 96비가 되며, 여기에 일, 이, 유, 무의 근본 4구를 합치면 100비가 된다. 이렇게 100이라는 논리를 제시하고 있지만 무수한 부정으로 연장되는 논리로서 결국 일, 이, 유, 무의 4구에 귀결되는 것이다."(정성본 역해, 『벽암록』)

이 사구백비 이야기는 『종경록』 제97권에 의하면, 남악 회양과 탄연(坦然)선사가 처음 숭산 혜안 국사를 참문하고 질문한 것이 최초라고 한다. 이때 혜안 국사는 "어째서 자기 자신의 의지를 묻지 않고 다른 사람의 의지를 질문하는가. 다른 사람의 의지를 물어서 무엇하려는가?"라고 반문하고 있다. 이후 조주와 앙산, 굉지 등 많은 선승들이 사구와 백비를 떠나서 불법의 진실을 밝히는 설법을 주장하고 있다. 선불교에서는 남의 의지를 묻는 것은 아무런 의미가 없다. 깨달음이라는 것은 부모가 자식들에게 밥 떠먹여주듯 떠먹여줄 수 없기 때문이다.

그러기에 마조 대사도 '나는 오늘 피곤해서 그대에게 말해줄 수 없으니, 지장에게 가서 물어보게나!'라고 대답을 회피한 것이다. 한데 선근기가 뚜렷하고 깨닫고자 하는 안목이 성성했으면 이때 이미 대오를 했을 것이다. 원오도 "몸은 숨겼지만 그림자는 노출되었다."고 착어한 것처럼, 마조의 대답 회피에 이미 사구백비를 초월한 서래의가 제시되고 있다.

하지만 안목이 없는 스님은 자신의 불심에서 체득하지 못하고 또다시 밖일 수밖에 없는 지장 스님에게 질문했다. 그러자 지장은 말했다. '왜 마조 화상께 여쭙지 않는가?' 지장은 마조 문하의 수제자이기에 서당(西堂)이라고 부른다. 지장이 마조에게 왜 묻지 않느냐고 반문한 것은 마조가 스승이고 자기는 제자라서 그렇게 말한 것이 아니다. 아마 지장은, 마조 문하에서 마조가 대 선사이므로 스님의 질문은 마조에게 먼저 행했을 것이라는 걸 꿰뚫고 있었을 것이다. 뿐더러 마조에게 질문해 봤자 깨달음은 개인의 독창적이고 내밀한 문제이기에 그 어떤 대답도 들을 수 없었을 것이라는 사실도 잘 알고 있었다.

그런데도 스님은 정직하게 "화상께서 스님에게 물어보라고 했습니다."고 말한다. 그러자 지장은 "나는 오늘 머리가 아파서 그대에게 말할 수 없으니, 회해 사형에게 가서 묻도록 하게!"하고 내쫓는다. 마조는 피곤하다 핑계 대고 지장은 머리가 아프다고 회피한 것이다. 스님이 백장 회해에게 묻자, 백장 스님은 "나도 여기에 이르러 역시 알지 못한다(不會)."고 딱 잘라버린다. 백장이 말한 '불회(不會)!'라는 한마디는 사구를 여의고 백비를 끊은 대답이다. 일체의 사량 분별을 초월한 깜깜한 절대평등의 세계가 불회인 것이다.

말하자면 『금강경』에서 말한 것처럼 '설하지 않은 것이 참된 설법'이기에 스승들은 이미 사구백비를 초월해 설법을 한 셈이다. 지장은 두통을, 백장은 불회를 들이대며! 이런 전후의 이야기를 마조 대사께 말하자, 마조는 "지장의 머리는 희고, 회해의 머리는 검다."라고 평했다. 백로는 희고 까마귀는 검은 것처럼 지장은 희고 회해는 검다. 이는 모든 존재가 독자적인 법성으로 존재하고 있는 절대적인 경지임을 말한다. 서당과 백장이 독자적인 안목과 방편지혜로 조사가 서쪽에서 오신 뜻을 제시한 것이라고 스승 마조는 평가하고 있는 것이다. 깨달음은 사구를 여의고 백비를 끊고 오직 나만이 안다. 물을 마시고 차고 더운 맛을 아는 사람은 오직 자기 자신뿐인 것처럼. 그러기에 조사서래의는 자기 자신에게 물어야 하는 것이다.

3

늦은 저녁때 오는 눈발은 말집 호롱불 밑에 붐비다

늦은 저녁때 오는 눈발은 조랑말 발굽 밑에 붐비다

늦은 저녁때 오는 눈발은 여물 써는 소리에 붐비다

늦은 저녁때 오는 눈발은 변두리 빈터만 다니며 붐비다

— 박용래,「저녁눈」

말할 수 없는 것은 말할 수 있는 것이 아니면 드러낼 수가 없다는 것이 역설이다. 홍운탁월(烘云托月)이라고 할까. 서양의 유화처럼 노골적으로 달을 그리기보다는 구름을 그림으로써 달이 자연히 드러나도록 하는 동양화 기법으로 말이다. "유성의『형설총설(螢雪叢說)』이라는 책에 이런 이야기가 있다. '한번은 꽃 밟으며 돌아가니 말발굽에 향내 나네(踏花歸去馬蹄香).'라는 화제가 주어졌다. 말발굽에 나는 꽃향기를 그림으로 그리라는 주문이다. 모두가 손대지 못하고 끙끙대고 있을 때, 한 화가가 그림을 그려 제출하였다. 달리는 말의 꽁무니를 따라 나비 떼가 뒤쫓아 가는 그림이었다. 말발굽에 향내가 나므로 나비는 꽃인 줄 오인하여 말의 꽁무니를 따라간 것이다."(정민, 『한시미학산책』)

박용래의 「저녁눈」은 말할 수 없는 것을 말할 수 있는 것으로 그 존재를 확인시킨다. 불교에서 연기법은 만법이 인연으로 생멸 변화한다는 사실, 그러기에 모든 존재는 불변의 자아 같은 것을 가질 수 없다는 사실을 법인(法印)으로 증명하고 있다. 이 시에서 1,2,3,4연에 계속 반복되는 "늦은 저녁때 오는 눈발"은 근본인(根本因)이다. 그리고 그 눈발이 붐비는 "말집 호롱불 밑, 조랑말 발굽 밑, 여물 써는 소리, 변두리 빈터"는 보조연(輔助緣)이다. 그런데 인연으로 생성된 색(色)들은 곧바로 공(空)으로 변한다. 늦은 저녁 때 오는 눈발 자체가 순식간에 사라지는 공인데 말집 호롱불 밑, 조랑말 발굽 밑, 여물 써는 소리, 변두리 빈터에 붐비는 눈인들 금세 사라지는 공이 아니고 무엇이랴.

늦은 저녁때 오는 눈발은 객관세계에 속하므로 누구나 인지할 수 있는 법공(法空)이다. 하지만 그 눈발이 말집 호롱불 밑, 조랑말 발굽 밑, 여물 써는 소리, 변두리 빈터만 다니며 붐빈다는 것은 시적 화자의 극히 주관적인 생각이다. 지금 눈은 사실 그 네 군데만 내리는 것이 아니라 온 마을에 내리고 있을 것이다. 다만 한적한 시골 동구에 서 있는 불 켜진 외등 주위로만 눈이 붐비게 내리는 것처럼 보이듯, 말집에 걸린 호롱불의 불빛이 미치는 범위로만 보이는 네 곳의 눈발을 주관적으로 인지했으므로 이를 아공(我空)이라고 한다. 하지만 법공이나 아공이나 시의 마지막 연에 '변두리 빈터'만 다니며 붐비는 눈이라는 표현에서도 보듯 빈터, 곧 공터, 다시 말해 공의 세계인 것만은 매한가지다.

  말할 수 없는 그 공의 세계를 표현하기 위해 말할 수 있는 법공의 객관 세계와 아공의 주관 세계가 모두 동원된 것이다. 공즉시색이었지만, 이내 색즉시공으로 변하는 이 무상, 무아의 진리가 뼈에 사무친다. 그런데 또 한 가지 사실은 이 시는 1행이 1연으로 구성된 모두 4연의 시이다. 그런데 1연과 2연 사이, 2연과 3연 사이, 3연과 4연 사이는 그야말로 텅 빈 공간이다. 말로 된 1연의 색-말이 없는 공, 말로 된 2연의 색-말이 없는 공, 말로 된 3연의 색-말이 없는 공-말로 된 4연의 색이 반복되는 형식은 색즉시공, 공즉시색을 변주하는 데 아주 기발한 기하학적 형식이다.

  박용래의 이 시는 표면적으로는 사라지는 것들에 대한 애정을 잔잔히 드러내고 있다. 누구도 돌아보지 않는 말집의 호롱불, 조랑말 발굽, 여물 써는 소리, 변두리 빈터를 통해 소외되고 소멸해가는 존재들을 '붐비는 눈발'로 호명하며, 아울러 이 사물들을 적막공산 같은 공의 세계로 귀착시키고 있는 것이다. 그의 시들은 위 시에서도 보듯 남의 추측을 불허할 만큼 세필(細筆)에 의한 소묘로서 전위와 추상마저도 포괄하며, 특이하게도 말할 수 없는 것을 말할 수 있는 것으로 환하게 발고하는 표현법이 신실한 미학을 성취하고 있다.

중국 선종 법맥의 계보

- 석가모니 釋迦牟尼 — 마하가섭 摩訶迦葉 — 보리달마 菩提達磨 • 초조
- 혜가대조 慧可大祖 • 2조
- 승찬감지 僧璨鑑智 • 3조
- 도신대의 道信大醫 • 4조
- 홍인대만 弘忍大滿 • 5조
- 혜능대감 慧能大鑑 • 6조

혜능대감의 법맥

- 남양혜충 南陽慧忠
- 남악회양 南嶽懷讓
  - 마조도일 馬祖道一
    - 오설영묵 五洩靈默
    - 불광여만 佛光如滿
    - 남전보원 南泉普願
      - 조주종심 趙州從諗
    - 귀종지상 歸宗智常
    - 석공혜장 石鞏慧藏
    - 백장회해 百丈懷海
      - 위산영우 潙山靈祐 • 위앙종조
        - 앙산혜적 仰山慧寂
        - 향엄지한 香嚴智閑
      - 황벽희운 黃檗希運
        - 목주도종 睦州道蹤
        - 임제의현 臨濟義玄 • 임제종조
          - 수산성념 首山省念
            - 분양선소 汾陽善昭
              - 석상초원 石霜楚圓
                - 황룡혜남 黃龍慧南
                  - 동림상총 東林常總
                  - 회당조심 晦堂祖心
                - 양기방회 楊岐方會
                  - 백운수단 白雲守端
                  - 오조법연 五祖法演
                  - 개복도녕 開福道寧
                  - 원오극근 圜悟克勤
    - 반산보적 盤山寶積
      - 영운지근 靈雲志勤
    - 대매법상 大梅法常
      - 항주천룡 杭州天龍
    - 방거사 龐居士
    - 마곡보철 麻谷寶徹
      - 수주양수 壽州良遂

```
                                                                            우두법융
                                                                            牛頭法融
                                                                              │
                                                          옥천신수
                                                          玉泉神秀
                                                              │
                            청원행사                        숭산보적   조과도림
하택신회                    靑原行思                        嵩山普寂   鳥窠道林
荷澤神會                        │
   │                        석두희천
자주법여                    石頭希遷
磁州法如                        │
   │            ┌──────┬──────┼──────┬──────┐
형남유충       대전보통 천황도오 단하천연 약산유엄
荊南惟忠       大顚寶通 天皇道悟 丹霞天然 藥山惟儼
   │                    │              │
수주도원       삼평의충 용담숭신 취미무학 도오원지           운암담성                    선자덕성
遂州道圓       三平義忠 龍潭崇信 翠微無學 道吾圓智           雲巖曇晟                    船子德誠
   │                    │       │                             │                          │
규봉종밀              덕산선감 투자대동                      동산양개  ·조동종조        협산선회
圭峰宗密              德山宣鑑 投子大同                      洞山良价                    夾山善會
                        │
                     설봉의존 암두전활
                     雪峰義存 巖頭全奯                  조산본적  운거도응  흠산문수
                        │                              曹山本寂  雲居道膺  欽山文邃
          ┌─────┬─────┤
       운문문언 ·운문 현산사비
       雲門文偃  종조 玄山師備
          │              │
       향림징원        나한계침
       香林澄遠        羅漢桂琛
          │              │
       지문광조        법안문익  ·법안종조
       智門光祚        法眼文益
          │              │
       설두중현        천태덕소
       雪竇重顯        天台德韶
          │
       천의의회
       天衣義懷
```

참고한 책들

1. 이승종, 『우리와의 철학적 대화』, 김영사, 2020
   무문 혜개, 정성본 역주, 『무문관』, 한국선문화연구원, 2004
2. 막스 피카르트, 최승자 역, 『침묵의 세계』, 까치, 1985
   원오 극근, 정성본 역해, 『벽암록』, 한국선문화연구원, 2006
3. 에밀 졸라, 박이문 역 『테레즈 라캥』, 문학동네. 2003
   무비 스님, 『직지강설』, 불광출판사, 2011
   박재현, 『화두, 나를 부르는 소리』, 불광출판사, 2018
4. 노스럽 프라이, 임철규 역, 『비평의 해부』, 한길사, 2000
   혜심 각운, 김월운 역, 『선문염송 염송설화』, 동국역경원, 2005
   E.F. 슈마허, 이상호 역, 『작은 것이 아름답다』, 문예출판사
5. 한자경, 『마음은 이미 마음을 알고 있다 : 공적영지』, 김영사, 2018
   박종연 역, 『논어』, 을유문화사, 2006
   천동정각 송고, 만수행수 평창, 석지현 역주, 『종용록』, 민족사, 2015
   화공 강설, 『유마경과 이상향』, 민족사, 2014
   승찬, 『무비 스님의 삼대 선시 특강』, 조계종출판사, 2016
6. 마르셀 프루스트, 『잃어버린 시간을 찾아서』, 국일미디어, 1998
   미셸 푸코, 오생근 역, 『감시와 처벌』, 나남출판, 1994
   안춘근, 『부모은중경』, 범우사, 2005
7. 캐서린 콜린 외, 이경희 외 역 『심리의 책』, 지식갤러리, 2012
   보리 달마, 성열 역주, 『달마어록 : 이입사행론』, 문화문고, 2018
8. 너새니얼 호손, 조승국 역, 『주홍글씨』, 문예출판사, 2004
   김월운 역주, 『전등록』, 동국역경원, 2008

강현식, 『꼭 알고 싶은 심리학의 모든 것』, 소울메이트, 2010

9   『한국민족문화대백과사전』, 한국정신문화연구원, 2000
조용헌, 『조용헌의 인생독법』, 불광출판사, 2018
김월운 옮김, 『조당집』, 동국역경원, 2008
버지니아 울프, 이미애 역, 『자기만의 방』, 민음사, 2008
자크 데리다, 김보현 편역, 『해체』, 문예출판사, 1996

10   김용옥, 『도올의 로마서 강해』, 통나무, 2017
육조 혜능, 정성본 역주, 『돈황본 육조단경』, 한국선문화연구원, 2003
남회근, 『금강경 강의』, 부키, 2008
김달진 역해, 『당시전서』, 민음사, 1987

11   조르주 디디-위베르만, 『모든 것을 무릅쓴 이미지들』, 레베카, 2017
오규원, 『오규원 시전집』, 문학과지성사, 2002
라이너 마리아 릴케, 송영택 역, 『릴케 시집』, 문예출판사, 2014

12   강신주, 『매달린 절벽에서 손을 놓을 수 있는가?』, 동녘, 2014
여천 무비, 『대방광불화엄경 강설』, 담앤북스, 2014
알베르 카뮈, 김화영 역, 『시지프 신화』, 민음사, 2016

13   조지 오웰, 이한중 역, 『나는 왜 쓰는가』, 한겨레출판, 2010
로버트 그린, 이지현 역, 『인간 본성의 법칙』, 위즈덤하우스, 2019
선화 상인, 정원규 역, 『능엄경 강설』, 불광출판사, 2012

14   박상륭, 『죽음의 한 연구』, 문학과지성사, 1986
장영태 역, 『프리드리히 횔덜린 시전집』, 책세상, 2017

15   열어구, 김영식 역, 『열자』, 지식을만드는지식, 2010
마크 웹스타인, 김성환 역, 『진료실에서 만난 붓다』, 한문화, 2019
마조 도일, 강승욱 역주, 『마조어록』, 운주사, 2019
혜원 편저, 『선어사전』, 운주사, 2011

16   조지 오웰, 도정일 역, 『동물농장』, 민음사, 2009

17 스와비 비벤카 난다, 김성환 역, 『마음의 요가』, 판미동, 2020
    서광 스님, 『치유하는 유식 읽기』, 공간, 2013
    현병철, 한충수 역, 『선불교의 철학』, 이학사, 2017
    마명, 이평래, 『이평래 교수의 대승기신론 강설』, 민족사, 2014
18 장자, 안동림 역주, 『장자』, 현암사, 1993
    전호근, 『장자 강의』, 동녘, 2015
19 호메로스, 천병희 역, 『일리아스』, 숲, 2007
    이은윤, 『노장으로 읽는 선어록』, 2019, 민족사
20 남회근, 설순남 역, 『노자타설』, 부키, 2013
    제이 그리프스, 박은주 역, 『시계 밖의 시간』, 당대, 2002
21 학담 평석, 『아함경』, 한길사, 2014
    미르치아 엘리아데, 이재실 역, 『이미지와 상징』, 까치, 1998
    김영욱, 『선의 통쾌한 농담』, 김영사, 2020
22 히틀러, 황성모 역, 『나의투쟁』, 동서문화사, 2014
    김찬호, 『눌변』, 문학과지성사, 2016
    장폴 사르트르, 방곤 역, 『구토』, 문예출판사, 1999
    메를로 퐁티, 류의근 역, 『지각의 현상학』, 문학과지성사 2002
    조광제, 『몸의 세계, 세계의 몸』, 이학사, 2004
    용수, 정화 풀어씀, 『중론』, 법공양, 2007
23 김상환, 『왜 칸트인가』, 21세기북스, 2019
    불전간행회, 『대반열반경』, 민족사, 1994
    대혜 종고, 김태완 역, 『대혜보각선사어록』, 소명출판, 2011
    대한불교조계종 불학연구소, 『간화선』, 조계종출판사, 2005
24 에리히 프롬, 최혁순 역, 『소유냐 존재냐』, 범우사, 1988
    조주 종심, 김공연 편역, 『조주록』, 1986, 경서원
    조주 종심, 장산, 『조주어록 석의』, 조계종출판사, 2016

25 김용옥, 『노자와 21세기』, 통나무, 2000
    임제 의현, 강승욱 역주, 『임제어록』, 운주사, 2021
26 요코야마 고이츠, 장순용 역, 『십우도, 마침내 나를 얻다』, 들녘, 2001
    강영안, 『타인의 얼굴-레비나스의 철학』, 문학과지성사, 2005
27 소광희, 『시간의 철학적 성찰』, 문예출판사, 2001
    왕유, 박상수 역, 『왕유시선』, 지식을만드는지식, 2014
28 김봉건, 『김봉건과 함께하는 차 문화 산책』, 이른아침, 2010
    육우, 『육우다경을 읽다』, 일빛, 2021
    최법해, 『칙수백장청규 역주』, 가산불교문화연구원출판부, 2008
    초의 선사, 김대성 엮음, 『동다송』, 동아일보사, 2004
    미쓰바라 다이도, 장희남 역, 『선의 향기』, 씨앗을 뿌리는 사람, 1999
29 에밀 시오랑, 김정숙 역, 『독설의 팡세』, 문학동네, 2012
    토마스 만, 홍경호 역, 『마의 산』, 범우사, 1987
30 일묵, 『사성제』, 불광출판사, 2020
    서산 대사, 법정 역, 『선가귀감 : 깨달음의 거울』, 동쪽나라, 2003
31 스야후이, 장연 역, 『소동파, 선을 말하다』, 김영사, 2006
32 김용옥, 『노자가 옳았다』, 통나무, 2020
33 이은윤, 『선시, 깨달음을 읽는다』, 동아시아, 2008
    소식, 류종목 해설, 『소동파시선』, 지식을만드는지식, 2011
34 김기택, 『사무원』, 창작과비평사, 1999
    프란츠 카프카, 이재황 역, 『변신』, 문학동네, 2005
    정동호 역, 『차라투스트라는 이렇게 말했다』, 책세상, 2000
    루트비히 비트겐슈타인, 이영철 역, 『논리-철학 논고』, 책세상, 2006
35 파트릭 르무안, 이세진 역, 『유혹의 심리학』, 북플리오, 2005
    거해 스님 편역, 『법구경』, 샘이깊은물, 2003
    롤랑 바르트, 김화영 역, 『사랑의 단상』, 1991, 문학과지성사

36 원오 극근 편저, 혜원 역해,『한 권으로 읽는 벽암록』, 김영사, 2021
37 이안 뷰캐넌,『교양인을 위한 인문학 사전』, 자음과모음, 2017
38 호르헤 루이스 보르헤스, 박거용 역,『문학을 말하다』, 르네상스, 2003
    가스통 바슐라르, 김웅권 역,『몽상의 시학』, 동문선, 2007
    오르한 파묵, 이난아,『하얀 성』, 민음사, 2011
    알베르토 망구엘, 정명진 역,『독서의 역사』, 세종서적, 2000
    이원섭,『선시 : 깨달음의 노래』, 민족사, 1992
39 질 들뢰즈, 펠리스 가타리, 김재인 역,『천개의 고원』, 새물결, 2001
    이진경,『노마디즘』, 휴머니스트, 2002
    임제 의현, 강승욱 역주,『임제어록 역주』, 운주사, 2021
40 주량즈, 신원봉 역,『미학으로 동양인문학을 꿰뚫다』, 알마, 2013
    박용래,『먼 바다』, 창작과비평사, 1991
41 이세욱 외 역『베르나르 베르베르의 상상력사전』, 열린책들, 2011
    김정환,『음악의 세계사』, 문학동네, 2011
42 헨리 데이빗 소로, 강승영 역,『월든』, 이레, 1993
    법정,『무소유』, 범우사, 1976
    헬레나 노르베르 호지, 김종철 외 역,『오래된 미래』, 녹색평론, 1996
43 송석구, 김장경,『70일간의 마음공부』, 싱긋, 2016
44 홍자성, 김원중 역,『채근담』, 휴머니스트, 2017
45 윌리엄 포크너, 공진호 역,『소리와 분노』, 문학동네, 2013
    윌리암 세익스피어, 최종철 역,『세익스피어 전집 5』, 민음사, 2014
    무비, 조현춘 역,『아미타경』, 운주사, 2005
    루트비히 비트겐슈타인, 이영철 역,『철학적 탐구』, 책세상, 2006
46 모리스 메테를링크, 김창활 역,『파랑새』, 계몽사, 2014
    고봉 원묘, 전재강 역주,『선요』, 운주사, 2006
    대산 김석진,『주역 강의』, 한길사, 1999

정옥자, 『우리가 정말 알아야 할 우리 선비』, 현암사, 2002
47 김승동 편저, 『불교 사전』, 민족사, 2011
임청원, 『오등회원의 선시연구』, 향내나는 오솔길, 2017
48 올리버 색스, 조석현 역, 『아내를 모자로 착각한 남자』, 알마, 2016
정효구, 『시 읽는 기쁨』, 작가정신, 2001
니코스 카잔차키스, 이윤기 역, 『그리스인 조르바』, 열린책들, 2000
49 알렉산더 데만트, 이덕임 역, 『시간의 탄생』, 북라이프, 2018
한병철, 김태환 역, 『시간의 향기』, 문학과지성사, 2013
50 정민, 『삶을 바꾼 만남』, 문학동네, 2011
51 토마스 모어, 주경철 역, 『유토피아』, 을유문화사, 2007
데이비드 리스먼, 류근일, 『고독한 군중』, 동서문화사, 2011
52 로만 야콥슨, 권재일 역, 『일반언어학이론』, 민음사, 1989
조중걸, 『아포리즘 철학』, 세종서적, 2015
연수, 송찬우 역, 『종경록』, 세계사
정민, 『한시미학산책』, 솔, 1996

시를 읊자 미소 짓다
선문답과 현대시의 교감

초판1쇄 펴낸 날 | 2022년 1월 20일
초판2쇄 펴낸 날 | 2022년 5월 16일

지은이 | 고재종
펴낸이 | 송광룡
펴낸곳 | 문학들
등록 | 2005년 8월 24일 제 2005 1-2호
주소 | 61489 광주광역시 동구 천변우로 487(학동) 2층
전화 | 062-651-6968
팩스 | 062-651-9690
전자우편 | munhakdle@hanmail.net
블로그 | blog.naver.com/munhakdlesimmian
값 25,000원

ISBN 979-11-91277-35-7 03800

• 잘못된 책은 바꿔드립니다.